Der neue Salzburger Hauptbahnhof

Stationen seiner Geschichte von 1860 bis 2014

Salzburger Beiträge zur Kunst und Denkmalpflege Bd. VI

Der neue Salzburger Hauptbahnhof

Stationen seiner Geschichte von 1860 bis 2014

Herausgegeben von Ronald Gobiet u.a.

Mit Beiträgen von Walter Breitfuß, Jana Breuste,
Hermann Fuchsberger, Ronald Gobiet, Yannick Gotthardt,
Peter Höglinger, Rolf Höhmann, Christian Kern,
Ulrich Klein, Erhard Koppensteiner, Clemens Reinberger,
Günter Siegl, Karl Spindler, Christoph Tinzl,
Martin Weber, Hans Wehr, Klaus Dieter Weiss,
Klaus Wenger-Oehn, Richard Wittasek-Dieckmann,
Gerhard Wittfeld, Thomas Wörndl, Robert Wolf,
Stefan Zenzmaier, Dietmar Zierl, Melanie Zipin

Salzburger Beiträge zur Kunst und Denkmalpflege Bd. VI

Impressum

Bibliografische Information der Deutschen Nationalbibliothek
Die Deutsche Nationalbibliothek verzeichnet diese Publikation
in der Deutschen Nationalbibliografie; detaillierte bibliografische
Daten sind im Internet über http://dnb.d-nb.de abrufbar.

© 2012 Verlag Anton Pustet
5020 Salzburg, Bergstraße 12
Sämtliche Rechte vorbehalten.

Herausgeber: Ronald Gobiet, ÖBB Infrastruktur AG
Cover, Layout und Produktion: Christoph Edenhauser
Coverfoto: Stefan Zenzmaier
Redaktion: Ulrich Klein (Freies Institut für Bauforschung und
Dokumentation e.V., Marburg an der Lahn – IBD)
Lektorat: Anja Zachhuber
Druck: Druckerei Huttegger, Salzburg

Gedruckt in Österreich

ISBN 978-3-7025-0665-0

www.pustet.at

Inhaltsverzeichnis

Christian Kern: *Vorwort* — 6
Ronald Gobiet: *„Salzburg Hauptbahnhof, Salzburg Hauptbahnhof …"* — 20

Der Umbau des Salzburger Hauptbahnhofs

Klaus Dieter Weiss: *Zum urbanen Design der Eisenbahnreise. Das Beispiel Salzburg* — 26
Gerhard Wittfeld: *Nicht Formwille, sondern Gestaltungsabsicht …* — 44
Hans Wehr: *Zur Vorgeschichte des Projekts* — 48
Dietmar Zierl: *Funktionale Anforderungen und Anlagenkonzeption des Salzburger Hauptbahnhofs* — 56
Günter Siegl: *Der Wettbewerb zum Projekt* — 62
Thomas Wörndl: *Die Umsetzung des Projekts* — 68
Klaus Wenger-Oehn: *Bauaufnahme* — 90
Walter Breitfuß: *Statische Grundlagen* — 94

Die Geschichte des Bahnhofsgebäudes und der Bahnanlagen

Richard Wittasek-Dieckmann: *Die Westbahnstrecke der Kaiserin-Elisabeth-Bahn von 1858 bis heute* — 112
Rolf Höhmann: *Die Baugeschichte des Aufnahmsgebäudes des Salzburger Hauptbahnhofs* — 124
Ulrich Klein: *Zur frühen Betriebsgeschichte des Salzburger Hauptbahnhofs* — 142
Erhard Koppensteiner: *Der Salzburger Bahnhof und sein Umfeld in frühen Darstellungen* — 160
Jana Breuste: *Die Gebäude des Mittelbahnsteigs und ihre historische Ausstattung* — 178

Die Denkmalpflege im Projekt des Bahnhofsumbaus

Clemens Reinberger: *Die Aufgaben der Denkmalpflege* — 200
Hermann Fuchsberger, Martin Weber: *Denkmalpflegerische Projektsteuerung bei Restaurierung und Rekonstruktion am Salzburger Hauptbahnhof* — 208
Peter Höglinger: *Archäologische Untersuchungen im Bereich des Salzburger Hauptbahnhofs* — 216
Karl Spindler: *Das Dachtragwerk der alten Empfangshalle – Ein Zeugnis der Ingenieurbaukunst des frühen 20. Jahrhunderts* — 218
Christoph Tinzl: *Die historische Empfangshalle und ihre Wiederherstellung* — 220

Menschen und ihr Hauptbahnhof – Gegenwart und Ausblick

Yannick Gotthardt, Melanie Zipin: *Gesichter hinter dem Umbau des Salzburger Hauptbahnhofs* — 234
Yannick Gotthardt: *Reisende und ihre Beweggründe* — 256
Robert Wolf: *Der Salzburger Hauptbahnhof im Wandel* — 260

Endnoten — 264
Bildnachweis — 277
Kurzbiografien der Autoren — 278

Vorwort

Christian Kern

Geschätzte Leserin, geschätzter Leser,
als umfassender Mobilitätsdienstleister dreht sich beim ÖBB-Konzern 24 Stunden am Tag alles um die sichere, pünktliche und umweltfreundliche Beförderung von Personen und Gütern. Unsere Bahnhöfe nehmen dabei eine wichtige Rolle ein und sollen Aushängeschild des Unternehmens sein. Um noch mehr Menschen zum Umsteigen auf die Bahn zu bewegen, müssen den Fahrgästen modernste Infrastruktur und Top-Service geboten werden. Kundenfreundliche, moderne Bahnhöfe mit barrierefreien Zugängen sind die Visitenkarte und das Eingangstor zum öffentlichen Verkehr. Ich freue mich, dass wir Ihnen mit dem Buch „Der neue Salzburger Hauptbahnhof – Stationen seiner Geschichte von 1860 bis 2014", im Jubiläumsjahr 175 Jahre Eisenbahn in Österreich und pünktlich zur Teilinbetriebnahme des neuen Salzburger Hauptbahnhofs, ein wichtiges Kapitel österreichischer Eisenbahngeschichte präsentieren dürfen.

Seit Ende 2008 laufen die Umbaumaßnahmen am Hauptbahnhof Salzburg. Mit einem Investitionsvolumen von 270 Millionen Euro entsteht in der Mozart- und Festspielstadt Salzburg bis zum Jahr 2014 ein Bahnhof, der sämtliche Anforderungen des modernen Bahnzeitalters erfüllt. Für die rund 25 000 Bahnkunden, die diese wichtige Mobilitätsstation derzeit täglich frequentieren, ergibt sich durch weiter verbesserte Anbindungen eine deutliche Qualitätssteigerung im Nah- und Fernverkehr. Die wichtigen West-Ost-Achsen sowie die Verbindungen in den Süden werden durch den neuen Durchgangsbahnhof wesentlich attraktiver und lassen sich bestens in das transeuropäische Netz von Paris und Stuttgart über Wien nach Bratislava integrieren. Hoher Kundenkomfort, kurze übersichtliche Wege, barrierefreies Umsteigen und eine optimale Fahrgastinformation machen Bahnreisen künftig noch angenehmer. Zudem wird der rundum erneuerte Salzburger Hauptbahnhof mit attraktiven Geschäften

Abb. 1 Der Salzburger Hauptbahnhof bei Nacht

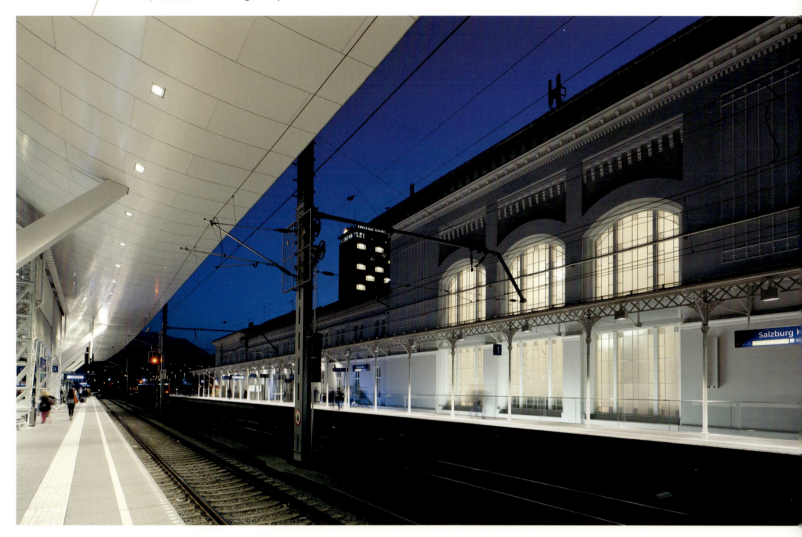

und Dienstleistungsbetrieben belebt. Ein Besuch wird somit allemal zum Erlebnis werden.

Viele Stationen dieses wichtigen Großprojekts wurden bereits minutiös nach Plan erledigt. Sämtliche Umbauarbeiten am neuen Salzburger Hauptbahnhof finden bis zum Abschluss der Baumaßnahmen während des laufenden Betriebes statt. So ist die historische und unter Denkmalschutz stehende Stahlhalle abgetragen, in ihre Einzelteile zerlegt und fachgerecht restauriert bzw. rekonstruiert worden. Mit einer Pünktlichkeitsrate von 100 Prozent wurden die rund 2500 Einzelteile im Jahr 2011 von den Technikern Stück für Stück, wie bei einem gigantischen Bausatz im XXL-Format, wieder zusammengefügt. Die historische Stahlhalle mit ihren insgesamt sieben Spannbögen erstrahlt mittlerweile wieder in neuem Glanz. Mit der Teilinbetriebnahme wird ein weiterer wichtiger Meilenstein gelegt. Mein besonderer Dank gilt daher an dieser Stelle dem Bundesdenkmalamt Salzburg, allen Mitarbeiterinnen und Mitarbeitern des ÖBB-Konzerns sowie allen ausführenden Firmen.

Mit der Fertigstellung des neuen Salzburger Hauptbahnhofs im Jahr 2014 können die Bahnreisenden eine internationale Verkehrsdrehscheibe mit einem einzigartigen architektonischen Konzept nutzen, das die Integration von denkmalgeschützten historischen Bauteilen in modernste Bahninfrastruktur beinhaltet. Die Stationen von der Historie bis hin zum modernen kundenfreundlichen Durchgangsbahnhof finden Sie, spannend und informativ beschrieben, in diesem Buch. Ich wünsche Ihnen viel Freude beim Lesen.

Christian Kern, Vorstandsvorsitzender ÖBB-Holding AG

Abb. I (Vorhergehende Doppelseite) Blick auf den historischen Bahnsteig 1 von 1860 mit den hinterleuchteten Empfangshallenfenstern

Abb. II Gleis 1 und 2, links das Aufnahmsgebäude mit Bahnsteig 1 von 1860, rechts die Stahlhallenkonstruktion von 1908 und die neue Überdachung von 2012

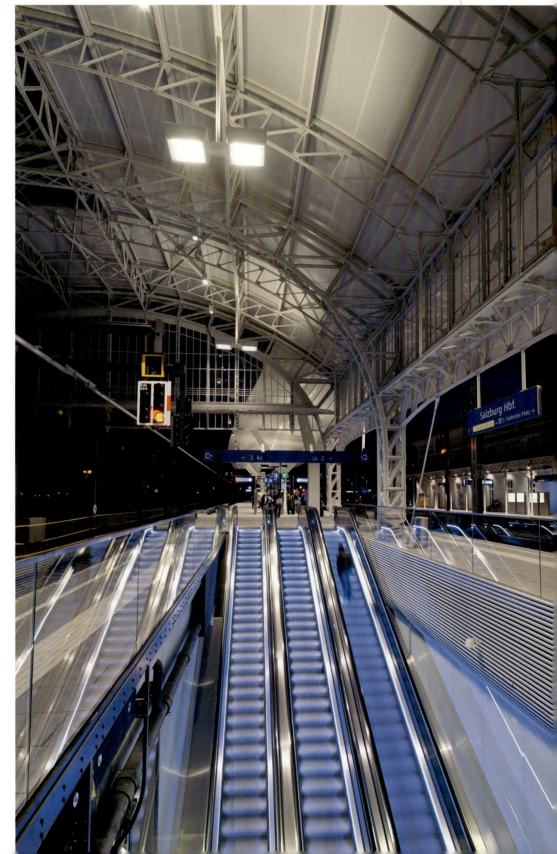

Abb. III Rolltreppen zu den Gleisen 2 und 3 mit der wiedererrichteten Stahlhallenkonstruktion von 1908

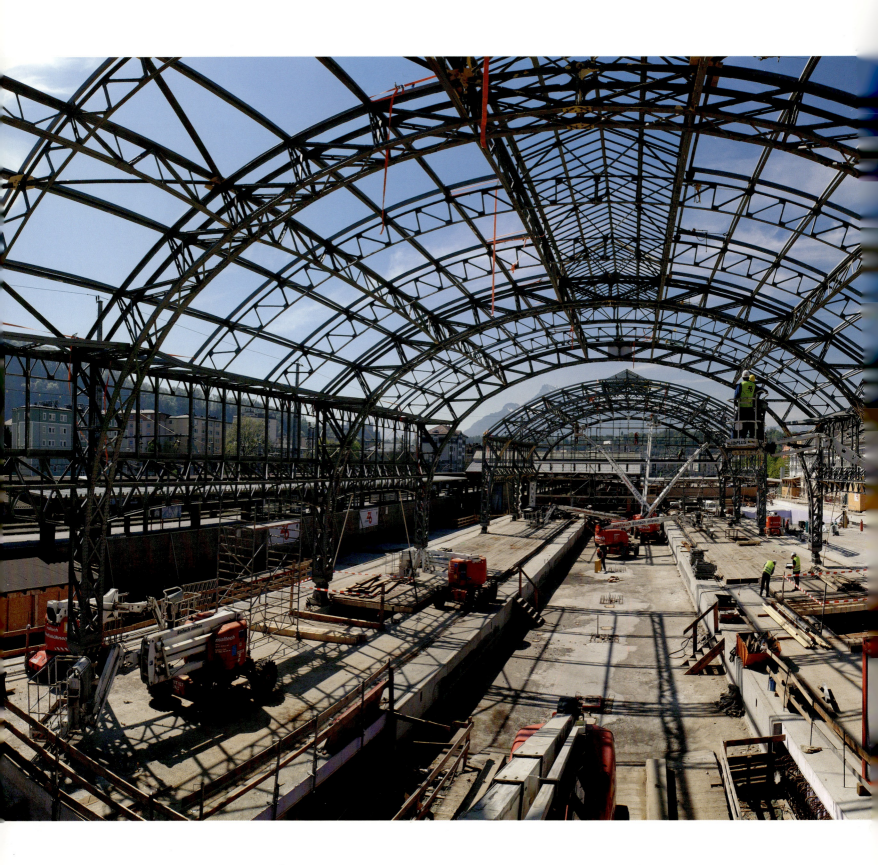

Abb. V Wiederaufbau und Montage der Trägerkonstruktion der Stahlhalle von 1908

Abb. IV Wiedererrichtung der historischen Stahlhallenkonstruktion von 1908

Abb. VI Trägerkonstruktionen der Überdachungen von 1908 und 2012

Abb. VII   Detail des Schnellumbauzugs

Abb. VIII   Schnellumbauzug unter der historischen Stahlhallenkonstruktion von 1908

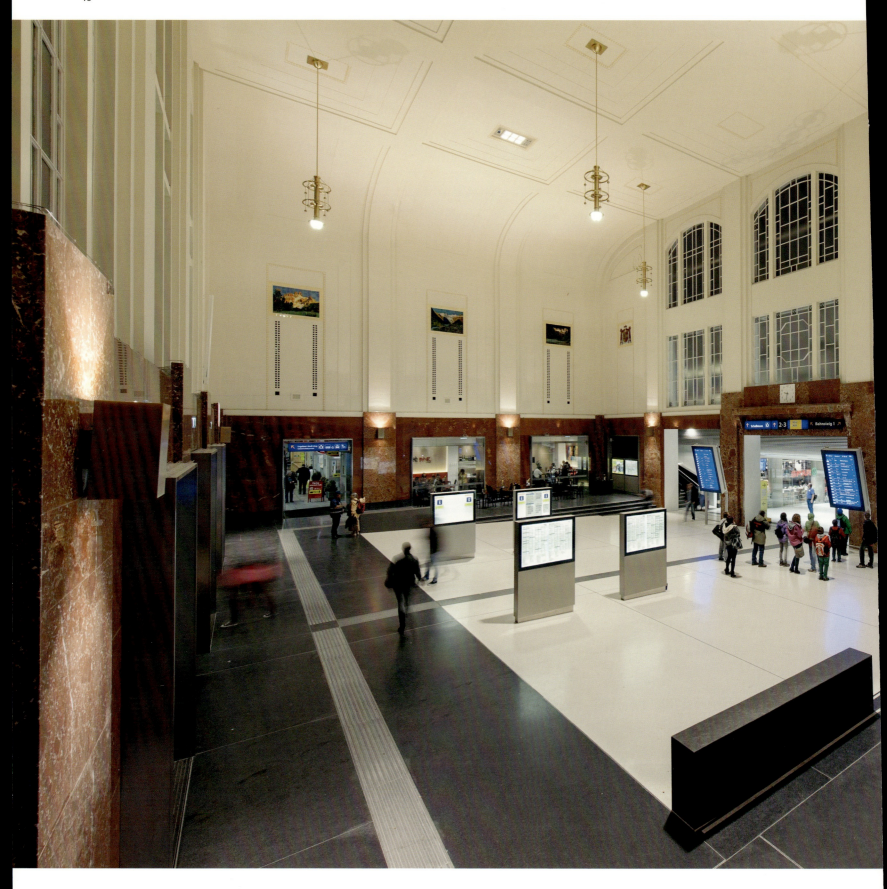

Abb. IX Restaurierte Empfangshalle mit den Jugendstil-Fliesenbildern und Wandgliederung sowie Verkleidung mit Adneter Platten; rekonstruierte Fenstergliederung und Hängeleuchten von 1908

Abb. X (Nachfolgende Doppelseite) Fassadendetail mit der Fenstergliederung von 1908 sowie Fassadendekor der Erbauungszeit

"Salzburg Hauptbahnhof, Salzburg Hauptbahnhof …"

Ronald Gobiet

… schallt es am Perron aus dem Lautsprecher. Steigen Sie bitte ein in das Thema „Der neue Salzburger Hauptbahnhof – Stationen seiner Geschichte von 1860 bis 2014". Das vorliegende Buch bietet eine abwechslungsreiche Fahrt mit vier Stationen:

- „Der Umbau des Salzburger Hauptbahnhofs",
- „Die Geschichte des Bahnhofsgebäudes und der Bahnanlagen",
- „Die Denkmalpflege im Projekt des Bahnhofsumbaus",
- „Menschen und ihr Hauptbahnhof – Gegenwart und Ausblick".

Diese Kapitel enthalten Beiträge von verschiedenen Autoren über ein einmaliges, österreichweit sehenswertes, technikgeschichtliches Bauwerk und Denkmal. Zugleich ist dieser Band eine notwendige Erweiterung zu den vorliegenden Veröffentlichungen zu dem Thema „Eisenbahn in Salzburg" und zur Geschichte der bedeutenden Verkehrsachse der Westbahn.[1]

Historisch gesehen erschien es besonders nützlich und wünschenswert, „eine westliche Richtung von Wien über Linz [zu schaffen], nach dem Königreich Bayern zur Verbindung des österreichischen ‚Eisenbahnsystems' mit jenem der südwestlichen deutschen Staaten, dem Ludwig-Main-Kanal und der Rheinschifffahrt, wodurch der Handelsweg zwischen den westeuropäischen Staaten und dem Schwarzen Meer durch das Herz der Monarchie geleitet würde".[2]

Und alle können stolz auf die regionalen wie nationalen Besonderheiten kultureller Zeugnisse sein, oft Dokumente einer visionären „Invention" – eines Einfalls von großer Tragweite. Viele BürgerInnen genießen selbstverständlich das unbeschadet Erhaltene, für Auge und Seele wichtige Denkmal wie ein „Lebensmittel". Sei es eine in der Vergangenheit angelegte idyllische Parklandschaft, Ortschaften, wo gleichsam „die Kirche im Dorf" geblie-

Abb. 1 Neobarocke Engelköpfe, Detail der Spiegelrahmung

Abb. 2   Historistischer Spiegel aus der imperialen Ausstattung des Salzburger Bahnhofs, um 1860

Abb. 3   Ornamentale Schnitzereien am Fuß des Fauteuils

ben ist, seien es Villen und Bürgerhäuser, Kirchen, Ensembles, Klöster, Palais oder, wie hier, auch Bauten der Technikgeschichte. Waches Interesse kommt immer auch der archäologischen Grabung zu. Trotzdem bleibt von der Denkmalpflege mitunter der schale Geschmack der Bürokratie, der Eigentumsentwertung, des Eingriffs in eine Privatsphäre. Und nach wie vor gelten hierzulande oftmals historische Bauten als Störfaktoren, die, wie oft falsch verallgemeinert, einer wirtschaftlichen Entwicklung und zeitgemäßen Nutzung entgegenstünden.

Schön, dass der Salzburger Bahnhof anderes lehren kann. Schön auch, dass dem historischen Salzburger Hauptbahnhof eine wertsteigernde Anerkennung in der öffentlichen Meinung zukommt. Denn allzu oft wird von Wertminderung durch den Denkmalschutz beim Altbau gesprochen, die „Aufwertung" durch die Bemühungen des Denkmalschutzes werden hingegen als selbstverständlich hingenommen.

Gerade hier in Salzburg am Hauptbahnhof feiert die Multifunktionalität der historischen Zweckbauten einen Neubeginn: Der Bahnhof des 19. Jahrhunderts hat im 21. Jahrhundert andere, vermehrt öffentliche Aufgaben zu erfüllen. Als Verkehrsknotenpunkt auf mehreren Etagen, an dem sich Busse, Lokal- und S-Bahn und Eisenbahngarnituren kreuzen und wo sich Stadtteile verbindende Erschließungen, Shopping-Malls mit Einkaufs- und Freizeitmöglichkeit finden, ist für den historischen Bahnhof bei vermehrtem Personenaufkommen in mannigfaltiger Hinsicht eine logistische Herausforderung.

Die Denkmalpflege meistert diese Herausforderung der Gegenwart in Verbindung mit den historischen Altbauten. Leider versuchen bisweilen politische Mandatare, die Denkmalpflege zu „billigeren" Sanierungslösungen zu animieren. „Billig und schnell" sind Schlagwörter, die raschen politischen Erfolg zu garantieren scheinen, aber meist den Intentionen der Bewahrer des kulturellen Erbes entgegenstehen.

In Salzburg finden sich allemal Dokumente der Vergangenheit – Denkmale, deren Wertigkeit österreichweit an der Spitze zu finden sind. Es gilt, die überregionalen Besonderheiten neben dem Regionalen zu fokussieren. Das Erkennen, die Wertschätzung für ein Denkmal, müssen erreicht werden, denn erst, wenn diese vorhanden sind, wird die Bereitschaft für die Erhaltung, Pflege, Konservierung und Restaurierung auch gegeben sein, und letztlich werden ein Nutzen, das Benutzen des Denkmals, eine Wertabschöpfung und ein ökonomischer Handel ermöglicht. Die Öffentlichkeitsarbeit ist hier mit einzubeziehen. Auch diesem Thema widmet sich die Denkmalpflege von Beginn an.

Der Band VI der Reihe „Salzburger Beiträge zur Kunst und Denkmalpflege" beschäftigt sich mit einem Thema der technik-, sozial- und wirtschaftsgeschichtlichen Denkmale. „Der neue Salzburger Hauptbahnhof – Stationen seiner Geschichte von 1860 bis 2014" ist als ein gemeinsamer Sammelband verschiedener Beiträge zusammen mit den ÖBB als Herausgeber konzipiert. Zu wenige noch kennen die Besonderheit des Salzburger Bahnhofs, die Einmaligkeit, die diese Anlage als national bedeutendes Denkmal der österreichischen Eisenbahngeschichte darstellt. Das Aufnahmsgebäude hat teilweise sogar noch Bereiche von seiner Innenstruktur von 1860 bewahrt, sogar königlich bayerisches Mobiliar (Abb. 1–6) konnte auf der Baustelle sichergestellt werden. Vielen sind die Details der Jugendstilausprägung in und an der Eingangshalle im Alltagstrubel nicht bewusst. Die vorliegende Publikation veröffentlicht Unbekanntes und trägt dazu bei, Verständnis für die Erhaltung und Pflege zu wecken, will gleichzeitig aber auch erreichen, dass der Salzburger Bahnhof mit seiner Geschichte, Gegenwart und Zukunft identifikationsstiftend weiterwirkt. Denn es gibt österreichweit nur dieses einmalige Zeugnis der frühen Eisenbahngeschichte der Kaiserin-Elisabeth-Bahn von 1860 mit dem langgestreckten Aufnahmsgebäude und dem erbauungszeitlichen Bahnsteig 1 sowie der 1909, also im Zeitalter des Jugendstils, errichteten Empfangshalle und der Stahlhalle über den Durchgangsgleisen. Zwischen Wien-West und Bregenz und im gesamten Bundesgebiet hat sich nichts Vergleichbares erhalten.

Vor einigen Jahrzehnten wurde seitens der Denkmalpflege auf die Erhaltung der Wiener Stadtbahnstationen von Otto Wagner großer Wert gelegt, die Semmeringbahn ist

Abb. 4 Königlich-Bayerischer Fauteuil, um 1860, aus dem ehemaligen Bayerischen Pavillon des Salzburger Hauptbahnhofs

Abb. 5 Rückseite des Fauteuils, mit schablonierter ÖBB-Stampiglie

zum Weltkulturerbe ernannt worden, und für Salzburg galt es, den historischen Hauptbahnhof nach den geänderten Konditionen in das 21. Jahrhundert zu führen.

Aus konservatorischer Sicht ist dabei allemal sorgsames Vorgehen gefragt, kein Experimentierfeld für architektonische Selbstverwirklichung im historischen Altbau, sondern lösungsorientierte, fachspezifische Denkmalpflege, die den internationalen Standards entspricht. Als Spezialisten für Restaurierung und Konservierung im Altbau, für Bauaufnahme und Dokumentation, für Ertüchtigungen von historischen Konstruktionen, brandbeständigen Beschichtungen bis hin zu materialgerechten Baustoffen, der Großbaustellenkoordinierung und Fachplanung von Denkmalpflege/Restaurierung, Präsentationen und Öffentlichkeitsarbeit waren viele Hunderte Details, Fragen und Detailplangenehmigungen im Einvernehmen mit dem Bauherrn vom Landeskonservatorat für Salzburg abzuhandeln.

Historische Denkmale müssen nicht mehr den Beweis für ihre Tauglichkeit bei Nutzungsänderungen antreten. Ihre Qualität ist dem heutigen Gegenüber zumindest gleichwertig, wenn nicht weit mehr als das.

Wie sähen der Salzburger Bahnhof beziehungsweise die denkmalgeschützten Teilbereiche ohne die Mitwirkung der Denkmalpflege aus? Die Frage ist zu beantworten, da Erstentwürfe die Planungsüberlegungen widerspiegeln. Von denkmalpflegerischer Seite musste dies als Eingriff in die historische Substanz angesehen werden. So hat sich zwischen Planer/Architekten und der Positionierung der Denkmalpflege ein Reibungsfeld entwickelt. Und plötzlich steht die Denkmalpflege im Ring der Auseinandersetzung und der Diskussion sowie der Entscheidungen: Die Gestaltung der Jugendstil-Empfangshalle war anfänglich so konzipiert, dass sie mit hohen schwarzen Glaspaneelen ummantelt worden wäre, was die Wandlisenen optisch gekappt hätte und die historische Wandverkleidung aus heimischem Marmor, die sich weitgehend erhalten hat, hätte verschwinden lassen. Die nicht adäquate Industrieverglasung des 20. Jahrhunderts sollte ersatzlos entfernt werden, sodass die große Öffnung zum historischen

Bahnsteig 1 ohne Verglasung eine direkte Sichtverbindung zu den Zügen geboten hätte. Die für die Empfangshalle architektonisch wichtige Innenstruktur der Fensterkämpferzone, die gleichsam die Zone der Fliesenbilder fortsetzt, sollte dazu abgetragen werden. Letztlich wurde lange über die Materialität der Rahmen für die Ladeneinbauten diskutiert, denn statt aus Aluminium, das im Jugendstil für kurze Zeit als besonders wertvolles Material galt, sollten die Rahmen nun aus schwarz beschichtetem Blech neu gefertigt werden. Auch die Farbgebung der Stahlhallenkonstruktion stand zur Diskussion und sollte in Schwarz erfolgen, die Farbbefundkarte mit der Analyse des erbauungszeitlichen Erstanstrichs von 1860 und 1909 dokumentiert indes Weiß.

Konstruktive Gespräche haben dann aber zu dem vorliegenden Ergebnis geführt. Eine umsichtige Steuerung lag in den Händen von Herrn Dipl.-Ing. Thomas Wörndl, der sich als örtlicher Projektleiter zweifellos große Verdienste erworben hat. Wesentlich erschien die Qualitätssicherung – die der Architekten und die der Denkmalpfleger. Nun bleibt abzuwarten, wie sich das Gesamtergebnis „Hauptbahnhof Salzburg" entwickelt, ob diese „Symbiose aus Alt und Neu" auch noch nach Jahren der kritischen Betrachtung standhält. Die Denkmalpflege ist jedenfalls auch hier um Nachhaltigkeit bemüht. Essenziell ist dabei letztlich, wie viel Originalsubstanz erhalten ist und in welchem Zustand diese einer nachfolgenden Generation übergeben werden kann.

Das Ergebnis Salzburger Hauptbahnhof überzeugt und es erhebt sich die Frage, wie die Authentizität erlebt bzw. wahrgenommen wird? Denn das Auge tastet unbewusst die Oberflächentextur ab und im Kopf wird das Gesehene, Erlebte zusammengesetzt, emotional bewertet und gespeichert. Der Hauptbahnhof soll, gleichsam als Lebensmittel, „schmecken" und wir dürfen schließlich genießen, dass dieses frühe Zeugnis der österreichischen Eisenbahngeschichte in Salzburg nach wie vor die gestellten Aufgaben im 21. Jahrhundert zu erfüllen weiß.

Viele haben an dem vorliegenden Band „Der neue Salzburger Hauptbahnhof – Stationen seiner Geschichte von 1860 bis 2014" mitgewirkt. Dank für die gemeinsame Arbeit gilt der ÖBB-Holding AG, Herrn Mag. Christian Kern sowie dem ÖBB-Infra-Management, Herrn Dr. Dipl.-Ing. Georg-Michael Vavrovsky, den vielen ÖBB-Mitarbeitern, der ÖBB Infrastruktur Bau AG, Herrn Dipl.-Ing. Dr. Hans Wehr, der ÖBB Immobilienmanagement Gesellschaft, Herrn Dr. Robert Wolf, dem ÖBB-Projektleiter in Salzburg, Herrn Dipl.-Ing. Thomas Wörndl, ÖBB Immobilien, Frau Heidi Kostal-Wichtl, Herrn Dr. Hermann Fuchsberger, als freischaffender Projektkoordinator mit denkmalpflegerischen Agenden betraut, nicht zuletzt auch Frau Melanie Zipin sowie allen Autoren und Fachkollegen für die fachspezifischen Beiträge, den Fotografen, Frau Petra Laubenstein, Herrn Stefan Zenzmaier und Herrn Yannik Gotthardt, Herrn Christoph Edenhauser als Grafiker, dem unermüdlichen Redakteur Herrn Ulrich Klein/IBD Marburg, und dem Verlag Anton Pustet, Salzburg.

Damit also „Glück auf" für die Finalisierung des neuen Salzburger Hauptbahnhofs bis 2014.

Abb. 6 Detail des Fauteuilaufsatzes mit bayerischem Wappen

Zum urbanen Design der Eisenbahnreise. Das Beispiel Salzburg

Klaus Dieter Weiss

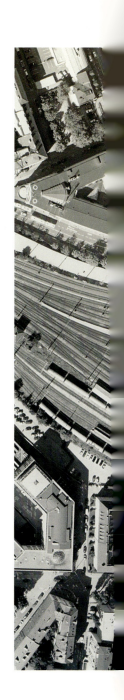

„Auf einer Spazierfahrt, bei der man nach Belieben aussteigen kann, gibt es keine Ankunft, bei der Eisenbahnfahrt aber wird der Unterschied von Ankunft und Abfahrt geheimnisvoll schematisiert durch eine Operation, die sich in den Bahnhöfen, diesen ganz besonderen Stätten, vollzieht, die sozusagen kein Teil der Stadt sind und doch die Essenz ihrer Persönlichkeit so deutlich enthalten wie sie auf dem Signalschild ihren Namen tragen."[1]
Marcel Proust

In der Konkurrenz zu Flugzeug und Auto erweisen sich Dynamik und Vernetzungsanspruch der Bahn nach wie vor als bahnbrechend. Ende der Dreißigerjahre notierte Walter Benjamin: „Die geschichtliche Signatur der Eisenbahn besteht darin, daß sie das erste – und bis auf die großen Überseedampfer wohl auch das letzte – Verkehrsmittel darstellt, welches Massen formiert. Die Postkutsche, das Auto, das Flugzeug führen Reisende nur in kleinen Gruppen mit."[2] Nicht zuletzt war die Erfindung des dampfgetriebenen Transports auf eisernen Wegen der Katalysator der industriellen Revolution. Schließlich zogen sogar Ballsäle und Schlemmer-Restaurants in die Bahnhöfe ein. Die zentrale Markthalle war nie weit entfernt, konnte doch nur die Eisenbahn frische Lebensmittel auch überregional garantieren. Heute beträgt die Länge der Schienenwege weltweit mit 1,37 Millionen Kilometern mehr als das 34-Fache des Erdumfangs. 1737 Hochgeschwindigkeitszüge (Stand: 2008) sorgen auf diesem Streckennetz für Reisegeschwindigkeiten von über 250 km/h. 60 Prozent dieser Züge verkehren in den EU-Mitgliedsstaaten, die lediglich über etwa 17 Prozent der Schienenwege verfügen. Für europäische Verhältnisse ungewöhnlich glänzt Japan weit jenseits des deutschen Transrapid auf einer Teststrecke mit einer Höchstgeschwindigkeit von 581 km/h und im Alltagsverkehr mit einem Mittelwert der Pünktlichkeit von 24 Sekunden Abweichung vom Fahrplan. Im Jahr 2010 lag das Verkehrsvolumen der ÖBB bei 460 Millionen Fahrgästen und im Güterverkehr bei 133 Millionen Tonnen.

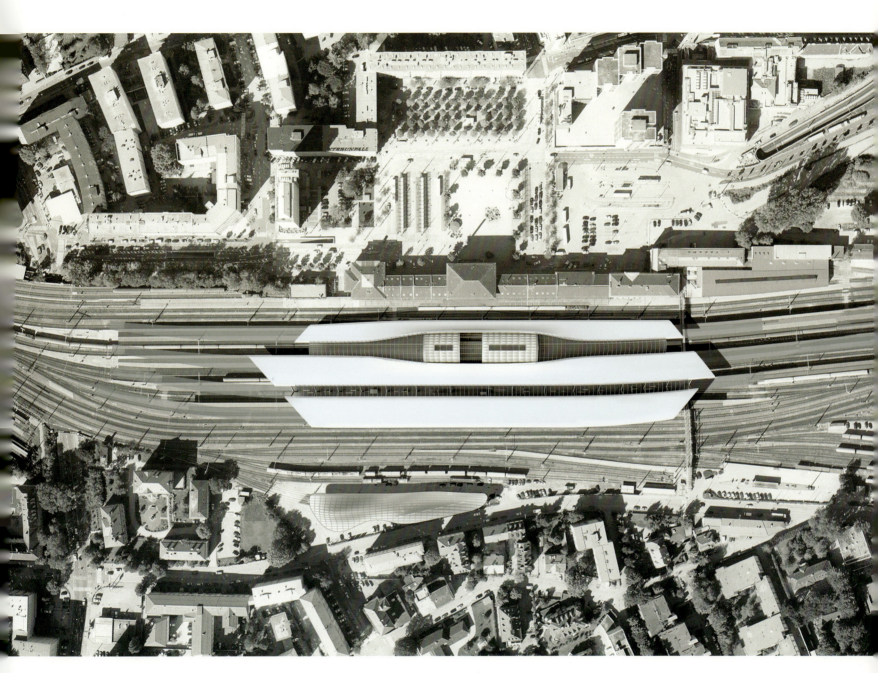

Abb. 1 Luftaufnahme mit Visualisierung des Projekts

Stadtarchitektur

Die Vorgeschichte der Eisenbahn reicht zurück bis zu den hölzernen Gleisen im englischen Bergbau zu Beginn des 16. Jahrhunderts, letztlich bis zu den Spurrillen der Straßen, die schon in vorgeschichtlicher Zeit die Fuhrwerke schienenartig führten. Dennoch erweist sich kein Verkehrsmittel dieser Dimension als urbaner und komplexer, damit aber in seinen unzähligen Bahnhöfen auch als historischer. *Bristol Temple Meads,* der älteste noch betriebene Hauptbahnhof der Welt, ist nur 20 Jahre älter als der von Franz Rudolf Bayer erbaute Salzburger Hauptbahnhof mit seinem heute in mattem Weiß modern adaptierten, historischen Eingangsgebäude mit dem Hausbahnsteig 1. So verbinden sich historische und moderne Elemente zu einem atmosphärisch schlüssigen Ensemble.

Der Bahnreisende erlebt das am besten vernetzte, die Konkurrenz in vielen Punkten übertreffende Verkehrsmittel vor allem im urbanen, stadtgeschichtlichen Stillstand. Der Bahnhof markiert den Anfang, die Stationen und den Endpunkt der Eisenbahnreise. Im Gegensatz zum Fluchtort und Zwischenort Flughafen außerhalb der Stadt verkörpert der Bahnhof, wie von Marcel Proust 1918 formuliert, den eigenen Wohnort oder den gewählten Zielort einer kurzen oder auch langen Reise in einem sehr umfassenden Sinn: „kein Teil der Stadt und doch die Essenz ihrer Persönlichkeit". Das Design der Eisenbahnreise wird ganz wesentlich bestimmt – mehr noch als durch hochmoderne Züge oder die Uniformen des Personals – durch den guten alten Bahnhof mitten in der Stadt. In diesem Sinn ist Bahnverkehr stets Stadtverkehr, je nach Länge der Reise und persönlichen Vorlieben ausgefüllt durch die Lektüre einer Zeitung, eines Buches, der Arbeit am Laptop, einem Imbiss im Speisewagen – und natürlich: vorbeifliegenden Landschaften, Städten und weiteren Bahnhöfen. Nur selten findet sich darunter ein architektonischer Impuls, der die Bahnreise neu und fortschrittlich kommuniziert.

Abb. 2 Symbiose aus historischen und dynamischen Elementen innerhalb des neu konzipierten Durchgangsbahnhofs

Designstrategie

"Design hat noch nie so viel Geld generiert wie heute. Designgetriebene Firmen wie Apple werden zum Gralshüter der Moderne erklärt und erzielen Gewinne in Milliardenhöhe."[3] Die Süddeutsche Zeitung zitierte dazu eine Studie des Rates für Formgebung, wonach produzierende Unternehmen mit einer klaren Designstrategie im Jahr 2011 ein doppelt so starkes Umsatzwachstum erzielen konnten wie der Branchendurchschnitt. In den Bahnhöfen verbinden sich dagegen Technologien des 19. Jahrhunderts mit der neuesten Elektronik. Angesichts der schnellen Erfolge eines iPad oder iPhone sind Modernisierung und Umbau eines Bahnhofs im laufenden Betrieb (in Salzburg ca. 750 Züge täglich) ungleich komplexer, aber letztlich auch bedeutender. Ganze Computer-Generationen können in Vergessenheit versinken bis, wie in Stuttgart oder Wien, aus einem Kopfbahnhof ein Durchgangsbahnhof wird. Erste Pläne für einen Durchgangsbahnhof in Salzburg gab es schon in den Siebzigerjahren. Aber die analoge, mühsame und zeitintensive Planungs- und Bauarbeit am Bahnhof der Stadt lohnt jeden Aufwand.

Gerade im Medienzeitalter werden die realen Bezugspunkte und Identifikationswerte einer attraktiven urbanen Umgebung zunehmend wichtiger. Die gesellschaftliche Bedeutung des Schauspiels Stadt lebt von der emotionalen Qualität und Zukunftsfähigkeit ihrer zentralen urbanen Orte, den öffentlichen Plätzen wie dem Brennpunkt des Bahnhofs, die sich über lange Zeiträume herausgebildet haben und sich nur allmählich verändern lassen. Aufgrund der im Einzelfall ganz unterschiedlichen architektonischen und städtebaulichen Voraussetzungen kann die Vielzahl der historischen Bahnhöfe keine übergreifende Corporate Identity verkörpern. Die Gemeinsamkeit der Neuplanungen kann nur darin liegen, die individuelle Situation des Einzelfalls intelligent, nachhaltig, aber auch dynamisch fortzuschreiben.

Von großer Bedeutung ist, dass Bahnhofsplanungen sehr umfassend alle verkehrstechnischen, funktionalen, organisatorischen, energetischen und ästhetischen Fragestellungen berücksichtigen. Nur so können Bahnhöfe über

Abb. 3 Geschwungene Bahnsteigdächer symbolisieren Mobilität und Geschwindigkeit

Abb. 4 Heterogene Bestandssituation zu Beginn der Umbauarbeiten mit Empfangsgebäude und dem als Kopfbahnhof angelegten Zentralperron

lange Zeiträume und weite Nutzungshorizonte nutzbar bleiben, ohne in einer langen Reihe von Provisorien die Überzeugungskraft ihrer architektonischen Konzeption zu verlieren. Das ist das Ziel der Bahnhofsoffensive, eines Investitionsprogramms der ÖBB, das im Jahr 1997 aufgelegt worden ist. Der Salzburger und der neue Wiener Hauptbahnhof (Theo Hotz, Ernst Hoffmann, Albert Wimmer) gehören zu den letzten Projekten dieses Programms. In Salzburg wurde der zweistufige, gutachterliche Wettbewerb, der von zwölf Architektenteams bearbeitet worden war, unter Leitung von Max Bächer und Theo Hotz im Jahr 1999 zugunsten des Entwurfs von kadawittfeldarchitektur entschieden. Um den Bahnhof neu in die Stadt zu integrieren, bestand die komplexe Aufgabe für die Architekten nicht nur darin, die Gleisanlagen anders zu ordnen. Vielmehr ging es darum, den historischen Bahnhof in seiner authentischen Erscheinungsform in eine Gesamtkonzeption zu integrieren, die die Stadtteile diesseits und jenseits der Gleise über mehrere Brücken- und Passagenbauwerke neu verbindet. Baubeginn war Ende 2008, die Fertigstel-

Abb. 5　Ästhetische Harmonie der historischen und modernen Elemente: Nach dem Vorbild historischer Bahnsteighallen wird das Gleisfeld weitgehend überdeckt. Die Raumhöhe der Halle wird durch großzügige Öffnungen zur quer verlaufenden Passage maximiert.

lung der Güterzuganlagen wie der Flügelbauten des historischen Bahnhofsgebäudes wird in das Jahr 2014 fallen, der eigentliche Bahnhofsbetrieb ab Ende 2013 in vollem Umfang ablaufen können.

Mit Blick auf das nach dem Krieg viel zu lange vernachlässigte Design der Eisenbahnreise ist bei jedem Bahnhofsprojekt zu berücksichtigen, dass Funktionalität (kurze Wege, barrierefreies Umsteigen), Pünktlichkeit und

Service allein das Stadtpublikum nicht für die aus vielen Gründen ohnehin vernünftige Eisenbahnreise gewinnen können. Vielmehr kommt es darauf an, den emotionalen Reiz der Eisenbahnreise schon mit dem Haltepunkt und urbanen Aufenthaltsort Bahnhof zu vermitteln. Dieser atmosphärische, architektonische und gestalterische Anspruch ist in Salzburg sehr konsequent umgesetzt worden, nicht trotz der historischen Gegebenheiten, sondern gerade auf Grundlage der Integration des historischen Bestands. Der Bahnhof hat damit für viele Jahrzehnte sein ganz spezifisches, unverwechselbares Design gefunden.

Der große Reiz des neuen Ansatzes liegt in der ästhetischen Harmonie aller historischen und modernen Elemente. Die neuen dynamischen Bahnsteigdächer bilden mit den filigranen historischen Bahnsteighallen eine ebenso überraschende, wie für die Passagiere komfortable Großform. Denn so entsteht eine die Gleise wie die Bahnsteige insgesamt überdeckende, dabei dennoch sehr helle und transparente „Bahnsteighalle" neuer Prägung. Die große Höhe historischer Bahnsteighallen, die seit der Einstellung des Verkehrs mit Dampflokomotiven funktional nicht mehr notwendig ist, verlagert sich in Salzburg sogar in eine zweite Ebene. Die quer zu den Bahnsteigen geführte, über die historische Empfangshalle erschlossene, nach oben offene Passage unterhalb der Gleise weitet den Blick bis unter die historischen Tonnengewölbe. Sie gibt der Bahnsteighalle in Salzburg typologisch eine neue Bedeutung, aber auch eine ganz andere, räumlich noch dramatischere Dimension.

Abb. 6 Freie Fahrt durch die beiden transparent gedeckten und neu positionierten historischen Bahnsteighallen

Gleisarchitektur

Zur Geschichte des Salzburger Hauptbahnhofs aus dem Jahr 1860, eines wichtigen Verkehrsknotenpunktes im transeuropäischen Netz mit gegenwärtig 25 000 Reisenden pro Tag, gehört die ehemalige Funktion eines Grenzbahnhofs, für die im Jahr 1909 der Zentralperron errichtet worden war. 1931 beschrieb Georges Simenon den üblichen Zollbetrieb am Beispiel des winzigen niederländischen Bahnhofs Bad Neuschanz (Nieuweschans): „Der deutsche Zug hält am einen Ende des Bahnsteigs, der holländische am anderen. Die Bahnbeamten mit der orangefarbenen Mütze und die in grüner oder preußischblauer Uniform gehen aufeinander zu und verbringen die für die Zollformalitäten veranschlagte Wartezeit miteinander. [...] Die Leute setzen sich in die Bahnhofsgaststätte, die sich durch nichts von der anderer Grenzbahnhöfe unterscheidet."[4] Aus dieser Situation heraus, die noch heute in der Doppelfunktion des Genfer Hauptbahnhofs als Schweizer wie als französischer Haltepunkt zu beobachten ist, war der Zentralperron in Salzburg als Kopfbahnsteig beziehungsweise Inselbahnhof angelegt worden. Auf der nordöstlichen Seite für den österreichischen Verkehr, auf der südwestlichen Seite für die Züge nach Bayern. Beide Seiten mit jeweils vier Gleisen verfügten über eigene räumliche Bereiche und Fahrdienstleitungen, dazwischen lagen Zoll und Bahnhofsrestaurant. Trotz der Beliebtheit des inzwischen für einen Wiederaufbau eingelagerten Marmorsaals, der Gaststätte zwischen den Gleisen, war die räumliche Situation des Zentralperrons schließlich unbefriedigend und angesichts der offenen Grenzen nach dem Schengener Abkommen überflüssig geworden. Die dunklen unterirdischen Gleiszugänge waren ein weiterer Anlass zum Umbau des Bahnhofs.

Vernetzung

Grundsätzlich ging es um die schwierige städtebauliche Zielsetzung, die Stadt über 18 Gleise hinweg neu zu vernetzen, verkehrstechnisch wie architektonisch. Bisher waren die angrenzenden Stadtteile im Bahnhofsbereich lediglich mit einem schmalen Steg oberhalb der Gleise verbunden gewesen. Der hoch liegende Gleiskörper und Lärmschutzwände verstärkten die Barrierewirkung zusätzlich. Die Neuplanung für die zum Ende des Jahrzehnts erwarteten 35 000 Passagiere täglich sah zur Integration des Bahnhofs in die Urbanität der Stadt darum funktionale ebenso wie städtebauliche Elemente vor: eine zentrale, bis zu 20 Meter breite Passage unterhalb der Gleise und im Westen des Bahnhofs den Austausch von drei Eisenbahn-Brücken, darüber hinaus den Entwurf von Neubauten am Rand des Gleisfelds. Die 100 Jahre alten Brücken über die Gabelsbergerstraße (Nelböckviadukt), Plainstraße und Rainerstraße wurden abgetragen und durch moderne, helle Neubauten mit größerer Durchfahrtshöhe ersetzt. Geh- und Radwege wurden verbreitert. Vom Nelböckviadukt aus, das nun drei statt zwei Fahrbahnen breit ist, erreicht man die Gleise der S-Bahn direkt. Der südliche Bahnhofszugang in Schallmoos wird großzügig erweitert und lässt sich über den Taxi- und Busverkehr hinaus dank einer Radstation und Kurzzeitparkplätzen auch individuell anfahren. Die von der Wettbewerbsjury besonders hervorgehobene städtebauliche Qualität des von kadawittfeldarchitektur vorgeschlagenen Ensembles von Hochhäusern, „das den Bahnhofsbereich einrahmt und als Stadtraum in Erscheinung treten ließe", bleibt dagegen, anders als in Wien, zunächst Vision.

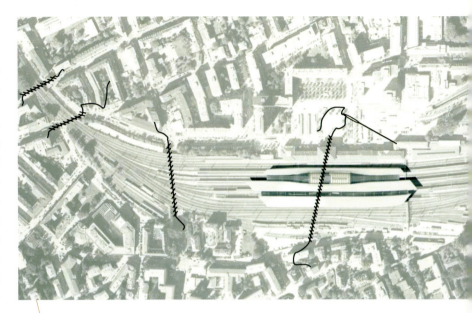

Abb. 7 Neue Vernetzung der Stadtteile Elisabeth-Vorstadt und Schallmoos

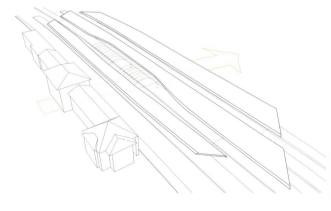

Abb. 8 Die großzügige, offene Passage unterhalb der Gleise ist nicht nur Gleiserschließung. Begleitet von Läden und Service-Einrichtungen der Bahn fungiert sie auch als stadt-strukturelle Verbindung.

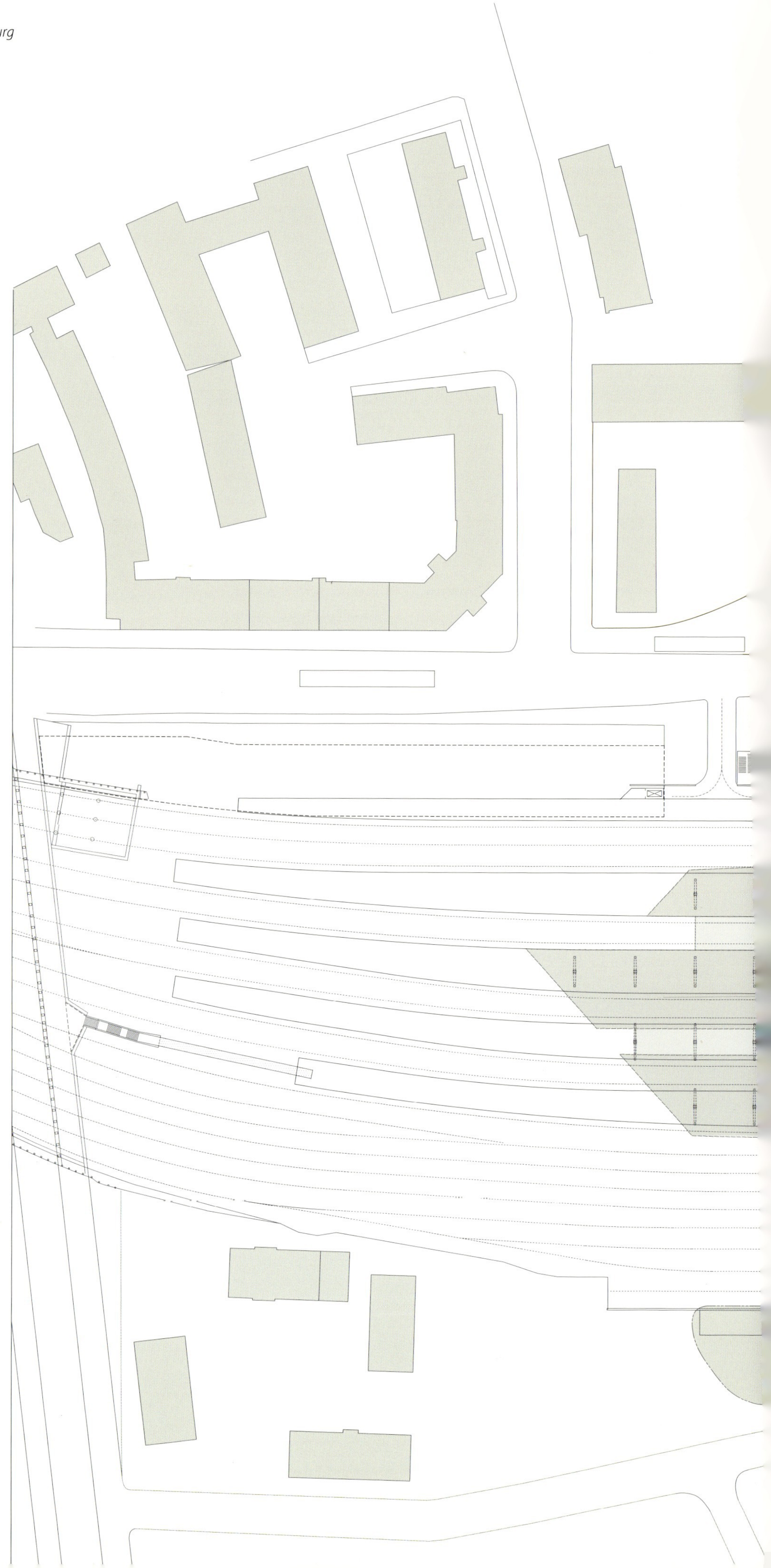

Abb. 9 Grundriss Bahnsteigebene
A historische Empfangshalle
B Hausbahnsteig
C Inselbahnsteige
D historische Bahnsteighallen
E Zugang Schallmoos

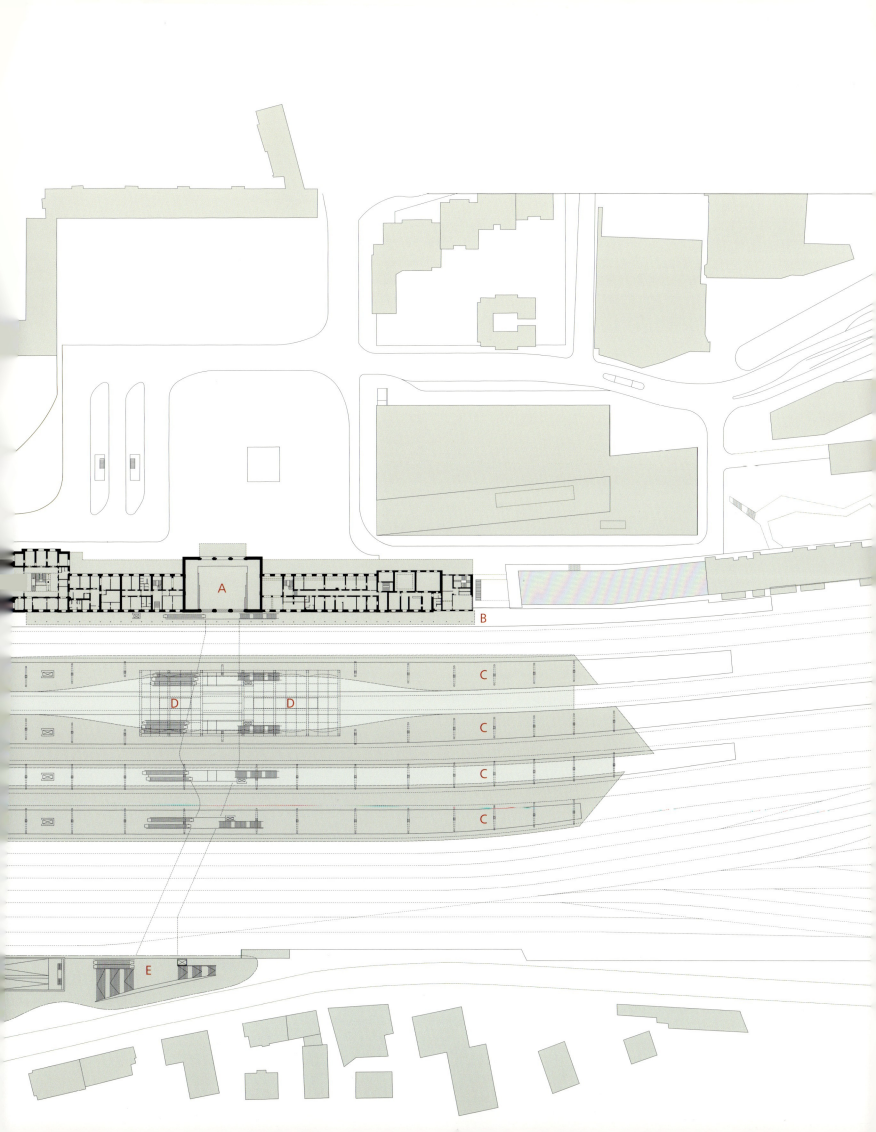

Raumzusammenhang

Die Situation des neu konzipierten Durchgangsbahnhofs ist schon heute, vor der Fertigstellung, eine völlig andere. Die jetzt durchlaufenden Gleise an im Endausbau neun überdachten, zum bequemeren Ein- und Aussteigen um etwa einen halben Meter angehobenen Bahnsteige befinden sich zwar noch in ihrer alten Höhenposition, aber zwischen Bahnsteigdach und quer dazu verlaufender, die Stadtteile Elisabeth-Vorstadt und Schallmoos verbindender Passage besteht immer wieder ein fast dramatischer räumlicher Zusammenhang. Diese Situation überrascht den Passanten oder Passagier, sobald er sich anschickt, die in Zusammenarbeit mit der Denkmalpflege aufwendig in ihre Ursprungsform zurückgeführte Empfangshalle des historischen Bahnhofs, die auch an die Stadtbahn direkt angebunden ist, in Richtung Fernverkehr und Schallmoos zu verlassen. Dabei wird das Marmorportal mit der zentralen Uhr unterhalb der neu gefassten historischen Fenster zur Schwelle zwischen der Vergangenheit und der Zukunft des Bahnhofs. Diesseits dieser Grenze sind die freigelegten Fliesenbilder und rekonstruierten Messing-Hängelampen als Jugendstilelemente in einem modern reduzierten, historischen Rahmen zu bewundern – bei allen modernen Informationssystemen, die für die schnelle Orientierung der Passagiere dennoch notwendig sind. Jenseits des Portals wird dagegen Schritt für Schritt die moderne Dynamik der Bahnreise sichtbar: von der Passage, die nicht mehr eindimensionaler Tunnel, sondern landschaftlich bewegter und räumlich komponierter Straßenraum ist, bis zum Crescendo der neuen, das moderne Eisenbahntempo symbolisierenden Bahnsteigdächer, die sich dennoch mit den historischen Bahnsteighallen zu einer ästhetischen und funktionalen Synthese über mehr als ein Jahrhundert hinweg verbinden.

Die in allen räumlichen Dimensionen sehr spezifisch geführte Passage unterhalb der Gleise des Salzburger Hauptbahnhofs entwickelt dabei ein Eigenleben, das auch ohne den Bahnhofsbetrieb funktionieren könnte. Die schwierige Problematik der unterirdischen Gleiserschließung, die im Wettbewerbsverfahren auch mit verschiedenen Gleisüberbauungen beantwortet worden war, überspielten die Architekten von kadawittfeldarchitektur mit der neuen Raumtypologie einer dynamischen Passagenführung. Boden und Decke bleiben nicht starre, rein konstruktive Elemente, sondern die Passage vermittelt in ihrer lebendigen Linien- und natürlichen Lichtführung das Bild eines offenen, urbanen, sich aufweitenden und wieder verengenden Straßenraums in bewegter Landschaft. Das gelingt auch und vor allem durch die räumliche Verknüpfung über mehrere Ebenen und Funktionen, die Orientierungshilfe mit den Akzenten ihrer Lichtführung bietet. Ganz unabhängig von den Anforderungen des Bahnhofsprojekts setzt diese Ausprägung der Passage einen beispielgebenden, neuen Maßstab.

Für den Umbau der bestehenden Gleisanlagen oberhalb der Passage wurden acht, zum Teil weit gespannte Gleistragwerke neu errichtet und auf 30 Meter tief reichenden Pfählen gegründet. Die darin integrierte Erdwärmeanlage deckt nahezu den gesamten Wärme- und Kältebedarf des Bahnhofs. Versorgungstunnel gewährleisten die Logistik der 3800 m² großen Ladenflächen ebenso wie des ÖBB-Service im Verborgenen. Komplexer und vernetzter ist Stadtraumqualität im Innenbereich, aber auch die Verknüpfung von Stadt- und Verkehrsraum heute kaum realisierbar. Der Salzburger Bahnhof ist nicht um eine eindimensionale Shopping Mall ergänzt worden, die auch als Zugang zu den Gleisen dient. Stattdessen wird die Dreidimensionalität beziehungsweise Vierdimensionalität dieses urbanen Knotenpunkts, bestehend aus ganz unterschiedlichen Verkehrslinien und -formen, nicht zuletzt aber den Passanten und Passagieren, in einem überzeugenden Bild räumlich verdichtet und veranschaulicht. Die kommerziellen Angebote des Bahnhofs mit den Auslagen und Schaufenstern sind damit, wie in jedem anderen Straßenraum, nicht mehr stilprägend, sondern bleiben als scheinbar beiläufiges Angebot Teil der übrigen Verlockungen der Stadt.

Abb. 10 Aufweitungen und Verengungen, natürliches und künstliches Tageslicht schaffen einen belebten, urbanen Raum.

Abb. 11 Ausblicke bis unter die Tonnengewölbe der Bahnsteighallen dramatisieren das Raumerlebnis der Passage und der Bahnsteige an ihren Kreuzungspunkten.

Dynamik

Den Ausgangspunkt der Entwurfsidee – der Verwandlung der alten Bahnsteige in einen modernen Hauptbahnhof mit historischem, denkmalgeschütztem Ursprung – bildeten die historischen Bahnsteigdächer bzw. -hallen. Der konstruktive und logistische Aufwand für deren Instandsetzung war beträchtlich, blieb aber im gesamten Investitionsvolumen von 270 Millionen Euro mit etwa 5 Millionen Euro angesichts der damit erreichten atmosphärischen Wirkung des Bahnhofs eine fast bescheidene Größe. Der Mittelbau des historischen Zentralperrons wurde abgetragen und das historische, im Krieg beschädigte Bahnhofsrestaurant mit seinem 375 m² umfassenden Marmorsaal, an dem die Wiener Werkstätten beteiligt waren, eingelagert. 30 Jahre lang war der Bahnhofsumbau in Salzburg an der Frage gescheitert, wie man mit diesem denkmalgeschützten Raum, der als Restaurant, aber auch als Tagungsort und Tangotänzer-Treff gedient hatte, umgehen sollte. Bei aller Wehmut über diese vorerst verlorene Episode der Bahnhofsgeschichte blockierte das Gebäude den Umbau zum Durchgangsbahnhof.

Die vernieteten, im Krieg beschädigten Stahlkonstruktionen der im Scheitelpunkt heute fast 12 Meter hohen Hallen aus dem Jahr 1908, einmalig in ganz Österreich, wurden demontiert, zerlegt, restauriert, zum Teil notgedrungen ausgetauscht, fast unsichtbar konstruktiv verstärkt und in neuer, räumlich gekoppelter Formation im Abstand von 16 Metern wieder aufgebaut. Neu ist damit auch ihre Position auf dem Bahnsteig. Durch ein Glasdach verbunden und in der neuen, historisch begründeten mattweißen Farbgebung der gesamten Bahnsteiganlage wurden sie ebenso wie die daran dynamisch anschließenden neuen Bahnsteigdächer zum Blickfang des Bahnhofs. Die Hallen selbst mit ihren 48 und 36 Meter langen Tonnendächern sind mit einem transparenten Membrandach geschlossen, das sich im weiteren Verlauf der neuen Bahnsteigdächer über den Gleisen in pneumatischen Luftkissen fortsetzt. Im Vergleich zu älteren, aus Glasfasergeweben hergestellten, mit Teflon (PTFE) lediglich beschichteten Membranen, wie sie zum Beispiel noch beim Hauptbahn-

Abb. 12 Historische und moderne Dachkonstruktionen mit Folienkissen, Membrandächern und Glas heben die Aufenthaltsqualität auf den Bahnsteigen.

hof Dresden 2006 zum Einsatz kamen, konnte in Salzburg mit einem komplett aus Polytetrafluorethylen hergestellten Membrandach eine bislang unerreichte Lichtdurchlässigkeit von 38 Prozent realisiert werden.

Das Engagement für die Rettungsaktion der alten Hallen lässt sich in vielen Anekdoten wiedergeben. Da auf der Baustelle gar nicht genug Raum vorhanden war, um etwa 2500 Stahlteile aufzuarbeiten und anzupassen, wurden die 300 Tonnen Stahl ausgelagert und in Polen bearbeitet. 60 Tonnen Stahl wurden in filigranen Spezialprofilen, zum Teil aus Italien, neu eingebaut, um verrostete Elemente zu ersetzen oder um die heute vorgeschriebene Schneelasttragfähigkeit aufnehmen zu können. Trotzdem wurde das historische Erscheinungsbild beibehalten – auch das der Nieten, in denen sich tatsächlich kraftschlüssigere Schrauben verbergen. Die gusseisernen Rollenlager der Stützen, die längst im Asphalt versunken waren, wurden wieder sichtbar gemacht. Die Hallenhöhe nahm dabei um 30 Zentimeter zu. Wegen der trotzdem knappen Durchfahrtshöhe an den Hallenenden setzten die Architekten sogar einen neuen, reduzierten Typ von Oberleitung ein. Ein Beispiel dafür, wie weit integrale Planungsarbeit in diesem Fall von den Architekten verwirklicht wurde – bis hin zur Funktion des Mediators zwischen Bahn und Stadt.

So verbindet sich die lange historische Entwicklung der Eisenbahn in Salzburg mit modernen Stahldächern, die entlang der Gleise, angetrieben von ihren die historischen Hallen inszenierenden Lichtschaufeln, über den wartenden Passagieren zu fliegen scheinen, zu einer architektonischen Gesamtdarstellung, die Stadt und Bahnhof neu interpretiert und darstellt. Ein überaus gelungener und glücklicher Auftakt für die weitere Zukunftsarbeit dieses Jahrhunderts, die ganz der Stadt, wie der Idee der Urbanität gewidmet sein wird.

Nicht Formwille, sondern Gestaltungsabsicht …

Gerhard Wittfeld

Diskursiver Politikstil

Der innere Ausbau des Bahnhofs mit seinem mehrdimensionalen Achsenkreuz aus Bahnsteighalle und Bahnhofspassage sowie der neuen Verzahnung bislang getrennter Stadtteile wird sich über das historische Empfangsgebäude hinaus städtebaulich ausprägen.

Aus der Vernetzung von Verwaltung, Industrie und Bevölkerung sowie der darin begründeten Sicherheit der Investitionen können visionäre Langzeitplanungen entstehen, deren Erfolge und Zwischenziele das Engagement auf allen Seiten immer wieder neu beflügeln. Kopenhagen hat in der Frage der ökologischen Stadtentwicklung diesen ebenso einleuchtenden wie konsequenten Weg genommen. Während in Deutschland um „Stuttgart 21" noch immer gerungen, um „Gorleben 21" gekämpft und das Bahnhofsprojekt „München 21" schon bezweifelt beziehungsweise aufgegeben wird, hat Dänemark seine Zielsetzung „Energy 21" ohne Umwege in die Tat umgesetzt. Das ökologische Stadtentwicklungskonzept des Weltmeisters in Sachen Windenergie und CO_2-Steuer stammt aus dem Jahr 1996 und ist mehrfach aktualisiert worden – mit der Bevölkerung, nicht gegen sie. Der diskursive dänische Politikstil beruht auf Kooperation und Dialog. Ein Ansatz, der angesichts des regelmäßigen Scheiterns von Großprojekten in Deutschland erst jetzt Eingang in den Politikstil finden soll. „Man höre und plane" lautete der Titel des Leitartikels der Süddeutschen Zeitung am 29. März 2012 zu diesem Thema. Das Potenzial des Miteinander-Entscheidens kann ungeahnte Kräfte freisetzen. Die Lösung komplexer Zukunftsaufgaben wird so erst möglich – ein Vorbild auch für die dichter besiedelten Stadtregionen Europas.

Diskursiver Architekturstil

Das Salzburger Bahnhofsprojekt wurde im Rahmen der Bahnhofsoffensive der ÖBB im Jahr 1997 ins Leben gerufen. Auch hier wurden die Planungsentscheidungen nicht starr vorgegeben, sondern auf mehreren Abstimmungsebenen kontinuierlich gemeinsam erarbeitet und in der Öffentlichkeit kommuniziert – zum Beispiel sehr vorbildlich mit großem zeitlichem Vorlauf in einem Informationspavillon auf dem Bahnhofsvorplatz. Diese Kultur eines ergebnis- und beteiligungsoffenen Austauschs zwischen der Stadt, dem Bauherrn ÖBB, der Denkmalpflege und den Architekten führte dazu, dass sich das Planungsprojekt Bahnhof immer wieder veränderte und auf jeweils aktueller Grundlage in neue Richtungen, neue Varianten und in neuen Dimensionen komplex weitergedacht wurde, ohne aber die Qualität des Wettbewerbsentwurfs von 1999 grundsätzlich infrage zu stellen. Darin liegt für mich der große Reiz dieses Langzeitprojekts. Etwa war es keineswegs so, dass von Anfang an die Typologie Durchgangsbahnhof im Mittelpunkt der Fragestellung gestanden hätte, ebenso wenig die städtebauliche Entwicklung rund um den Bahnhof oder die Erneuerung von drei weiteren Straßenverbindungen unterhalb der Gleise, um die Qualität der städtebaulichen Verbindung zu stärken.

Die Arbeit der Architekten liegt damit nicht mehr ausschließlich in der Einmaligkeit eines unveränderlichen, schönen Entwurfs (der allerdings immer noch notwendig ist, um den Wettbewerb für sich zu entscheiden), sondern vor allem in der Tiefe und Kontinuität einer fachlich fundierten Beratung und Moderation, die sich nicht auf architektonische Argumente beschränken darf – gerade bei technisch anspruchsvollen Projekten, die für wenigstens ein Jahrhundert angelegt werden. Das schlagende Argument ist selten in erster Linie die Architektur, sondern ein im Vergleich zu anderen Bahnhöfen bislang unerreichter Mehrwert oder – wie im Fall des historischen Inselbahnhofs – der Ausgleich widerstreitender Interessen. Auf diese Art und Weise sind die historischen Hallengewölbe ein ganz selbstverständlicher integrativer Bestandteil des neuen Bahnhofs geworden, während mit der Sinnhaftigkeit des neuen Konzepts die Argumentation für die Bewahrung des Marmorsaals am ursprünglichen Standort nicht mehr zu halten war. „Man höre und plane" ist insofern der richtige Hinweis, um in komplexen Planungsverfahren als Architekt die Kompetenz eines Vermittlers an den entscheidenden Schnittstellen zu gewinnen. Erst auf dieser Grundlage werden dann auch architektonische Überzeugungen glaubhaft und erfolgreich. Dieser Spielraum erfordert viel Vorarbeit, große Kompetenz, sogar vielschichtige Vorleistungen durch das Aufzeigen von Varianten, um allen Beteiligten ergebnisoffen die Auswirkungen eines Konzepts bis zum ausführbaren Bauprojekt aufzeigen zu können.

Der Auslöser der Wettbewerbsaufgabe des Jahres 1999 war im Wesentlichen der Wunsch nach einer neuen Bahnsteigüberdachung und nach einer funktionalen, geordneten Erschließung der Bahnsteige. Für uns lag in diesem Teilprogramm für einen neuen Bahnhof jedoch bereits die Frage nach einem neuen Baustein der Stadtentwicklung, nach dem Mehrwert für den Stadtraum insgesamt. Daraus entstand unsere Idee der Durchwegung und Verräumlichung des Bahnhofs, zum einen in Gestalt einer weitgehend geschlossenen Halle über den Gleisen als moderner, wie auch historischer räumlicher Kontrapunkt zur Linearität des Bahnverkehrs, zum anderen in Gestalt einer verdichteten Randverbauung auf ehemaligen Gleisflächen. Diese städtebauliche Perspektive hat die Stadt Salzburg inzwischen mit der „Planungswerkstatt Schallmoos-West" aufgegriffen. Die günstige Lage dieser Grundstücke wurde erst mit dem Ausbau der Infrastruktur des Bahnhofs wirklich erkannt. Der zeitliche Horizont dieser Entwicklung ist darum ein anderer, auch wenn kadawittfeldarchitektur dafür schon im Wettbewerb plädiert hat.

14 Jahre Planungsarbeit stecken für uns als Architekten bisher in diesem Projekt. Betrachtet man die weitere stadträumliche Verortung und Vernetzung des Bahnhofs durch die von unserem Büro vorgeschlagenen baulichen Verdichtungen am Rand des Gleisfelds, ist der Abschluss der städtebaulichen Überlegungen und Konsequenzen noch gar nicht absehbar. Der innere Ausbau des Bahnhofs mit seinem mehrdimensionalen Achsenkreuz aus Bahnsteighalle und Bahnhofspassage sowie der neuen Verzahnung bislang getrennter Stadtteile wird sich über das historische Empfangsgebäude hinaus städtebaulich ausprägen. Denn mit dem neu definierten Fokus des Bahnhofs als einem

öffentlichen Innenerlebnis entsteht auch in dessen unmittelbarem äußerem, städtebaulichem Rahmen ein dynamisches Entwicklungspotenzial, das nicht dem Wildwuchs überlassen werden kann, sondern die Idee des mehrfach erschlossenen Bahnhofskerns in den weiteren Stadtraum tragen muss.

Das betrifft nicht zuletzt die beiden Zugangssituationen diesseits und jenseits der Gleise, die für den Stadtteil Schallmoos mit einer großen Fahrradstation, Kiss & Ride und mit Bus- und Taxivorfahrt unter einem paraboloiden Dach bereits geplant ist und bis zur Gesamtfertigstellung des Bahnhofprojekts realisiert werden soll. Eine ähnliche Möglichkeit, seinen Zug trockenen Fußes zu erreichen, steht für den cityseitigen Bahnhofsvorplatz noch aus, ist aber in einem weiteren Schritt des Ausbaus im Sinne unserer Zielsetzung einer geschlossenen Mobilitätskette möglich. Andere Eigentümer, Fördermittel und Zuständigkeiten erfordern auch in diesem entscheidenden Detail des Bahnhofs ein diskursives Planungsmodell und Rückhalt auf der strategischen Ebene des Bauherrn ÖBB wie der Stadt Salzburg. Stark formalisierte architektonische Lösungen bieten demgegenüber zu wenig Diskussionsspielraum für bedenkenswerte Varianten, Ausweitungen und Fortsetzungen des Projekts.

Abb. 1   Der Bahnhof mit seinem mehrdimensionalen Achsenkreuz

Zur Vorgeschichte des Projekts

Hans Wehr

Symbiose vielfältiger Interessen geglückt
Vielfältige Anforderungen
Unterschiedlichste Bedürfnisse und Interessen
Komplexe Projektgegebenheiten
Bauingenieurliche Herausforderungen
In einem Kraftakt alle zahlreichen Schwierigkeiten zusammen gelöst!

In der Umsetzung gelingen weitreichende architektonische und infrastrukturelle Eingriffe in Stadtzentren oft weit weniger glücklich, als in der Planung vorgesehen. Das liegt nicht unbedingt am Unvermögen oder Unwillen der Bauträger. Großprojekte müssen zahlreiche Interessen vereinen, sie sind schwer auf den Weg zu bringen, und wenn sie nach Jahren der Planung endlich anlaufen, dann sind sie auch kaum wieder zu stoppen. Am Ende sind die Ergebnisse großer Bauten dann häufig nicht so funktional oder schön anzusehen, wie vorher erhofft. Je höher die Bausumme, desto geringer ist oft die Flexibilität der Beteiligten, sich auf verändernde Bedingungen einzustellen. Der hohe Kapitaleinsatz großer Projekte wirkt nicht selten eher lähmend als förderlich.

Der Umbau des Salzburger Hauptbahnhofs hat dagegen eine eher unübliche Projektgeschichte. Die Beteiligten waren zunächst mit einer ganzen Menge bahnbetrieblicher, infrastruktureller und städtebaulicher Probleme konfrontiert. Erst danach konnte die Baufinanzierung sichergestellt werden. Nachdem zahlreiche kleine Lösungen gescheitert oder verworfen worden waren, wurde dieser Umbau überhaupt erst zum Großprojekt.

Der Weg dorthin verlief nicht ohne Irrungen und Wirren. Möglicherweise gelang am Ende die integrale Umsetzung bei diesem Bahnhof gerade wegen der komplexen Ausgangslage. Am Ende hatten sich vielleicht einfach zu viele Probleme aufgestaut, und eine halbherzige Lösung war gar nicht mehr möglich. Der Bau des Salzburger Hauptbahnhofs liegt heute über 150 Jahre zurück, und der letzte bedeutende Umbau ist bereits vor über 100 Jahren erfolgt. In der Zwischenzeit hatten sich die Verhältnisse in Europa mehrmals gewendet.

Ein kaiserlicher Verkehrsknoten einst und jetzt

Der Salzburger Hauptbahnhof wurde 1860 fertiggestellt und war bereits damals ein europäisches Projekt, denn er entstand aus Staatsverträgen zwischen Bayern und Österreich-Ungarn über die Bahnstrecken München–Salzburg und Salzburg–Wien, zu einer Zeit, in der es Deutschland noch nicht einmal gab.

Mit dem Bau der Tauernstrecke als zweite Verbindung nach Triest über Villach wurde Salzburg dann kurz vor dem Ersten Weltkrieg endgültig zum kontinentalen Knotenpunkt. Hier kreuzten sich nun zwei zentrale europäische Achsen.

Am Salzburger Bahnhof reagierte man darauf mit dem Bau der Mittelinsel. Diese wurde 1900 bis 1909 mitten im Gleisbett errichtet, um das Umsteigen in drei Richtungen zu ermöglichen. Das Bauwerk war ein Kind seiner Zeit, mondän und glamourös – man musste schließlich stets mit Mitgliedern des Kaiserhauses rechnen. Das noble Publikum stieg nun ebenerdig um, ging durch den Zoll, speiste und fuhr weiter Richtung München, Triest oder Wien (Abb. 1).

Abb. 1 Ein Kind seiner Zeit: die Mittelinsel

In den Grundzügen blieb die Struktur des Bahnhofs von 1909 bis zum Baubeginn 2008 erhalten. Er wurde zwar stetig ausgebaut, doch obwohl in den letzten 50 Jahren der Bedarf nach durchgehenden Bahnsteiggleisen im Fernverkehr konstant stieg, rührte man die Mittelinsel nicht an.

Der Charakter eines zweiseitigen Kopfbahnhofs sollte 1972 und 1991 mit dem Anbau eines vierten und dann fünften durchgehenden Bahnsteigs, um die Mittelinsel herum, entschärft werden. Seit den Siebzigerjahren gab es nun bereits die Verbindung nach Innsbruck über Rosenheim und die neue „Rosenheimer Kurve". Durch Salzburg rollte der Güter-, Fern- und Personennahverkehr auf immer enger werdendem Raum.

Auf dem geringen zur Verfügung stehenden Platz flickte man 1972 und 1991 zusätzliche Bahnsteiggleise für den Personenverkehr, so gut es ging, an (Abb. 2). Die ursprüngliche Architektur des alten Bauwerks wurde dabei Stück für Stück angegriffen und die historische Tonnenkonstruktion aufgebrochen.

Abb. 2 Flickenteppich Bahnsteigkanten

Europa auf regionaler Ebene

Abb. 3, 4 Das Ambiente der Siebzigerjahre: unstrukturiert und chaotisch viele Farben

Die erste drängende Herausforderung für einen Umbau bestand Ende der Neunzigerjahre darin, anstelle des Flickenteppichs schlüssig angeordnete, durchgehende Bahnsteigkanten zu errichten. Doch der Personenfernverkehr war nicht das einzige inzwischen gewachsene Problem.

Für die ländlichen bayerischen Regionen nahe Salzburg war es schon immer ein weiter Weg nach München. Je nachdem, wie die Volkswirtschaften und Währungen zueinanderstanden, sind die Bayern in Salzburg oder die Salzburger in Bayern einkaufen gefahren. Das Verkehrsaufkommen wuchs nach Österreichs Beitritt zum Schengenraum noch rascher. Die ländlichen Regionen suchten sich nun überall in Europa das nächstgelegene Zentrum, so auch das Salzburger Umland. Die Stadt erstickte bald im Verkehr. Entlang des Westarms waren in Salzburg zudem über die Jahre viele Schulen entstanden, neue Haltestellen gab es jedoch keine. Auch an leistungsfähigen Brücken mangelte es.

Bereits seit den Siebzigerjahren war in Salzburg ein grenzüberschreitendes deutsch-österreichisches S-Bahnsystem in Diskussion, das endlich in Angriff genommen werden wollte. Nur der dazu notwendige freie Platz im Bahnhofsgebiet war nicht vorhanden.

Zu den Anforderungen des Güter- und Personenfernverkehrs kam noch die Vision einer grenzübergreifenden S-Bahn. Die Notwendigkeit eines ganzheitlichen Umbaus des Bahnhofs zeichnete sich immer deutlicher ab, war zu diesem Zeitpunkt aber noch immer kaum vorstellbar. Während die ÖBB darüber nachdachten, wie diese Probleme zu lösen seien, überraschte sie eine völlig neue Entwicklung.

Auf dem Weg zu einem neuen Konzept: die „Bahnhofsoffensive"

Über die Jahrzehnte waren die beschriebenen Probleme ungelöst geblieben, als die ÖBB begannen, sich österreichweit zunächst eines dritten Problems anzunehmen.

Ab etwa 1990 startete die Bahnhofsoffensive. Grundidee war dabei die Aufwertung der Bahnhöfe für die Fahrgäste, auch im Hinblick auf die wirtschaftliche Verwertbarkeit der Bahnhofsgebäude. Diese strahlten damals das Ambiente der zahlreichen kleinen Eingriffe der Siebzigerjahre aus. Sie waren oft ungemütlich, unstrukturiert und häufig nicht barrierefrei gestaltet (Abb. 3, 4). Die Bahnhofsoffensive wollte sich aller größeren österreichischen Bahnhöfe annehmen, was in der Gesamtheit ein riesiges Vorhaben war. Für den einzelnen Bahnhof jedoch bedeutete sie verkehrstechnisch kaum Neuerungen.

Für Salzburg sah die Bahnhofsoffensive umfangreiche Umbauten vor. Am Ende scheiterte sie aber am Widerstand der Bürger. So gingen die Planungen des Bahnhofsumbaus unter anderem auf Kosten des historischen Marmorsaals im Inselgebäude. Besonders gegen diesen Abriss richteten sich in der Folge Bürgerinitiativen. Der Umgangston wurde rauer. Die Kronen Zeitung ergriff mit einer Kampagne gegen den Umbau Partei. Es wurde schließlich sogar eine Anzeige wegen Amtsmissbrauchs gegen den damaligen Präsidenten des Bundesdenkmalamtes eingebracht (Abb. 5, 6, 7, 8).

Was genau der Auslöser für den heftigen Widerstand war, ist im Nachhinein schwer zu sagen. Man sollte jedoch bedenken, dass der Marmorsaal nach dem Zweiten Weltkrieg das erste wiedereröffnete Veranstaltungszentrum in Salzburg war. Die Erinnerungen vieler Menschen hingen seitdem an diesem Raum. Er gab in der Nachkriegszeit Hoffnung und neue Impulse, ein Umstand, der sicherlich in der Planung nicht genügend Berücksichtigung gefunden hatte (Abb. 9, 10, 11, 12, 13).

Die ersten Gedanken zur Neugestaltung des Bahnhofs in Salzburg haben sich also zunächst gar nicht mit den verkehrstechnischen Problemen beschäftigt. Das öffentliche Klima für Bahnhofsprojekte jeglicher Art hatte sich aber trotzdem erst einmal deutlich verschlechtert.

Abb. 5   „Charme bedroht", Der Standard 19. Juli 2000
Abb. 6   „Affenzirkus um die Kaiserstiege", Krone 2. Juni 2000
Abb. 7   „Ministerium für Marmorsaal", Krone 13. April 2000
Abb. 8   „Abrisshorror", Krone 23. Februar 2000

Zur Vorgeschichte des Projekts

Abb. 9   Blick auf die Fensterwand im Marmorsaal

Abb. 10   Die Glasdecke des Marmorsaals

Abb. 11   Die Seitenwand mit dem großen Leinwandgemälde

Abb. 12   Die Türsituation zum Marmorsaal

Abb. 13 Der Buffetbereich im Marmorsaal

Zahlreiche Interessen und eine angespannte Atmosphäre

Genau in diese Zeit des Misstrauens gerieten nun die konkreten Planungen für den S-Bahn-Ausbau. Parallel zur öffentlichen Debatte über die Bahnhofsinitiative waren bei den ÖBB die drängenden Probleme im Personenverkehr nicht in Vergessenheit geraten. Die Pläne für die S-Bahn wurden in einer breiten Informationskampagne der Bevölkerung vorgestellt. In der Folge begannen auch schon die Bauarbeiten, obwohl schlussendlich die Bahnhofsproblematik immer noch nicht gelöst war. So wurden zunächst der Südast und dann der Westast in Richtung Hauptbahnhof gebaut.

Inzwischen gab es fast schon ein S-Bahnsystem, in dem nur der zentrale Knotenpunkt fehlte. An diesem Punkt setzten sich alle Beteiligten noch einmal zusammen und entschieden, mit der Projekthistorie abzuschließen. Nun sollte vom „Klein-Klein" der vergangenen 100 Jahre Abstand genommen und wieder ein großer Wurf angegangen werden.

Abb. 14   Neuer Inselbahnsteig mit S-Bahn

Neuer Versuch, neues Glück

Der Personenfernverkehr verlangte, zur zügigen Durchbindung des Bahnverkehrs, nach deutlich mehr Bahnsteigkanten. Der Salzburger Hauptbahnhof stellte dabei innerhalb Österreichs das heikelste Glied im sogenannten „integrierten Taktverkehr" dar. Um ein reibungsloses Umsteigen und kurze Wartezeiten zu ermöglichen, stehen beim integrierten Taktverkehr zu bestimmten Zeitpunkten viele Fernverkehrszüge gleichzeitig im Bahnhof. Diese fahren dann auch alle ungefähr zur selben Zeit wieder aus dem Bahnhof hinaus, wodurch zusätzliche Kapazitäten erforderlich werden.

Der Personennahverkehr musste nur zum Teil an diesen Takt angekoppelt werden. Da es ein S-Bahnsystem in Salzburg bis zu diesem Zeitpunkt im Prinzip nicht gab, sollten möglichst bestehende Strecken genutzt werden. Trotzdem war an einen zentralen S-Bahnknoten genauso zusätzlicher Platz erforderlich. Aber auch die älteren Zielsetzungen der Bahnhofsoffensive sollten in einen Umbau integriert werden.

Allen diesen Ausbauten stand aber die Mittelinsel im Weg. Der Denkmalschutz konnte bei einem Gebäude dieser historischen Bedeutung nicht einfach vernachlässigt werden, schließlich war bereits die Bahnhofsinitiative daran gescheitert. Die große Insel mitten im Bahnhof war aber trotzdem ein 100 Jahre altes Relikt, das technisch ein Zusammenwachsen Europas an der Salzburger Grenze verhinderte.

Über die Grenzen hinaus denkend

Die Stadt Salzburg lag immer schon auf der Kreuzung der Nord-Süd- und West-Ost-Achsen. Menschen und Ideen verkehrten hier stets rege, auch darum reicht die Geschichte dieses Bahnhofs so weit zurück. Nach zwei Weltkriegen lagen diese Beziehungen zum Teil zerrüttet darnieder. Manche Grenzen entstanden neu, andere schlossen sich dichter denn je.

Obwohl sich die Notwendigkeit einer Neuausrichtung des Verkehrsknotenpunkts Salzburg über 100 Jahre abzeichnete und obwohl sich der Entwicklungsbedarf immer weiter aufstaute, wirkten die Kosten von rund 270 Millionen Euro für den Umbau auf viele erschreckend hoch. Doch die schwiergen städtebaulichen, geografischen und technischen Rahmenbedingungen sowie die Berücksichtigung der gesamteuropäischen Dimension erforderten einen größeren Schritt nach vorne, als dieser bei derartigen Projekten sonst üblich ist.

Vergleicht man heute das Ergebnis und die Kosten mit ähnlichen europäischen Projekten, so scheint die Kosten-Nutzen-Rechnung sogar günstig auszufallen.

Beim Umbau des Salzburger Hauptbahnhofs ist schließlich eine weitgehende Symbiose vielfältiger Interessen geglückt. In einem Kraftakt wurden zahlreiche Schwierigkeiten zusammen gelöst.

Funktionale Anforderungen und Anlagenkonzeption des Salzburger Hauptbahnhofs

Dietmar Zierl

Der Bahnhof als komplexer Organismus

Seit bald 200 Jahren gibt es die Bahnfahrt nun schon. Zu Beginn waren Bahnhöfe noch einfache Haltestellen entlang relativ kurzer Strecken. Es gab keine geschlossene Vernetzung Europas und keine komplexen Verkehrsknotenpunkte. Nicht die Kopplung verschiedener technischer Systeme stand im Vordergrund, sondern der Schutz der Reisenden vor der noch jungen und unbekannten Technologie. Den Bahnsteig durften die Passagiere damals erst betreten, wenn der Zug zum Stehen gekommen war. Vor der Abfahrt wurden die Waggons verschlossen, damit niemand nach dem Anfahren versuchte, auf- oder abzuspringen.

Diese Tage sind längst vorbei. Die Bahn war Motor und Katalysator der Industrialisierung. Jahrzehntelang offenbarte sich in ihr der technische Fortschritt der Menschheit. Dementsprechend kann man sich einen Bahnhof schon lange nicht mehr als einfache Ankunfts- und Abfahrtsstation vorstellen.

Heute ist ein Bahnhof ein kompliziertes Geflecht. Zahlreiche hoch technologisierte Prozesse greifen hier ineinander wie in einem Organismus. Unterschiedlichste Zuggattungen, Fahrpläne, Gleise und Bahnsteige müssen bei höchsten Geschwindigkeiten und schnellen Taktfolgen zusammenspielen.

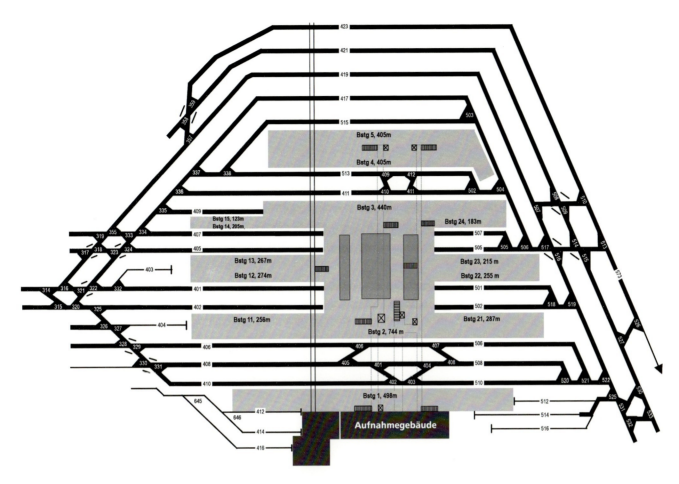

Abb. 1 Gleis- und Bahnsteigkonfiguration vor Beginn der Umbauarbeiten

Der Gleisplan als Herzstück eines Bahnhofs

Damit das überhaupt denkbar wird, muss der Gleisplan alle Elemente in Einklang bringen. Verschiedenste technische Herausforderungen, die sich beim Bahnhofsbau stellen, müssen zusammengeführt werden. Nicht der Gleisplan wird dem Bahnhof angepasst, der Bahnhof wird um einen Gleisplan herum gebaut. Kleine Modifikationen des Gleisplans in der Entwicklungsphase des Bahnhofs ziehen meistens zahlreiche Änderungen an Bahnsteigen, Oberleitungen und Kunstbauten (technische Bauten wie etwa Brücken) nach sich. Wird in einer späten Planungsphase des Bahnhofs eine Korrektur am Gleisplan nötig, dann erzwingt das in der Praxis meist einen Neustart der Planung.

Aber nicht genug damit, dass ein Gleisplan vielfältige Prozesse und Technologien in Einklang bringen muss. Die hohen Kosten eines Bahnhofumbaus erfordern eine Zukunftsperspektive von mindestens 50 Jahren. Bei der Planung muss also zudem noch weit in die Zukunft geblickt werden.

Der Salzburger Hauptbahnhof: Betriebskonzepte und Entwicklung des Spurplans

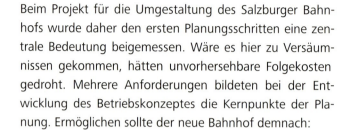

Beim Projekt für die Umgestaltung des Salzburger Bahnhofs wurde daher den ersten Planungsschritten eine zentrale Bedeutung beigemessen. Wäre es hier zu Versäumnissen gekommen, hätten unvorhersehbare Folgekosten gedroht. Mehrere Anforderungen bildeten bei der Entwicklung des Betriebskonzeptes die Kernpunkte der Planung. Ermöglichen sollte der neue Bahnhof demnach:

- einen 30-Minuten-Nahverkehrstakt von Golling und Straßwalchen mit Durchbindung über den Hauptbahnhof nach Freilassing, Berchtesgaden und Traunstein,
- einen integrierten Fahrplantaktknoten im Fernverkehr mit Verknüpfung der Relationen Zürich/Bregenz–Innsbruck–Salzburg–Wien und München–Salzburg–Villach–Italien/Slowenien,
- den Mischverkehr, also Güter- und Personenverkehr, auf allen Zulaufstrecken,
- die Durchleitung des Güterverkehrs in allen Verkehrsrelationen,
- Abstellmöglichkeiten für Nahverkehrs-, Regional- und Intercityzüge und
- die Anbindung der bestehenden Güterverkehrsanlagen.

Bei den an den Hauptbahnhof angebundenen Strecken wurde von einer Beibehaltung der zweigleisigen historischen Westbahn zwischen Wels und Salzburg und einer zweigleisigen Tauernbahn beziehungsweise von einem für den S-Bahn-Verkehr erforderlichen dreigleisigen Ausbau Richtung Freilassing ausgegangen.

Seit dem Umbau des Bahnhofs in den Jahren 1906 bis 1909 bestanden zahlreiche Stumpfgleise (Gleise mit Prellbock an einem Ende), die früher dem Maschinenwech-

Abb. 2   Neues Bahnsteigschema und Bahnsteigbelegung bei einem integrierten Taktfahrplan

sel gedient hatten. Zudem war klar, dass die vorhandenen durchgehenden Bahnsteige für die Zukunft nicht ausreichen würden, um der deutlich gewachsenen Zahl der durchgebundenen Züge im angestrebten integrierten Taktfahrplan gerecht zu werden.

Um die Anforderungen zu erfüllen, waren grundsätzlich nur zwei Lösungswege denkbar:

Man hätte entweder die zusätzlichen durchgehenden Gleise und Bahnsteige unter Umgehung der alten Mittelinsel verlegen können, wobei ein deutlicher Kapazitätsverlust für den Güterverkehr nicht zu verhindern gewesen wäre und die Mittelinsel ihre Funktion für den Fernverkehr zur Gänze verloren hätte. Oder man hätte den seit 1906 in Grundzügen unverändert gebliebenen Spurplan komplett ändern müssen, was auch letztendlich so geschah.

Um diese Grundsatzentscheidung zu fällen, wurden zahlreiche Spurplanvarianten untersucht, verglichen und bewertet. Schlussendlich fiel die Entscheidung, das Konzept eines reinen Durchgangsbahnhofs mit insgesamt neun Bahnsteigkanten weiter zu verfolgen. Dadurch wurde die denkmalgeschützte Mittelinsel als Verteilerplattform aufgegeben. Auch im neuen Gleis- und Bahnsteigkonzept musste jedoch den Belangen des Denkmalschutzes durch die Integration der historischen Stahlkonstruktion Rechnung getragen werden. Zu den komplexen technischen Rahmenbedingungen und der notwendigen langfristigen Zukunftsfähigkeit gesellte sich nun also noch die Herausforderung des Schutzes dieser historischen Substanz des Bahnhofs.

Der geänderte Spurplan sollte außerdem, neben den oben beschriebenen Anforderungen, auch die Erhöhung der Ein- und Ausfahrgeschwindigkeiten, die Verringerung der Fahrstraßenkonflikte, geringe Umsteigezeiten und eine Vereinfachung der Betriebsabwicklung ermöglichen. Darüber hinaus war die Einbindung einer künftig viergleisig ausgebauten Westbahnstrecke zu berücksichtigen (Abb. 1, 2).

Der neue Bahnhof im Kontext der Stadtplanung

Zu den technischen Anforderungen des Bahnbetriebs kommen die Bedürfnisse der Fahrgäste und Bahnhofsnutzer. Der städtebauliche Kontext setzt wiederum andere Schwerpunkte, als es die verkehrsplanerischen und wirtschaftlichen Aspekte eines derartigen Großprojekts tun.
Im Fall des Salzburger Hauptbahnhofs waren folgende Vorgaben elementar für die Planung:

- kurze, sichere, attraktive Wege und eine leichte Orientierung,
- die Verringerung der Trennwirkung der Bahnanlage im Stadtbild und die Errichtung eines zweiten Zuganges zum Bahnhof,
- attraktivere Bahnquerungen im Nahbereich des Bahnhofs,
- eine bessere Nutzung der Vermarktungspotenziale und
- die Integration der historischen Stahlkonstruktion des Bahnsteigdachs.

Um diesen Ansprüchen gerecht zu werden, wurden den einzelnen Bahnsteigen bestimmte Verkehrsarten zugewiesen. Dadurch kann die Orientierung der Reisenden vereinfacht werden. Bei Problemen im Betriebsablauf des Bahnhofs oder bei Erhaltungsarbeiten am Bahnhof könnten die Nutzungsarten der Bahnsteige aber auch flexibel abgeändert werden (Abb. 3).

Auf Abbildung 4 sind die Verknüpfungen zu anderen Verkehrsträgern zu sehen. Auch hier wurde der Fokus auf eine möglichst einfache Orientierung gelegt. Die Dimensionen neu geplanter Bahnsteiganlagen folgen den Reisendenprognosen und Personenstromsimulationen. Im Salzburger Hauptbahnhof gaben allerdings die historischen Stahlkonstruktionen von vornherein die Abmessungen vor. Die sich daraus ergebende größere Breite ermöglichte die Öffnung der unter dem Bahnsteigbereich liegenden Passage und steigert dadurch die Attraktivität.

Alle weiteren Bahnsteig- und Gleisanlagen wurden so kompakt wie möglich geplant. Nur so konnten die bestehenden Grenzen zum Südtiroler Platz beziehungsweise zur Lastenstraße eingehalten werden. Gleichzeitig wird die Voraussetzung zur Bewältigung des künftig steigenden Verkehrsaufkommens geschaffen.

Als Verkehrsknotenpunkt muss am Salzburger Hauptbahnhof das zeitsparende Umsteigen zwischen Zügen möglich sein. Nach dem Fahrplantaktknotenprinzip halten sich dann zu bestimmten Zeitpunkten mehrere Züge während eines kurzen Zeitfensters gleichzeitig im Bahnhof auf. Zu diesen Zeiten müssen ausreichende Bahnsteigkapazitäten zur Verfügung stehen, um den Passagierstrom zu bewältigen. Es muss das Umsteigen möglichst am selben Bahnsteig ermöglicht werden und es sind ausreichend Gleisanlagen nötig, um die Züge zeitgleich wieder ausfahren zu lassen.

Einem schnellen Ablauf dieser ohnehin schon komplizierten Prozesse stand der enge Bogen zwischen Bahnhof und Salzachbrücke im Weg. Er ermöglichte bislang nur eine Ein- und Ausfahrgeschwindigkeit von 40 km/h. Wer von Bayern nach Salzburg einfuhr, dem ist die geringe Geschwindigkeit immer aufgefallen. Weiter erschwert wurde die Planung aufgrund der Grenzen der möglichen Gleisanlagen durch die Eisenbahnbrücke über die Salzach im Westen und die unterschiedlichen Neigungen der Gleisanlagen in Längsrichtung der Westbahn und der Tauernbahn im Osten. Trotz der schwierigen Lageverhältnisse ließen sich die möglichen Ein- und Ausfahrgeschwindigkeiten auf 60 km/h, vereinzelt sogar auf 100 km/h, steigern. Unter den beengten Verhältnissen war die Planung von Oberleitungen, Zugsicherungsanlagen, Weichenheizungen, Zugvorheizanlagen und von vielen anderen Anlagen eine besondere Herausforderung.

Die Investitionskosten, die Leistungsfähigkeit, die Zukunftsperspektive, aber auch der architektonische und städtebauliche Rahmen standen bei der Entwicklung des neuen Salzburger Hauptbahnhofs im Vordergrund, was keine leichte Aufgabe darstellte. Doch durch sorgfältige Planung konnte trotz der schwierigen Voraussetzungen ein in all diesen Bereichen leistungsfähiger und dabei attraktiver Bahnhof entstehen.

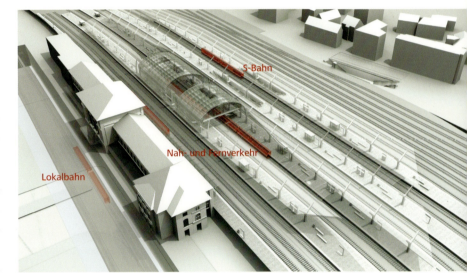

Abb. 3   Salzburg Hauptbahnhof Bahnsteigzuordnung

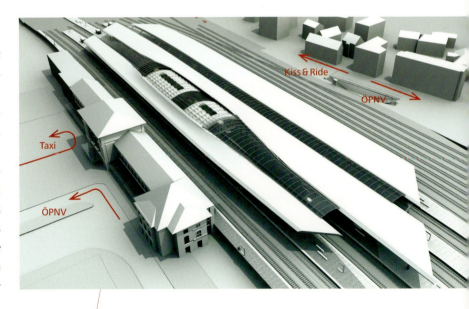

Abb. 4   Verknüpfung mit anderen Verkehrsträgern (ÖPNV: Öffentlicher Personennahverkehr)

Der Wettbewerb zum Projekt

Günter Siegl

Abb.1 Visualisierung der Halle vom Mittelperron aus

Zur Ausgangssituation neuer Bahnhofsprojekte

Die Neugestaltung vieler Bahnhofsareale wurde im letzten Jahrzehnt auch in Österreich zu einem wichtigen Thema. Optimierungen im Bahnbetrieb und der Rückzug des Bahngüterverkehrs aus innerstädtischen Bereichen bewirkten das Freiwerden hochwertiger zentrumsnaher Grundstücke. Gleichzeitig wurden in vielen Städten innerstädtische Stadterweiterungsflächen knapp.

Rasch erkannte man, dass diese Areale ein enormes Entwicklungspotenzial darstellen. Es bot sich die einmalige Chance die Bahnhöfe und deren Umfeld zu zentralen Mobilitätszentren mit urbanen Nutzungen auszubauen und dabei eine Aufwertung der Bahnhofsviertel zu erzielen.

Auch Österreichs Bahnhöfe sind im 21. Jahrhundert angekommen. Bahnhöfe sind schon lange keine reinen An- und Abreisestationen mehr. Sie sind heute städtische Kulminationspunkte der Mobilität und urbane Zentren mit vielfältigen Angeboten.

Abb. 2 Siegerprojekt Architekturwettbewerb 1999, Passagenquerschnitt

Die Planungen der ÖBB zum Salzburger Hauptbahnhof ab 1997

Die Planungen zur Verbesserung der städtebaulichen Gesamtsituation rund um den Salzburger Hauptbahnhof gehen weit zurück. Schon seit dem Jahr 1987 suchten Stadt und Bahn nach neuen Lösungen. Als erste Maßnahme wurde die Neugestaltung des Bahnhofsvorplatzes mit der darunterliegenden Tiefgarage sowie die Tieferlegung der Salzburger Lokalbahn realisiert.

Die ÖBB hatten zunächst das primäre Ziel, die wichtigsten Verkehrsstationen für ihre Kunden attraktiver zu gestalten. Die Fahrgäste sollten sich in einem komfortablen, sauberen und angenehm gestalteten Ambiente besser informiert, wohler und sicherer fühlen.

Die Architektur der neuen Bahnhöfe sollte dazu einen zentralen Beitrag leisten. Der Bahnhof aus dem Jahr 1860 war zuletzt in den Jahren 1908 und 1909 durch den Bau einer neuen Eingangshalle und die Errichtung der Mittelinsel ausgebaut worden.

Wesentliche Ausgangsparameter für die Neuplanung des Hauptbahnhofs waren die geänderten Mobilitätsanforderungen, der Entfall der Funktion als Grenzbahnhof zu Deutschland nach dem EU-Beitritt Österreichs und der Neubau des Bahnhofsvorplatzes. Die wesentlichen bahnbetrieblichen Vorgaben waren die erforderliche zukünftige Einbindung der viergleisigen Westbahnstrecke und der geplante S-Bahn-Nahverkehrsausbau Richtung Golling, Freilassing und nach Norden mit dem Hauptbahnhof im Zentrum.

Der Architekturwettbewerb 1999

Der Siegerentwurf des Architekturwettbewerbs von kadawittfeldarchitektur aus dem Jahr 1999 (Abb. 1, 2) übernahm weitgehend die städtebauliche Qualität des bestehenden Inselbahnhofs. Das architektonische Konzept sah die Beibehaltung des Zentralperrons, die Integration der historischen Hallenkonstruktion und den Ausbau des bestehenden unterirdischen Zugangs zu einer stadtteilverbindenden Geschäftspassage von der Elisabeth-Vorstadt nach Schallmoos vor.

Der Entwurf war geprägt von der Idee der intensiven „Verwebung" von Stadt- und Bahnfunktionen. Die Passage als „urbaner Teppich" diente sowohl der Verbindung beider Stadtteile als auch der zentralen Bahnsteigerschließung und beherbergte die Bahnservice-Einrichtungen und Shops. Diese Vernetzung verstärkte sich durch die bauliche Verdichtung im Bereich des Mittelbahnsteigs und manifestierte sich in der zentralen lichtdurchfluteten Halle, welche die stadtteilverbindende Passagenebene mit der Bahnsteigebene zu einem Großraum verschmelzen ließ. Diese Verdichtung am Mittelperron zu einer „multifunktionalen hybriden Gebäudestruktur" erfolgte durch Höhenstaffelung und Längsschichtung der Baumassen zum Zentralraum hin und spiegelte die Dynamik ein- und abfahrender Züge wider.

Die Überarbeitung des Siegerentwurfs 1999

Die ÖBB als Bauherr musste in weiterer Folge die Idee einer massiven Überbauung der Mittelinsel aus verschiedenen Gründen verwerfen. Das überarbeitete Wettbewerbsprojekt sah eine großzügige, leichte Dachkonstruktion vor. Diese sollte auf der historischen Stahlbogenkonstruktion der Halle aufliegen und so einen lichtdurchfluteten, urbanen Zentralraum formen. Am nördlichen und südlichen Ende der historischen Stahlhalle übernahmen höhengestaffelte Betonschalen den Übergang vom Zentralraum der historischen Halle zur neuen Bahnsteigüberdachung (Abb. 3, 4).

Abb. 3 Überarbeitung Wettbewerbssiegerprojekt Passagenquerschnitt

Abb. 4   Visualisierung der Halle vom Mittelperron aus, überarbeiteter Entwurf

Abb. 5   Die neue, lichtdurchflutete Bahnsteigüberdachung

Zur Architektur des umgesetzten Projekts

Zahlreiche Projektänderungen zogen sich über mehrere Jahre und waren einerseits in den strengen Vorgaben des Denkmalschutzes, andererseits betriebstechnisch begründet. Im Zuge des geplanten S-Bahn-Ausbaus wurde ein Durchgangsbahnhof erforderlich.

Nach jahrelangen fruchtbaren Diskussionen und vielen Planungsvarianten wurde ein „gereiftes Projekt" entwickelt, welches die ursprüngliche Qualität des Wettbewerbs weitgehend bewahren und dabei alle eisenbahntechnischen Anforderungen und die Auflagen des Denkmalschutzes erfüllen konnte. Die Architekten hielten an dem ursprünglichen Gesamtkonzept fest. Sie konnten sich auf die geänderten Rahmenbedingungen gut einstellen und haben ihr Konzept im Hinblick darauf weiterentwickelt. Die zentrale Stahlhalle aus dem Jahr 1909 hat durch die Neupositionierung an Wertigkeit und Bedeutung als identitätsstiftendes kulturhistorisches Bauwerk gewonnen. Die neuen Bauteile, insbesondere die neuen Bahnsteigüberdachungen, fügen sich respektvoll, jedoch nicht unterordnend in das architektonische Gesamtkonzept ein. Sie erzeugen im Zusammenwirken mit der historisch wertvollen Bausubstanz optisch eine hohe Dynamik und prägen ein einzigartiges Ambiente. Die Neueindeckungen des historischen Hallenteils mit tageslichtdurchlässigen, leichten Membranen und die transparenten Verglasungen des neuen Verbindungsstücks zwischen den beiden Teilen der Bogenhalle lassen die historische Stahlkonstruktion in ihrer ursprünglichen Farbe neu erstrahlen (Abb. 5).

Die gestalterische Intention der Schaffung eines zentralen, lichtdurchfluteten, urbanen Raums wurde damit umgesetzt und folgt der Kernidee des Wettbewerbsprojektes.

Die restaurierte Eingangshalle empfängt die Reisenden und Besucher wieder im ursprünglichen Kleid des Jugendstils aus dem Jahr 1909. Sie wurde von den vielen Einbauten und Verbauungen der vergangenen Jahrzehnte befreit. Die Ideen der zentralen Mitte mit Verdichtung im Zentrum und des „urbanen Teppichs" sind auch im Umsetzungsprojekt noch klar erkennbar. Die ursprüngliche Höhenstaffelung als Übergang von der historischen Bogenhalle auf die restliche Bahnsteigüberdachung ist zu einem fließenden Übergang geworden, hat aber an Dynamik nichts verloren.

Damit sich alle Menschen in einem hellen, freundlichen Ambiente sicher und wohl fühlen können, schenkte man

Abb. 6 Die Bahnhofspassage ist angenehm hell gestaltet

der Tages- und der Kunstlichtplanung besonderes Augenmerk (Abb. 6).

Auch Zugluft kann den Aufenthalt im Bahnhof unangenehm werden lassen. So wurden zur Vermeidung dieses Problems umfangreiche Analysen im Windkanal durchgeführt.

Erstmals wird bei einem Bahnhofsprojekt, im Sinne der Nachhaltigkeit, ein Großteil der benötigten Energie aus erneuerbaren Ressourcen mittels einer geothermischen Anlage umgesetzt.

Architektur hat über den reinen funktionellen Zweck hinaus die Aufgabe der menschengerechten Gestaltung. Bahnhöfe sind Bauten für die Öffentlichkeit und daher vorbildlich und nachhaltig für Generationen zu planen. Sie müssen sicher, einfach, komfortabel und barrierefrei zu benützen sein. Die Bahnhofsarchitektur hat primär den Bedürfnissen ihrer Nutzer zu dienen. Sie muss eine gute Orientierung ermöglichen und daher informativ, überschaubar und transparent in Erscheinung treten.

Die Architektur des neuen Salzburger Hauptbahnhofs kommt den Anforderungen an einen heutigen Bahnhof überzeugend nach und wird das noch lange leisten können.

Abb. 7   Die historische Stahlhalle während des Umbaus

Abb. 8   Der neue Bahnhof vom Bahnsteig 3 aus gesehen

Die Umsetzung des Projekts

Thomas Wörndl

Vom Konzept zur architektonischen *Landmark*

So anspruchsvoll wie das Konzept zum Umbau des Salzburger Hauptbahnhofs bereits in der Theorie erschien, so komplex und langfristig gestaltete sich auch die praktische Umsetzung. Über sechs Jahre und zahlreiche Hindernisse hinweg wurde der neue Bahnhof auf einer Fläche von ca. 125 000 m² Wirklichkeit. Dabei waren weit mehr als die sichtbaren Elemente des Bahnhofs Teil der Neugestaltung. 100 Jahre nach dem letzten Umbau hatten fundamentale Bestandteile der Bahnhofsinfrastruktur wie zum Beispiel die Bahnhofsviadukte ihre Lebensdauer überschritten. Es entstand eine Baustelle, die alle Bereiche des Bahnhofbereichs betraf, während der Verkehr großteils ungehindert weiterfließen sollte.

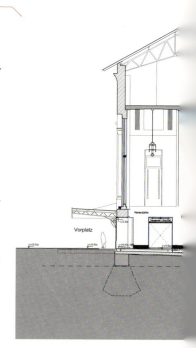

Reibungsloser Verkehr in der Großbaustelle

Bei der Entwicklung des Konzepts für die Umsetzung aller Baumaßnahmen waren zahlreiche Rahmenbedingungen zu beachten. Die komplexeste Herausforderung war dabei sicherlich die Aufrechterhaltung des Bahn- und Kundenverkehrs während der Bauarbeiten mit 500 Zugfahrten und 25 000 Reisenden pro Tag. Nicht nur sichtbare Anlagen wie Gleise, Bahnsteige oder Oberleitungen, auch die oft übersehene Infrastruktur wie Kabelanlagen, Kundeninformationssysteme, Beleuchtungen, Sicherungstechnik, zahlreiche Entwässerungsanlagen und die Wasserversorgung sollten schließlich stets zuverlässig weiterarbeiten. Dazu kamen nun noch weitere anspruchsvolle Rahmenbedingungen wie die erforderliche Aufrechterhaltung des städtischen Kanal- und Leitungsnetzes, die historische Bausubstanz, der berüchtigte „Salzburger Seeton" (feinkörnige Ablagerungen eines ehemaligen Sees im Salzburger Becken, etwa 10 000 Jahre alt) mit dem hochstehenden Grundwasserspiegel und die Vermeidung von Behinderungen des öffentlichen Busverkehrs durch Baustellenverkehr am Bahnhofsvorplatz.

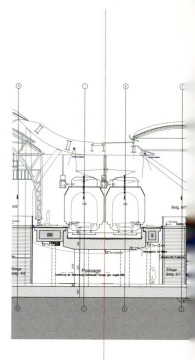

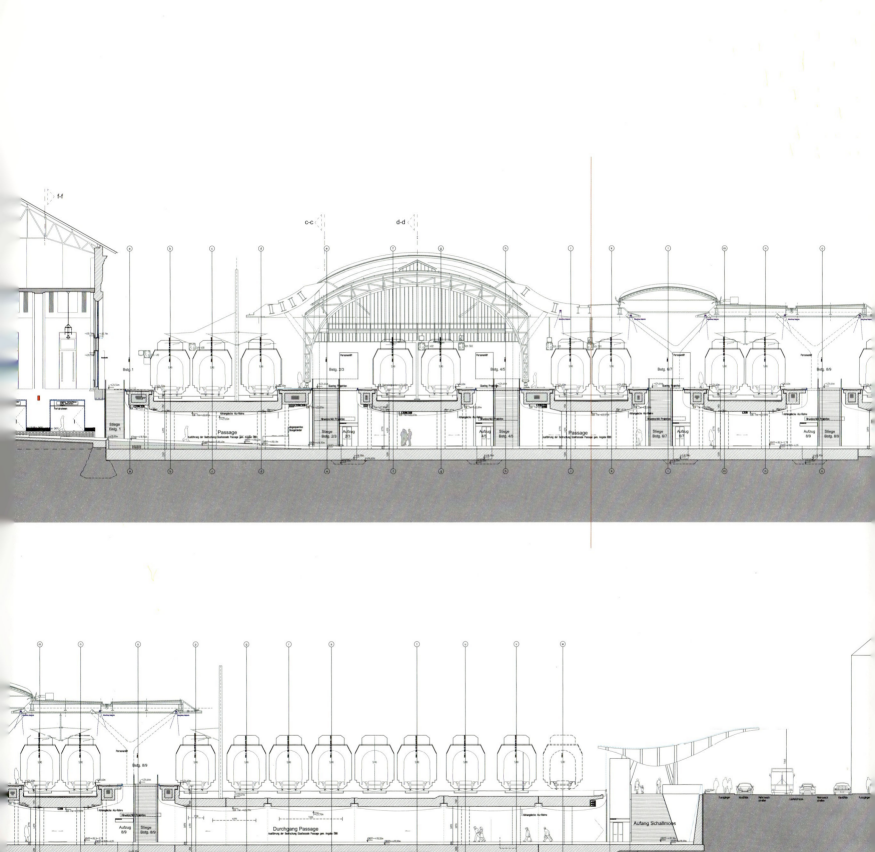

Abb. 1 Basis der Betrachtung für die Baudurchführung waren die zentrale Passage mit Shops und die historische Stahlhalle

Zum Zeitpunkt der Entwicklung des Umbaukonzepts bewarb sich Salzburg um die Olympischen Winterspiele 2014. Der Kundenbereich sollte daher bis Ende 2013 fertiggestellt werden. Nachdem feststand, dass Salzburg die Spiele nicht ausrichten würde, konnte eine Verlängerung des Fertigstellungszeitraums angedacht werden. Letztlich wurde der ambitionierte, aber realistische Zeitplan aufrechterhalten.

Für die Baudurchführung wurde ein spezielles Konzept entwickelt. Im Zentrum der Überlegungen standen die größten Bauwerke wie die zentrale Passage mit den Shop-Bereichen und die historische Stahlhalle. Dabei stellte sich rasch heraus, dass der Bahnbetrieb auf nur drei durchgehende Bahnsteiggleise reduziert werden musste. Die Bauzeit hätte sich anderenfalls deutlich verlängert, zumal die Breite des Baufelds nur noch bescheidene 10 m betragen hätte (Abb. 1).

Nachdem die Entscheidung für einen Bauzustand mit drei durchgehenden Bahnsteigkanten gefallen war, wurden um diese Voraussetzung herum die Betriebszustände, also die Pläne für den Betrieb des Bahnhofs, in den Versionen A–F entwickelt (Abb. 2).

Die Rahmenbedingungen für den Betrieb des Bahnhofs änderten sich während der verschiedenen Bauphasen zahlreiche Male. Insgesamt mussten diese Betriebszustände in rund 120 Detailbauphasen aufgegliedert werden.

Vor allem die Software für das elektronische Stellwerk war davon betroffen. Bei jeder wesentlichen Änderung der Gleis- und Weichenlage musste sie angepasst werden. Der erforderliche Programmier- und Prüfaufwand für die Software sollte aber auf ein möglichst geringes Maß reduziert werden. Dafür wurden die Bauphasen derart abgestimmt, dass nicht mehr als zwei Mal im Jahr ein Softwaretausch notwendig werden sollte.

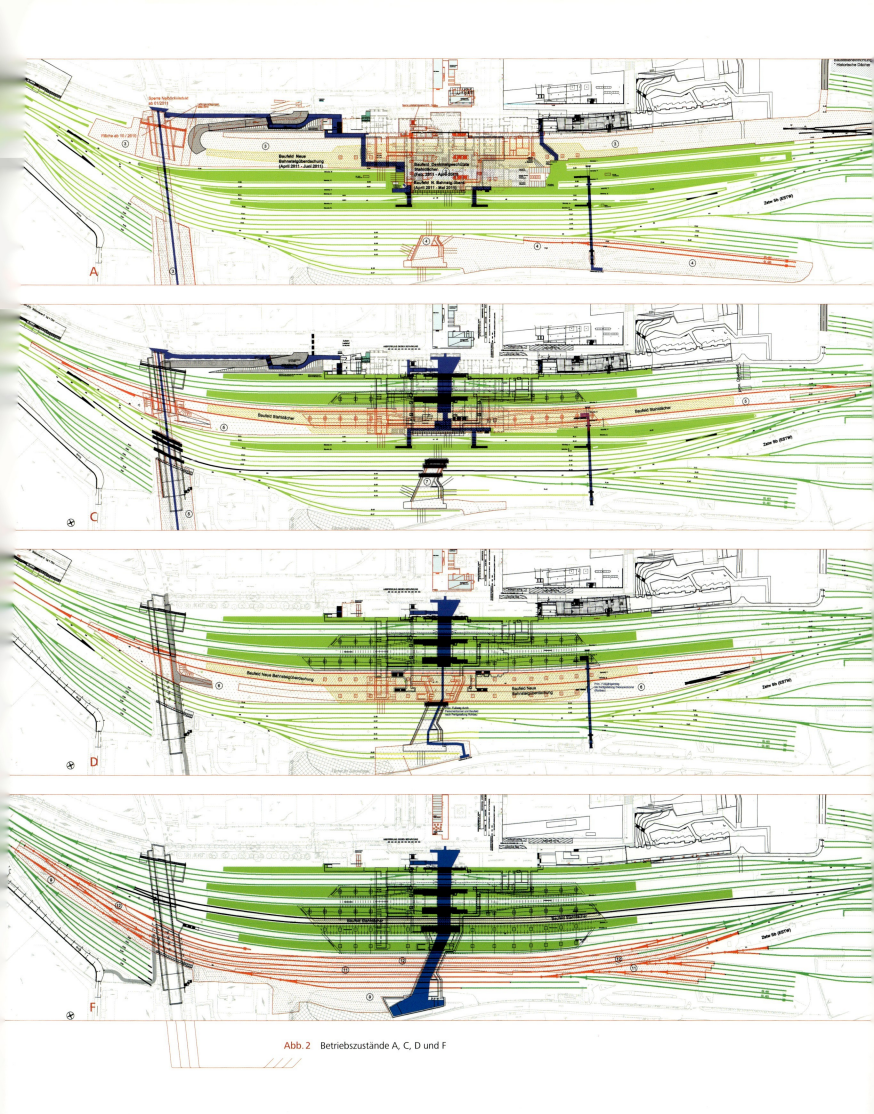

Abb. 2 Betriebszustände A, C, D und F

Abb. 3 Abtragung Viadukt Rainerstraße

Abb. 4 Hilfskonstruktion aus Stahl beim Viadukt Rainerstraße

Die Aufteilung der Gewerke

Um eine Großbaustelle in einem zu bewältigenden Umfang zu strukturieren, werden die verschiedenen Aufgabenbereiche in sogenannte „Gewerke" eingeteilt. Beim Salzburger Bahnhofsprojekt wurde diese Einteilung von der Idee getrieben, für die großen und besonders komplizierten Abschnitte mehr Vorbereitungszeit zu gewinnen und dabei trotzdem nicht zu viel Zeit bis zum Baubeginn zu verlieren. Es wurden demnach zunächst kleinere Baulose vergeben. Diese waren:

- die Tiefbauarbeiten für die sogenannte Westeinfahrt von der Plainstraße bis kurz über die Rainerstraße,
- die Absiedlungsmaßnahmen für die Mittelinsel mit dem Containerdorf am Südtiroler Platz,
- die Anpassung der Oberleitungsanlagen im Bereich der Westeinfahrt und
- die Anpassung der sicherungstechnischen Anlagen im Bereich der Westeinfahrt.

Daraufhin folgte die Einteilung der Hauptarbeiten in nachstehende Gewerke:
- die Tiefbauarbeiten im Zentralbereich und Nelböckviadukt,
- die Stahlbauarbeiten für die historischen Dächer,
- die Stahlbauarbeiten für die neuen Bahnsteigdächer,
- die Ausbaugewerke mit den haustechnischen Anlagen im Bereich des Aufnahmsgebäudes und der Passage sowie den Bahnsteigausstattungen,
- die Oberleitungsarbeiten im Zentralbereich,
- die Anpassung der Sicherungstechnik und
- die Oberbauarbeiten (Gleise und Weichen).

Im Bereich der denkmalgeschützten Eingangshalle und der Stahlhalle wurden für Arbeiten mit restauratorischen Anforderungen Spezialunternehmen beauftragt.

Die einzelnen Bauabschnitte

Die Westeinfahrt 2009 bis 2010

Vor Beginn der Arbeiten im Zentralbereich war es erforderlich, die Gleisanlagen zwischen der Plainstraße und dem Nelböckviadukt umzubauen, damit die Abwicklung des Bahnverkehrs auf den eingeschränkten Bahnsteiganlagen möglich blieb. Im Zuge dessen wurden auch die über 100 Jahre alten Viadukte über die Plainstraße und die Rainerstraße komplett neu gebaut. Dabei sind die dazwischen liegenden Stützmauern erneuert und an die neue Gleislage angepasst worden.

Auch in diesem Bereich musste der Bahnverkehr aufrechterhalten bleiben. Das erreichte man, indem im Jahr 2009 die südliche Hälfte der Bauwerke abgetragen und neu errichtet wurde. Ende 2009 konnte der Bahnverkehr dann auf die neuen Bauwerksteile umgelegt werden. Nach einer kurzen Winterpause kamen 2010 die Arbeiten im Norden zu einem erfolgreichen Ende.

Eine besondere Herausforderung stellte dabei die Brücke über die Rainerstraße dar. Bei ihrer Errichtung Anfang des 20. Jahrhunderts hatte man auf möglichst kurze Spannweiten für die Stahlträger geachtet und sie senkrecht zur Straßenachse angeordnet (Abb. 3). Die Gleisanlagen befanden sich allerdings schräg zur Straßenachse. Dadurch wurden beim Abtragen des ersten Teils der Brücke bereits 80 Prozent der Stahlträger getrennt. Um für den Bahnverkehr den Teil des Tragwerkes für die nördlichen Gleise zu erhalten, musste eine provisorische Abfangung der unterbrochenen Stahlträger erfolgen. Da unter der Brücke für den Omnibusverkehr die Fahrleitung mit der erforderlichen Mindesthöhe erhalten bleiben musste, war eine Unterstellung nicht möglich. Gelöst wurde das Problem mit einem 20 Meter langen und etwa 20 Tonnen schweren Hilfsträger aus Stahl (Abb. 4). Auf diesem wurde jedes abgetrennte Ende der bestehenden Konstruktion nach oben abgehängt. Der Hilfsträger wurde an beiden Enden zusätzlich mit massiven Konstruktionen gegen

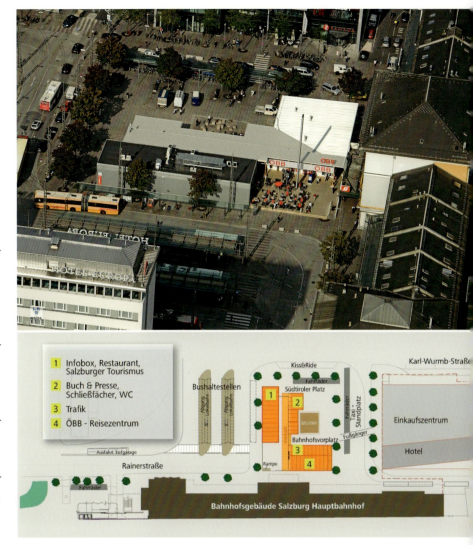

Abb. 5   Containerdorf am Vorplatz des Salzburger Hauptbahnhofs
Abb. 6   Lageplan des Containerdorfs

den Anprall eventueller entgleisender Schienenfahrzeuge geschützt.

All diese Maßnahmen bedeuteten einen enormen Aufwand. Bei aktuellen Brückenbauprojekten werden die Tragwerke für einzelne Gleise beziehungsweise Gleisgruppen getrennt ausgeführt. Bei der nächsten Erneuerung dieser Brücken werden künftig, im Schnitt alle 100 Jahre, keine aufwendigen Hilfskonstruktionen mehr erforderlich sein.

Vorarbeiten im Zentralbereich

Zeitgleich mit dem nördlichen Teil der Westeinfahrt wurde der erste Teil des Zentralbereichs umgebaut. Vorbereitend hat man bereits 2009 die Serviceeinrichtungen, die Gastronomie und Geschäfte von der Mittelinsel beziehungsweise aus der Empfangshalle verlegt. Ein Großteil der Einrichtungen wurde als Containerdorf auf dem Südtiroler Platz angelegt. Auch auf den zur Betriebsabwicklung verbliebenen Teil der Mittelinsel wurden Container für Serviceeinrichtungen errichtet (Abb. 5, 6).

Das Abtragen der Mittelinsel

Der Einrichtung des Baufelds für den ersten Teil der Passage ging Ende 2009 die Abtragung der Anlagen auf der Mittelinsel voraus (Abb. 7). Während der Demontage der historischen Stahlhalle und dem Abriss des Gebäudetrakts mit dem Bahnhofsrestaurant war auf Bahnsteig 3 ein sicherer Zu- und Abgang für die Reisenden nicht möglich. In dieser Zeit mussten die Bahnsteige 1 und 2 betrieblich aufrechterhalten werden.

Die daraus resultierende Situation einer im Bahnbetrieb angeordneten sogenannten „Inselbaustelle" stellte hohe Anforderungen an die Logistik. Das Zerlegen der historischen Halle sollte zudem in möglichst großen Teilstücken erfolgen, was die Situation zusätzlich erschwerte.

Vorbereitend für die Errichtung der ersten drei Gleistragwerke der neuen Passage wurde der mittlere Teil von Bahnsteig 3 inklusive dem Bahnsteigdach durch eine vorstehende Stahlkonstruktion auf der Baugrubensicherung errichtet (Abb. 9).

Im Bereich der Mittelinsel wurden alle erhaltenswerten historischen Bauteile sorgfältig demontiert und zum Großteil in der ehemaligen Lokremise des Bahnhofs Bischofshofen eingelagert. Vor allem die Ausstattungselemente des Marmorsaals und die Stützen des südlichen Bahnsteigdachs mussten aus Gründen des Denkmalschutzes erhalten werden (Abb. 8).

Die Demontage der Stahlhalle

Ende 2009 konnte der Abbau der historischen Stahlhalle in Angriff genommen werden. Dazu musste die Halle zu Beginn der Arbeiten millimetergenau vermessen werden, um später originalgetreu wiedererrichtet werden zu können. Nicht nur der Denkmalschutz, auch die Statik der Halle erlaubte keine Abweichungen von der ursprünglichen Geometrie. Die Halle wurde zwar in größtmögliche

Abb. 7 Abbruch des Mittelinselgebäudes

Abb. 8 Lagerung historischer Bauteile

Abb. 9 Spundwandarbeiten für den mittleren Teil des Bahnsteigs 3

Einzelteile zerlegt, da die Halle aber zur Aufarbeitung in die Nähe von Kattowitz in Polen transportiert werden sollte, ergaben sich schlussendlich trotzdem über 2 000 Einzelteile. Ursprünglich sollte die Halle vor Ort aufgearbeitet werden. Dafür stand jedoch auf dem Baufeld schlichtweg nicht genug Platz zur Verfügung (Abb. 10).

Die Errichtung der Passage – der Kundenverkehr

Um den ersten Teil der Passage erbauen zu können, wurden für rund eineinhalb Jahre die Reisenden über provisorische, aus Holz konstruierte Wege geleitet. Die Provisorien sahen zum Teil wie Brückenkonstruktionen aus. Dabei erhielt ein im Norden stehendes Bauwerk aufgrund seiner markanten Form denselben Namen wie das bekannteste Bauwerk der Brückenstadt Venedig: „Rialtobrücke" (Abb. 12). Ganz wichtig war, dass während der Umbauphase die Bahnsteige barrierefrei zugänglich blieben. Deshalb wurde ein provisorischer Lift für die bestehenden Bahnsteige 4 und 5 in Betrieb genommen, der nach der Fußball-Europameisterschaft 2008 aus Innsbruck günstig erworben wurde. An der Rainerstraße konnte, durch das Vorziehen des Lastenlifts, der Bahnsteig 1 im späteren Ladehof erreicht und der stadtseitig südlich situierte Zugang barrierefrei ausgelegt werden (Abb. 11, 13, 14).

Der Rohbau

Die Tragwerksysteme oberhalb der Passage und des Shopbereichs mit einer wesentlich größeren Spannweite als die alten Personentunnels erforderten eine höhere Konstruktion. Durch zusätzliche Maßnahmen, wie der Erhöhung der Stärke des Schotterbettes unter den Gleisen und der lichten Durchgangshöhen, musste man eine Absenkung des Passagenbodens um rund 1,8 Meter vornehmen.

Nun reichten die Bodenplatten des Bauwerks unter dem Grundwasserspiegel nicht mehr aus. Der Höhenunterschied zum Südtiroler Platz im Bereich der ehemaligen Empfangshalle musste durch eine Rampe angeglichen werden. Die Abdichtung der Baugrube konnte an drei Seiten durch Stahlspundwände erfolgen. An den

Abb. 10 Abtragung der historischen Stahlhalle

Abb. 11   Kundenführung im März 2010

Abb. 12   Die Salzburger „Rialtobrücke"

Abb. 13   Provisorische Zugangssituation aufgrund der Erdarbeiten für den ersten Teil der Passage, März 2010

Abb. 14 Kundenführung während der laufenden Bauarbeiten. Die Passage wird betoniert und die Stahlhalle aufgebaut, März 2011

Fundamenten des Aufnahmsgebäudes war dafür, in Synergie mit den Unterfangungsmaßnahmen, eine Hochdruckbodenvermörtelung notwendig (Abb. 15). Um die Lasten in den Untergrund mit dem berüchtigten „Salzburger Seeton" abzutragen, wurden zusätzlich zu den massiven Bodenplatten rund 1300 Kleinrammpfähle eingebaut. Diese Konstruktionselemente wurden auch für die Errichtung einer Erdwärmeanlage genutzt (Abb. 16–19).

Schließlich konnten im Jahr 2010 sämtliche Erdbau-, Spezialtiefbau- und Betonarbeiten im ersten Bauabschnitt der Passage abgeschlossen werden.

Abb. 15 Aufbau des neuen Dachs

Ergebnisse der Simulationsberechnungen

Erzeugte Energiemenge durch Geothermie		Deckungsgrad
Jahresheizenergiemenge	1 015 MWh	55%
Jahreskühlenergiemenge	745 MWh	80%

Einsparungen		Zusätzlicher Aufwand	
Wärme	Fernwärme: 1 050 000 kWh/a	Strom Heizung:	338 000 kWh/a
Kälte	Kühlenergie: 745 000 kWh/a	Strom Kühlung:	93 000 kWh/a

Abb. 16 Erdwärme Zahlen

Stahldächer und Ausbau

Wie im Plan vorgesehen, begannen im Jahr 2011 der Stahlbau und die Ausrüstung im Bereich der ersten drei Bahnsteige. Auch der Ausbau der Passage konte in Angriff genommen werden. In der Eingangshalle wurden zu dieser Zeit die historischen Elemente restauriert. Mit dem spektakulären Wiederaufbau der historischen Stahlhalle und des restaurierten Bahnsteigdachs wurden auch für Anwohner und Medien die ersten großen Ergebnisse sichtbar (Abb. 20).

Bahnsteige 1 bis 3 und Gleise

In einer besonders intensiven Periode konnte neben der Errichtung der ersten Abschnitte der neuen Dachkonstruktion bis Anfang November 2011 die Fertigstellung der neuen Bahnsteige 1 bis 3 zum Abschluss kommen. Neben den revitalisierten Bauwerken waren dazu bereits

Abb. 17 Unterfangung der Fundamente der Empfangshalle mittels Düsenstrahlverfahren

Abb. 18 Ausrüstung der duktilen Rammpfähle für das Salzburger Geothermieprojekt

Abb. 19 Erdwärmeleitungen

Abb. 20 Unterschiedlichste thematische Führungen für Kunden und Anrainer

mehr als 100 Kilometer Kabel zu verlegen. Bevor die Verlegung der Gleisanlagen möglich wurde, musste im Juli 2011 der Kundenverkehr provisorisch durch die Passage geführt werden (Abb. 22–24). Erstmals konnten die Bahnkunden das sehenswerte Ambiente der künftigen Passage genießen. Zehn frisch restaurierte Fliesenbilder mit Salzburger Landschaften und Stadtansichten sowie das Landes- und Stadtwappen zieren die Wände der Eingangshalle am Hauptbahnhof. Sechs nach Jugendstil-Vorbildern angefertigte Messing-Hängelampen sind ebenfalls bereits montiert (Abb. 25–27). Im Zuge der Baustellenbeschilderung wurden die bestehenden Bahnsteige 3, 4 und 5 in 33, 34 und 35 umbenannt, um in den künftigen Bauphasen Doppelbenennungen zu den neuen Bahnsteigen zu vermeiden.

Von Mitte 2011 bis zum 6. November 2011 wurden 4 500 Laufmeter Gleise und 45 Weichen inklusive 14 Provisorien, Oberleitungen und sicherungstechnische Ausrüstungen verlegt.

Am 5. November konnten die Kunden und Anrainer an einem Infotag die fertiggestellte Eingangshalle und die ersten drei neuen Bahnsteige mit der hell erstrahlenden historischen Halle in Augenschein nehmen. Fristgerecht ab 6. November wurde in diesen Bereichen dann der Bahnverkehr aufgenommen (Abb. 21).

Als außergewöhnliches technisches Element erweckte die Deckenstromschiene im Bereich der historischen Tonne Aufsehen. Diese Form der Oberleitung, die meistens in Tunnelbereichen zum Einsatz kommt, war erforderlich, um die Stromversorgung unter den Schürzen der Tonne durchführen zu können (Abb. 28).

Nach Anpassung des Weichenbereiches am Westkopf zwischen Salzachbrücke und Nelböckviadukt bis zum Fahrplanwechsel im Dezember 2011 konnte die Umsetzung des nächsten Bauabschnittes für die neuen Bahnsteige 4 und 5 angegangen werden.

Abb. 21   Alles auf Hochglanz, kurz bevor der Infotag beginnt

Abb. 22, 23, 24   Kundenverkehr zwar provisorisch, aber perfekt durch die Passage geführt!

84 *Die Umsetzung des Projekts*

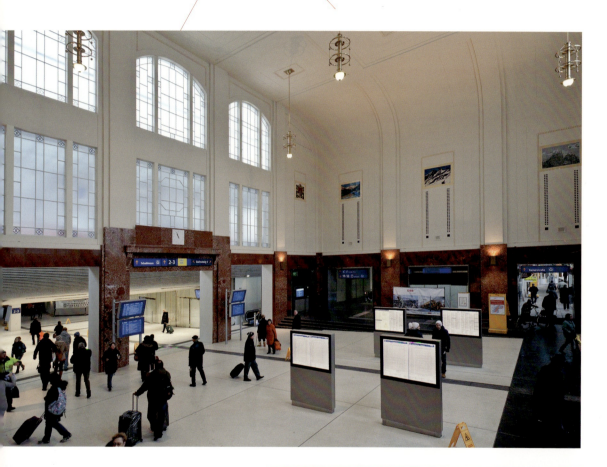

Abb. 25 Blick in die revitalisierte Empfangshalle mit ihren Jugendstil-Fliesenbildern

Abb. 26 Die Bischofsmütze im Fliesenbild von Hans Wilt

Abb. 27 Rekonstruierte Jugendstil-Lampe

Abb. 28   Moderne Deckenstromschiene für niedrige Durchfahrtshöhen

Bahnsteige 4 und 5

Bis Mitte Juli 2012 wurden als Inselbaustelle zwischen den Bahnsteigen 3Neu und 34Alt die Arbeiten erfolgreich beendet. Die Baustelle war sowohl über die Gleise im Norden des Bahnhofs als auch über den Baubereich des Nelböckviadukts erreichbar.

Mit dem neuen Dach über dem Bahnsteig 4 und 5 konnten die mit Folienkissen eingedeckten Dachbereiche im Anschluss an die historische Tonne geschlossen werden. Damit war der erste Teil der Dachlandschaft über den Bahnsteigen 2 bis 5 und den zugehörigen Gleisen geschlossen (Abb. 29).

Mit Mitte 2012 konnten dann letztendlich die ersten Serviceeinrichtungen und Geschäfte in der Passage in Betrieb gehen. Ab Juli 2012, mit Ausnahme des kurzen Stumpfbahnsteigs 14, wird der Kundenverkehr nur mehr im neuen Teil des Bahnhofs abgewickelt. Auch für den Bahnsteig 14 wurde ein barrierefreier Zugang ermöglicht. Dafür unterbrach man die Gleise am Bahnsteig 5 mit zwei provisorischen Prellböcken. Somit war für die Reisenden der Aufzug am Bahnsteig 4 und 5 erreichbar.

Bahnsteige 6 bis 9

Zwischen dem Kundenbereich und den Güterzuggleisen ist es nun möglich, die Bahnsteige 6 und 7 sowie 8 und 9 bis Ende 2013 zu errichten. Von den S-Bahnsteigen 8 und 9 wird ein direkter Zugang zum Nelböckviadukt erbaut. Da bereits ab 2010 die Passage auch von der Seite Schallmoos gebaut wurde, konnte die Erschließung des Baufelds auch von dieser Seite erfolgen. Um den Güterverkehr möglichst wenig zu behindern, wurden Hilfsbrückenkonstruktionen eingesetzt (Abb. 30, 31).

2013 wird zudem der Zugangsbereich Schallmoos fertiggestellt. Er umfasst Verkehrsanlagen wie „KISS and RIDE" und „BIKE and RIDE" (Abb. 35). Mit der Inbetriebnahme sämtlicher Serviceeinrichtungen und Geschäfte wird der Kundenbereich des Bahnhofs Ende 2013 komplett ausgeführt sein.

Abb. 29 Die Dachbänder sind mit luftgefüllten Folienkissen montiert

Abb. 30, 31 Hilfsbrückenkonstruktionen sorgten für einen ungestörten Güterverkehr

Abb. 32 Betonierarbeiten beim Nelböckviadukt

Abb. 33 Bombensondierung am Salzburger Hauptbahnhof – in Summe wurden ca. 25 000 lfm sondiert

Nelböckviadukt

Mithilfe des Nelböckviadukts quert die B1 den Bahnhof. 17 Gleise liegen über dieser zentralen Verkehrsader. Die Erneuerung des Nelböckviadukts ist eine der wesentlichen Bauaufgaben des Salzburger Bahnhofsprojekts. Die 100 Jahre alten Stahlbrücken hatten ausgedient und wurden durch helle Neubauten ersetzt. Im Zuge des Neubaus wurden unter Beteiligung von Stadt und Land Salzburg auch die Straßenquerschnitte an den aktuellen Stand der Technik angepasst. Insbesondere wurde die eingeschränkte Durchfahrtshöhe von 3,6 Meter mit der Ausführung einer lichten Höhe von 4,5 Meter beseitigt (Abb. 32). Das Anheben der Bahnanlagen im Weichenbereich des Bahnhofs in entsprechendem Ausmaß war nicht möglich. Daher musste die Straßenfahrbahn abgesenkt werden, die dadurch unterhalb des Grundwasserspiegels zu liegen kam. Aus diesem Grund wurde für den Straßenbereich eine wasserdichte Wanne angelegt.

Nun kam erschwerend hinzu, dass durch das Viadukt neben vielen Leitungen der städtischen Infrastrukturen wie Fernwärme, Gas und Wasser auch ein städtischer Kanal geführt ist. Der Kanal musste neu in den höher liegenden Fuß- und Radbereich verlegt werden, was allerdings erst nach Fertigstellung dieses Bereichs möglich war. Die Errichtung des Nelböckviadukts erfolgte in Koordination mit den Bauphasen des Zentralbereichs in mehreren Teilabschnitten. Aufgrund der komplexen Rahmenbedingungen war es dabei erforderlich, die Straße im Brückenbereich über die Dauer von zwei Jahren für Kraftfahrzeuge zu sperren (Abb. 34).

In enger Zusammenarbeit mit Stadt und Land wurden Umleitungsmaßnahmen geplant und durch eine intensive Informationskampagne begleitet. Ein Verkehrschaos konnte so bereits im Ansatz verhindert werden.

Kriegsrelikte

Der Salzburger Hauptbahnhof wurde gegen Ende des Zweiten Weltkrieges mehrfach bombardiert. Es war also zu erwarten, dass man im Verlauf der Arbeiten auf Blindgänger und andere Relikte aus dieser Zeit stoßen würde. Um das Risiko während der Arbeiten auf ein Minimum zu reduzieren, wurden sämtliche Orte untersucht, an denen man Kriegsrelikte für möglich hielt (Abb. 33). Infolge des Salzburger Seetons gilt vor allem der Bereich von 2–8 Meter unter Gelände als gefährdet. Bis heute trafen die Arbeiter glücklicherweise jedoch auf keine Abwurfmunition.

Sechs Jahre harte Arbeit – ein tolles Ergebnis

Um die Arbeiten und den Betrieb des Bahnhofs parallel abwickeln zu können, mussten für die Bauzeit sechs Jahre veranschlagt werden. Trotz der enormen Bemühungen aller Projektbeteiligten, die unangenehmen Folgen der Bauarbeiten möglichst gering zu halten, hat diese Zeit auch für die Nutzer des Bahnhofs eine Belastung bedeutet. Der neue Salzburger Hauptbahnhof wird diese Unannehmlichkeiten mit Sicherheit im Nu vergessen machen.

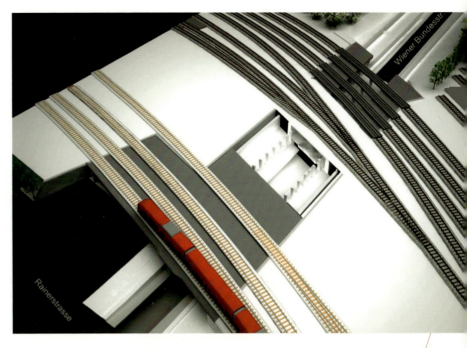

Abb. 34 Eine von vielen Bauphasen des Nelböckviadukts im laufenden Betrieb

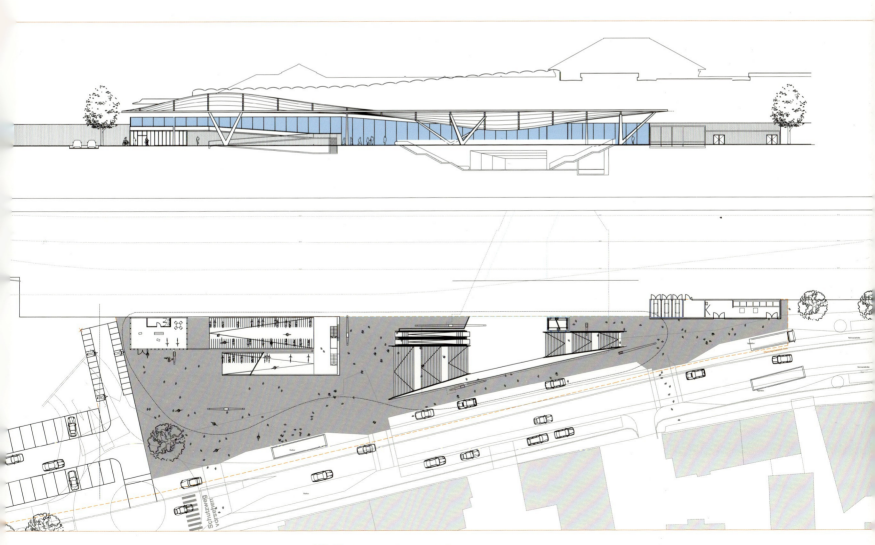

Abb. 35 Zugangsgebäude Schallmoos

Bauaufnahme

Klaus Wenger-Oehn

Abb. 1 Die historische Stahlhalle vor dem Abbau

Abb. 2 Tachymetrische Kontrollmessung in der Kassenhalle

Das Vermessungsbüro Wenger-Oehn, das seit 1974 ein weites Spektrum von fotogrammetrischen und terrestrischen Dienstleistungen in den Bereichen Vermessung und Geoinformation anbietet, wurde im Jahr 2009 von ÖBB-Infrastruktur Bau AG mit der vermessungstechnischen Baubetreuung beauftragt. Ziel war es, während der gesamten Bauphase sowohl für die Örtliche Bauaufsicht (ÖBA) als auch für das Baumanagement die vermessungstechnischen Aufgaben abwickeln zu können.

Ein durchgängiger digitaler Workflow von der Gewinnung über die Bearbeitung bis hin zur Bereitstellung der aufbereiteten Geodaten sollte hier in Verbindung mit modernster Hard- und Softwareausstattung eine sichere und qualitätsorientierte Projektabwicklung ermöglichen. Die begleitende Betreuung anlässlich des Neubaus des Hauptbahnhofs Salzburg verlangte neben der projektspezifischen Flexibilität auch eine vermessungstechnische Präzision – Genauigkeit bis in den Millimeterbereich. Eine wesentliche Erschwernis war dabei die dauernde Einhaltung dieser Genauigkeit, da die Festpunkte (GPS-Punkte, Netzpunkte und Polygonpunkte) durch das Baugeschehen Veränderungen (Setzungen usw.) unterworfen waren und dadurch einer permanenten Kontrolle bedurften. Die angewandte Messmethode mit Zwangszentrierung, Mehrfachmessungen und Messung bei Beachtung der Messgeometrie entsprach dem üblichen Standard.

Grundlagennetz/Baustellennetz

Für die Baustellenvermessung war es notwendig, ein Baustellen umfassendes homogenes Messnetz zu schaffen, das allen Beteiligten zur Verfügung stand. Dazu wurde, aufbauend auf dem landesweiten ÖBB-GPS-Netz, ein Baustellennetz im Bereich des Baufeldes des Hauptbahnhofumbaus erstellt, wobei besonderes Augenmerk auf die Dauerhaftigkeit der Festpunkte während der gesamten Bauphase gelegt wurde.

Die Grundlagen- bzw. Baustellennetzerstellung ging in zwei Abschnitten vonstatten: Der erste Abschnitt im Jahr 2009 wurde im Bereich „Lastenstraße" durchgeführt (7 GPS-Punkte, 5 Netzpunkte), der zweite Abschnitt im Bereich „Rainerstraße" wurde im Jahr 2010 abgewickelt (3 GPS-Punkte, 15 Netzpunkte). Es wurden insgesamt 10 GPS-Punkte neu stabilisiert (Betonmesspfeiler, betonierte Bodenpunkte oder Eisenbolzen) und ausgehend von Punkten (11312230 und 21088200) des ÖBB-GPS-Netzes „Attnang–Salzburg" mittels statischer Basislinienmessung eingemessen. Die Messdauer der statischen Messung betrug je Punkt 2 × 2 Stunden bei unterschiedlichen Satellitenfenstern.

Die Basislinienberechnung der GPS-Messung erfolgte im Programm Leica GeoOffice. Die Transformation ins Gebrauchsnetz Gauß-Krüger M31 wurde mit den zur Verfügung gestellten Transformationsparametern des Netzes „Attnang–Salzburg" umgesetzt. Weiters wurden zwischen den neu geschaffenen GPS-Punkten zusätzlich 20 Netzpunkte mit Eisenrohren bzw. -bolzen stabilisiert. Ausgehend von den erfassten Punkten (21088200 und 21088900) des ÖBB-GPS-Netzes „Attnang–Salzburg" sowie den neu erstellten GPS-Punkten, wurden über die Polygonpunkte Feinpolygonzüge terrestrisch gemessen und berechnet. Die so ermittelten Koordinaten der Netzpunkte und auch die Koordinaten der neu geschaffenen GPS-Punkte dienten als Näherungskoordinaten für weitere 2D-Netzausgleichungen, aufbauend auf den Punkten 21088200 und 21088900 (Netz „Attnang–Salzburg"). Die ausgeglichenen Lagekoordinaten der GPS- sowie auch Netzpunkte wiesen nur wenige Millimeter als mittlere Fehler aus. Die höhenmäßige Bestimmung der GPS-Punkte sowie auch der Netzpunkte wurde durch Messung und Berechnung eines Präzisionsnivellements, ausgehend von den amtlichen Höhenfestpunkten des Bundesamtes für Eich- und Vermessungswesen (BEV) und des Magistrats der Stadt Salzburg, durchgeführt. Diese Festpunkte (GPS-Punkte, Netzpunkte) bildeten die Basis für alle weiteren Baustellennetzverdichtungen zum Zwecke der Baustellen-, Setzungs- und Kontrollvermessung. Dazu wurden Polygonpunkte stabilisiert, mittels Feinpolygonzug terrestrisch eingemessen und berechnet sowie die Höhenbestimmung durch Präzisionsnivellement durchgeführt.

Zwangspunkte

Aufbauend auf den Polygonpunkten erfolgte die Einmessung von Zwangspunkten, auf welche sowohl das Projekt als auch das Baugeschehen aufzubauen hatten. Dies soll folgendes Beispiel der Stahlhalle (Abb. 1) erläutern: Es musste hier über terrestrische Einmessung von Nieten in 22 vorgegebenen Bereichen pro Hauptbinder sowie eines Punktes je Zapfenachse der beiden Zapfenachsen (Fußpunkt) pro Hauptbinder gewährleistet werden, dass die Stahlhalle in der ursprünglichen Position wieder aufgestellt werden konnte. Die geforderte relative Messgenauigkeit betrug dabei ±5 Millimeter in den Nieten und ±2 Millimeter in den Fußpunkten. Die Detailpunkte wurden von mindestens zwei verschiedenen Standpunkten aus in mehreren Sätzen und beiden Kreislagen gemessen; die Ergebnisse wurden schließlich durch kontrollierte Mittelbildung berechnet (Abb. 6). Durch die gewählte Mess- und Berechnungsstrategie konnten die geforderten Genauigkeiten sicher erreicht werden.

Beweissicherung historischer Bauten

Mittels verschiedenster Erfassungsmethoden wurde eine Beweissicherung der historischen Bauten durchgeführt.

Beweissicherung – Terrestrische Fotogrammetrie

Bei der terrestrischen Fotogrammetrie werden die Messbilder von erdfesten Standpunkten aus aufgenommen. Mittels fotogrammetrischer Methoden können aus diesen Messbildern Objekterfassungen erarbeitet werden. Zum Beispiel wurde die Fassade der Kassenhalle (Abb. 5) mittels dieser Methode sowohl durch Strichauswertung als auch durch ein Orthofoto dokumentiert.

Beweissicherung – Tachymetrische Messung

Ausgehend von den Polygonpunkten des Baustellennetzes wurden die zu dokumentierenden Objekte in Lage und Höhe tachymetrisch eingemessen (Abb. 4). Bei Erfordernis wurden die Höhenverhältnisse mittels Präzisionsnivellement bestimmt.

Kontrollmessungen – Absteckungen – Setzungsmessungen – Belastungsproben

Aufbauend auf den Polygonpunkten des Baustellennetzes wurden die gemäß Baufortschritt erforderlichen Kontroll-

und Setzungsmessungen sowie Absteckungen und Belastungsproben erstellt, welche nachfolgend beispielhaft dargestellt sind.

Setzungsmessung
In periodischen Abständen wurde eine Messung von ausgewählten Punkten mittels Präzisionsnivellements zur Feststellung von Setzungen in sensiblen Bereichen ausgeführt. Im Bereich der zentralen Passage (Hauptgebäude) waren dabei Setzungen im Zentimeterbereich feststellbar.

Kontrollmessung – am Beispiel Kassenhalle
In periodischen Abständen wurde eine tachymetrische Messung von Kontrollpunkten zur Feststellung von Lage- und Höhenveränderungen in sensiblen Bereichen vorgenommen. Die Höhenverhältnisse wurden mittels Präzisionsnivellement bestimmt (Abb. 2).

Absteckung
Präzise Punktabsteckungen erfolgten mittels tachymetrischer Messung beziehungsweise bei Erfordernis die Höhenbestimmung mittels Präzisionsnivellement.

Belastungsproben
Gemäß dem Baufortschritt wurden Belastungsproben für die neu errichteten Brückenabschnitte mittels tachymetrischer Messung und Präzisionsnivellement durchgeführt.

Dazu wurde auf den zu prüfenden Brückenteilen Punkte durch den Statiker bestimmt, welche mittels Absteckung in die Natur übertragen wurden. Mittels Präzisionsnivellement wurden diese Punkte beobachtet, wobei im ersten Durchgang eine Nullmessung ohne Belastung und im zweiten Durchgang die Belastung mit Triebfahrzeugen (z.B. Typ 2086 – Dienstmasse 72 Tonnen) und Messung der sich ergebenden Biegung vorgenommen wurde. Im dritten Durchgang wurde wiederum eine Messung der Punkte ohne Belastung durchgeführt (Abb. 3).

Abb. 3 Belastungsprobe eines Brückenbauwerks

Abb. 4 Beweissicherung historischer Bauten – Beispiel Marmorplatten in der Kassenhalle

Abb. 5 Fotogrammetrische Strichauswertung der Fassade der Kassenhalle

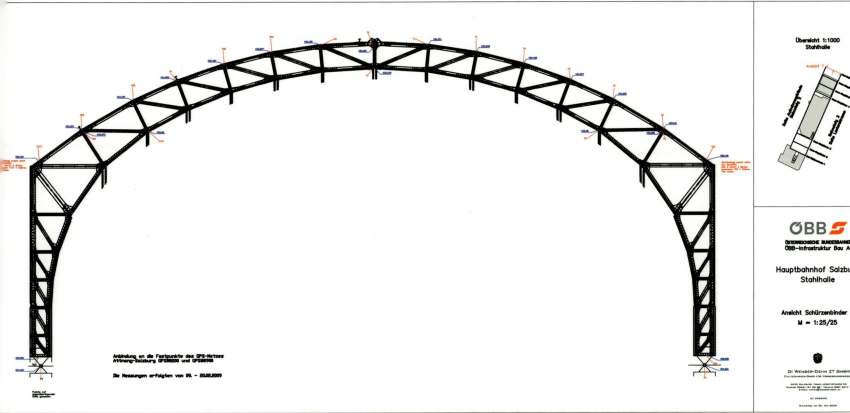

Abb. 6 Detail Schürzenbinder, historische Stahlhalle

Statische Grundlagen

Walter Breitfuß

Grundlagen der statisch konstruktiven Bearbeitung
Aufgabenstellung:
Im Zuge des Um- und Neubaus des Salzburger Hauptbahnhofs sah die Planung die architektonisch-technische Integration der bestehenden, denkmalgeschützten Bahnhofsmittelüberdachung („Tonnen") in das Entwurfskonzept des neuen Bahnhofs vor. Im Folgenden wird ein kurzer Überblick über die einzelnen Schritte von der Grundlagenerhebung bis hin zur Realisierung gegeben.

Beschreibung der Bestandskonstruktion
Die ursprüngliche Stahlkonstruktion der Bahnhofsüberdachung setzt sich aus zwei Baukörpern, jenem der „Österreichischen Seite" und jenem der „Bayerischen Seite", zusammen, die durch das bestehende, in Ziegelbauweise errichtete Restaurationsgebäude getrennt waren. Die Laterne im Bogenscheitel dieser beiden Baukörper sollte ebenfalls erhalten bleiben.

Weiterhin gab es im Bestand neben dem Mitteltrakt zu den jeweiligen Bahnsteigen Seitentrakte, die nicht Bestandteil des neuen Projektes waren und somit nicht näher betrachtet wurden.

Die vierfeldrige „Österreichische Seite" setzt sich aus vier Bindern (ein Schürzenbinder und drei Hauptbinder) sowie einem Auflagerpunkt am Restaurationsgebäude zusammen. Die Feldweiten betragen vom Schürzenbinder Nord-Ost beginnend 12,440 m/12,900 m/12,440 m/11,650 m.

Die dreifeldrige „Bayerische Seite" setzt sich in Anlehnung an die österreichische aus drei Bindern (ein Schürzenbinder und zwei Hauptbinder) sowie einem Auflagerpunkt am Restaurationsgebäude zusammen. Die Feldweiten betragen vom Schürzenbinder Süd-West beginnend 11,220 m/12,900 m/11,650 m.

Die Konstruktion in der Binderebene – Hauptbinder und Schürzenbinder

Die Binder sind als idealer Dreigelenksbogen mit einem Zapfengelenk im Bogenscheitel ausgebildet. Die Längsrollenlager unter den Binderfüßen sind mit etwa 5° aus der Vertikalen nach innen geneigt, um den Bogenschub günstiger ableiten zu können. Zusätzlich sind diese mittels Stahlknaggen gegen Rutschen in Binderebene gesichert. Die Binder selbst sind zur Gewährleistung der Stabilität als Gitterstützen mit quadratischem bzw. rechteckigem Querschnitt ausgebildet.

Konstruktion orthogonal zur Binderebene

Die Gitterpfetten und Standardpfetten sind, statisch bestimmt gelagert, in den einzelnen Binderebenen eingehängt. Die Binderfüße sind, wie bereits erwähnt, orthogonal zur Binderebene, also längs der Tonne, längsverschieblich auf Rollenlagern gelagert, um die Tonnenlängsverschiebung aus Temperaturschwankungen ohne Zwängungen aufnehmen zu können. Die horizontale Festhaltung bzw. die Stabilisierung der Konstruktion erfolgte im Bestand über die Gitterpfetten direkt ins Mauerwerk des Restaurationsgebäudes.

Untersuchung/Beurteilung der Bestandskonstruktion

Materialuntersuchung

Der Bestandskonstruktion konnten folgende Materialtypen zugeordnet werden:

Baustahl des Bestandes aus dem Jahr 1908

Aufgrund einer Materialuntersuchung an der TVFA der TU Wien vom 14. Juni 2000 sowie einer darauf aufbauenden Untersuchung durch Prof. DI Dr. Ramberger und DI Dr. Nahler aus dem Jahr 2000 wurde der Bemessungswert für die Streckgrenze mit 20,5 kN/cm² festgelegt.

Baustahl des Wiederaufbaus aus den Jahren 1947/1948

Für die Ausbesserung der Kriegsschäden durch die vormalige „Vereinigte Österreichische Eisen- und Stahlwerke AG" (VOEST) wurden gemäß den vorliegenden Konstruktionsplänen Stahl St 37, Nieten St 34 und Schrauben St 38 verwendet.

Optische Untersuchung

Generell war und ist die bestehende Stahlkonstruktion als Ergebnis der optischen Untersuchung in einem guten baulichen Zustand. Lediglich geringe Korrosionsschäden waren zu bemängeln.

EDV-gestützte Untersuchungen

Da das bestehende System nach der Sanierung und Repositionierung weiterhin zur Lastabtragung herangezogen wird, ist eine statische Untersuchung des Bestands unter Berücksichtigung der zu ändernden Rahmenbedingungen erforderlich. Auch die neue Normenlage macht dies unumgänglich. Hier seien z. B. die neue Wind- und Schneenorm mit erheblichen Laststeigerungen genannt. Leider konnten im Gegensatz zu planlichen Unterlagen keine älteren statischen Berechnungen der Tonne ausfindig gemacht werden. Um den Konstruktionswillen des damaligen Projektanten im Detail verstehen zu können, musste daher eine Analyse des Bestandes mittels EDV-gestützter Nachrechnungen anhand eines räumlichen Stabwerkssystems durchgeführt werden:

- Nachrechnung der Bestandskonstruktion unter den bestehenden statischen Rahmenbedingungen anhand der ursprünglich berücksichtigten Einwirkungen und Dachaufbauten. Die neuen Berechnungsergebnisse bestätigten die gute Konzeption der bestehenden Konstruktion. Trotz sehr hoher, aber letztendlich nicht bedenklicher Auslastung der einzelnen Bauteile konnte ein Erhalt der alten Substanz grundsätzlich bestätigt werden.
- Nachrechnung der Bestandskonstruktion unter den bestehenden statischen Rahmenbedingungen anhand der neu projektierten Dachaufbauten und der aktuellen Einwirkungen. Aufgrund dieses Berechnungsschritts wurde gezeigt, dass die Konstruktion auch auf Basis der neuen Normen nachweisbar ist. Die Notwendigkeit von maßgeblichen Ertüchtigungsmaßnahmen wurde bereits hier erkannt, abgeleitet und abgestimmt.
- Nachrechnung der Bestandskonstruktion unter den neuen statischen Rahmenbedingungen anhand der neu projektierten Dachaufbauten und

der aktuellen Einwirkungen. Anhand dieser Berechnung erfolgte die finale Beurteilung der Konstruktion und eine Überführung der Ergebnisse in eine Genehmigungsplanung sowie schlussendlich in eine Ausführungsplanung wurde getätigt.

Repositionierung und Adaptierung
Adaptierung des Bestands aufgrund architektonischer und statischer Vorgaben

Um die bestehende Konstruktion ohne maßgebliche Veränderungen weiterverwenden zu können, wurde das statische Grundsystem des Bestands auch nach der Repositionierung praktisch unverändert übernommen. Alle Binder, das sind die Hauptbinder und vor allem die reich dekorierten Schürzenbinder einschließlich der zugehörigen Rollenlager sowie der ebenfalls ansprechend gestalteten Seitenwände und Pfettenfelder, werden am neuen Ort prinzipiell originalgetreu wieder aufgestellt. Die auffälligste Änderung für die Tonne stellt der Entfall des trennenden Restaurationsgebäudes dar, wodurch nun die vier Binder mit drei Pfettenfeldern der „Österreichischen Seite" sowie die drei Binder mit zwei Pfettenfeldern der „Bayerischen Seite" zu einem durchgängigen Bauteil zusammengefasst werden. Als Verbindungselement wurde ein transparentes, unterspanntes Einhängefeld mit einer Stützweite von 16,04 Meter geplant, das möglichst bestandsschonend an die Bogenbinder anzuschließen war.

Die gesamte Achslänge der neu zusammengeführten Überdachung ist mit 37,780 + 16,040 + 24,120 = 77,940 m d. h. ~78,0 m zu beziffern, die Stützweite der Tonne in der Binderebene mit 25,100 m.

Da den beiden Tonnen durch den Entfall des Restaurationsgebäudes im statischen Sinne die horizontale Festhaltung genommen wurde, war im Zuge der Repositionierung eine neue Aussteifungskonstruktion mit Verbänden zu entwickeln. Diese musste sich sowohl optisch als auch kraftmäßig entsprechend in die filigrane Stahlkonstruktion einpassen, damit so wenige Verstärkungen der Bestandsstruktur wie möglich erforderlich wurden (Abb. 2). Für die Wahl der neuen Festhaltepunkte wurden folgende Gesichtspunkte in Betracht gezogen:

- In Anlehnung an den derzeitigen Bestand sollten die „Bayerische" und die „Österreichische Seite" weiterhin als statisch getrennte und voneinander unabhängige Systeme funktionieren.
- Eine Koppelung über das filigrane Glasdach war mit statisch und konstruktiv vernünftigen Maßnahmen nicht zu bewältigen.
- Dem bestehenden System entsprechend wurden die Fixpunkte an den ehemals dem Restaurationsgebäude nächstgelegenen Bindern eingebaut, womit die Auflager des Einhängedachs rechnerisch bewegungsfrei bleiben und eine Kopplung der vormals getrennten Tonnen ausgeschlossen werden kann. Die im Bestand vorhandene Längsverschieblichkeit der betroffenen Rollenlager wird mittels zusätzlicher Knaggen unterbunden.
- Eine Abtragung der horizontalen Kräfte über die Binderstiele selbst als Rahmensystem ist aufgrund deren zu geringer Steifigkeit aus der Ebene nicht zu bewältigen.
- Die Aufnahme der großen Horizontallasten der Konstruktion im Bereich der Fundamente kann aufgrund der neuen architektonischen Anforderungen nicht analog zum Bestand mittels erdverlegten Zugbändern bewerkstelligt werden, sondern erfolgt über die neue, offene Stahlbetonkonstruktion in der Ebene über dem Einkaufszentrum.

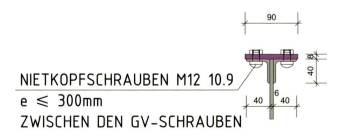

Abb. 1 Beispiel für die Gurtverstärkung am Zwischenbinder

Die Ertüchtigung der Hauptkonstruktionselemente im Detail

Generell wurden die Auswechslungen und Verstärkungen mit Konstruktionsstahl S235 JR+AR vorgenommen. Für die Sanierung der genieteten Konstruktion mussten in Summe mehr als 15 000 Nieten mit Hand ausgebaut werden, die beim Wiederaufbau durch speziell angefertigte Nietkopfschrauben ersetzt wurden (Abb. 3).

Vorgaben für die Demontage und Wiedererrichtung

Nachdem sowohl der alte als auch der neue Standort der Tonne im Bereich von anderweitigen Bautätigkeiten lag und eine Generalsanierung in Bezug auf Korrosionsschutz bzw. die erforderliche statische Ertüchtigung einzelner Bauteile durchzuführen war, musste ein Transport- bzw. Montagekonzept („Repositionierung") wie folgt erstellt werden:

- Vermessung der exakten Lage im Bestand, um die sanierte Konstruktion in demselben Zustand wiederherstellen zu können.
- Rückbau der gesamten Tonnenkonstruktion unter Berücksichtigung des einstigen Montageablaufs in transportable Bauteilgrößen.
- Verfuhr ins Stahlwerk für die Durchführung der Sanierungsmaßnahmen. Die Ertüchtigung der Konstruktion erfolgte plangemäß in einem spannungsfreien Zustand.
- Nach Fertigstellung der Sanierungs- und Ertüchtigungsarbeiten im Werk, Verfuhr nach Salzburg und Montage der einzelnen Bauteile in umgekehrter Reihenfolge am neuen Standort.

Bogenbinder und Zwischenbinder

Die Bogenbinder (sieben Stück) stellen das statische Herzstück der Tonne dar und werden im neuen System wiederverwendet. Die statische Detailbetrachtung ergab lediglich die Notwendigkeit, einzelne Stäbe bzw. Verbindungen zu verstärken oder auszutauschen. Ebenso wurden die horizontalen Gitterpfetten in ihrer Funktion als Aussteifungselement für die Bogenbinder erhalten. Die Zwischenbinder bestehen nur aus einer Fachwerksebene (jeweils zwei Stück zwischen den Hauptbindern) und spannen zwischen den Eckpunkten der Tonne, das heißt auf Höhe der liegenden Gitterpfette an der Oberkante der Seitenwand. Statisch gesehen wirken die Zwischenbinder als druckbeanspruchte (Bogentragwirkung) Einhängeträger und stellen die Zwischenauflager für die Regelpfetten dar. Zusätzlich zur Wirkung als Biegeträger kommt den Zwischenbindern die Aufgabe der Stabilisierungsträger für die Gitterpfetten zu.

Auf Basis der statischen Detailbetrachtung mussten die Zwischenbinder sowohl im Bereich des Obergurts als auch in jenem der Diagonalstäbe ergänzt oder verstärkt werden. Aufgrund ihrer konstruktiven Ausbildung waren architektonisch gut vertretbare Verstärkungsmaßnahmen möglich, wie etwa der Ersatz der bestehenden Obergurte mittels größerer Winkelprofile oder das Aufdoppeln mittels Flachstählen (Abb. 1).

Gitterpfetten

Die Hauptkonstruktion beinhaltet pro Bogenbinderhälfte drei Gitterpfetten. Diese dienen als Windträger, Auflager für die Zwischenbinder und Stabilisatoren für die Hauptbinder. Die erforderliche Tragfähigkeit der Profile war bei den Gitterpfetten sowohl in Teilbereichen der Gurte beziehungsweise in den auflagernahen Diagonalstäben in erhöhtem Ausmaß nicht gegeben, was letztendlich zu beträchtlichen Ertüchtigungsmaßnahmen führte.

Laterne

Die Tragfähigkeit der bestehenden Pfetten in den Laternen konnte nach den derzeit gültigen Normen nicht mehr

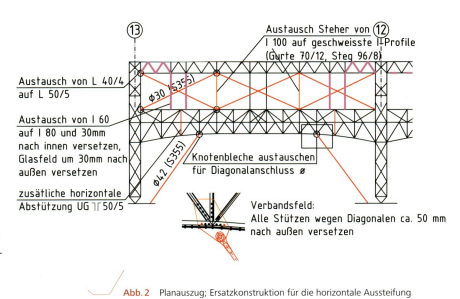

Abb. 2 Planauszug; Ersatzkonstruktion für die horizontale Aussteifung

nachgewiesen werden, wodurch eine neue Stahl-Glaskonstruktion aufgesetzt werden musste. Im Gegensatz dazu wiesen die Laternenbinder eine dementsprechende Tragfähigkeit auf und konnten daher mit Verstärkungsmaßnahmen ins neue System übernommen werden.

Pfetten und Membraneindeckung der Tonne
Für die Dacheindeckung der Tonne wurde seitens der Architekten eine transluzente Eindeckung vorgegeben. Da eine übliche Glaseindeckung aufgrund des großen Eigengewichts sehr problematisch gewesen wäre, wurde eine leichte und moderne Membraneindeckung aus PTFE-Gewebe geplant. Diese wurde als statisch geschlossenes System derartig konzipiert, dass äußere Lasten (Schnee, Wind) nur an gezielten Punkten auf die Bestandskonstruktion abgeleitet werden.

Die Auflagerpunkte der Dacheindeckungskonstruktion befinden sich jeweils an den Schnittpunkten der Bestandspfetten mit den Bestandsbindern. Über geschweißte Stahlkonsolen wird die Last direkt in die Binder abgeleitet, womit es zu keiner Belastung der aus architektonischer Sicht zu schützenden, aber statisch nicht tragfähigen Bestandspfetten kommt.

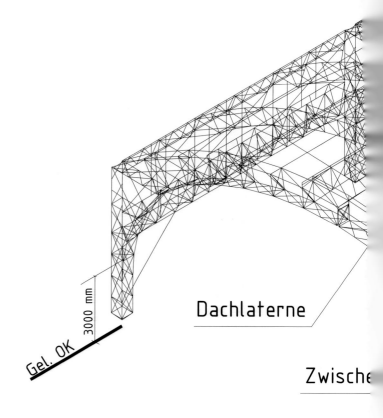

Brandschutz
Für die behördliche Genehmigung des Erhalts der Bestandskonstruktion war neben den rein statischen Nachweisen auch der Nachweis des baulichen Brandschutzes zu führen. Aufgrund der bestehenden filigranen Stahlkonstruktion beziehungsweise den geringen Profildimensionen, war die Verwendung eines Standardbrandanstrichs gemäß ETK (Einheitstemperaturkurve) grundsätzlich ausgeschlossen. Ebenso war die moderne und zulässige Alternative einer Bemessung der Stahlkonstruktion auf die Einheitstemperatur nicht möglich.

So wurde schon in einem sehr frühen Projektstadium beschlossen, den Nachweis anhand der realen Brandtemperaturen für einen 30-minütigen Eisenbahnwaggonbrand (Realbrandszenarien) in Abhängigkeit vom tatsächlichen Projektstandort und den tatsächlich notwendigen Schutzzielen zu führen. Damit reduzierten sich die Mindestschichtstärken der am Markt erhältlichen Brandschutzanstriche (ca. 1,0–2,0 mm) erheblich und die Optik der sehr filigranen Bestandsbleche (Stärke ca. 4,0 mm) blieb damit erhalten. Trotz der geringen Schichtstärken von 0,25 bis 0,5 mm konnte als Grenzwert der Temperatur unter dem Anstrich anhand von Brandversuchen eine unbedenkliche Stahl-Oberflächentemperatur von lediglich etwa 100°C erreicht werden.

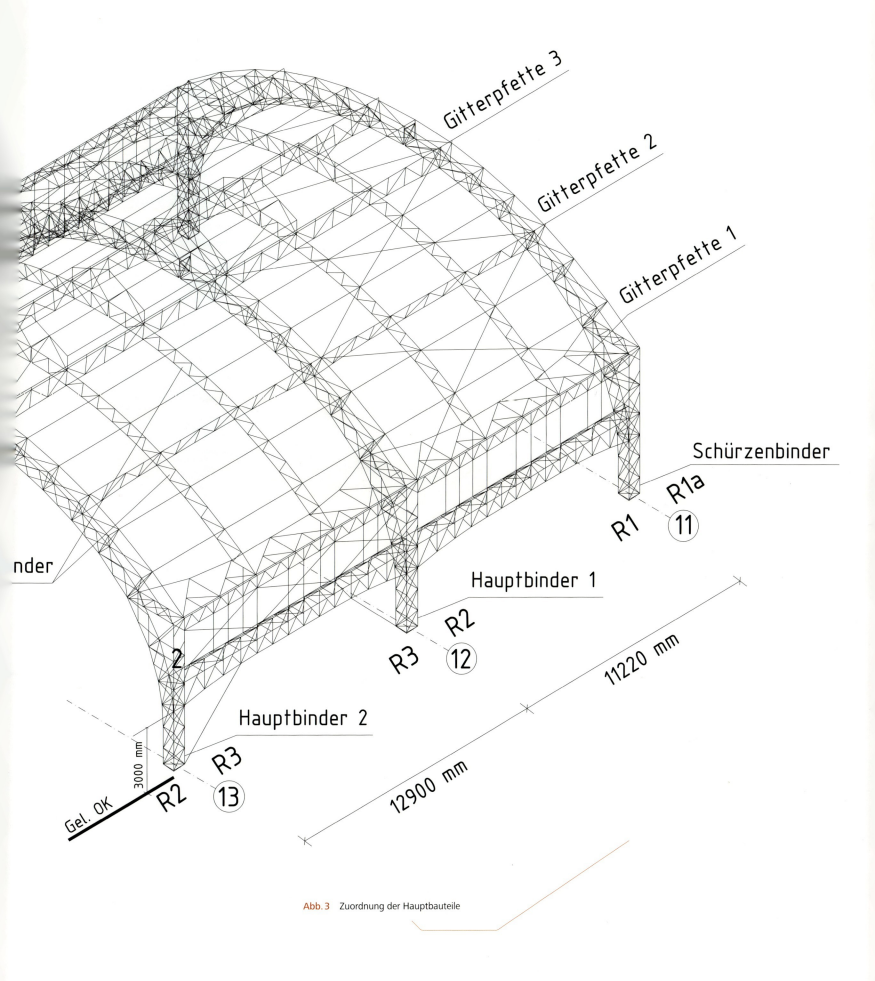

Abb. 3 Zuordnung der Hauptbauteile

Abb. I (Vorhergehende Doppelseite)
Franz Heinrich, Aufnahmsgebäude, Aquarell
um 1870, 37,5 × 65 cm

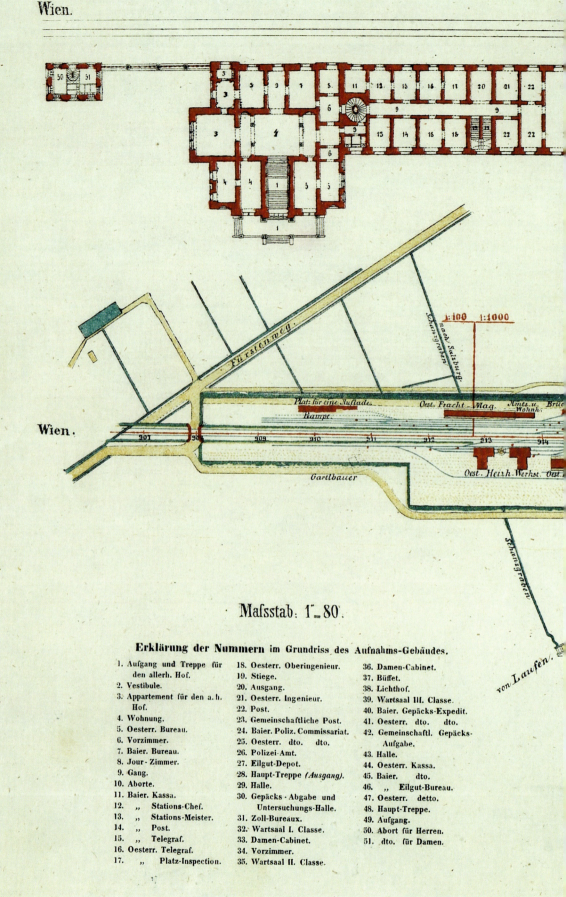

Abb. II Grundriss des Aufnahmsgebäudes und Situationsplan für den Bahnhof zu Salzburg, Farblithografie um 1860

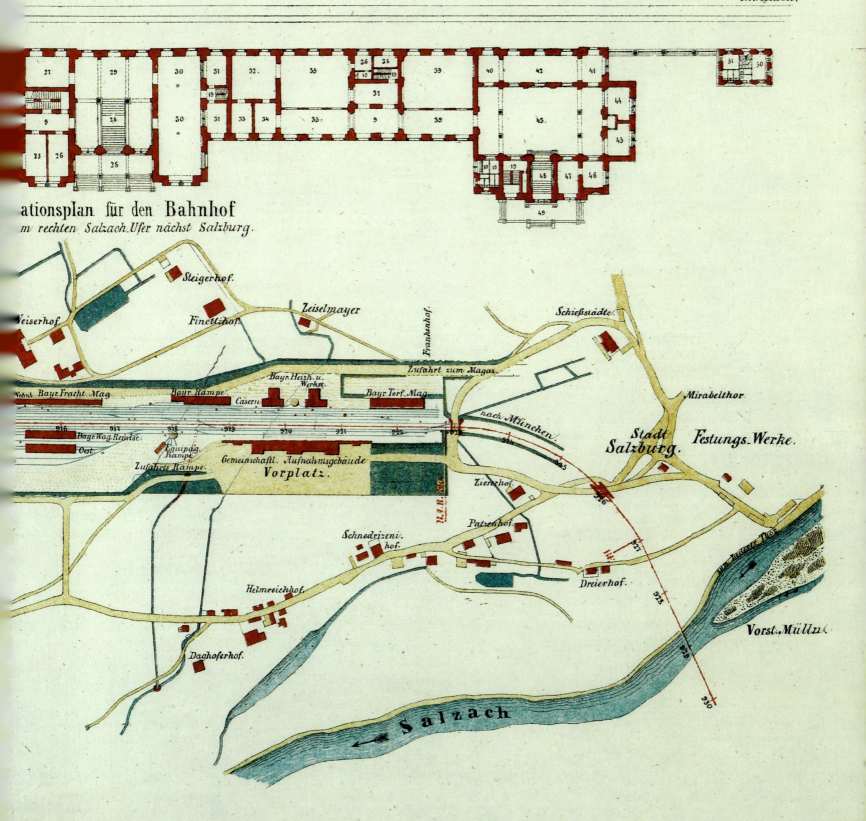

Abb. III Blick nach Süden um 1880, rechts das Aufnahmsgebäude mit dem Hausbahnsteig, links die bayerischen Betriebsanlagen

Abb. IV Die Mittelbahnsteiganlage mit den Hallen um 1910 von Norden

Abb. V Die Mittelbahnsteiganlage mit den Hallen um 1910 von Süden

Abb. VI Bahnsteighallen im Bau 1908

Abb. VII Fortschritt bei den Montagearbeiten 1908

Abb. VIII Blick von Norden auf die österreichische Halle

Abb. IX Hauptfassade des Aufnahmsgebäudes von der Stadtseite mit der zentralen Jugendstil-Empfangshalle um 1910

Abb. X Gastwirtschaft am Mittelbahnsteig, Postkarte um 1910

Abb. XI Mobilmachung 1914 vor dem Bahnhofsgebäude

Abb. XII Mittelbahnsteigsgebäude in den 1960er-Jahren

Abb. XIII Die neu gestaltete Jugendstil-Empfangshalle um 1910 mit Blick in Richtung der Gleise

Die Westbahnstrecke der Kaiserin-Elisabeth-Bahn von 1858 bis heute

Richard Wittasek-Dieckmann

Allgemeines

Ende des 18. Jahrhunderts existierte als bedeutendste Verkehrsverbindung in den Westen Österreichs die Poststraße von Wien nach Linz, ansonsten dienten Flüsse als Transportwege. Das Projekt eines Schifffahrtskanals von Wien über Ungarn bis Triest wurde nur als 50 Kilometer langes Teilstück von Wien bis Wiener Neustadt realisiert. Ein weiterer Wasserkanal zwischen Donau und Moldau in der Linie des alten Salztransportweges von Linz nach Budweis kam nie zur Umsetzung. Die Entwicklung der Eisenbahnen findet ihren eigentlichen Ursprung in den in englischen und deutschen Kohlerevieren gebräuchlichen Schienenbahnen aus Holzbohlen im 16. und 17. Jahrhundert. Im 18. Jahrhundert stellte man Pferdebahnen mit Spurwegen aus Längsbohlen her und Ende des 18. Jahrhunderts schließlich die ersten Schienen aus Gusseisen. 1804 fuhr die erste Dampflokomotive von Richard Trevithick auf den Schienen einer Kohlebahn von Wales. Die erste für den öffentlichen Verkehr bestimmte Strecke verlief von Stockton nach Darlington, welche 1825 mit der von George Stephenson gebauten Dampflokomotive „Blücher" befahren wurde. Die rasche Verbreitung der Eisenbahn ergab sich vor allem aus der Wechselwirkung zwischen Eisenindustrie und Kohlebergbau. Erste Überlegungen zu einer Verkehrsverbindung zwischen Linz und Budweis stellte Franz Josef von Gerstner, Professor des Wiener Polytechnikums, 1807 an, indem eine Pferdeeisenbahn die schwierigen Geländeverhältnisse bewältigen sollte. Doch erst seinem Sohn Franz Anton Ritter von Gerstner war der Bau dieser Bahnstrecke 1825 bis 1828 von Budweis bis Kerschbaum gelungen, die Vollendung als Pferdeeisenbahn bis Linz führte Mathias Schönerer durch. Franz Xaver Riepl plante 1828 eine Nord–Süd-Eisenbahnverbindung mit Dampflokomotiven. Die Eröffnung auf der Strecke Floridsdorf–Deutsch Wagram fand 1827 als Kaiser-Ferdinands-Nordbahn statt. 1842 folgte die

Verbindung Wien–Gloggnitz und anschließend die Semmeringbahn-Strecke. Aufgrund von Finanzierungsschwierigkeiten erstellte man ein staatliches Eisenbahnbauprogramm, welches 1857 zur Bahnverbindung Wien–Triest führte. Ein Großteil der heute bestehenden österreichischen Bahnlinien entstand noch im 19. Jahrhundert. Durch die eng vernetzten Eisenbahnlinien bekamen die Fabriken ein leistungsfähiges Transportmittel für schwere Güter, die Orte rückten näher zueinander.

Die Westbahn

Bereits 1838 erschien in der „Allgemeinen Zeitung" in Augsburg ein Artikel zum Thema der besonderen Wichtigkeit einer Österreichischen Westbahn. Sie wurde als notwendige Hauptschlagader für die Wirtschaft Österreichs, Bayerns, Württembergs und der Rheinprovinz angesehen.

Nach dem Hofkanzlei-Decret vom 23. Dezember 1841 mit drei Hauptlinien erfolgten Studien für eine Westbahn, jedoch war die Konkurrenz des Donau-Wasserwegs noch zu groß. Der Staatsvertrag mit Bayern vom 21. Juni 1851 und das Programm der österreichischen Regierung vom 10. November 1854 mit der Erklärung der Ermöglichung des Eisenbahnbaus durch Private führte zur Bewerbung des Wiener Großhändlers Hermann Dietrich Lindheim für die Errichtung einer Westbahn.

Lindheim legte seinen Schwerpunkt auf die Schienenfabrikation im Inland mit den Eisenwerken im westlichen Böhmen und somit den Grundstein der bedeutenden „Prager-Eisen-Industrie-Gesellschaft". Ober-Inspector Carl Keissler von der Staatsbahn-Direction arbeitete für Lindheim erste Projekte einer Westbahn aus, für welche er bereits 1854 eine Vorkonzession erhielt.

Nachdem sich nun auch andere Bewerber für den Bau der Westbahn interessierten, insbesondere Generalsekretär Sichrowski von der Nordbahn mit dem englischen Eisenbahnbau-Unternehmen „S. Morton & Peto, Brassey und Betts", erhielt schließlich Lindheim, gemeinsam mit dem österreichischen General-Consul Ernst Merck, Großhändler in Hamburg, am 8. März 1856 die Konzession für eine Eisenbahn von Wien über Linz nach Salzburg mit Festlegung der Trasse über St. Pölten, Linz und Frankenmarkt.

Entsprechend dem Staatsvertrag mit Bayern sollte die Westbahnstrecke binnen fünf Jahren ausgeführt werden. Mit der Entschließung vom 8. Februar 1856 wurde die Bewilligung erteilt, die Linie als „Kaiserin-Elisabeth-Bahn" zu bezeichnen.

Der aus 15 Mitgliedern bestehende Verwaltungsrat setzte sich unter anderen aus Matthias Constantin Graf von Wickenburg, Theodor Hornbostel, Ernst Lindheim, Ernst Merck, Mathias Schönerer und Lorenz Stein zusammen. Das Gesellschaftskapital betrug 65 Millionen Gulden (entspricht etwa 918 Millionen Euro, Stand 2012). Bereits mit der ersten Generalversammlung am 25. Mai 1857 musste der Verwaltungsrat infolge der schweren Handelskrise um weitgehende Begünstigungen durch die Regierung ersuchen.

Gegenüber der technisch einfacher auszuführenden Variante am rechten Donauufer über Nußdorf, Klosterneuburg, Greifenstein und das Tullnerfeld wählte die Staatsverwaltung aus strategischen Gründen die gebirgige Linienführung über Purkersdorf, Rekawinkel und Neulengbach.

Den ersten Abschnitt Wien–Melk führte die Bauunternehmung Klein & Co. und den zweiten Abschnitt Melk–Linz das englische Konsortium „S. Morton & Peto, Brassey und Betts" aus. Der Baubeginn fand am 31. Juli 1856 bei Rekawinkel statt. Ein hier befindlicher Granitfelsen im Hiesberggebiet mit Datum „1857" weist auf die Erbauung der Westbahn hin. Abänderungen infolge vielfacher Einwände der Militärbehörden verteuerten die Errichtung. Bereits am 2. November 1858 konnte die erste Probefahrt von Wien nach Linz erfolgen. Die Einweihung der Bahn am 19. November 1858, dem Namenstag der Kaiserin, nahm Weihbischof Dr. Zenner im Bahnhof Penzing vor. Am 15. Dezember 1858 konnte die Strecke für den allgemeinen Verkehr verwendet werden. Vom unfertigen Wiener Westbahnhof fuhr der Eröffnungszug mit den Lokomotiven „Mariazell" und „Wallsee", 16 Personen- und drei Lastwaggons Richtung Linz. Die Freigabe des Abschnitts Linz–Lambach, welcher beinahe identisch mit der ersten Österreichischen Eisenbahn war, fand am 1. September 1859 statt, am 1. März 1860 der Abschnitt bis Frankenmarkt und am 1. August 1860 die Strecke bis Salzburg. Bei der offiziellen Eröffnungsfeier am 12. August 1860 unter Teilnahme des Kaisers von Österreich und des Königs von Bayern wurde am Bahnhof Salzburg der Schlussstein gelegt. Insgesamt wurden 616 Brücken und Durchlässe sowie drei Tunnel errichtet. Der zweigleisige Ausbau der Westbahn dauerte bis 1902.

Die Flügelbahn Wels–Passau konnte aufgrund finanzieller Schwierigkeiten erst mit dem 1. September 1861 in Betrieb gehen. Ende des Jahres 1861 betrugen die Anlagekosten bereits über 74 Millionen Gulden (911 Millionen Euro, Stand 2012), wobei der Verwaltungsrat die Änderung der Trassenführung durch den Wienerwald, die erfolgte Einlösung der „Ersten Österreichischen Eisenbahn" und den Bau der Wiener Verbindungsbahn als Gründe für die massiven Kostenerhöhungen anführte.

Zwischen der Regierung und den subventionierten, als „junge Bahnen" bezeichneten Privatunternehmungen entbrannte daraufhin ein jahrelanger Rechtsstreit. Erst nach der Prüfung des Anlagekapitals im Jahr 1864 kam es zum Abschluss von Nachtragsverträgen, welche schließlich am 25. März 1867 genehmigt wurden.

Durch diese finanziellen Hindernisse bestanden gegen Ende der Sechzigerjahre des 19. Jahrhunderts noch bedeutende Lücken im österreichischen Eisenbahnnetz. Obwohl über 6 500 Kilometer an Bahnlinien existierten, besaßen nicht ganz 800 Kilometer Doppelgleise. Trotz der staatlichen Lostrennung Ungarns 1867 kam es zu einem Aufschwung der Eisenbahnen. Die Westbahn als wichtigste Ost-Westverbindung Österreichs ist daher ein bedeutendes Dokument dieser ersten Phase des Eisenbahnbaus in Österreich.

Die Bauten der Westbahn

Großen Einfluss auf die Gestaltung der Hochbauten der Bahn in Österreich hatte der Generaldirektor der Staatseisenbahn-Gesellschaft, J. Maniel aus Frankreich. Für den Bau der Linie Szegedin–Temesvar 1856/57 entstanden mustergültige Zeichnungen als Grundlage der ersten Hochbau-Normalien, durchgeführt von W. Flattich, K. Schumann und A. Paul. Charakteristisches Merkmal war das Hervorkehren der konstruktiven Prinzipien: Lisenen, Bögen, Einrahmungen in Sichtziegel, Putz auf glatten Flächen, sichtbare hölzerne Dachteile mit Verzierungen.

Die architektonische Gestaltung der Aufnahmsgebäude der Westbahn oblag hingegen dem maßgebenden Architekten des Staatsbahnwesens, Moritz Löhr. Entgegen der weit verbreitenden Entwicklung von Normalien (einheitliche Richtlinien für die Gestaltung der Hochbauten einer Bahnlinie), wie sie auch bei der Staatseisenbahn-Gesellschaft durch den Württemberger Wilhelm Flattich entworfen wurden, wendete Löhr bei den Stationsgebäuden der gesamten Westbahn bei einheitlicher Grundrissgestaltung eine unterschiedliche Gestaltung der Außenerscheinung an. Etwa 16 der insgesamt 45 Aufnahmsgebäude entsprachen einem bestimmten Typus, ähnlich einem Baukastensystem in abgestufter Größenordnung. Die ersten Objekte nahe Wien in Penzing, Hütteldorf, Weidlingau und Purkersdorf sind unterschiedlich gestaltet, lediglich stockhoher Mittelbau und bahnseitige hölzerne Veranden mit kleinen Endpavillons ergeben gewisse Ähnlichkeiten in der Ausführung. Penzing erhielt als kaiserliche Abfahrts- und Ankunftsstelle einen Endpavillon in Form eines repräsentativ gestalteten Hofsalons. Die ersten tatsächlichen Typenbauten befanden sich in Rekawinkel und Böheimkirchen, gestaltet als stockhohe Mittelbauten mit beidseitigen geschoßhohen Seitenflügeln mit je drei Fensterachsen. Die Aufnahmsgebäude Pottenbrunn, Prinzersdorf und Blindenmarkt ähnelten einander durch ihre ebenerdige Gestaltungsweise. Der Bahnhof Pressbaum, ähnlich Rekawinkel, wurde auch in Kirchstet-

Abb. 1   Wien, Westbahnhof nach der Sanierung 2011

Abb. 2   Wien, Westbahnhof nach der Sanierung 2011

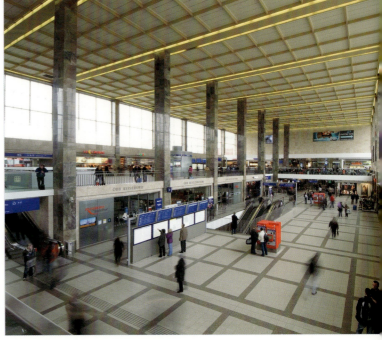

Abb. 3   Wien, Westbahnhof nach der Sanierung 2011

ten, St. Valentin und Asten realisiert, das Gleiche galt für Enns und Neulengbach. Letzterer konnte auch als Vorbild für Melk, Kemmelbach (heute Ybbs), Kleinmünchen und Wels dienen. Mit dem Fortschreiten der Planung wiederholten sich bestimmte Typen wie z. B. Hörsching, Schwanenstadt und Seekirchen resultierend aus den Objekten Vöcklamarkt, Köstendorf und Attnang-Puchheim. Gegenüber dem ersten Bauabschnitt der Westbahn bis Linz wurden die Gebäude des zweiten Abschnitts bis Salzburg wesentlich ausgeprägter gestaltet. Neben den bereits angeführten Typenbauten zeigten Frankenmarkt und Lambach eigene Architekturdetails, bei Timelkam und Breitenschützing errichtete man 1911 neue Gebäude, jedoch mit romantischen Fassadendetails.

Für die Landeshauptstädte mussten eigene Lösungen gefunden werden, um die höheren Anforderungen zu erfüllen. Wien erhielt 1858 mit dem Westbahnhof das größte Objekt mit einem Bürobau vor dem Kopfbahnsteig und zwei Seitenbauten für Abfahrt und Ankunft, die Halle überspannte vier Gleise. Infolge des steigenden Personenverkehrs musste bald ein neuer Außenbahnsteig errichtet werden. Nach der Bombardierung 1945 ist hier ein neuer Bahnhof entstanden.

Bei St. Pölten vereinte man die Höhendifferenz zwischen Bahn und Zufahrt mit einem Gebäude samt Halle für das erste Gleis. Die rasch wachsende Stadt erforderte 1890 einen Neubau. Linz hingegen wies das größte Gebäude des romantischen Stils in Österreich auf, ein von zwei Türmen flankierter Mittelbau, ebenerdige Verbindungsflügel und zweigeschoßige Endpavillons. Nach Zerstörungen im Zweiten Weltkrieg erfolgte auch hier ein Neubau. Salzburg repräsentierte durch den vielfach gegliederten Mittelbau und die straßenseitigen Zugangsveranden bei den Eckpavillons eine leichter wirkende Architektur. Der Umbau 1909 bewirkte eine Vereinheitlichung des Mittelteils des Ursprungsbaus. Trotz Zerstörung im Zweiten Weltkrieg wurde der Mittelbahnsteig wiedererrichtet.

Die Hochbauten der Westbahn lassen sich in folgende Typen einteilen:

- Pressbaum–Melk: überwiegend stockhoher Mittelbau mit beidseitig anschließendem ebenerdigem, meist drei Fensterachsen langem Anbau (sogenannte „Wienerwaldbahnhöfe").
- Melk–Linz: stockhohes Gebäude, Bahnsteigdach mit ebenerdigen Bauten (Warteräumen) an beiden Enden.
- Linz–Salzburg: ebenerdiges Gebäude mit stockhohem Quertrakt (eventuell symmetrisch zweiter Quertrakt), Gebäudeteile als Baukastensystem verschiedenartig zusammengesetzt.
- Wien–Penzing, Hütteldorf–Weidlingau: lang gestreckter Mittelbau mit stockhohen Pavillons an beiden Enden, Variante mit stockhohem Mittelbau und beidseitig ebenerdigen Anbauten.

Die Veranden in Form der heute bekannten Bahnsteigdächer wurden meistens nachträglich im Zuge des Ausbaus für den zunehmenden Ausflugsverkehr errichtet (z. B. Rekawinkel, Pressbaum).

Die im Folgenden angeführten Objekte der Westbahnstrecke stellen die noch weitgehend original erhaltenen Bauten der jeweiligen Erbauungszeit dar und repräsentieren somit anschaulich die Entwicklung dieser Bahnlinie im 19. und 20. Jahrhundert.

Wien 15., Aufnahmsgebäude Wiener Westbahnhof

Der Wiener Westbahnhof wurde nach kriegsbedingten Zerstörungen des Vorgängerbaus (1857–1859) in den Jahren 1949 bis 1951 völlig neu errichtet. Der bei einem Ideenwettbewerb preisgekrönte und in der Folge ausgeführte Entwurf stammte von Robert Hartinger, Sepp Wöhnhart und Franz Xaver Schlarbaum. Ein besonderes Charakteristikum dieses Baus stellt die monumentale zweischiffige, quer gestellte Halle von rund 100 Meter Länge mit ihren großen Fensterwänden gegen Europaplatz und Gleisseite dar.

Es handelt sich hier um den ersten repräsentativen Monumentalbau der nach 1945 wiedererstandenen Republik Österreich. Das architektonische Konzept steht noch ganz in der Tradition der Dreißigerjahre des vergangenen Jahrhunderts, also der Vorkriegszeit (Vergleichsobjekt Landhaus in Eisenstadt, errichtet 1926 bis 1929, Architekt Rudolf Perthen) und ist ein Schlüsselbauwerk. 2009 bis 2011 wurde die denkmalgeschützte Halle einer Modernisierung unterzogen.

Baubeschreibung
Steinverkleidete Fassaden, gegen den Europaplatz in 10-achsiger Fensterwand mit dazwischen liegenden schmalen Pfeilern aufgelöst, oberer Abschluss mit flach geneigtem Walmdach, ebenerdiger Vorbau gegen Europaplatz mit Geschäftslokalen und Blech gedecktem Vordach. Innen zweischiffige Halle, geteilt durch steinplattenbedeckte Stützen in höher gelegenes Bahnsteigniveau und in Höhe des Europaplatzes gelegene Schalterhalle, Wände mit Natursteinplatten verkleidet, Decke in Kassettenstruktur ausgebildet.

Für die Anbindung an die neue U-Bahn-Linie U3 wurde in den Jahren 1990 bis 1993 ein moderner Glaskubus in den südlichen Hallenteil eingebaut. Weitere zusätzliche Verkaufslokale in der Halle führten in der Folge zu einer massiven Beeinträchtigung des ursprünglichen architektonischen Konzepts. Im Zuge der Bahnhofsoffensive konnte in den Jahren 2009 bis 2011 eine Rückführung auf die Erlebbarkeit der freien lichtdurchfluteten Halle erreicht werden, wobei für die Unterbringung von Geschäftslokalen ein neues Untergeschoß hergestellt wurde.

Bildhauer Hans Gasser schuf 1860 eine Kaiserin-Elisabeth-Statue, welche im Abfahrts-Vestibül des Westbahnhofs aufgestellt wurde. Beim Abbruch nach dem Zweiten Weltkrieg verschwand sie, viele Jahre später wurde sie im Bundesmobiliendepot gefunden. Nach der Restaurierung erfolgte die Neusituierung am 13. März 1985 in der unteren Ebene des neuen Westbahnhofs. Bei den zuletzt stattgefundenen Umbauarbeiten musste sie 2008 wieder entfernt werden, um 2011 ihren neuen Platz in der oberen Ebene einzunehmen.

Wien 14., Aufnahmsgebäude Wien–Hütteldorf
Im Zuge des Ausbaus der Wientallinie der Stadtbahn als Anschluss zur Westbahn 1898 errichtet. Entwurf Otto Wagners mit typischen Jugendstilmotiven wie bei Stadtbahnstationen. Vielachsiger Bau mit vorgezogener Traufe, dreiachsigem Mitteltrakt, Schalterhalle mit Kassettendecke und Girlandendekor. Durchgang zu den Bahnsteigen im Untergeschoß mit Segmentbogentonne, Boden verfliest. Türen und Fenster weitgehend original erhalten.

Für die barrierefreie Erschließung der Bahnsteige erfolgte 2009 der Einbau von Aufzügen, wobei Denkmalaspekte berücksichtigt wurden.

Wien 14., Bahnsteigdach Hadersdorf–Weidlingau
Mittelbahnsteig, errichtet 1910, Überdachung mit 10 Feldern à 14 Meter Länge und 9 Meter Breite als genietete Eisenkonstruktion mit flachem w-förmigem Querschnitt. Paarweise angeordnete Längsträger als Eisenfachwerkkonstruktion auf Eisenstützen ruhend unterstreichen den Charakter des langen Flugdachs. Diese früher häufig anzutreffende Form eines Bahnsteigdachs ist heute bereits äußerst selten.

Durch den Bau des Lainzer Tunnels mit einer großen unterirdischen Weichenhalle im Bereich dieser Haltestelle musste das Bahnsteigdach im Jahr 2000 abgebaut werden. Nach Fertigstellung der Umbauten sowie Restaurierung des Dachs konnte es 2002 wieder aufgestellt werden.

NÖ, Pressbaum Streckenwärterhaus Nr. 30
Errichtet 1858, zweigeschoßiges Gebäude mit Satteldach, Holzkastenfenster, zwei schmalen Giebelfenstern mit Holzumrahmung, Putznutung. Einer der letzten weitgehend original erhaltenen Typen der ehemals sehr zahlreich vorhandenen Streckenwärterhäuser entlang der Westbahn.

NÖ, Ensemble Bahnhof Rekawinkel
Besteht aus Aufnahmsgebäude rechts der Bahn, Warteraum links der Bahn und Fußgängersteg, wurde 1858 erbaut.

Aufnahmsgebäude: als Typ B mit stockhohem, zwei Fensterachsen breitem Mittelbau und beidseitig anschließenden, ebenerdigen Flügeln, zwei eingeschoßige Anbauten gleisseitig vorgerückt, sodass ein durchgehendes

Abb. 4 Wien, Bahnhof Hütteldorf

Abb. 5 Wien, Bahnhof Hütteldorf

Bahnsteigdach mit Eisenstützen vor dem Aufnahmsgebäude angeordnet ist. Putzfassaden mit horizontaler Betonung durch Bänderungen aus Sichtziegelmauerwerk, Zierelemente wie Gesimse, Fensterverdachungen etc. bestehen aus vorgefertigten detaillierten Terrakotten. Oberer Abschluss mit Walm- bzw. Satteldächern, Kehlbalken mit Laubsägezierrat. Dieses Aufnahmsgebäude stellt das besterhaltene Beispiel der ursprünglichen Westbahnarchitektur dar.

Warteraum: als hölzernes, ebenerdiges Wartehaus mit Satteldach auf Holzstützen, beidseitigen Abschlüssen mit kleinen Quertrakten senkrecht zur Gleisachse.

Fußgängersteg: charakteristische Eisenfachwerkkonstruktion auf Eisenstützen aus dem Ende des 19. Jahrhunderts. Beide Einrichtungen, Warteraum und Fußgängersteg, stellen Erweiterungen aufgrund des gestiegenen Personenverkehrs, vor allem des ab Ende des Jahrhunderts stark entwickelten Wochenend- und Ausflugsverkehrs in den Wienerwald, dar.

NÖ, Rekawinkler Tunnel

1858 erbaut, in Quadermauerwerk errichtete Tunnelportale mit eingemeißelter Erbauungsjahreszahl. Oberer Abschluss: Mittelteil mit horizontalem First samt Steinabdeckung und beidseitig aufgesetzten Türmchen und darauffolgender zinnenartiger Abtreppung mit Steinplattenabdeckung. Abschluss gegen die Tunnelöffnung: kreisförmiger Steinbogen mit Löwenkopf als Schlussstein. Beidseitig steinerne Flügelmauern.

NÖ, Dürreberg-Tunnel

1858 erbaut, in Quadermauerwerk errichtetes Tunnelportal. Oberer Abschluss des Tunnelportals: zweifache Abtreppung mit oberer horizontaler Steinabdeckung. Abschluss gegen die Tunnelöffnung: kreisförmiger Steinbogen, im Scheitel angeordnete rechteckige Nische mit Gesichtsabbild. Beidseitig steinerne Flügelmauern.

NÖ, Eichgraben Talübergang

1858 errichtet, Viadukt aus Quadersteinmauerwerk mit vier halbkreisförmigen Öffnungen, je Pfeiler eine im oberen Bereich kreisförmige, heute geschlossene Öffnung, in der Ansichtsfläche Umrahmungen der Bögen und Öffnungen durch Materialwechsel als Quader- bzw. Zyklopenmauerwerk farblich abgesetzt. Bedeutendstes und besterhaltenes Viadukt der Westbahn.

NÖ, Haltestelle Neulengbach Markt, Warteraum links und rechts der Bahn:

Ursprungsbau von 1882, Nachbau in gleicher Art mit Herstellung eines Personentunnels 1981. Warteraum rechts der Bahn: längsrechteckige, verandaartig gestaltete Warte

Abb. 6 Rekawinkel, Niederösterreich, Bahnhof

Abb. 7 Rekawinkel, Niederösterreich, Bahnhof

halle auf beiden Enden durch eingeschoßige Querbauten (Dienstraum, Kassa, WC) abgeschlossen, Holzriegelbauweise, Satteldach. Warteraum links der Bahn: etwas kleiner dimensioniert, ansonsten gleiche Gestaltung wie Warteraum rechts der Bahn. Charakteristisches Beispiel des einst weitverbreiteten Bautypus für Haltestellen-Warteräume.

NÖ, Straßenfassade des Hauptbahnhofs St. Pölten

Geschoßhohes Aufnahmegebäude vom Ende des 19. Jahrhunderts mit historisierender Renaissance-Architektur, bestehend aus Mittelrisalit und Seitenflügeln.

Seitenflügel mit je acht Fensterachsen, im Erdgeschoß rechteckige, sprossengeteilte Kastenfenster, Putznutung, Kordongesimse, Obergeschoß mit hohen, sprossengeteilten Kastenfenstern, halbkreisförmiger oberer Abschluss mit profilierter Umrahmung und Schlussstein am Scheitel. Gegliedertes Hauptgesimse, Satteldach.

Mittelrisalit, bestehend aus drei Fensterachsen umfassendem, kuppelbekröntem Mittelteil mit Pilastergliederung und stark ausladendem Hauptgesimse, darüber befindlicher Balustrade mit an den Ecken situierten Fialen und mittig angeordneter, mit Ädikulaportal eingefasster Uhr und aus den beiden gleich hohen fünf Fensterachsen umfassenden Seitenteilen gleicher Gestaltung, Walmdach. Repräsentative Fassade städtischer Prägung, wie sie der Ende des 19. Jahrhunderts üblichen Tendenz der Gestaltung von Stadtbahnhöfen entspricht.

In den Jahren 2008 bis 2010 erfolgte im Zuge der Bahnhofsoffensive eine Umgestaltung mit einem neuen Personentunnel samt neuen Bahnsteigen und barrierefreien Zugängen mit Aufzügen. Die denkmalgeschützte Straßenfassade konnte unter Einbau neuer Geschäftsportale im Erdgeschoß wiederhergestellt werden.

NÖ, Wachtbergtunnel

1858 errichtet, Tunnelportale aus Quadersteinmauerwerk. Oberer Abschluss: burgzinnenartig ausgebildete Bekrönung mit etwas höherem Mittelteil, darunter Steintafel mit Erbauungsjahreszahl. Unterer Abschluss: bogenförmige Steineinfassung. Seitliche Steinflügelmauern höhenmäßig abgesetzt. Im 19. Jahrhundert waren die Einfassungen der Tunnelportale stets Gegenstand mehr oder weniger aufwendiger Gestaltung.

NÖ, Aufnahmsgebäude Melk

Erbaut 1858, lang gestreckter eingeschoßiger Mittelbau mit Satteldach, gleisseitig angebautes Bahnsteigdach mit Pultdach auf neuzeitlichen Betonrundstützen. Zweigeschoßige Pavillons mit Walmdächern an beiden Enden des Mittelbaus. Putzfassaden mit Gliederungselementen wie Gesimsen, Lisenen, Bänderungen. Holztüren, Holzkastenfenster mit Sprossenteilung, im Erdgeschoß mit halbkreisförmigen oberen Abschlüssen. Ehemalige Erkerausbildungen auf Konsolen an den Pavillons noch durch Fassadenvorsprünge ablesbar. Am Bahnhofsvorplatz Mittelteil mit dreiachsigem Risalit als Eingangsbereich mit neuzeitlichen Schiebetüren ausgebildet.

In den Jahren 2010/11 fand die Modernisierung mit der Errichtung neuer Bahnsteige, Aufzüge sowie eines Personentunnels statt. Die Fassadensanierung samt Fenster (Neuherstellung) führte zu einer Verbesserung in Richtung des ursprünglichen Erscheinungsbildes.

NÖ, Wasserturm Amstetten

Erbaut 1898, über länglichem, achteckigem Grundriss errichteter, dreigeschoßiger Massivbaukörper mit Sichtziegelmauerwerk, mit kräftigen Pilastern gegliedert, zarte Gesimse, schmale hohe Fensteröffnungen mit segmentbogenförmigen Stürzen. Oberer Abschluss mit holzverkleidetem Behältergehäuse, abgewalmtem Satteldach, Firstlaterne.

Dieser Doppelwasserturm war schon zur Erbauungszeit ein herausragendes Beispiel seines Genres und wurde deshalb bereits 1908 in der „Geschichte der Eisenbahn der österreichisch-ungarischen Monarchie" ausführlich gewürdigt (Band VI/2, S. 471–474).

OÖ, Aufnahmsgebäude Breitenschützing

Errichtet 1870, zweigeschoßig, sieben Fensterachsen, durch Nutungen und zweifärbige Gestaltung stark gegliederte Putzfassade. Im Erdgeschoß über Türen und Fenster segmentbogenförmige Sturzausbildung, im Obergeschoß Kastenfenster mit geradem Sturz und Fensterumrahmung. Betonung der Gebäudekanten durch über dem Erdgeschoß angesetzte Lisenen, mit Zahnschnitt profilierte Hauptgesimse, oberer Walmdachabschluss. Straßenseitig Betonung durch einen zwei Fensterachsen breiten Mittelrisalit, einseitig angebautes Wartehaus (mit WC) mit dem Hauptgebäude entsprechenden Gestaltungselementen.

OÖ, E-Lokhalle Attnang-Puchheim

Errichtet 1924, lang gestreckter rechteckiger Grundriss (ca. 18 × 78 Meter), Eisenbeton-Mauerwerk, filigrane Eisenfachwerk-Dachbinder mit Laterne, Satteldach, Längsfronten mit hochrechteckigen Eisensprossenfenstern, darüber kleinere querrechteckige Eisensprossenfenster. Signifikantes Ingenieurbauwerk aus der Frühzeit der Elektrifizierung der Österreichischen Bundesbahnen (1924 Salzkammergutbahn).

OÖ, Wasserturm, Vöcklabruck

Errichtet 1860, Obergeschoß holzverkleidet, kurze seitliche Anbauten. Charakteristisches Beispiel einer Wasserstation, die den 1860/70 geübten Normalien entspricht. Letztes derartiges Beispiel an der Westbahn.

OÖ, Aufnahmsgebäude Timelkam

Errichtet 1870, zweigeschoßig, sechs Fensterachsen, Gestaltung analog zum Aufnahmegebäude Breitenschützing, beidseitig zwei eingeschoßige Anbauten mit je vier Fensterachsen, gleisseitig verschoben, sodass ein durchgehendes Bahnsteigdach mit Gusseisensäulen vor dem Aufnahmsgebäude angeordnet ist.

Die Aufnahmsgebäude von Breitenschützing und Timelkam sind erst zehn Jahre nach Eröffnung der Westbahn als Ersatz für die nicht mehr ausreichenden ursprünglichen Aufnahmsgebäude errichtet worden. Die massigen, kubischen Baukörper entsprechen nicht mehr dem vorher geübten Gestaltungsschema, zeigen aber dieselben Dekorationselemente, sodass sie sich nahtlos in das seinerzeitige Erscheinungsbild der Westbahn einfügen.

Salzburg, Aufnahmsgebäude und Gütermagazin Neumarkt-Köstendorf

Errichtet 1860, Regeltyp A als geschoßhoher Quertrakt mit Satteldach, einfache Gliederung durch Mittelrisalit, Putzfassade mit Quaderungen an den Gebäudekanten und über den Fenstern im Erdgeschoß, Kordongesimse (Stockwerksgesimse) und holzverschalte Giebel. Zur Gleisseite paralleler, ebenerdiger Anbau mit Satteldach als Hausbahnsteig.

Gütermagazin: 1860 errichteter Holzriegelbau mit Satteldach. Einer der wenigen, noch weitgehend original erhaltenen Gütermagazine der Westbahnstrecke.

Salzburg, Aufnahmsgebäude Seekirchen am Wallersee

Errichtet 1860, Regeltyp A, geschoßhoher Quertrakt analog zum AG Neumarkt-Köstendorf, zweiter eingeschoßiger Quertrakt mit Satteldach, holzverschalten Giebeln, zwischen den beiden Baukörpern situierter, eingeschoßiger Bauteil mit Bahnsteigdach. Originelle, signifikante Dekorationselemente.

Salzburg, Hauptbahnhof Salzburg

Ursprungsbau von 1860 nach Plänen von Baumeister Otto Thienemann, Umbau 1910 durch die k. k. österreichischen Staatsbahnen mit Errichtung eines Mittelbaus (Unterbringung diverser Einrichtungen, wie z. B. Fahrdienstleitung, Restaurant mit der Zeit entsprechender jugendstilartiger Einrichtung) auf Inselbahnsteig, an welchem die Gleise vorbeiführen. Das Aufnahmsgebäude blieb weitgehend unverändert erhalten.

Aufnahmsgebäude: Mittelrisalit als hohe Schalterhalle mit drei großen Bogenfenstern, Jugendstilornamentik auf den Putzflächen, Walmdach. Beidseitig anschließend etwa 70 Meter lange, dreigeschoßige Seitenflügel, im 1. Obergeschoß gesprosste Kastenfenster mit oberem Segmentbogenabschluss, im 2. Obergeschoß paarweise angeordnete, kleinere Kastenfenster. Farblich hervorgehobene Fensterumrahmungen, Zwischengesimse, profiliertes Hauptgesimse, Satteldach.

Mittelbahnsteig mit zweistöckigem, vier Fensterachsen langem Gebäude für Fahrdienstleitung und Restaurant mit Satteldach und Firstlaterne, beidseitig anschließend drei Fensterachsen lange, einstöckige Seitenflügel mit Satteldach und Firstlaterne. Das Gebäude wird von einer Halle aus weit gespannten Eisenbogenbindern auf profilierten Eisenstützen umfasst, natürliche Belichtung erfolgt über die Firstlaterne und seitliche Fensterbänder. Anschließend Bahnsteigdächer auf profilierten Eisenstützen. Es handelt sich hierbei um die letzte erhaltene Eisenbahn-Hallenkonstruktion dieser Art in Österreich von besonders repräsen-

Abb. 8   Melk, Niederösterreich, Bahnhof

tativer und benützerfreundlicher Ausprägung, die auch ästhetisch-architektonische Bedeutung besitzt.

In den Jahren 2009 bis 2011 erfolgte eine umfassende Neugestaltung. Nach dem fachgerechten Abbau der Halle des Mittelbahnsteigs und der Neuherstellung der Bahnsteige wurde die restaurierte Stahlkonstruktion wiedererrichtet, wobei moderne Überdachungen die restlichen Bereiche überdecken. Von der denkmalgerecht rückgeführten Eingangshalle lenkt ein neuer Personentunnel die Passagiere zu den Bahnsteigen.

Denkmalschutz und Denkmalpflege

Nachdem bereits in den Achtzigerjahren des 20. Jahrhunderts Denkmallisten für ÖBB-Objekte existierten und die Denkmalvermutung gemäß § 2 Denkmalschutzgesetz bestand, mussten mit der Ausgliederung der ÖBB aus dem Bundesbesitz 1993 Unterschutzstellungsverfahren durchgeführt werden. So wurden auch die bedeutendsten Objekte der Westbahnstrecke 1998 bescheidmäßig unter Denkmalschutz gestellt.

Bereits kurze Zeit später entstanden im Zuge der Bahnhofsoffensive erste Überlegungen für den Umbau der denkmalgeschützten Hauptbahnhöfe Wien-West, St. Pölten und Salzburg. Eine detaillierte Bestandserhebung ermöglichte in diesen Fällen eine maßgebliche Verbesserung des Erscheinungsbildes der noch vorhandenen Denkmalsubstanz, wobei für die heutigen Erfordernisse des Bahnverkehrs Kompromisse zu finden waren. Beim Wiener Westbahnhof wurde für die Schaffung neuer Verkaufsflächen ein neues Untergeschoß errichtet, die ursprüngliche Halle konnte weitgehend mit den Materialien von Boden, Wand und Decke aus der Erbauungszeit wiederhergestellt werden.

In Salzburg erforderte die Neusituierung der Gleisanlagen den Abbau der Hallenkonstruktion und die Wiederaufstellung nach der Restaurierung.

Insgesamt ist festzustellen, dass eine zeitgerechte Bestandserhebung und eine Abstimmung der Planung bereits im Anfangsstadium gute Ergebnisse in der Denkmalpflege mit sich bringen kann.

Die Entwicklung der Westbahn im 20. und 21. Jahrhundert

Vor allem im Zweiten Weltkrieg kam es durch Bombardierungen zu zahlreichen Zerstörungen. Die Gleisanlagen wurden unter großen Anstrengungen rasch wieder instand gesetzt, während die beschädigten Hochbauten längere Zeit in Anspruch nahmen und teilweise neu errichtet werden mussten.

Mit der Elektrifizierung der Westbahnstrecke, die bis in die Fünfzigerjahre des 20. Jahrhunderts dauerte, brach auch ein neues Zeitalter an, leistungsfähige Elektrolokomotiven verkürzten in der Folge die Fahrzeiten erheblich. Der viergleisige Ausbau gegen Ende des 20. Jahrhunderts für die Nutzung als Hochgeschwindigkeitsstrecke führte teilweise zu neuen Streckentrassierungen abseits der ursprünglichen Bahnlinie mit neuen Tunnelabschnitten. Die Errichtung der erforderlichen Lärmschutzwände veränderte das Erscheinungsbild der Bahnlinie ebenso wie die notwendigen Umbauten der Bahnhofsbereiche.

Mit der Inbetriebnahme des Lainzer Tunnels als Verbindung der Westbahnstrecke zum neuen Hauptbahnhof Wien und der neuen Trassenführung durch das Tullner Feld wird eine maßgebliche Verkürzung der Fahrzeiten erreicht und eine neue Ära in der über 150-jährigen Geschichte der Westbahn eröffnet. Während die Bestandsstrecke weiterhin für die regionale Erschließung benötigt wird, soll die neue Bahnlinie der raschen Verkehrsverbindung der Landeshauptstädte dienen. Die Westbahn von Wien nach Salzburg wird somit weiterhin eine wichtige Verkehrsverbindung zwischen Ost- und Westösterreich darstellen und durch die stattgefundenen Modernisierungen ein bedeutendes Verkehrsmittel für den Personen- und Güterverkehr sein, aber trotzdem mit den erhaltenen denkmalgeschützten Objekten die Erinnerung an die lange Geschichte dieser Bahnlinie ermöglichen.

Abb. 9 Amstetten, Niederösterreich, Wasserturm

Abb. 10 St. Pölten, Niederösterreich, Hauptbahnhof

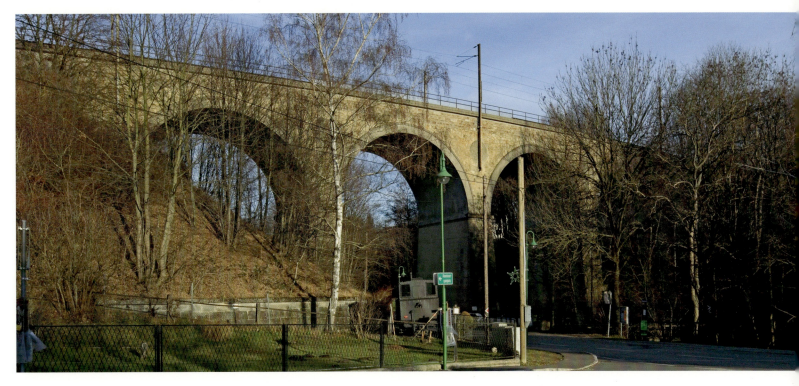

Abb. 11 Eichgraben, Niederösterreich, Viadukt

Die Baugeschichte des Aufnahmsgebäudes des Salzburger Hauptbahnhofs

Rolf Höhmann

Im Jahr 1856 begann der Bau der Strecke Wien–Salzburg durch die k. k. priv. Kaiserin-Elisabeth-Westbahn sowie der bayerischen Maximiliansbahn von Salzburg nach Rosenheim und weiter bis München. 1860 wurde der Betrieb aufgenommen.

Der Architekt Franz Rudolf Bayer errichtete bis 1860 das Aufnahmsgebäude des Salzburger Hauptbahnhofs als klassischen Bahnhofsbau seiner Zeit (Abb. 1). In den vielen Veröffentlichungen zur Einweihung wird seine Gestaltung als besonders gelungen hervorgehoben.

Die fünfgliedrige Anlage wurde dreigeschoßig in massivem Mauerwerk ausgeführt. Der Mittelrisalit enthielt die Abfertigungsanlagen für den Betrieb innerhalb Österreichs, der Südpavillon die Einrichtungen für den Verkehr nach Bayern, der Nordpavillon die Räume des Hofes.

Im südlichen Zwischenbau waren Wartesäle und Restauration, im nördlichen Bahnhofsverwaltung und Post untergebracht. Der Haupteingang befand sich im mittig durch einen Uhrturm gekrönten und damit markierten Mittelrisalit, der aus zwei flankierenden vierstöckigen Gebäudeteilen und einer dazwischen liegenden Veranda mit drei Bögen bestand. In dieser führte offen eine breite Treppe zur Gleisebene, die aus topografischen Gründen – wie der Überbrückung der Salzach – angehoben werden musste und sich etwa auf Höhe der ersten Geschoßdecke befindet. Im Gegensatz zu späteren, funktionaler orientierten Bahnhofsbauten wurde der Ebenenversatz zunächst nicht zu einem gleisübergangsfreien Zugang unter den Bahnsteigen zu den Gleisen genutzt, sondern die Gleise, wie in der Anfangszeit der Eisenbahn üblich, ebenerdig überschritten. Ein überdachter Bahnsteig mit Perron existierte nur direkt am Aufnahmsgebäude in der Lage des heutigen Bahnsteigs 1 (Abbildung siehe Seite 104).

An den Mittelbau schlossen sich zwei dreistöckige Verbindungsbauten an, die von dem Süd- und Nordpavillon gefasst wurden. Der Nordpavillon war besonders bedeu-

Abb. 1   Das Aufnahmsgebäude in den Jahren um 1865

tend, denn er diente ausschließlich dem kaiserlichen Hofe, besaß einen eigenen Eingang mit überdachter Vorfahrt und eine innen liegende Treppe zum Erreichen des Bahnsteigs. Charakteristisch für die Seitenpavillons war das Vestibül, welches über eine Dachlaterne belichtet wurde. Für diese Laterne war eine aufwendige Zeltdachkonstruktion aus Holzfachwerk-Nagelbindern und Kragträgern erforderlich. Diese Konstruktion ist im Südpavillon noch vorhanden.

Von einem der besten Kenner europäischer Bahnhofsarchitektur, dem Soproner Professor Dr. Mihály Kubinszky, wird der Bahnhof wie folgt beschrieben: „In Salzburg entstand 1860 nach Plänen des Baumeisters Thienemann [an anderer Stelle bezeichnet Kubinszky aber ebenfalls Bayer als Urheber, Anm. d. Verf.] ein Bahnhof, der abweichend von den rein romantischen Kompositionen der übrigen Westbahn-Bauten trotz romantischem Dekor südländischen Charakter hat. Anstatt des Begriffs Renaissance-Historismus wäre in diesem Fall ‚Italienischer Villenstil' angebrachter. Die Ansichtskarte aus der Zeit der Jahrhundertwende zeigt deutlich die schönen Details der Architektur, insbesondere am linken Eckpavillon. Ornamente der romantischen Architektur und Kompositionen im Geiste der Renaissance – wie der Eingang, welcher eine Villenveranda nachahmt – vertrugen sich um 1860 an ein und demselben Bau."

Durch die Eröffnung weiterer von Salzburg ausgehender Bahnlinien, wie 1871 der Strecke nach Hallein und 1875 bis nach Wörgl, wurde Salzburg zum Knotenpunkt mit entsprechend höherem Verkehrsaufkommen.

Im Jahr 1880 wurde im Jänner der Mittelbau (Abb. 2), im Februar der nördliche Hofpavillon durch Feuer beschädigt. Der Nordpavillon ist scheinbar unverändert wiederaufgebaut, der Mittelteil aber verändert und der Turmaufbau weggelassen worden.

1884 ist die Kaiserin-Elisabeth-Westbahn verstaatlicht worden. Nach Entfernung der Grünanlagen auf dem Bahnhofsvorplatz entstand 1886 das Bahnhofsgebäude für die Salzburger Lokalbahn. Die Gleise des Hauptbahnhofs wurden mit einem Fußgängersteg, erbaut von der Prager Maschinenbau-Actiengesellschaft, vom Bahnhofsvorplatz zur Lastenstraße überbrückt.

Damit deutete sich schon an, dass wegen des immer weiter zunehmenden Verkehrs die Erschließung des Bahnhofs und seiner Gleise und Bahnsteige verbessert werden musste. Sicherlich sollten auch die Kontrollen im zunehmenden Grenzverkehr verbessert werden. Ab 1898 wurde ein Projekt für die Adaptierung des Aufnahmsgebäudes und Errichtung eines Mittelperrons im Zusammenhang mit der Verlegung der Güterverkehrsanlagen nach Salzburg-Gnigl entwickelt. Diese Anlagen konnten am 2. Jänner 1905 eingeweiht werden, der Güterbahnhof ist über eine Verbindungskurve angeschlossen worden. Der Personenbahnhof diente danach nur noch dem Personenverkehr, dem Frachtverkehr der Stadt Salzburg sowie der Abwicklung der Zollmanipulation bei den Güterzügen von und nach Bayern. Der damit gewonnene Platz ermöglichte nun den Bau des breiten Mittelbahnsteigs.

Mit den umfassenden Umbauten der Jahre 1906 bis 1909 wurden nicht nur das Aufnahmsgebäude, sondern auch alle Funktionen der Personenbahnhofsanlage neu geordnet und verändert. Wesentliches Merkmal dieser Modernisierung war der Zugang zu den Bahnsteigen auf der Straßenebene durch drei Tunnel, von denen über Treppen die hoch liegenden Bahnsteige und Gleise erschlossen werden konnten. Die Gleisebene lag gerade hoch genug, um diese Personentunnel zu ermöglichen (Abb. 3). Die bisherigen breiten Aufgangstreppen im mittleren und südlichen Pavillon wurden durch eine zentrale Treppe im Mittelbahnsteig und mehrere kleinere Seitentreppen ersetzt. Der neue breite Mittelbahnsteig ermöglichte auch eine klare und sichere Abtrennung der bayerischen Ankunftsseite mit den entsprechenden Polizei- und Zolleinrichtungen.

Für das Aufnahmsgebäude bedeutete dies einen umfassenden Umbau des mittleren Bauteils, der völlig entkernt wurde und gerade, durchgehende Außenmauern erhielt, in denen drei hohe Segmentbogenfenster auf Straßen- und Bahnsteigseite das Motiv der alten dreiteiligen Veranda aufnahmen. In den neuen Grundrissen und im Querschnitt können der Umfang des Abrisses der ursprünglichen tragenden inneren Mauern und die Ergänzungen der Außenmauern gut nachvollzogen werden (Abb. 4, 5, 7). Der dadurch entstandene große, nicht unterteilte Innenraum dient bis heute als Eingangs- und Schalterhalle. Er wird von einer weit gespannten Stahlfachwerkträgerkonstruktion überdeckt, die das Walmdach trägt und von der die flache Decke der Schalterhalle abgehängt ist (Abb. 6).

Im südlichen Pavillon, dessen Treppenvestibül mit Oberlicht seit 1860 mit einer Holzfachwerkträgerkonstruktion überspannt ist, musste ebenso die Treppenanlage umgebaut werden. Dach und oberer Teil des Vestibüls blieben aber unverändert bestehen, denn in den offensichtlich auf alten Planunterlagen basierenden Umbauplänen sind die Dachkonstruktion, das Obergeschoß und das Geschoß auf Gleisniveau ohne Änderungen dargestellt, farblich angelegte bauliche Ergänzungen sind nur im Geschoß auf Straßenebene und bei den Fenstern zum Platz hin erkennbar (Abb. 8). Der den nördlichen Abschluss bildende Hofpavillon blieb zunächst ebenfalls unverändert, weil der Hofzug wahrscheinlich immer den Bahnsteig 1 nutzte und deshalb keine Anpassung der Treppe notwendig war, ebenso blieb hier das Bahnsteigdach von 1860 erhalten. Die zwischen diesen Pavillonbauten liegenden sogenannten „Zwischenbauten" wurden den neuen

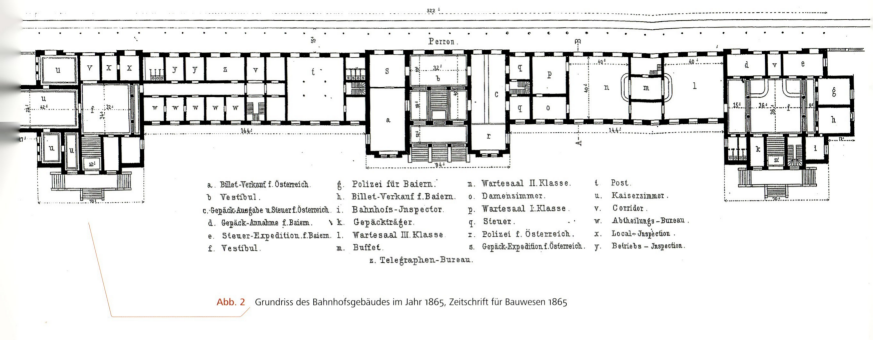

Abb. 2   Grundriss des Bahnhofsgebäudes im Jahr 1865, Zeitschrift für Bauwesen 1865

a. Billet-Verkauf f. Österreich.
b. Vestibul.
c. Gepäck-Ausgabe u. Steuer f. Österreich.
d. Gepäck-Annahme f. Baiern.
e. Steuer-Expedition f. Baiern.
f. Vestibul.
g. Polizei für Baiern.
h. Billet-Verkauf f. Baiern.
i. Bahnhofs-Inspector.
k. Gepäckträger.
l. Wartesaal III. Klasse.
m. Buffet.
n. Wartesaal II. Klasse.
o. Damenzimmer.
p. Wartesaal I. Klasse.
q. Steuer.
r. Polizei f. Österreich.
s. Gepäck-Expedition f. Österreich.
t. Post.
u. Kaiserzimmer.
v. Corridor.
w. Abtheilungs-Bureau.
x. Local-Inspection.
y. Betriebs-Inspection.
z. Telegraphen-Bureau.

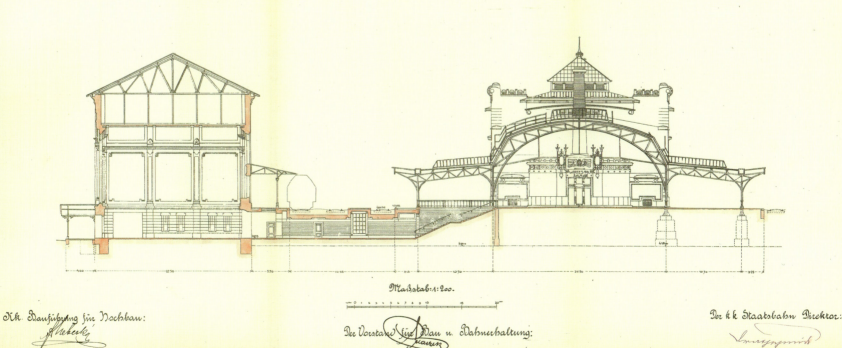

Abb. 3   Querschnitt durch das neue Mittelgebäude; die Bogenhalle am Mittelbahnsteig ist verändert ausgeführt worden.

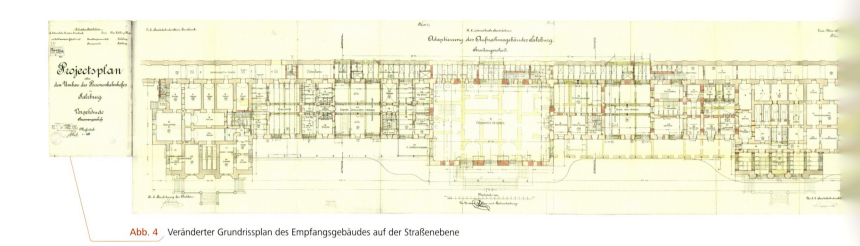

Abb. 4 Veränderter Grundrissplan des Empfangsgebäudes auf der Straßenebene

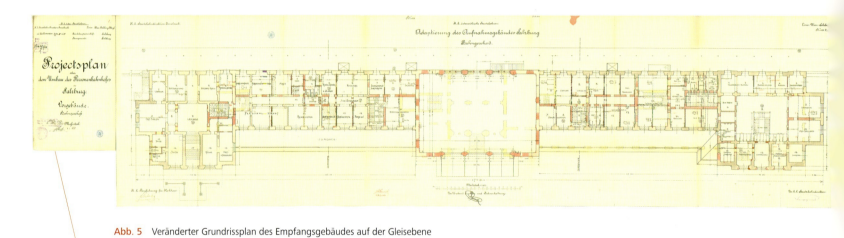

Abb. 5 Veränderter Grundrissplan des Empfangsgebäudes auf der Gleisebene

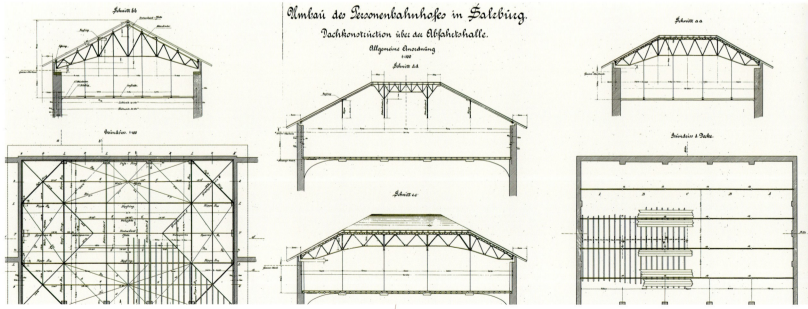

Abb. 6 Schnitte durch die Dachkonstruktion über der Halle (Ausschnitt)

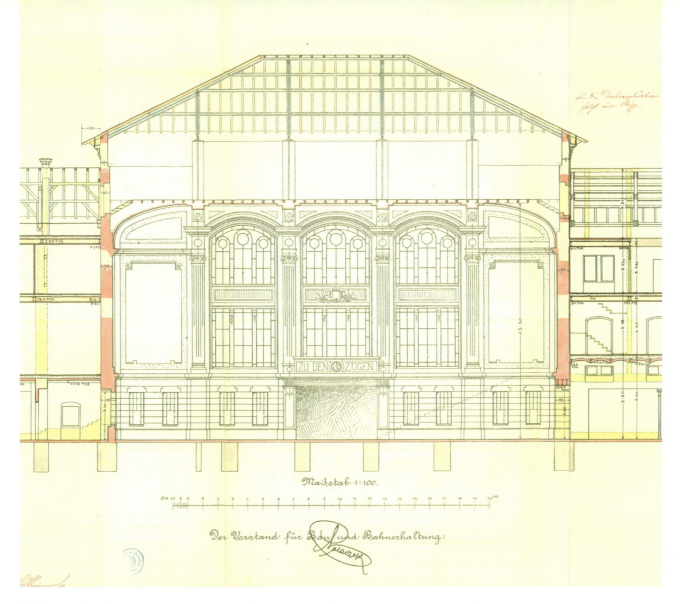

Abb. 7   Querschnitt durch den Hallenbereich des veränderten Empfangsgebäudes

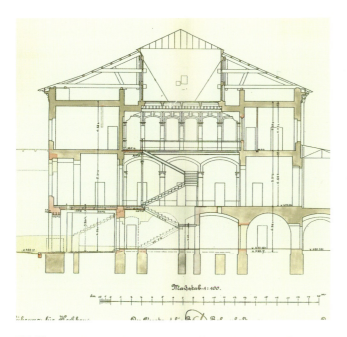

Abb. 8   Querschnitt durch den veränderten bayerischen Pavillon des Empfangsgebäudes

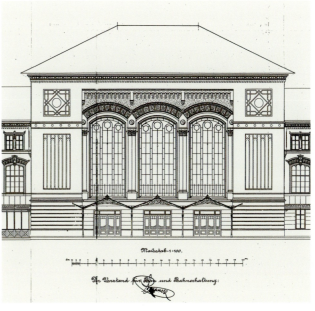

Abb. 9   Ausschnitt der straßenseitigen Fassade des Aufnahmsgebäudes

Abb. 10–13 Detailansicht des Vordachs, 2006/2007

Funktionszusammenhängen angepasst, äußerlich vereinheitlicht und erhielten durchlaufende Vordächer. Die neu geschaffenen Eingänge auf Straßen- bzw. Vorplatzebene wurden durch reich verzierte, auch heute noch vorhandene Vordächer markiert. Für den mittleren Haupteingang waren im Fassadenentwurf vom Mai 1907 zunächst drei wahrscheinlich gusseiserne Giebeldächer über den drei Eingangstüren vorgesehen, die aber mit einem Detailplan vom März 1909 durch ein durchgehendes, moderner anmutendes, abgehängtes Flachdach mit einer umlaufenden Glasschürze und aufwendig detaillierten Wandstützen ersetzt wurden (Abb. 9). Ein Vergleich mit Fotos vom aktuellen Zustand zeigt, dass dieses Dach nur einige kleinere Zierelemente wie stilisierte bekrönende Adler und Flügelräder verloren hat, sonst aber unverändert erhalten geblieben ist (Abb. 10–13).

Kernstück der ab 1906 vorgenommenen Bahnhofserweiterung war der Mittelperron, welcher – zwischen den Gleisen gelegen – durch drei Tunnel vom Aufnahmsgebäude her zugänglich war. Der 52 Meter breite Bahnsteig zwischen den durchgehenden Hauptgleisen des Fernverkehrs wurde mit drei Hallenschiffen unterschiedlicher Spannweite in Stahlfachwerkkonstruktion überspannt. An den Stirnseiten endeten jeweils vier Gleise an drei Zungenbahnsteigen. Die mittlere größere und höhere Halle wurde durch das Restaurationsgebäude in einen nördlichen und südlichen Teil gegliedert. Im Süden schlossen die kleineren Revisionshallen und zwei Dienstgebäude für den Zoll im Verkehr mit Bayern an, die zugehörigen Bahnsteige wurden über eine Halle quer zur Gleisachse erreicht (Abb. 14).

Die große Halle mit drei Feldern südlich des Restaurationsgebäudes wurde allgemein auch „bayerische Halle" genannt (Abb. 15), die vierfeldrige Tonnenhalle nördlich des Restaurationsgebäudes „österreichische Halle" (Abb. 16). Die Dreigelenk-Bogenbinder und die Schürzenbinder wurden auf schräg gestellten Rollensätzen beweglich gelagert. Die Binder waren durch je sechs Fachwerkpfetten und die seitlichen Glaswände verbunden.

Zwischen den beiden mittleren Tonnenhallen wurde das Restaurationsgebäude errichtet (Abb. 17). Es diente den beiden Hallen als festes Auflager und Längsaussteifung. In seinem Nordflügel befanden sich die Restauration I. und II. Klasse, im Südflügel die Restauration III. Klasse. Zwischen den hohen Räumen war dreigeschoßig der Trakt mit den Warteräumen I. und II. Klasse sowie einem Speisesaal im Erdgeschoß, Küche und Vorratsräumen im 1. Obergeschoß sowie Sozialräumen im 2. Obergeschoß angeordnet. Im Keller hatte man Vorratsräume und die Heizzentrale untergebracht. An der Nordfassade waren Toilet-

Abb. 14 Mittelbahnsteig mit (von rechts) Querhallen, bayerischem Zollgebäude und „bayerischer" Halle, Restaurationsgebäude und dahinter liegender „österreichischer" Halle. Blick vom westlich gelegenen Hochhaus, 2006/2007

Abb. 15   „Bayerische Halle" mit Fassade des ehemaligen Wartesaals III. Klasse und modernen Einbauten, 2006/2007

Abb. 16   Blick auf die Schürze der „österreichischen Halle" von Nordosten, 2006/2007

ten angebaut, an der Südfassade der Wartesaal III. Klasse (Abb. 18).

Die schmäleren westlichen und östlichen Seitenhallen erstreckten sich über die gesamte Länge der österreichischen Mittelhalle, Restaurationsgebäude, bayerischer Mittelhalle, Zollabfertigung und Querhalle. Die Seitenhallen hatten eine ebenfalls tonnenförmige Dachkonstruktion mit angehängtem, ansteigendem Kragträger zum Gleis hin. Die Inselbahnsteige auf der österreichischen und bayerischen Seite erhielten Bahnsteigdächer mit Gusseisenstützen und stählernen Dachträgern.

Auch diesen Umbau kommentiert Kubinszky: „1909 vollzogen die kkStB [k. k. Staatsbahnen] den Salzburger Hauptbahnhof einer beachtlichen, aber gut gelungenen Umgestaltung. Vor den Gleisen, welche nun an einem Mittelbau mit Inselbahnsteig vorbeiführen, steht das ehemalige Aufnahmsgebäude der Kaiserin-Elisabeth-Bahn. Die große Schalterhalle prägt mit den hohen Bogenfenstern klar die Fassade. Technisch modern ist das Glasdach zum Schutz des Publikums vor der Hauptfassade. Die neuen Fassadenzierden passen sich der ursprünglichen Gestaltung an. Der Mittelbau, welcher bei den Umbauten entstanden ist, wird von einer Halle in Stahlbau […] umfasst. An diese passen sich die Bahnsteigdächer an. Der Bahnhof hat diese Form bis zum heutigen Tag behalten. Mit der Umgestaltung des Salzburger ‚Staatsbahnhofs' ging eine dem Zeitgeschmack entsprechende Innenausstattung einher. Später Jugendstil, etwa in der Auffassung von Josef Hoffmann, ist im Speisesaal […] zu sehen."

Von Kubinszky nicht erwähnt wird der bauleitende Architekt des Umbaus, Ladislaus Friedrich von Diószeghy, ein Mitarbeiter der k. k. Staatsbahn. Der Umbau muss seinen funktionalen und architektonischen Anforderungen so gut entsprochen haben, dass bis zum Zweiten Weltkrieg keine weiteren Umbauten nachgewiesen werden können. Erst die Bombenschäden dieses Kriegs, die besonders den nördlichen Teil des Aufnahmsgebäudes und des Mittelbahnsteigs betrafen, führten zu größeren Veränderungen. Der von den Österreichischen Bundesbahnen beauftragte Architekt Anton Wilhelm ließ den Hofpavillon und seine Verlängerung bis zu den neueren Postbauten vereinfachend wiederaufbauen, die längst verlorene Funktion für den Hof war schon in der Zwischenkriegszeit durch bahneigene Nutzungen ersetzt worden. Unbekannt bleibt der Anlass für die neue schlichte Innengestaltung der Schalterhalle, die über der originalen Diószeghy-Aus-

Abb. 17   Restaurationsgebäude des Mittelbahnsteigs von Norden, 2006/2007

Abb. 18   Fassadenreste des ehemaligen Wartesaals III. Klasse hinter modernem Zeitschriftenladen, 2006/2007

Abb. 19   Innenansicht des Lichthofs, 2006/2007

stattung aufgebracht wurde. Umfassender waren die Zerstörungen und damit auch die Wiederaufbaumaßnahmen am Mittelbahnsteig, die derselbe Architekt ausführte. Besonders der nördliche Teil war schwer beschädigt worden. Während die teilweise eingebrochenen Hallenteile gehoben und in alter Form wiedererrichtet werden konnten, erhielt der Nordteil des Restaurationsgebäudes beim Wiederaufbau ein Obergeschoß mit Personalschlafräumen um einen Lichthof für den darunter liegenden Speisesaal, der wegen seiner Wandtäfelungen aus Adneter Muschelkalk als „Marmorsaal" bezeichnet wurde. Im Mitteltrakt wurde die Küche ins Erdgeschoß an die Stelle der Warteräume verlegt. Die Dachkonstruktion mit den hohen Oberlichten über Nordflügel und Mitteltrakt wurde als Holzfachwerkkonstruktion ausgeführt. Im südlichen Teil blieb das Dach auf Stahlfachwerkbindern erhalten, zu unbekanntem Zeitpunkt ist eine Zwischendecke eingezogen worden, das Obergeschoß blieb ungenutzt. Der Wartesaal III. Klasse an der Südfassade zeigte noch Reste der am Jugendstil orientierten Fassadengestaltung, er ist mit Anbauten versehen und zum Zeitungskiosk umfunktioniert worden.

Im Inneren des Aufnahmegebäudes wurden in den letzten 50 Jahren zahlreiche Umbauten und Renovierungen vorgenommen, um die Räume laufenden Veränderungen bei den Nutzungen anzupassen. Diese Modifikationen können im Detail nicht mehr nachvollzogen werden. Eventuell noch vorhandene Spuren älterer Bauzustände wie z. B. Stuckaturen und Böden sind am Bestand nicht mehr nachzuweisen. Ausnahmen hiervon bilden einige der Treppenhäuser und vor allem das Vestibül im südlichen Pavillon. Allerdings wurden hier zu einem nicht genauer bekannten Zeitpunkt im Architekturstil der späten Siebzigerjahre ein Aufzug und eine Treppenanlage mit neuer Beleuchtung eingebaut, die zeittypisch wenig auf den historischen Bestand Rücksicht nahmen (Abb. 19).

Kubinszky bemerkt zum aktuellen Zustand des Bahnhofs in seiner 1986 erschienenen Veröffentlichung: „In mustergültiger Weise wurde 1980 auch die Hauptfassade des Bahnhofsgebäudes unter weitgehender Berücksichtigung denkmalpflegerischer Gesichtspunkte wiederhergestellt. Am Mittelbau wurden gegenüber dem Zustand von 1909 nur die Fensterteilungen geändert, auch die zum Jugendstil gehörenden Linien an der Mauer wurden berücksichtigt. Die Fensterumrahmungen an den Verbindungsflügeln entbehren allerdings der romantischen Krönungen." Eine Kritik an den unpassenden industriellen Stegverglasungen der Eingangshalle übte er nicht, sondern beschrieb sie nur verharmlosend als Änderung der Teilung.

Einen sehr großen Eingriff, der aber von außen kaum zu bemerken ist, stellte der Bau des unterirdischen Bahnhofs der Salzburger Lokalbahn unter dem südlichen Zwischenbau zwischen 1992 und 1994 dar. Erdgeschoß- und Kellerzone wurden dabei völlig verändert, die Geschoßdecke über dem Abgang teilweise angehoben. Gleichwohl erfolgte dieser Eingriff unter Wahrung der äußeren Denkmalsubstanz, an der Außenfassade ist die neue Nutzung nur durch die Zugangstüren erkenntlich. Der Innenraum mit dem Abgang zu den tiefer liegenden Bahnsteigen zeigt sich in einer klaren, sachlichen Architektur. Zum gleichen Zeitpunkt erhielt die Fassade am Südtiroler Platz einen neuen Anstrich in hell- und dunkelgrau, auf der Bahnsteigseite verblieb der ältere Anstrich in hellen und dunklen Brauntönen (Abb. 20).

Dauernden Veränderungen bis in die jüngste Zeit unterlag die Schalterhalle. Zahlreiche An-, Um- und Einbauten in unterschiedlichsten Materialien, großflächige Reklamen und technische Anlagen wie elektronische Anzeigetafeln, Entlüftungsventilatoren und der eingestellte Fahrstuhl zum Bahnsteig 1 hinterließen ein sehr inhomogenes Bild, unter dem die historische Substanz und der architektonische Anspruch des Umbaus von 1909 völlig verloren gingen (Abb. 21, 22). Die zu unbekanntem Zeitpunkt in die dreigliedrigen hohen Segmentbogenfenster der Straßen- und Bahnsteigfassade eingebauten, industriellen Glasstegfenster boten zusätzlich einen starken Kontrast zur nach historischem Vorbild renovierten Fassade. Ähnlich verbaut wurde das Gebäude am Mittelbahnsteig,

Abb. 20 Gesamtansicht der Platzseite, 2006/2007

Abb. 21 Eingangshalle, Blick nach Süden, 2006/2007. Von links: Fahrkartenschalter, Eingang Mitteltunnel, Fahrstuhl zum Bahnsteig 1, Reisezentrum, Infopoint

Abb. 22 Eingangshalle, Blick nach Südwesten mit vielfältigen Einbauten, 2006/2007

Abb. 23 Gesamtanlage von Aufnahmsgebäude und Mittelbahnsteig, Blick vom westlich gelegenen Hochhaus, 2006/2007

das neben den Veränderungen des Wiederaufbaus nach dem Zweiten Weltkrieg durch zahlreiche Anbauten, neue Eingänge, Werbetafeln und weitere „Zutaten" kaum noch Spuren des ursprünglichen Entwurfs zeigte. Die Errichtung eines zusätzlichen Inselbahnsteigs auf der Ostseite führte zu einem Abbruch der östlichen Bahnsteighalle und des Kragdachs, der Bahnsteig wurde verschmälert und mit einem kurzen Kragdach auf Profilstützen versehen.

Mit dem ursprünglichen Baujahr 1860 gehört das Salzburger Bahnhofsgebäude zu den wenigen erhaltenen älteren Gebäuden seiner Art in Europa. Im österreichischen Vergleich stellen sowohl Aufnahmsgebäude als auch die stählerne Halle des Mittelperrons einmalige Zeugen des Eisenbahnbaus des 19. und des frühen 20. Jahrhunderts dar. Das Aufnahmsgebäude zeigt großteils immer noch die äußere Gestaltung und das Volumen des Ausgangsbaus von 1860, obwohl es 1909 in Teilen umfassend umgebaut und der nördliche Teil im Zweiten Weltkrieg beschädigt wurde (Abb. 23).

Der Weg zum neuen Hauptbahnhof

Der Umbau des Aufnahmsgebäudes und die Errichtung des Mittelperrons ergaben eine besondere Grundriss- und Organisationsform des Bahnhofs, die auf seine Funktion als Grenzübergangsstelle zwischen Deutschland und Österreich zurückgehen. Durchgehende Fernzüge konnten dabei den Bahnsteig 1 am Aufnahmsgebäude und die Längsbahnsteige am Mittelbahnsteig benutzen. Der österreichische Verkehr Richtung Wien und Wörgl konnte von den vier nördlichen Kopfbahnsteigen ausgehen, da die Züge hier die Fahrtrichtung wechseln mussten. Die Züge aus Deutschland endeten an den südlichen Kopfbahnsteigen auf der „bayerischen" Seite, der Grenzverkehr war damit einfach zu kanalisieren und konnte vollständig kontrolliert werden. Durch die drei Personentunnel wurden die Fahrgastströme aufgeteilt. Damit entstand eine Sonderform des Durchgangsbahnhofs mit Inselgebäude und integriertem doppelten Kopfbahnhof, die für einen Grenzbahnhof besonders geeignet war. Nach Wegfall der Grenzkontrollen durch das Schengen-Abkommen war diese besondere logistische und funktionale Ausformung des Mittelperrons überflüssig, die weit auseinanderliegenden Kopfbahnsteige führten zu langen Übergangswegen und erschwerten eine einfache Orientierung.

Ähnlich den Vorhaben einiger ausländischer Bahnverwaltungen in den 1990er-Jahren entwickelten auch die Österreichischen Bundesbahn ein Programm zur Verbesserung und zum zeitgemäßen Umbau ihrer größeren Bahnhöfe, die sogenannte „Bahnhofsoffensive". Sie umfasst etwa 20 größere Bahnhöfe, darunter auch Salzburg. Während die Deutsche Bahn AG mit ihren ambitionierten Plänen für die „21er Projekte" (Bahnhöfe für das 21. Jahrhundert) in Frankfurt und München scheiterte und in Stuttgart auf erheblichen Widerstand stieß – der Berliner Hauptbahnhof und der in Leipzig wurden erst nachträglich in das Programm aufgenommen –, war die ÖBB-Initiative sehr erfolgreich, denn neben kleineren Stationen sind die Großstadtbahnhöfe in Graz, Linz, Innsbruck und Klagenfurt bereits fertiggestellt und der neue Wiener Westbahnhof Ende 2011 eingeweiht worden. Die umfangreichen Arbeiten für den neuen Wiener Zentralbahnhof sind in der ersten Jahreshälfte 2012 weit vorangeschritten.

Für den Salzburger Bahnhof erfolgte im Rahmen der Bahnhofsoffensive bereits 1999 ein Architekturwettbewerb, den das Büro kadawittfeldarchitektur gewann und der die Grundlage für die weitere Diskussion um den Bahnhofsausbau bildete. Allerdings gehörten bei diesem Wettbewerb denkmalpflegerische Aspekte nicht zu den Planungsgrundlagen. Das Bundesdenkmalamt wies deshalb darauf hin, dass es mit Bescheid vom 8. April 1998 das Aufnahmsgebäude, die repräsentative Hallenkonstruktion über dem Mittelbahnsteig und auch den Marmorsaal des Bahnhofsrestaurants als erhaltungswürdig bezeichnet hatte.

In den folgenden Gesprächen zwischen ÖBB und Bundesdenkmalamt ging es zunächst um die Erhaltungsmöglichkeiten für Mittelbahnsteig und Marmorsaal, der in der Salzburger Öffentlichkeit einen hohen Stellenwert hatte.

Abb. 24 Filigrane historische Eisenkonstruktion von 1860 unter dem Oberlicht

Abb. 25 Gusseisenstütze mit Gussmarke von 1860

Abb. 26 Eingangshalle, Blick nach Südosten mit Eingang zum Mitteltunnel, 2006/2007

Abb. 27 Mittlerer Pavillon mit Mitteleingang, Vordach und Glas-Stegfenstern, 2006/2007

Abb. 28 Gesamtansicht von der Bahnsteigseite, 2006/2007. Die beiden rechts liegenden Mittelrisalite markieren etwa die Lage des früheren Nordpavillons für den kaiserlichen Hof

Abb. 29 Bahnsteig 1 und Aufnahmsgebäude mit unterschiedlichen Farbfassungen

Im Jahr 2001 erstellte das Büro für Industriearchäologie des Verfassers ein erstes Gutachten, in dem die grundsätzliche Erhaltungsmöglichkeit untersucht wurde.

Die Planungen der ÖBB hatten neben den Verbesserungen für die Bahnreisenden auch eine umfassende Neuordnung der Gleisanlagen zum Ziel, die aus mehreren Gründen erforderlich war. Einerseits ging es um betriebliche Verbesserungen für den weiter zunehmenden grenzüberschreitenden Güterverkehr, andererseits um den Ausbau der Verbindungen und der Zugfrequenz des ebenfalls grenzüberschreitenden S-Bahn-Verkehrs der Region Salzburger Land. Aus Richtung Wien sind insgesamt vier Gleise einzubinden, aus Richtung Freilassing kommt ein drittes Gleis hinzu. Ab 2004 wurden die vorbereitenden Untersuchungen wieder begonnen, diesmal mit Beteiligung und in offener Diskussion mit dem Bundesdenkmalamt. Die kurzfristig aufgekommene Idee, den Marmorsaal in das Aufnahmsgebäude zu translozieren, wurde vom BDA abgelehnt, weil damit noch mehr originale Substanz gefährdet gewesen wäre. In mehreren Treffen mit den planenden Ingenieurbüros, den Architekten, den ÖBB und dem Bundesdenkmalamt wurde ein gemeinsames Vorgehen beschlossen: Die Vorstände der drei österreichischen Institute für Eisenbahnwesen, Prof. Dr.-Ing. Erich Kopp, Universität Innsbruck, Prof. DI. Dr. techn. Norbert Ostermann, TU Wien, Prof. Dr. techn. Klaus Riessberger, TU Graz, und der Denkmalgutachter untersuchten die eisenbahnbetrieblichen Aspekte des Bahnhofsumbaus unter Berücksichtigung des Denkmalschutzes. Das im Jahr 2005 vorgelegte Ergebnis machte deutlich, dass die Erhaltung des Mittelbahnsteigs sehr große Einschränkungen für eine Neuordnung der Gleisanlagen und die notwendigen Kapazitätserweiterungen bedeuten würde. Von den vorgeschlagenen Varianten wurde diejenige favorisiert, in der der Mittelbahnsteig und damit der Marmorsaal aufgegeben wurde, die historische Bahnsteighalle aber in den Neubau integriert werden konnte und nun als Halle über zusätzlichen Durchfahrgleisen diente. Das Bundesdenkmalamt musste schließlich dieser Lösung zustimmen, konnte aber gleichzeitig erreichen, dass die weiteren Planungen und die Durchführung auf der Grundlage einer denkmalpflegerischen Dokumentation und Untersuchung erfolgen sollten und der Umbau durch eine dauernde denkmalpflegerische Beratung begleitet wurde und wird.

Dokumentation und Untersuchung des Bestands

Zwischen 2005 und 2007 dokumentierte das Büro für Industriearchäologie in Kooperation mit dem Büro für Restaurierungsberatung und planinghaus architekten den Bestand von Mittelbahnsteig und Aufnahmsgebäude. Zu den Besonderheiten des Salzburger Hauptbahnhofs scheint zu gehören, dass seine lange Nutzungs- und Baugeschichte bisher wenig erforscht worden ist. Die Überlieferung entsprechender Quellen ist als ausgesprochen eingeschränkt zu bezeichnen, eine Erforschung der Bau-, Umbau und Nutzungsgeschichte wird dadurch sehr erschwert. Behindert wird eine solche Untersuchung auch durch die schwierige Archivlage beim Eigentümer, bei dem die verschiedenen Umstrukturierungen gerade der letzten Zeit zum Nicht-Auffinden oder sogar zum Verlust von Akten- und Bauplanbeständen geführt haben. So sind gerade aus der Zeit ab etwa 1950, einschließlich des Umbaus des östlichen Bahnsteigs, keine genauen Nachweise zu finden. Da die Eisenbahnbauten nicht der örtlichen Baugenehmigungspflicht unterliegen, fehlen auch sonst parallel zu führende Akten der kommunalen oder staatlichen Behörden. Dokumente aus der Frühzeit des Bahnhofs sind beim Technischen Museum Wien und dem Salzburg Museum vorhanden. Die verlässlichsten Quellen sind im Österreichischen Staatsarchiv in Wien zu finden, in dem vor allem der Umbau unter Leitung des Architekten Diószeghy durch zahlreiche Akten- und Planunterlagen umfangreich dokumentiert ist. Die weiteren Bestände reichen allerdings nur bis kurz nach dem Zweiten Weltkrieg und dem Wiederaufbau der Kriegszerstörungen im Jahr 1948.

Neben der Dokumentation und der Ermittlung der Baugeschichte wurden detaillierte bauforscherliche Untersuchungen durchgeführt, insbesondere zu den Farbfassungen der Stahlbauteile des Mittelbahnsteigs und des Dachs von Bahnsteig 1 und der Putze der Hochbauten. Ein wichtiger Punkt war die Analyse der Eingangshalle. Das Landeskonservatorat war vorab mündlich darüber informiert worden, dass unter der vorhandenen Oberflächenfassung, die dem Wiederaufbau nach dem Krieg zuzuordnen war, möglicherweise noch Teile der Diószeghy-Ausstattung vorhanden sein könnten. Eine Probebohrung an einer ausgesuchten Stelle bestätigte, dass die Wände durch Paneele verkleidet und wenigstens an dieser Stelle die originalen Randeinfassungen von 1909 noch vorhanden waren. Außerdem erfolgte eine erste konstruktive Revision der mittleren Stahlhalle und des Dachs am Bahnsteig 1, um die Möglichkeiten, den Umfang und die groben Kosten einer Instandsetzung ermitteln zu können.

Ergebnisse von Dokumentation und Untersuchungen

Ziel der Dokumentation und Untersuchungen war, eine solide Basis für die zu erwartenden Umbaumaßnahmen und die Erhaltung möglichst aller Teile denkmalwerter Substanz zu entwickeln. Für einige Bauteile gab es zunächst nur Vermutungen über ihr tatsächliches Alter und ihre Überlieferung. Überraschend war, dass noch größere Teile der Originalsubstanz von 1860 und des umfangreichen Umbaus von 1907 erhalten sind. Es zeigt sich dabei eine zeitliche Dreiteilung innerhalb des historischen Bestands.

Der südliche Pavillon des Aufnahmsgebäudes besitzt zahlreiche überlieferte Elemente aus der Bauzeit von 1860, wie das Vestibül mit Oberlichten, die Innenfassaden des Vestibüls und die Dachkonstruktion (Abb. 24). Eine Bewahrung dieses ältesten erhaltenen Bauteils ist also besonders wichtig. Störend sind bis heute vor allem der wenig sensible Einbau einer Treppe und eines Fahrstuhls im Lichthof. Große Teile des Bahnsteigdachs von Bahnsteig 1 scheinen ebenfalls noch aus der Bauzeit zu stammen, was auch durch die Gussmarken belegt werden kann (Abb. 25). Unklar bleibt, warum spätere Verlängerungen des Dachs mit den gleichen Gusseisenstützen ausgestattet werden konnten. Interessant ist auch, dass bei den umfangreichen Umbauten unter Diószeghy diese Bauteile nicht verändert wurden.

Der Umbau von 1906 ist besonders im Mittelteil des Aufnahmsgebäudes sichtbar, die große Eingangshalle war neben den Zugangstunneln und dem Mittelbahnsteig das wesentliche Element der Neuordnung. Die Eingangshalle hatte diesen Raumeindruck auch bewahrt, allerdings war der innere Bauschmuck durch eine abstrahierende Fassung überdeckt und mit Hinzufügungen wie der Halbrelief-Plastik über dem Tunneleingang überformt. Zudem waren im Zuge der langen Nachkriegs-Nutzungsdauer in über 50 Jahren zahlreiche unkoordinierte und ungestalte Um- und Anbauten der Läden und Schalter in der Erdgeschoßzone erfolgt, sodass der Raumeindruck erheblich gestört war (Abb. 26). Auch die drei Bogenfenster der West- und Ostfassade ließen keinen Bezug zu den ursprünglichen geteilten Fenstern mehr erkennen. Erstaunlich ist, dass die nun über 100 Jahre alten Vordächer über den Haupteingängen und an den Verbindungsflügeln ohne Änderungen und Beschädigungen erhalten geblieben sind (Abb. 27).

Bis auf größere Teile der Außenfassaden und Reste von historischen Treppenhäusern ist am Nordflügel des Aufnahmsgebäudes nur noch wenig Originalsubstanz vorhanden, bedingt durch die Umnutzungen nach Aufgabe des Hoftraktes und die Bombenschäden zu Ende des Zweiten Weltkriegs (Abb. 28). Die Fassaden des Aufnahmsgebäudes sind weitgehend in sehr gutem Zustand erhalten, zeigen aber unterschiedliche Anstrichfarben (Abb. 29).

Die Zugangstunnel zum Mittelbahnsteig waren von Diószeghy ebenfalls besonders gestaltet worden, wohl auch, um die Enge und die geringe Höhe zu überspielen. Diese in Plänen überlieferte Gestaltung war allerdings nicht mehr vorhanden und durch modernere Vitrinen und Oberflächen zu unbekanntem Zeitpunkt ersetzt worden.

Der Mittelbahnsteig unterlag nach den Bombenschäden und in dem folgenden Wiederaufbau starken Veränderungen. So sind zwar die Außenwände des Restaurationsgebäudes zum größeren Teil erhalten geblieben, die Mauerkronen im Jugendstil sind aber durch gerade Abschlüsse ersetzt worden. Das ursprünglich flache, mit einem quadratischen pyramidalen Turmaufbau zur Belichtung versehene Dach wurde durch einfache Satteldächer ersetzt, die mit Belichtungsraupen versehen waren. Auch im Inneren gab es weitreichende Veränderungen in Nutzung und Raumfolge, sodass der ursprüngliche Grundriss der Restaurations- und Warteräume nicht mehr erkennbar war. Die u-förmige, mit Jugendstilornamenten versehene Wand des ehemaligen Wartesaals III. Klasse an der Südseite war über einem Verkaufsstand noch in Resten erhalten. Der in der Salzburger Öffentlichkeit viel diskutierte Marmorsaal nahm den Raum der ehemaligen Restauration der I. und II. Klasse ein. Von den Umbauten des Architekten Anton Wilhelm in dieser Zeit war er sicher derjenige mit dem größten architektonischen Anspruch, die Ausstattung war aber noch von der Notzeit des Wiederaufbaus geprägt. Eine kunstgeschichtliche Einordnung und Bewertung soll hier nicht erfolgen. Seine Bedeutung lag vielleicht eher in seiner Geschichte und dem Erinnerungswert, denn das Restaurant gehörte zu den ersten, die in Salzburg nach dem Zweiten Weltkrieg wieder eröffneten, und erfreute sich großer Beliebtheit in der Bevölkerung.

Im Ergebnis wurde deutlich, dass drei Bauepochen im Salzburger Hauptbahnhof dokumentiert waren: Bauten der ersten Phase von 1860, erhalten im Südpavillon und als Bahnsteig 1, die Umbauten unter Diószeghy mit der Eingangshalle, dem Mittelbahnsteig einschließlich dem Baukörper des Restaurationsgebäudes plus den stählernen Bahnsteighallen, und die Wiederaufbauten und Reparaturen aus der Nachkriegszeit mit den Überformungen der Eingangshalle und des Restaurationsgebäudes mit dem Marmorsaal.

Denkmalpflegerisches Konzept und Modernisierung

Nach interner Beratung zwischen Denkmalpflege und Gutachter ging das denkmalpflegerische Konzept davon aus, dass die Bestände aus der Anfangsphase und dem Diószeghy-Umbau erhaltenswert sind, während den Nachkriegsreparaturen keine Bedeutung zukommt. Eine Rückführung des Aufnahmsgebäudes in einen denkmalpflegerisch „reinen" Zustand einer bestimmten definierten Epoche war nicht mehr möglich und wegen der wünschenswerten Erhaltung von wertvollen Elementen aus unterschiedlichen Zeitabschnitten auch nicht anzustreben. Das Gebäude könnte aber einen Nachweis für seine lange Historie bei unveränderter Nutzung führen. Die herausragende Bedeutung als einer der wenigen erhaltenen historischen Großbahnhöfe in Österreich wird dadurch noch unterstrichen. Nach einer Durchführung der vorgeschlagenen Maßnahmen würde am Ende ein Gebäude vorhanden sein, das unterschiedliche historische Elemente aus den Jahren und Bauzeiten von 1860, 1909 und der Gegenwart aufweist.

Konkret hieß das, im Rahmen des erneuten Umbaus in Abstimmung mit Eigentümer und Architekten die Schwerpunkte bei der Erhaltung und möglichen Restaurierung der Eingangshalle, der Überdachung des Bahnsteigs 1 und der großen stählernen Bahnsteighalle zu setzen.

Die erste Untersuchung in der Eingangshalle hatte ergeben, dass unter einer auf einer Lattung angebrachten Verschalung noch Bauschmuck aus dem Jahr 1909 aufgefunden werden konnte. Zur Abschätzung der Möglichkeiten und des Aufwands einer Restaurierung wurde vorbereitend ein ganzes Wandfeld freigelegt, unter dem tatsächlich die nahezu komplette Jugendstilfassung mit Bändern und Keramikbildern noch vorhanden war. Beschädigungen ergaben sich vor allem aus dem willkürlichen Anbringen der Lattung, die sogar mit Bohrlöchern in den Bildern befestigt wurde. Nach diesem Aufschluss konnte davon ausgegangen werden, dass die übrigen Wandfelder in ähnlichem Zustand waren, sodass eine Restaurierung der ganzen Eingangshalle entschieden wurde. Lediglich die Erdgeschoßzone war durch die zahlreichen Veränderungen und Durchbrüche so weit gestört, dass hier eine Restaurierung auch im Hinblick auf die erforderlichen neuen Einbauten und Eingänge nicht mehr möglich und sinnvoll erschien. Zur Rückführung in den historischen Zustand gehörte der Ausbau der großflächigen Fenster auf der Platz- und der Bahnsteigseite, die Rekonstruktion der waagerechten und senkrechten Fensterteiler und der Fenster selbst.

Für das Vordach am Bahnsteig 1 wurde als Instandsetzungskonzept empfohlen, die zahlreichen Abhängungen für Schilder, Kabel und weitere Einrichtungen zu entfernen und zu einer einheitlichen Dachdeckung zurückzukehren. Wegen der inzwischen höheren Lastannahmen vor allem für Schneelasten waren Verstärkungen erforderlich. Durch die Erhöhung des Bahnsteigniveaus wurden die gusseisernen Stützenfüße weiter eingebaut. Dieser optische Nachteil musste hingenommen werden, da eine alternative Höherlegung des gesamten Dachs zu zahlreichen neuen Anschlussproblemen an der Fassade geführt hätte. Die Führung von großen Kabelkanälen unter der Bahnsteigfläche schien zunächst eine technisch problematische Kürzung der Gusseisenstützen zu erfordern. Eine Umplanung konnte dies jedoch verhindern.

Die Demontage, Reparatur, Verstärkung und der Wiederaufbau der großen Stahlbogenhalle des Mittelbahnsteigs gehörten zu den aufwendigsten Arbeiten des Bahnhofsumbaus. Die nach den Kriterien ihrer Bauzeit sehr stahlsparend und optimiert gerechnete Konstruktion ist aus heutiger Sicht äußerst filigran und kann den aktuellen gesteigerten Lastannahmen für Windkräfte und Schnee nicht entsprechen. Durch den Fortfall des Restaurationsgebäudes als aussteifendes verankerndes Element musste zudem die Halle nun als selbsttragende und in der Längsrichtung ausgesteifte Konstruktion neu berechnet und entsprechend verstärkt und ergänzt werden. Das Eigengewicht konnte durch den Ersatz der festen Dachdeckung durch Folienbespannung reduziert werden, aber insbesondere die Längsaussteifung erforderte zusätzliche Konstruktionselemente, die in ihren ersten Ausführungsvorschlägen zu erheblichen optischen Beeinträchtigungen geführt hätten. Dank der intensiven Nachbearbeitung durch den Tragwerksplaner gelang es, diese so weit zu reduzieren und zu optimieren, dass sie an der wiedererrichteten Halle kaum noch auszumachen sind. Eine Instandsetzung vor Ort war wegen des aufrechtzuerhaltenden Bahnbetriebs nicht möglich. Für die Aufteilung der Bogenbinder in transportfähige Teile wurden probeweise Nietverbindungen entfernt, wobei eine Verformung des Tragwerks vermieden werden musste. Der Abbau, der Transport, die Reparatur, die Verstärkung und der Wiederaufbau der Halle wurden zu einer anspruchsvollen Operation, die vom beauftragten Unternehmen in hervorragender Qualität gelöst wurde.

Das vierte Leben des Salzburger Hauptbahnhofs

Etwa 150 Jahre nach seiner Errichtung, 100 Jahre nach dem ersten großen Umbau und 60 Jahre nach dem teil-

Abb. 30 Bahnsteig 1, Ansicht von Südwesten mit zahlreichen Anbauten, Abhängungen und veränderter Dachdeckung, 2006/2007

weisen Wiederaufbau konnte im Jahr 2011 der erste Abschnitt der vierten Phase im Leben des Salzburger Hauptbahnhofs eröffnet werden. Die Eingangshalle vermittelt nun wieder den Eindruck, der auf historischen Fotos nach dem Diószeghy-Umbau dargestellt wird. Die restaurierte Wandgestaltung mit Jugendstilelementen und den farbigen Kachelbildern ist außergewöhnlich und beeindruckend. Die nach historischen Plänen rekonstruierten großen Fenster und Oberflächen geben der Eingangshalle jene Helligkeit und Großzügigkeit zurück, die im Lauf der letzten 60 Jahre verloren gegangen war.

Ein breiter und gut belichteter Durchgang erschließt die neuen Bahnsteige und erleichtert die Orientierung. Beim Aufstieg auf die Bahnsteige überrascht die große, ebenso helle wie weite Halle. Die alte Halle des Mittelperrons ist nun wesentlich freier aufgestellt und besser wahrnehmbar, ihre Instandsetzung und erneute Nutzung erweist sich als gelungene Maßnahme der Bewahrung alter Technik in einem geänderten modernen Umfeld. Salzburg hat mit dem umfangreichen Umbau des Hauptbahnhofs zwar den Marmorsaal verloren, aber einen neuen großartigen Bahnhof gewonnen.

Zur frühen Betriebsgeschichte des Salzburger Hauptbahnhofs

Ulrich Klein

Die meisten Reisenden sehen in einem Bahnhof nur das Gebäude mit Fahrkartenverkauf, Aufenthaltsräumen, Geschäften für Reisebedarf etc. Eisenbahntechnisch greift dies aber zu kurz, denn die beschriebenen Funktionen betreffen nur das Aufnahmsgebäude, das zwar für den Bahnbetrieb wichtig ist, aber nur einen kleinen Teil der vielen Betriebseinrichtungen darstellt, die zusammen einen Bahnhof ausmachen. Dies sind zuerst einmal die Schienenstränge der verschiedenen Strecken, die hier zusammentreffen, mit ihren Weichen[1] und Stelleinrichtungen, die Sicherheitseinrichtungen wie die Signale und – früher von weitaus größerer Bedeutung als heute, wo solche Funktionen zunehmend an wenigen Orten zentralisiert werden – die Einrichtungen und Werkstätten zur Unterhaltung von Lokomotiven und Wagen.

Der Salzburger Grenzbahnhof war in diesem Sinn immer eine besonders interessante Betriebsstelle, weil hier längere Zeit sowohl österreichische wie auch deutsche Anlagen nebeneinander betrieben wurden. Aufgrund der staatsvertraglichen Regelung handelte es sich hierbei von Beginn an um einen „Gemeinschaftsbahnhof" zwischen der k. k. Monarchie und dem Königreich Bayern.[2]

Der österreichische Bahnbetrieb in Salzburg

Am 1. August 1860 wurde die privat finanzierte und betriebene „k. k. privilegierte Kaiserin-Elisabeth-Bahn" (KEB, so auch an Wagen und Lokomotiven angeschrieben), die inzwischen von Wien her über Linz Salzburg erreicht hatte, in Betrieb genommen. Damit wurde der Salzburger Bahnhof nicht zu einer Endstation, sondern zu einem Durchgangsbahnhof, denn von Westen her hatte inzwischen auch die bayerische Maximiliansbahn Salzburg erreicht.[3] Während der erste Zug der KEB in Salzburg bereits am 25. Mai 1860 – mit Baumaterial für das Bahnhofsgebäude – eintraf, war am 16. Juli der erste bayerische Zug in Salzburg angekommen. Aber schon am Tag zuvor hatte die namensgebende Kaiserin auf der Fahrt in das heimatliche Possenhofen mit ihrem Sonderzug die Strecke benutzt.[4]

Die österreichischen Strecken

Die damals noch eingleisige Strecke von Wien nach Salzburg und über die neue Salzachbrücke weiter nach München fächerte sich im Bahnhof über damals natürlich noch ausschließlich ortsgestellte Weichen[5] in bis zu neun Gleise auf, von denen allerdings nur eines unmittelbar von dem überdachten Hausbahnsteig[6] aus benutzt werden konnte. Auch bei dem später zunehmenden Verkehr mussten die Reisenden ungeschützt die Gleise überqueren, wenn ein Zug nicht an diesem Hausbahnsteig stand, was zu einem viel kritisierten Gefahrenpunkt werden sollte. Der zweigleisige Ausbau der Westbahn hatte im Abschnitt Linz–Wels schon 1870 begonnen, 1874 war dann bereits Wien erreicht. Weitere Abschnitte folgten, es sollte aber bis zum 18. August 1902 dauern, bis die gesamte Strecke – vorerst im Linksverkehr[7] – zweigleisig betrieben werden konnte.

Der nächste Ausbau der Strecken der KEB erfolgte 1871, als der Bahnbau-Großunternehmer Baron Karl von Schwarz[8] die Strecke nach Hallein fertiggestellt hatte, und am 15. Juli konnte hier die Einweihung dieses Beginns der Bahnen nach Süden in das Gebirge gefeiert werden.[9] 1912 ist dieser Abschnitt zweigleisig ausgebaut worden.[10]

Im November 1872 erhielt die KEB die innerhalb von drei Jahren umzusetzende Konzession für den Bau der „Gisela-Bahn"[11] von Selzthal an der Kronprinz-Rudolf-Bahn nach Bischofshofen und von dort durch den Pongau und Pinzgau über Zell am See und Kitzbühel nach Wörgl im Unterinntal, wo Anschluss an die bestehende Bahn nach Innsbruck bestand, mit einer Verbindung von Bischofshofen nach Hallein und Salzburg.[12] Durch diese „Salzburg-Tiroler-Bahn" sollten die Westteile der Monarchie erstmalig über eigenes Territorium erreichbar sein, nachdem die Truppentransporte 1866 die Abhängigkeit von Bayern gezeigt hatten.[13] Am 6. August 1875 konnte die Bahn nach schwierigen Trassierungsarbeiten mit zahlreichen Brücken und einigen Tunneln eröffnet werden.

Seit dem Börsenkrach von 1873 fehlte allerdings großteils das Kapital für weitere private Bahninvestitionen, und die Giselabahn gehörte zu den letzten in Österreich nach

Abb. 1 Blick auf die Bahnanlagen von Norden um 1910 nach dem Umbau; links im Bild die bayerische Lokstation

diesem Prinzip errichteten Strecken. In Hinblick auf den Bau der Arlbergbahn durch den Staat strebte man nun an, auch die wichtigen zuführenden Strecken der Westbahn unter staatliche Kontrolle zu bekommen.[14] Daher wurde im Jahr 1880 der Betrieb der KEB durch die k. k. Staatsbahnen (kkStB) übernommen und die Gesellschaft KEB mit allen ihren Strecken und Betriebseinrichtungen zum 1. Januar 1882 endgültig verstaatlicht. Salzburg gehörte nun zu der Direktion Linz, die Strecke Salzburg–Wörgl unterstand allerdings bereits der Direktion Innsbruck.

Inzwischen war Salzburg zwar bereits ein größerer Bahnknotenpunkt in Ost-West-Richtung und teilweise auch Nord-Süd-Richtung geworden, aber es fehlte eine konkurrenzfähige – und strategische – Verbindung nach Süden, insbesondere zu dem wichtigen Hafen Triest. Gerade das industriell weit entwickelte Kronland Böhmen war damals durch die schlechte Erreichbarkeit aller denkbaren Seehäfen stark benachteiligt. Zu den daher um 1900 beschlossenen neuen Linien in Nord-Süd-Richtung gehörte auch eine eingleisige Strecke an das Mittelmeer, die man durch das Gasteinertal legen wollte und damit als Abzweig von der Giselabahn von besonderer Bedeutung für Salzburg war.

Das seit Eröffnung der Arlbergbahn bereits enorm gestiegene Verkehrsaufkommen in Ost-West-Richtung hatte dazu geführt, dass die Kapazitäten der Betriebseinrichtungen in Salzburg sich als immer unzureichender erwiesen.

Bereits 1899 hatten daher Überlegungen für einen Ausbau begonnen, der mit dem sich abzeichnenden vollständig zweigleisigen Ausbau der Westbahnstrecke und dem anstehenden Bau der Tauernbahn umso notwendiger erschien. Bei den damaligen Diskussionen ergab sich ein ganzes Bündel an in Salzburg notwendigen Maßnahmen, beginnend mit der Trennung von Personen- und Güterzugdienst vom Rangierdienst durch Errichtung eines neuen Rangierbahnhofs in Gnigl mit einer Verbindungskurve zur Hauptstrecke Salzburg–Wien.[15] Dann sollten die Bahnanlagen des Hauptbahnhofs in Salzburg nach Osten im Bereich der bayerischen Betriebswerkstätte und im Westen nördlich des Empfangsgebäudes im Bereich der österreichischen Heizhäuser erweitert und die Gleisanlagen nach Westen verlängert werden. Weiter gehörten hierzu der Umbau des Empfangsgebäudes mit der Verlagerung verschiedener Funktionen in ein neues Mittelbahnsteiggebäude und die Neuerrichtung von Ersatzbauten für die durch den Umbau weggefallenen Betriebsgebäude.[16] Alle diese Maßnahmen sollten möglichst bei Inbetriebnahme der Tauernbahn schon fertiggestellt sein (Abb. 1, 2).

Bereits 1901 begannen für die Tauernbahn die Arbeiten an der von der Giselabahn in Loifarn abzweigenden Rampe und dem Tauerntunnel selbst. Trotz schwierigster Trassierungsarbeiten konnte die Strecke am 5. September 1905 bis Bad Gastein eröffnet werden.[17] Das weltberühmte Bad erlebte nun einen rasanten Aufschwung, wurde dabei längerfristig aber auch zugleich ein frühes Opfer des Massentourismus. Nach Vollendung des Tunnels und der schwierigen Südrampe bis Spittal/Drau konnte der Verkehr auf der Gesamtstrecke endlich am 5. Juli 1909 durch den Kaiser eröffnet werden. Um dem nun zunehmenden Verkehr auch in Nord-Süd-Richtung durch leistungsfähige Anschlüsse gerecht werden zu können, hat man ebenfalls 1909 den Abschnitt Bischofshofen–Schwarzach/St. Veit der Giselabahn zweigleisig ausgebaut, und 1912 bis 1915 folgten dann die Abschnitte Salzburg–Bischofshofen und Schwarzach/St. Veit–Wörgl. Mit dem Kriegsausgang 1918 hatte die Strecke nach Triest allerdings die ihr zugedachte Funktion als wichtige Versorgungslinie der Monarchie bereits wieder verloren und diente nur noch dem Anschluss von Kärnten nach Norden.[18]

Pünktlich zur Eröffnung der Tauernbahn 1909 war dann auch der durchgreifend umgebaute Salzburger Hauptbahnhof fertiggestellt. Eine Skizze von 1912 zeigt, wie nun der Betriebsdienst in dem entstandenen Verbundbahnhof organisiert war:[19] Der Hausbahnsteig unmittelbar am Empfangsgebäude war den Hofzügen und den durchlaufenden Expresszügen vorbehalten, während das Gleis an der Westseite des großen Inselbahnsteigs für Züge nach München (aus Richtung Wien) gedacht war. Die drei nördlichen Zungenbahnsteige (Abb. 4) nahmen den innerösterreichischen Verkehr auf, das erste Gleis diente dem Verkehr nach Wien, die nächsten beiden dem von Wien kommenden Verkehr, und schließlich die beiden Gleise im Osten dem Verkehr nach und von Wörgl über die Giselabahn – und dann natürlich auch über die Tauernbahn.

Die drei südlichen Zungenbahnsteige, aus österreichischer Sicht Zollausland, dienten dem Verkehr nach Bayern, beginnend mit dem Richtungsgleis nach München, den beiden Richtungsgleisen von und nach Reichenhall sowie zwei Richtungsgleisen von München. Das durchgehende Gleis an der Ostseite war mit „von und nach München" bezeichnet, es konnte für durchgehenden Verkehr über die Gisela- und Tauernbahn genutzt werden. Drei Gütergleise führten östlich an dem Personenbahnhof vorbei und waren direkt an den neuen Güterbahnhof Gnigl mit einem eigenen Heizhaus II angeschlossen.

Dieser Ausbau wurde den Anforderungen gerecht, und auch die zeitweise enorm gestiegenen Verkehrsströme im Ersten Weltkrieg konnten damit bewältigt werden. Mit dem Ende des verlorenen Kriegs war Salzburg nur noch ein Grenzbahnhof des kleinen deutschsprachigen Österreich, und über verschiedene Zwischenstationen wie den „Österreichischen Staatsbahnen" wurden aus den Bahnen der untergegangenen Monarchie im deutschsprachigen Österreich 1923 die „Österreichischen Bundesbahnen" (BBÖ)[20].

Abb. 2 Die Straßenseite des Empfangsgebäudes im Jahr 1902

Die Betriebseinrichtungen der KEB und frühen k. k. Staatsbahnen

Zeitgenössische Abbildungen überliefern das Aussehen der Bahnanlagen 1860. In der Verlängerung des Empfangsgebäudes nach Norden folgte damals zuerst die Verladeeinrichtung für Fuhrwerke und Equipagen, bis die Gleise nach Westen abbogen zu den beiden jeweils zweigleisigen nebeneinanderliegenden Wagenremisen der KEB und königlich bayerischen Staatsbahnen, hinter denen sich die eigentlichen Lokbehandlungsanlagen[21] anschlossen. Hier lag westlich einer Drehscheibe das große Kohlenmagazin für die Braunkohle aus Wolfsegg am Hausruck und daneben, nördlich anschließend, die Baugruppe der beiden Heizhäuser mit einer mittigen 15-Meter-Balance-Drehscheibe, von der aus nach Norden und Süden je zwei Gleise in die 40 Meter langen und 13 Meter breiten „Anheizhäuser" I und II mit ihren Abstellgleisen führten. An die langrechteckigen, jeweils acht Loks aufnehmenden Schuppen waren nach Westen mittig im rechten Winkel die 21 Meter langen und 14 Meter breiten Werkstättengebäude unmittelbar angebaut, mit einem (wie die Schuppen) einstöckigen Verbindungsbau und dem zweigeschoßigen Hauptbau dahinter. Hier waren Werkstätten, Büros und Aufenthaltsräume untergebracht. Ein zeitgenössischer Beobachter[22] kritisierte diese Ausführung der Heizhäuser als äußerst unpraktisch, weil wegen der hintereinander aufgestellten Loks in den Schuppen ständig rangiert werden musste. Tatsächlich war das später gängige Verfahren, die Schuppengleise nur auf etwas mehr als eine Loklänge anzulegen, dafür aber etliche solche Stände nebeneinander zu positionieren, erschlossen durch eine Drehscheibe oder Schiebebühne. In den beschriebenen Heizhäusern wurden die Loks mit Ruhefeuer[23] oder außer Betrieb untergestellt, gleichzeitig waren hier dank der langen Untersuchungsgruben auch einfache Reparaturen möglich. Für umfangreichere Reparaturarbeiten gab es die ebenfalls 1860 errichtete große Werkstätte[24] der KEB weiter nördlich an der Bahnhofstraße mit einer Lokomotiv-Montierungshalle mit sieben Ständen und einer Wagenmontierungshalle mit 18 Ständen, erschlossen durch vorgelagerte Schiebebühnen. Zum ursprünglichen Bestand der Bahnanlagen der KEB gehörte dort auch eine Gasanstalt, die das für die Wagenbeleuchtung benötigte Kohlenpressgas[25] erzeugte (Abb. 3).

Fast genau gegenüber der Drehscheibe vor den Schuppen, die hier vor allem dazu diente, die vorherrschenden Schlepptenderloks wieder in die richtige Fahrtrichtung zu drehen[26], lag auf der Ostseite der breiten Gleisharfe die Brückenwaage für die Güterwagen, von der aus nach Norden das österreichische und nach Süden das bayerische Frachtmagazin angeschlossen waren. Weiter nach Norden folgte die zugehörige Verladerampe.

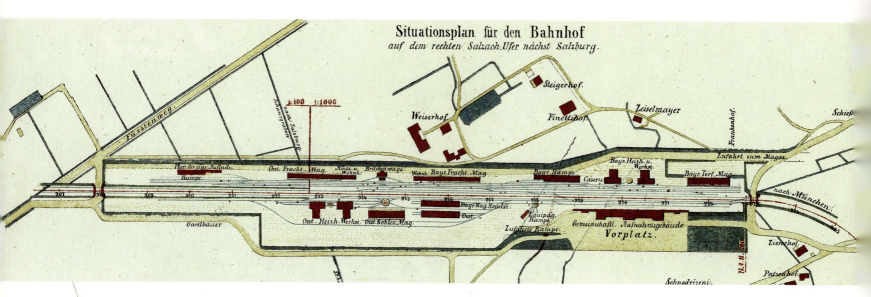

Abb. 3 Situationsplan des Bahnhofs um 1860, Ausschnitt aus einer zeitgenössischen Lithografie

Für die wichtige Wasserversorgung des Bahnhofs waren 1860 zwei Pumpbrunnen angelegt worden, die aber unzureichend Wasser lieferten. Bereits 1862 wurde daher eine Leitung von einer neu errichteten Brunnenstube auf dem Gampenthalergut des Barons von Schwarz in Betrieb genommen. Für die großen Mengen des benötigten Speisewassers für die Lokkessel hat man dann aber die Wasserrechte des Alterbachs erworben und in eine Zisterne im Heizhausareal geleitet. Von hier wurde dann mit Pumpen ein Wasserturm befüllt, der wiederum die Wasserkräne an den Gleisen versorgte.

Mit verschiedenen Änderungen waren diese Anlagen der Heizhausleitung Salzburg bis zu dem Umbau von 1905 bis 1909 in Betrieb: Zwischen 1874 und 1886 hat man den gestiegenen Betriebsanforderungen entsprechend nördlich des Heizhauses I eine 12-Meter-Drehscheibe und dahinter einen neuen zweigleisigen, 50 Meter langen Schuppen für sechs Loks errichtet und die Wagenremise nach Norden um eine angebaute 52 Meter lange Remise für zwölf Wagen erweitert. Westlich des Eilgutgebäudes wurde ein Übernachtungsgebäude für Zugpersonal errichtet und das österreichische Warenmagazin nördlich um zwei weitere Magazingebäude erweitert. Bereits 1867 wurde aus Kapazitätsgründen im Bereich der großen Werkstätte südlich der vorhandenen Schiebebühne eine weitere Halle mit sieben Lokständen errichtet. 1874 kamen ein neues Gebäude für die Leitung der Werkstätte hinzu, 1875 ein Betriebsgebäude und ein Küchengebäude sowie weitere Magazin- und Lagergebäude entlang der Bahnhofstraße.

Für den großen Umbau von 1905 bis 1909 waren alle bisherigen Heizhäuser und Lokbehandlungsanlagen im Weg gewesen und 1906 abgerissen worden. Vorher musste allerdings für angemessenen Ersatz gesorgt werden. Um ausreichenden Platz für den hierfür vorgesehenen Bereich nordwestlich des Empfangsgebäudes zu schaffen, waren zuerst die Verlegung der Bahnhofstraße und der parallelen Lokalbahnstrecke nach Ischl nötig. Dann baute man 1904 bis 1906 hier ein neues Heizhaus in Form eines erweiterungsfähigen 18-ständigen Rundlokschuppens[27] mit vorgelagerter 20-Meter-Drehscheibe. Die beiden Bekohlungsgleise wurden von den langen Kohlenbansen mit ihren Ladebühnen begleitet, später ist dann hier ein Doppelkohlenkran errichtet worden. 1905/06 wurde unmittelbar nördlich des Heizhauses ein 24 Meter langes, zweistöckiges Gebäude für die Heizhausleitung, Büros und Übernachtung des Personals gebaut. Die erweiterte elektrische Kraftzentrale versorgte nun Bahnhofs- und Betriebsgebäude mit Strom, und die Wasserversorgungsanlagen wurden deutlich vergrößert. Man rechnete nun mit täglich 400 m³ Wasser für den österreichischen und 200 m³ für den bayerischen Teil des Bahnhofs, hinzu kamen 500 m³ für die

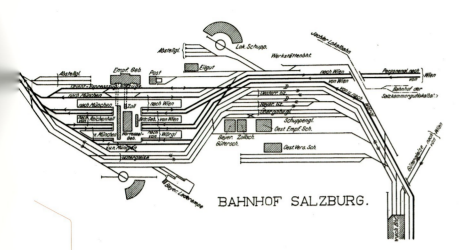

Abb. 4 Der Gleisplan des Salzburger Hauptbahnhofs um 1910; wie bei Gleisplänen üblich, sind die Längen stark verkürzt. Nach Freiherr von Röll (Hrsg.), wie Anm. 19

Abb. 5 Baureihe 110 der BBÖ im Bahnhof Salzburg, 1929

Werkstätte und 600 m³ für den Rangierbahnhof Gnigl mit seinem eigenen Heizhaus.

Hier nördlich neben der Post und dem Eilgutschuppen und südlich des Empfangsgebäudes wurden auch mehrere Abstellgruppen für das Wagenmaterial angeordnet. Auf der östlichen Seite der breiten Gleisharfe aus Personenzug- und Gütergleisen lagen die Güterschuppen für den Stückgutverkehr von und nach Salzburg. Im Rahmen des Bahnhofsumbaus von 1905 bis 1909 ist auch die Werkstätte deutlich erweitert worden.

Die Heizhausleitung Salzburg war offenbar weiterhin weniger für die Maschinen auf der Westbahn Richtung Linz und Wien zuständig, die von den dortigen Heizhausleitungen gestellt wurden und hier nur wendeten, während Salzburger Loks die anderen von hier ausgehenden Strecken zu bedienen hatten. Für die ältere Zeit sind offenbar keine Zahlen über den Personalbestand im Salzburger Eisenbahnbetrieb überliefert. Die Heizhausleitung Salzburg hatte dann im letzten Kriegsjahr 1918 327 Beschäftigte, darunter 82 Lokführer. Hinzu kamen bei der Werkstätte weitere 442 Beschäftigte. 1924 waren bei der Heizhausleitung wieder 508 Personen beschäftigt, in der Werkstätte 408.

Im September 1929 ist die „Heizhausleitung Salzburg" in „Zugförderungsleitung Salzburg" umbenannt worden. Im Februar 1930 musste diese Zugförderungsleitung aus dem Bürogebäude am Hauptbahnhof in den Verbindungsbau zwischen Ringlokschuppen und neuer E-Lok-Halle in Gnigl umziehen. Im gleichen Jahr ist infolge der zunehmenden Umstellung auf elektrische Traktion die Werkstätte aufgelöst worden. Heute erinnert an sie nur noch der Straßenname „Werkstättenstraße", der von der Itzlinger Hauptstraße auf das ehemalige Werksgelände zuführenden Querstraße.

Eine weitere Modernisierung erfolgte 1937 mit dem Einbau einer neuen 25-Meter-Gelenkdrehscheibe in der Remise I.

Die maschinentechnische Ausstattung

Die KEB hat für den Betrieb auf ihren Strecken seit 1858 nacheinander drei Generationen von Lokomotiven beschafft.[28] Die erste Generation bestand aus den seit 1858 gebauten Schnellzuglokomotiven der Serie I (kkStB Reihe 12), 1B-29 gekuppelte Maschinen mit Innenrahmen, von denen es 54 Stück gab, die zum Teil in den eigenen Werkstätten der KEB konstruiert worden waren. Die anfangs nur mit einem Windschutz versehenen Maschinen bekamen später Führerhäuser und waren mit neuen Kesseln teilweise noch in untergeordneten Diensten bis 1904 im Einsatz. Für Güterzüge standen seit 1860 die insgesamt 35 Dreikuppler-Schlepptenderloks der Gattung III (kkStB Reihe 33) ebenfalls mit Innenrahmen zur Verfügung. Die hohen Zahlen dieser Lokgattungen ergaben sich aus den geringeren Reichweiten der damaligen Loks, die auf längeren Strecken einen häufigen Lokwechsel erforderlich machten.

Die zweite Generation der Lokomotiven besaß nach dem damaligen Trend bei den Beschaffungen in Österreich Außenrahmen mit Hall'schen Kurbeln. Hierzu gehörten die seit 1869 beschafften 30 1B gekuppelten Schnellzugloks der Serie KEB II (kkStB Reihe 21.01-30), die alle 1918 noch in Gebrauch standen und die seit 1867 in Dienst gestellten[69] C-gekuppelten Güterzug-Schlepptenderloks der Serie IV (kkStB Reihe 47), von denen immerhin 44 Stück 1925 neubekesselt noch im Betriebsdienst standen.

Die dritte Generation, vor allem auch in Hinblick auf die Anforderungen der Giselabahn seit 1873, bestand aus 24 erstmalig vierfach gekuppelten Güterzug-Schlepptenderloks der Serie V (kkStB Reihe 70), nun wieder mit Innenrahmen. Hinzu kamen ebenfalls 1873 fünf C-gekuppelte Tenderloks der Serie 0 (kkStB Reihe 61.01-05), von denen die letzte Lok noch bis 1932 in Salzburg im Verschub eingesetzt war, 1879 acht 1B-Schnellzugloks der Serie A III (kkStB Reihe 7.01-08) und noch 1880 fünf kleine B-Tenderloks der Serie L, ebenfalls für den Verschub (kkStB Reihe 88.01-04).

Nach der Übernahme der KEB durch die kkStB wurden die vorhandenen Maschinen noch lange weiterverwendet, in den 1880er-Jahren ergänzt um neue, nun erstmalig 2B-gekuppelte Schnellzuglokomotiven der Reihe 4 und Güterzugschlepptenderloks der Reihe 49. In den 1890er-Jahren stellten sich allerdings angesichts steigender Zuggewichte durch den Übergang von zwei- zu drei- und vierachsigen Wagen zunehmend heraus, dass diese Loks den Anforderungen nicht mehr gerecht werden konnten. Unwirtschaftliche Doppeltraktionen[30] wurden immer häufiger. So entstand gerade auch für den Schnellzug- und Personenzugbetrieb auf der Westbahn ab 1895 die neue Baureihe 6, eine nun deutlich größere 2B-Schnellzuglok mit Zweizylinder-Nassdampf-Verbundtriebwerk nach einem Entwurf von Dr. Karl Gölsdorf (1861–1916). Dieser geniale Ingenieur, der seit 1891 im Konstruktionsbüro der kkStB arbeitete, sollte nun die nächsten Jahre bestimmend für den Dampflokbau in der Monarchie werden und dabei weltweit beachtete und geschätzte Maschinen schaffen.[31] Hohe Kessellage und weitgehend glatte Kesselverkleidungen nach englischem Vorbild als Ergebnis seiner Reisen dorthin wurden zum Erkennungsmerkmal seiner Konstruktionen.[32]

Weniger erfolgreich waren allerdings die auch in Salzburg seit 1898 stationierten Hügellandschnellzug-Lokomotiven der Baureihen 9, eine 2C-Nassdampfzweizylinder-Verbundmaschine mit Außenrahmen.

Gölsdorfs Maschinen der Reihen 106 und 206 lösten dann bei gleichem Konstruktionsprinzip ab 1903 die älteren Baureihen 6 und 9 ab, während die drei Exemplare der erst 1908 folgenden ersten Heißdampfloks der Baureihe 306 wohl vor allem mit den Hofzügen nach Salzburg gekommen sein dürften. Im schweren Schnellzugdienst waren seit 1901 für kurze Zeit die 2B1-Nassdampf-Vierzylinder-Verbundloks[33] der Gattung 108 eingesetzt gewesen, dann aber auf besser geeignete Flachlandstrecken versetzt worden. Seit 1905 folgte dann auf der Westbahn eine der besten Konstruktionen von Gölsdorf, die 1C1-Nassdampf-Vierzylinderverbundloks der Gattung 110. Mit diesen großen Maschinen mit ihrem sich zur Feuerbüchse hin konisch erweiternden Kessel war es nun erstmalig möglich, die 314 Kilometer lange Westbahnstrecke zwischen Salzburg und Wien ohne Lokwechsel in Linz durchzufahren.[34] Ergänzend kam ab 1909 die wirtschaftlichere Heißdampfvariante der Baureihe 10 auf der Westbahn hinzu.

1911 folgte dann bereits die nächste Generation von Maschinen, die 1C2[35] Heißdampf-Vierzylinderverbundloks der Baureihe 310, wohl die bekannteste Konstruktion von Gölsdorf, die bis 1957 in Dienst stehen sollte. Nach der Ablösung der Baureihe 10 auf der Westbahn durch die neuen Loks der Baureihe 310 wurden die älteren Loks von Salzburg aus auf der Gisela- und Tauernbahn eingesetzt.

Damit war in etwa der Stand bis zum Beginn des Ersten Weltkriegs erreicht. Nach dem Ende der Monarchie

1918 sind die Lokomotiven und sonstigen Betriebsmittel der kkStB auf die neu entstandenen Länder verteilt worden. Die BBÖ mußte sich nun vor allem auf die inzwischen teilweise bereits deutlich abgenutzten Vorkriegskonstruktionen stützen, wobei allerdings auch noch viele bewährte Gölsdorfmaschinen zur Verfügung standen. Nun seltener gefahrene, dafür aber schwerere Züge auf der Westbahn benötigten aber noch leistungsfähigere Maschinen. So entwickelte man bis 1923 die neue 2D-Zweizylinder-Heißdampfmaschine der Baureihe 113, die auf der Westbahn auch die 310 übertraf, denn sie konnte mit einem für die älteren Loks undenkbaren 466-t-Schnellzug die Strecke Linz–Wien in 2 Stunden und 37 Minuten zurücklegen; der nur halb so schwere Orientexpress hatte 1914 mit einer 310 noch drei Stunden benötigt. Neben der Westbahn (Heizhausleitung Wien West und Linz) war die Baureihe 113 in den 1930er-Jahren auch von Salzburg aus auf der Gisela- und Tauernbahn eingesetzt.

1926 waren im Heizhaus Salzburg I am Hauptbahnhof die folgenden Loks beheimatet: 17 Maschinen der beschriebenen Reihen 10 und 110, zwei der Reihe 106, zwei 1C1-Tenderloks der Reihe 29 und eine Tenderlok der Baureihe 61, eine Veteranin der KEB aus den 1870er-Jahren.

Da die Geschwindigkeiten, die mit der Reihe 113 erreicht werden konnten, an Steigungen deutlich nachließen, kamen nach zwei vorhergehenden Probelokomotiven seit 1931 die schwersten österreichischen Schnellzugdampfloks der neuen Baureihe 214, einer 1D2-Zweizylinder-Heißdampflok, stationiert in Wien West, auf der Westbahn nach Salzburg zum Einsatz. Eine Besonderheit war zwischen 1925 und 1938, dass hier deutsche Güterzugloks der preußischen Gattung G 10 mit Kokszügen bis zum Stahlwerk Donawitz in der Obersteiermark durchfuhren.

1931 waren in Salzburg noch zwei Loks der Reihe 10, eine 106, drei 110, eine 229 (1C1-Tenderlok), eine Tenderlok 61, eine 170 (1D-Güterzug-Schlepptenderlok), sechs 73 (D-Güterzug-Schlepptenderlok von 1885), eine 478 (moderne D-Rangier-Tenderlok), sieben 80 (E-Güterzug-Schlepptenderlok von Gölsdorf) sowie eine 180 (ebenfalls E-Güterzug-Schlepptenderlok von Gölsdorf) beheimatet und eine unbekannte Zahl von elektrischen Lokomotiven, denn der Traktionswandel war nun bereits im Gange (Abb. 5–9).

1937 ist der Salzburger Bestand an Dampfloks bereits stark geschrumpft, es gab noch eine 110, vier 73, eine 174 (D-Güterzug-Schlepptenderlok von Gölsdorf) und zwei 80, der restliche Bestand waren bereits elektrische Loks.

Der bayerische Bahnbetrieb in Salzburg

Bereits 1851 hatten das Königreich Bayern und das Kaiserreich Österreich einen ersten Staatsvertrag unterzeichnet, der unter anderem den Bau einer Bahnverbindung von München nach Salzburg und Kufstein mit Verzweigung in Rosenheim vorsah.[36] Als eine von bayerischer Seite anfangs angestrebte private Realisierung der Bahnlinie nicht zustande kam, hat man 1856 einen zweiten Vertrag geschlossen, der den Bau der Strecke spätestens in fünf Jahren vorsah. Nun wurde aber der Bahnbau von staatlicher Seite finanziert und durchgeführt.

Die bayerischen Strecken

Die Strecke führte von München über Großhesselohe und Holzkirchen nach Rosenheim[37], wo sie sich nach Kufstein, das im Sommer 1858 erreicht wurde, und nach Salzburg verzweigte. In Salzburg wurde am 1. August 1860 die Grenze erreicht und damit kam der Anschluss an die KEB zustande. Zugleich bestand nun eine Schienenverbindung zwischen Salzburg und dem österreichischen Westen über bayerisches Gebiet, die Grundlage für die bereits im Vertrag von 1851 prinzipiell vereinbarten „Korridorverkehre". Am 12. August 1860 erfolgte die feierliche Eröffnung der Gesamtstrecke.[38]

Im Bahnhofsgebäude, dem „Gemeinschaftlichen Aufnahmsgebäude", befanden sich im südlichen Pavillon die bayerischen Dienststellen, und eine komplizierte Lenkung der Ströme der Reisenden sorgte dafür, die aus Österreich ein- oder ausreisenden Passagiere entsprechenden Kontrollen zu unterwerfen. Ein zeitgenössischer Beobachter berichtet zu diesem aufwendigen Verfahren, dass eigentlich ursprünglich die Kontrollen auf einem bayerischen Grenzbahnhof stattfinden sollten, man sich dann aber entschieden habe, in der schon fertigen Planung des Empfangsgebäudes auch noch diese Funktionen mit unterzubringen.[39]

Anfangs war die Lokstation Salzburg nur für diese Hauptstrecke nach München zuständig, wo allerdings

Abb. 6   Baureihe 113 der BBÖ im Bahnhof Salzburg, um 1930

Abb. 7   Baureihe 49 der BBÖ im Bahnhof Salzburg, 1952

Abb. 8 Loks der Baureihen (von oben nach unten):
KEB I kkStB 12
KEB II kkStB 21
KEB IV kkStB 47
kkSTB 4

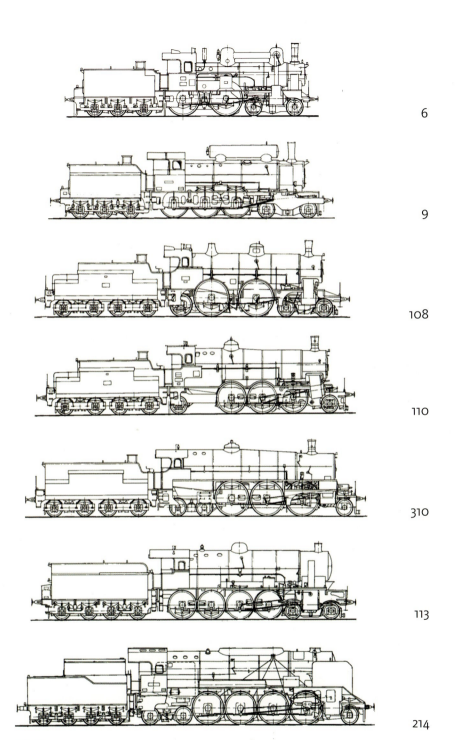

Abb. 9 Typenskizzen wichtiger in Salzburg eingesetzter österreichischer Dampfloks. Nach Metzeltin, wie Anm. 31

Abb. 10 Blick auf die Bahnanlagen von Norden um 1890; links im Bild die bayerische Lokstation

der Verkehr damals noch bescheiden war. In den späten 1880er-Jahren war das Verkehrsaufkommen auf der Hauptstrecke nach München aber bereits derart gestiegen, dass diese zweigleisig ausgebaut werden musste. Der Ausbau begann in Rosenheim 1893, es dauerte aber bis 1896, bis auch das zweite Gleis zwischen Freilassing und Salzburg in Betrieb genommen werden konnte. Ab 1897 verkehrte dann der berühmte Orientexpress – der vorher über Simbach nach Linz fuhr – über Salzburg, da das hiesige Verkehrsaufkommen inzwischen wichtiger geworden war als die kürzere Fahrtstrecke.[40]

Die Lokstation Salzburg hatte inzwischen aber auch ganz andere Aufgaben bekommen, denn bereits am 1. Juli 1866 war die von hier aus bediente neue Strecke nach Bad Reichenhall über Freilassing eröffnet worden. 1888 hat man diese Strecke durch sehr schwieriges Gelände bis Berchtesgaden verlängert. Schon 1890 war auch Laufen über Freilassing angeschlossen (Abb. 10).[41]

In Zusammenhang mit den gestiegenen Aufgaben war zum 1. Januar 1891 die bisherige Lokstation Salzburg in eine königliche Betriebswerkstätte umgewandelt worden. Sie wurde im September 1891 um eine Außenstelle in Trostberg am Ende der in Traunstein nach Norden abzweigenden Lokalbahn und 1894 um eine Außenstelle in Tittmoning ergänzt, nachdem die Strecke von Laufen bis hierhin verlängert war. Schon ein Jahr später kam die Außenstelle Ruhpolding hinzu, nachdem die in Traunstein nach Süden abzweigende Strecke hier angekommen war. Neu war ab 1902 schließlich noch die ebenfalls in Traunstein abzweigende Lokalbahn nach Waging.[42]

Die bayerischen Betriebseinrichtungen

Für den Betrieb der königlich bayerischen Staatsbahnen wurde ein Bahnamt Salzburg mit einem Bahnmeister-Distrikt eingerichtet, dessen maschinentechnische Abteilung die dem Empfangsgebäude auf der anderen Seite der Gleise unmittelbar östlich gegenüber der Lokstation unterstellt war.[43] Sie bestand baulich aus einer mittigen 12-Meter-Drehscheibe, von der aus nach Norden und Süden kurze Gleisstummel – später je zwei – in die jeweils 38 Meter langen und 13 Meter breiten „Anheizhäuser" (Lokschuppen) I und II mit ihren Abstellgleisen über Untersuchungsgruben führten. An die langrechteckigen, wohl jeweils vier- bis fünf Loks aufnehmenden Anheizhäuser waren nach Osten mittig im rechten Winkel die 21 Meter langen und 14 Meter breiten Werkstättengebäude unmittelbar angebaut, mit einem wie die Anheizhäuser einstöckigen Verbindungsbau und dem zweigeschoßigen Hauptbau dahinter. Hier lagen die Werkstätten im Erdgeschoß, Büro- und Aufenthaltsräume sowie Wohnräume und Übernachtungssäle ebenso dort wie im Obergeschoß. In diesem Bereich wurden sowohl die im bayerischen Teil des Salzburger Bahnhofs stationierten wie auch die hier wendenden Maschinen anderer Dienststellen untergestellt und versorgt (Abb. 3). Südlich dieser Anlage lag das über zwei Gleise mit einer Schiebebühne angeschlossene, 50 Meter lange und 17 Meter breite langrechteckige überdachte Torfmagazin, denn damals wurden die bayerischen Dampfloks südlich der Donau mit dem hier vorkommenden Torf anstelle teurer Importkohle oder Holz geheizt. Das hier lagernde Material dürfte aus dem Kolbermoor bei Rosenheim gekommen sein. Die mit dem gegenüber Kohle deutlich voluminöseren Torf gefeuerten Dampfloks waren an ihren größeren geschlossenen Schlepptendern und den breiten Schornsteinen mit Funkenfängern deutlich erkennbar.

Nördlich schloß sich entlang der Gleise dann der bayerische Güterbahnhof mit seinen Verladerampen und Schuppen bis zu der zentralen Brückenwaage an, von der aus sich weiter nach Norden der spiegelbildlich angeordnete Güterbahnhof der KEB befand. Zu den bayerischen Anlagen gehörte zudem nördlich in der Verlängerung des Empfangsgebäudes die langgestreckte bayerische Wagenremise unmittelbar neben der entsprechenden Remise der KEB, wiederum daran reihten sich weiter nach Norden die beschriebenen Heizhäuser der KEB an (Abb. 10).

Mit dem beschriebenen Streckenausbau war um die Jahrhundertwende die kuriose Situation entstanden, dass von der im Ausland gelegenen Betriebswerkstätte Salzburg aus der Verkehr auf verschiedenen bayerischen Lokalbahnstrecken geführt wurde. Im praktischen Betrieb ist dieser Effekt allerdings durch die verschiedenen Außenstellen gemildert worden. In Salzburg standen dazu die Anlagen aus dem Jahr 1860 zur Verfügung, mit den inzwischen zweigleisig belegten Lokschuppen, einer kleinen Schiebebühne vor dem Schuppen I und einem großen Kohlenlager anstelle des Torfes, denn in den 1890er-Jahren hatte man in Bayern die Torffeuerung aufgegeben.

Diese bayerischen Bahnanlagen in ihrem Zuschnitt von 1860 waren um die Jahrhundertwende völlig unzureichend und am Ort auch nicht mehr zu erweitern. Ganz im Gegenteil standen sie mit ihrer Lage unmittelbar gegenüber dem Empfangsgebäude jeder Erweiterung des Salzburger Hauptbahnhofs im Wege.[44]

Daher hatte es besondere Bedeutung für die weitere Bahnhofsentwicklung, dass man nun als Ergebnis vorhergehender Verhandlungen 1902 mit dem Neubau einer Betriebswerkstätte im Ortsteil Freilassing von Salzburghofen, einem vormals salzburgischen, seit 1816 bayerischen Grenzort, begann. Den Aufschwung, den die Gemeinde hierdurch nahm, verdeutlicht die Tatsache, dass ihr 1923 der Name des vormaligen Ortsteils übertragen wurde. Auch wenn man einen gewissen Zuwachs mit berücksichtigt, so zeigt doch die Anlage einer 18-Meter-Drehscheibe vor einem Ringlokschuppen mit 20 Ständen, welche Ausmaße die Dienststelle in Salzburg, die nach Fertigstellung der Anlagen in Freilassing zum 1. Oktober 1905 hierhin verlegt wurde, inzwischen bekommen hatte. Vorstand der neuen Dienststelle wurde der bisherige Leiter (seit 1899) der bisherigen Salzburger Betriebswerkstätte.[45]

Mit der Aufgabe der alten bayerischen Betriebswerkstätte Salzburg und der Verlegung des Verschiebebahnhofs nach Gnigl war außerdem der Weg frei für den großen, an anderer Stelle[46] ausführlich beschriebenen Bahnhofsumbau. Das neue Inselgebäude überdeckte dann einen Teil der früheren, im Jahr 1906 abgerissenen bayerischen Anlage.

In Salzburg entstand 1906/07 für die weiterhin hier wendenden bayerischen Loks wiederum gegenüber dem Empfangsgebäude und nun auch dem neuen Inselgebäude ganz außen im Osten neben den Durchgangsgleisen eine Lokstation von Freilassing mit einer 20-Meter-Drehscheibe und einem sechsständigen Rundschuppen; außerdem waren hier ein Kohlelagerplatz und eine Bekohlungsbühne vorhanden. Die Anlage ging am 1. April 1907 in Betrieb.[47] Südlich des Lokschuppens sind damals drei zweistöckige Gebäude errichtet worden, ein Übernachtungsgebäude für das bayerische Personal (Weiserstraße 7), ein Büro- und Wohngebäude (Weiserstraße 3) und ein Wohngebäude für österreichische Bahnbedienstete (Weiserstraße 5). Die gegenüber Freilassing größere Drehscheibe zeigt, dass die von München kommenden, immer längeren Schnellzugloks weiterhin in Salzburg gewendet wurden.

Die maschinentechnische Ausstattung

Im Fernverkehr nach München fuhren die Salzburger Loks lange Zeit immer nur bis Rosenheim, wo ein Lokwechsel stattfand beziehungsweise umgekehrt. Eingesetzt waren hier bis in die 1890er-Jahre die bayerischen Schnellzugloks der Baureihen B V, B VI und B IX, dann B X und B XI.[48] Die wachsenden Zuggewichte und das zunehmende Verkehrsaufkommen überforderten bald diese zweifach gekuppelten Schnellzuglokomotiven und machten fast ständig Vorspannleistungen erforderlich, denn die Strecke München–Rosenheim–Salzburg stellte hohe Anforderungen. Von daher war der Übergang zu dreifach gekuppelten Maschinen erforderlich, und mit den neuen großen Vierzylinder-Verbund-Maschinen der Baureihe C V konnte seit dem Jahr 1900 erstmalig auch mit den in der Be-

Abb. 11 Lok der Bayerischen Gattung B IX im Bahnhof Salzburg, 1887

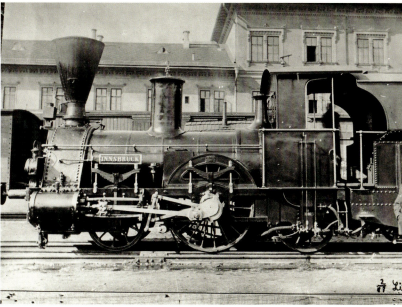

Abb. 12 Schnellzuglok der Bayerischen Gattung A V, nun im Regionaldienst eingesetzt im Bahnhof Salzburg, 1887

Abb. 13 Lok der Bayerischen Gattung C III im Bahnhof Salzburg, 1887

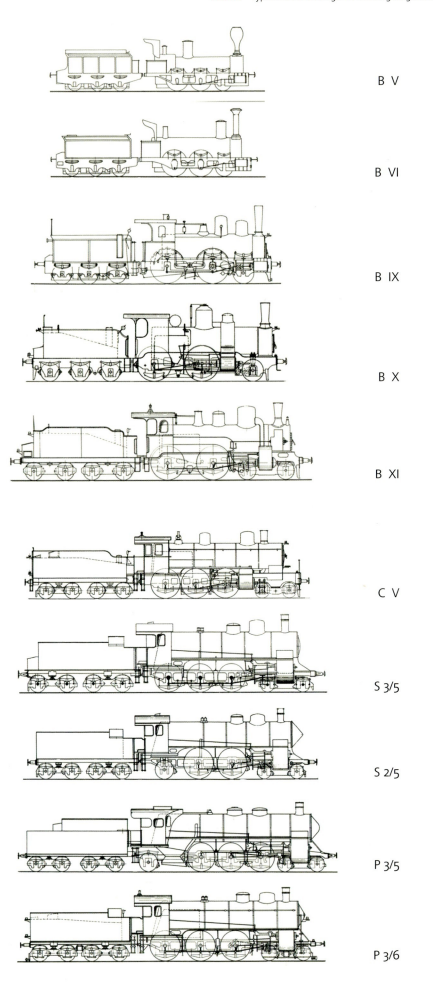

Abb. 14 Typenskizzen wichtiger in Salzburg eingesetzter bayerischer Dampfloks. Nach Metzeltin, wie Anm. 31

triebswerkstätte München I stationierten Loks bis Salzburg durchgefahren werden.[49] Von nun an übernahm diese bayerische Prestigewerkstätte, die immer die neuesten Maschinen zugeteilt bekam, die Schnellzugleistungen nach Salzburg, wo die Loks wendeten.[50] Dies war auch die Zeit, als man in Bayern von dreiachsigen vermehrt zu vierachsigen Drehgestell-Schnellzugwagen mit den entsprechenden Folgen für die Zuggewichte überzugehen begann (Abb. 11, 12, 13).

Die zu geringe Kesselleistung der C V der Bauart de Glehn hatte inzwischen dazu geführt, dass diese bereits 1904 auf der Strecke nach Salzburg durch neue S 3/5 und S 2/5 ersetzt werden mussten, wobei letztere als besonders schnell laufende Loks vor allem für leichte Expresszüge wie den Orientexpress mit seinem Wagenmaterial der CIWL gedacht war. Besondere Schnellfahrten zwischen München und Salzburg bewältigten diese Maschinen mit damals sensationellen Fahrzeiten von zwei Stunden.[51]

Vor allem die Loks der Baureihe S 3/5 wurden seit 1908/09 durch den neuen Star auf bayerischen Schienen, die S 3/6, seit etwa 1912 auch in der hochrädrigen („hochhaxigen") Ausführung mit ihren zwei Meter hohen Treibrädern, ersetzt.[52] In dem damals gerade neu gestalteten Salzburger Hauptbahnhof hatte man nun für einige Jahre die Gelegenheit, die elegantesten und spektakulärsten Loks aus Deutschland, nämlich die bayerischen S 2/5 und S 3/6, neben den nicht minder eleganten österreichischen Maschinen des überaus fähigen Konstrukteurs Gölsdorf wie der Baureihe 310 zu sehen (Abb. 14).

Dagegen diente die neue Betriebswerkstätte in Freilassing nun vor allem dem Regionalverkehr auf den bereits bestehenden und bis 1914 noch eröffneten Strecken. Hier waren daher nun insgesamt 33 Maschinen vor allem für den Lokalbahndienst stationiert, entweder zu solchen Diensten „abgesunkene" frühere Schnell- und Personenzuglokomotiven wie die inzwischen von Torf auf Kohlefeuerung umgebauten B VI und A V, oder auch direkt für diesen Dienst beschaffte wie die BB II, D VII, D VIII, D IX und D XII, dazu als Rangierloks die alten, aber beliebten D I und D IV, schließlich noch drei Personenzug-Tenderloks der Gattung D XII, die auch zu Vorspanndiensten bei zu schweren Zügen eingesetzt werden konnten.[53]

Die Loks für den Fernverkehr kamen dagegen vor allem aus den Betriebswerkstätten Rosenheim und München I.[54] 19 Personen waren nun in Salzburg tätig, ein Werkführer im Wagenaufsichtsdienst, ein Wagenmeister, ein Wagenmeistergehilfe und je vier Gehilfen im Maschinenhausdienst, Kohleladedienst, Wagenkuppler und Wagenputzer.

Mit dem Ersten Weltkrieg endete im November 1918 auch die Zeit der königlich bayerischen Staatsbahnen, und 1920 wurden die bisherigen Länderbahnen in die neue Reichsbahn überführt. Bayern bekam mit der „Gruppenverwaltung Bayern" erhebliche Sonderrechte eingeräumt, die vor allem den Betriebsdienst betrafen und sich in der Beschaffung besonderer Loktypen äußerten.

Ab 1920 hatte sich der Zugverkehr wieder normalisiert, wenngleich jetzt generell auch hier eher weniger, dafür aber schwerere Züge eingesetzt wurden. Bald fuhr auch der im Krieg durch den „Balkanzug" Berlin–Konstantinopel der 1916 gegründeten „Mitropa" ersetzte originale Orientexpress der CIWL wieder auf seiner alten Route. Eingesetzt waren hier nun weiter Münchner S 3/6, vor allem aber auch die neuen oder umgebauten Heißdampf-P 3/5.[55] Ansonsten war man aufgrund der hohen Zahlen an Reparationslieferungen von Loks wieder vermehrt auf ältere Maschinen angewiesen.

Die Elektrifizierung

In den letzten Jahren vor dem Ersten Weltkrieg war die elektrische Traktion aus dem experimentellen Stadium heraus zu einer ernsthaften Alternative im praktischen Betrieb geworden. Gerade die Gebirgsgegenden schienen damals besonders geeignet, stand hier doch einerseits genügend Wasserkraft zur Erzeugung der benötigten Elektrizität zur Verfügung, während Kohle meist importiert werden musste, und forderten andererseits die dort meist schwierigen Streckenprofile die damaligen Dampfloks bis an die Grenzen des Möglichen.[56]

Die königlich bayerischen Staatsbahnen hatten 1912 als Versuchsstrecke für den elektrischen Betrieb die Verbindung Salzburg–Freilassing–Berchtesgaden vorgesehen.[57] 1914 war die Strecke mit Fahrleitung überspannt, aber durch den Beginn des Ersten Weltkriegs kam es erst im Jahr 1916 zur Betriebsaufnahme. Damit hatte der Fahrdraht erstmalig Salzburg an den östlichen Zungenbahnsteigen nach Süden erreicht. Eingesetzt wurden hier im Personenzugbetrieb speziell für diese Strecke konstruierte bayerische Stangen-Loks EP 3/6 (E 36) mit der Achsfolge 1'C2', die hier bis 1927 ihren Dienst verrichten sollten. Die Güterzugleistungen übernahmen dagegen als Drehgestellloks der Achsfolge Bo'Bo' zwei deutlich modernere EG 1 (E 73) und zwei EG 2 (E 70²) mit der Achsfolge B'B'. Seit 1927 kamen dann hier EG 4 (E 79) der Achsfolge 2'D1' im Personen-, Güterzug- und Schiebedienst zum Einsatz.[58]

Auch die nächste Elektrifizierung kam in der zweiten Hälfte der 1920er-Jahre von Westen nach Salzburg. 1927 hatte man in zwei Etappen die Fahrleitung über den zweigleisigen Streckenabschnitten München–Rosenheim und Rosenheim–Kufstein in Betrieb genommen, im Jahr darauf folgte der Streckenteil Rosenheim–Salzburg. Am 20. April 1928 war dann die Strecke von München nach Salzburg durchgängig elektrifiziert. Hier wurden nun für Schnellzüge schwere ES 1 (E 16) mit Buchli-Antrieb der Achsfolge 1'Do1' (Abb. 15) und für Personenzüge schwere Stangenloks EP 5 (E 52) der Achsfolge 2'BB 2' sowie leichtere Stangenloks EP 2 (E 32) mit der Achsfolge 1'C1' eingesetzt. Im Güterzugdienst verwendete man leichtere EG 3 (E 77) mit der Achsfolge (1B)(B1) und schwere EG 5 (E 91) der Achsfolge C'C' ein.[59]

Zwei Jahre später, 1930, ist dann als erste österreichische Strecke von Salzburg aus die Giselabahn bis Innsbruck vollständig elektrifiziert worden.[60] Als Folge des Kriegsausgangs, durch den Österreich ebenso von der nun tschechischen Kohle wie von der über die Adriahäfen angelieferten englischen Exportkohle abgeschnitten war, erschien bereits 1920 eine baldige Elektrifizierung möglichst vieler Strecken geboten. Nach der Arlbergstrecke und der Salzkammergutbahn hatte dabei die wichtige anschließende innerösterreichische Ost-West-Verbindung der Gisela-

Abb. 15 E 16 in ihren letzten Einsatzjahren um 1970 im Bahnhof Salzburg

bahn besondere Priorität bekommen, wenn auch die Verwirklichung über mehrere Teilstrecken zehn Jahre dauern sollte. Die dadurch bedingte deutliche Zunahme der elektrischen Traktion, verbunden mit einem Nachlassen von Beförderungsleistungen angesichts der Weltwirtschaftskrise, führte allerdings dazu, dass im gleichen Jahr 1930 die nur auf Dampfflokunterhaltung ausgerichtete Werkstatt am Hauptbahnhof Salzburg aufgelöst wurde. Stattdessen hatte man aber in Gnigl bei dem dortigen Heizhaus II unmittelbar neben dem Rundschuppen – und mit diesem über einen Zwischenbau verbunden – eine 106 Meter lange E-Lok-Ausbesserungshalle gebaut, die im Februar 1930 in Dienst genommen werden konnte. Parallel wurde auch die Betriebswerkstätte für die E-Lok-Unterhaltung ausgebaut. Dabei hat man fünf Stände des Ringlokschuppens II mit Fahrleitung überspannt. Im darauffolgenden Jahr sind dann auch die ersten vier Stände im Ringschuppen I am Hauptbahnhof mit Fahrleitung überspannt worden.

Auf der Nordrampe der Tauernbahn zwischen Schwarzach/St. Veit und Mallnitz wurde am 1. Dezember 1933, auf der Südrampe bis Spittal am 26. April 1935 der elektrische Betrieb eröffnet.[61] Dadurch war die bereits früh für den elektrischen Betrieb vorgesehene Strecke nun endlich so zu betreiben.

1936 sind wegen der bevorstehenden Lieferung der elektrischen Triebwagen der Reihe ET 11 (4042) die Stände 4–12 im Lokschuppen I am Hauptbahnhof verlängert worden. Die komfortablen Schnelltriebwagen verkehrten dann auf den Strecken Salzburg–Spittal und Zell am See–Bad Gastein.

1937 waren dann die folgenden elektrischen Loks in Salzburg stationiert: acht der Reihe 1029 (1'C1'-Stangenlok von 1923, ÖBB 1073), neun 1170[100] (Bo'Bo'-Drehgestellloks von 1929, ÖBB 1145), 22 1670[200], kombinierte Rahmen- und Drehgestell-Schnellzugloks der Achsfolge (1A)'Bo(A1)' von 1928, neun 1100[100], (1'C)'(C1')'-Schnellzugloks (ÖBB 1189) und neun 1070[100] D-Stangen-Rangierloks (ÖBB 1161) sowie die beiden elektrischen Triebwagen der Reihe ET 11.[62]

Inzwischen hatte es auch mehrere Projekte zur Elektrifizierung der Westbahn Richtung Wien gegeben, doch Ende der 1920er-Jahre wandten sich die BBÖ angesichts gefallener Kohlenpreise vorerst von der Elektrifizierungsstrategie ab.[63]

Ausblick

Mit der Besetzung und dem „Anschluss" Österreichs an das nationalsozialistische Deutschland im März 1938 endete auch die Betriebsgeschichte der BBÖ. Die gesamte Betriebsführung in Österreich ging nun auf die Reichsbahn über, die das Eisenbahnwesen nach deutschem Vorbild organisierte, was so weit ging, dass auch alle Loks nach dem Nummernplan der Reichsbahn umgezeichnet wurden, um sie freizügig in „Großdeutschland" und allen besetzten Gebieten einsetzen zu können. Nun wurde auch die Reichsbahn-Dienststelle in Salzburg als Fortsetzung der bayerischen Einrichtung von 1860 aufgelöst und der hiesige Bahnverkehr in die neuen größeren Organisationsstrukturen eingegliedert.

In den letzten beiden der dann folgenden Kriegsjahre sind die kriegswichtigen Bahnanlagen in Salzburg durch alliierte Bombardierungen fast vollständig zerstört worden, nur das Empfangsgebäude und der Mittelbahnsteig konnten anschließend in mehr oder weniger historischer Form wiederhergestellt werden. Der Wiederaufbau von Bahnnetz und Betriebsanlagen wurde von den 1947 neugegründeten „Österreichischen Bundesbahnen" (ÖBB) fortgeführt, und schnell hatte Salzburg dann seine überragende Bedeutung im internationalen Bahnverkehr wieder erreicht (Abb. 16).

Abb. 16 Ausfahrt aus dem Salzburger Hauptbahnhof in Richtung Wien in den 1960er-Jahren

Der Salzburger Bahnhof und sein Umfeld in frühen Darstellungen

Erhard Koppensteiner

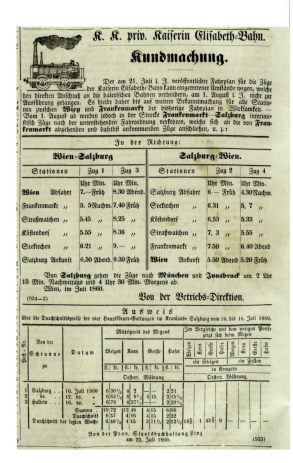

Abb. 1 Fahrplan Wien–Salzburg 1860, abgedruckt in der „Salzburger Zeitung", 1860, Nr. 173

Ein Blick auf den Fahrplan der „k. k. privilegierten Kaiserin-Elisabeth-Bahn" des Jahres 1860, veröffentlicht in der „Salzburger Zeitung" (Abb. 1), ruft bei heutigen Betrachtern ein ungläubiges Staunen hervor. Zum einen, weil bloß zwei Züge auf dieser mit großem finanziellen und baulichen Aufwand errichteten Eisenbahnanlage mit ihren zahlreichen Bahnhöfen von Wien nach Salzburg – und weiter nach München – fuhren und zwei weitere von Salzburg nach Wien, und zum anderen, weil das Unternehmen wohl eine gänzlich andere betriebswirtschaftliche Kostenrechnung hatte. Der erste Zug fuhr in Wien um 7 Uhr in der Früh ab und kam nach dem Passieren der Salzburger Stationen von Straßwalchen, Köstendorf und Seekirchen um 18^{50} Uhr am Salzburger Bahnhof an. Das heißt, die Fahrtdauer war mit 11 Stunden und 50 Minuten, davon ein größerer Aufenthalt in Linz, gerade tagesfüllend. Der zweite Zug fuhr um 20^{30} Uhr in Wien ab und man erreichte Salzburg um 9^{30} Uhr am frühen Vormittag. Nicht nur im Zeitalter der vormaligen Postkutschen war der herzliche Wunsch nach einer „guten Reise" wohl sprichwörtlich.

Die damaligen Zeitgenossen hatten jedoch noch ein ganz anderes Zeitgefühl.

Von frühindustriellen Produktionsstätten und von Zentren einiger Großstädte abgesehen, war nirgendwo Hektik oder Lärm ein negativer Faktor, die immerhin beschleunigte Gemächlichkeit und neue bequeme Eleganz des Reisens war wohl von besonderem Erlebniswert und Exklusivität. Man muss sich auch vergegenwärtigen, dass um die Mitte des 19. Jahrhunderts das Reisen dieser Art nach wie vor nur einem seltenen Zweck diente. Den neutralen Begriff eines „Urlaubs", wie unsere Zeit dies versteht, hat es nicht gegeben. Ja, viele Menschen verließen die längste Zeit ihres Lebens nicht einmal ihre Bezirksgrenzen der Großstädte, etwa Wiens. Größere Ortsveränderungen, wie die berufliche Wanderschaft oder ein Garnisonswechsel des Militärs, wurden selbst über viele Hunderte und noch mehr Kilometer zu Fuß unternommen. Wallfahrten und verwandtschaftliche Festereignisse waren für die einfache Bevölkerung eine kürzere Zeit lang eine willkommene Möglichkeit des körperlichen und seelischen Tapetenwechsels, die vermögenderen Schichten suchten zunehmend Erholung in Kurbädern, deren Erreichen noch mit Pferdekutschen üblich war.

Mitten in den Beginn der sogenannten „Gründerzeit" fiel auch der Beginn des modernen Tourismus, welcher bis um die Jahrhundertwende manche Städte zunehmend kennzeichnete oder kleine ländliche Orte als „Sommerfrische" etikettierte, nicht zuletzt durch das von den Alpenvereinen geförderte Bergwandern und das immer dichtere Netz an Wanderwegen. In der Nähe liegende Bahnverbindungen ermöglichten zeitlich komprimierte Aktivitäten am oder beim jeweiligen Hauptbestimmungsort. Salzburg hatte nicht zuletzt durch den Anschluss an das künftige mitteleuropäische Eisenbahnnetz zwischen Wien und München mit ihren Anschlussstellen nach Norden (wie die Kaiser-Ferdinands-Nordbahn) oder nach Westen bis nach Paris oder in den Süden nach Venedig, Triest und Rom, durchaus eine zentrale Lage. Salzburg konnte damit zu einer touristischen „Saisonstadt" werden, die zugleich durch Auflassung des Festungscharakters der Stadt 1860 mit einem Innovationsschwung die städtebauliche Weiterentwicklung vorerst besonders nach dem Nordosten der Stadt, nach dem Vorort Froschheim (seit 1901 Elisabeth-Vorstadt) und nach Schallmoos vorantrieb.

Ein ähnliches Phänomen trat zeitlich etwas später mit der verwaltungsmäßigen österreichischen Übernahme von Bosnien und Herzegowina 1878 (1908 Annexion) durch den intensiv vorangetriebenen Eisenbahnbau und den umfassenden zivilisatorischen und kulturellen Ausbau ein, wo in der zuvor unbedeutenden Region mit der Zeit ein touristischer Aufschwung einsetzte, was sich durch zahllose Auflagen eines eigenen Bandes von Baedekers Reiseführer nur durch dieses Land dokumentiert. Das zwar kleine, aber an Naturschönheiten reiche Land Salzburg war immerhin mit anderen alpinen Ländern Österreichs im Band „Südbaiern" enthalten.

Das ehemalige Areal der landwirtschaftlichen Güter und Höfe

„Der Bahnhof Salzburg, vor der Stadt in der Ebene gelegen, gewährt einen schönen und mit seiner wunderbar großartigen Umgebung ein prächtigen Anblick". Mit diesen Worten leitete der Berliner Baurat Römer 1865 seinen Artikel über die neuen Bahnhofsanlagen im südlichen Deutschland und in der Schweiz ein. Die Stadt Salzburg liegt ja tatsächlich in einer weiten, von niedrigeren und höheren Bergen umgebenen großen Mulde, wenngleich der Mönchsberg mit dem Festungsberg und der Kapuzinerberg mit einer weiteren landschaftlich ästhetischen Note ins Stadtgebiet hineinragen. Im 19. Jahrhundert, als nur die von einer Befestigungsanlage des 17. Jahrhunderts umgürtete Stadt Salzburg ein wesentliches, aber kleinflächiges zentrales Gebiet darstellte, konnte man diese einzigartige landschaftliche Gegebenheit gewiss noch besser sehen und erleben.

Jedoch existierte eine Unzahl an Bauernanwesen und Gutshöfen, aber auch an Sommersitzen reicher Handelsbürger oder Adeliger im gesamten Weichbild rund um das bis zum 1. Jänner 1860 als Festungsstadt bezeichnete Salzburg, dessen Festungswälle, Steinbastionen und Wassergräben erst ab 1866 vor dem Areal der heutigen Franz-Josef-Straße abgerissen wurden. Übrigens haben sich sogar noch heute einige wenige der teils landwirtschaftlich genutzten Besitzungen am Rand der Stadt, wie in Schallmoos (Robinighof und Fuchsengut, Vogelweiderstraße Nr. 28), Moosstraße oder in Maxglan, erhalten.

Den besten Überblick über die bauliche bzw. landwirtschaftliche Nutzung der unmittelbaren Gegend um den Bahnhof für die Zeit kurz nach dessen Erbauung gewinnt man mittels betreffender Blätter des Stadtplanes von 1861 im Archiv der Stadt Salzburg (Abb. 2).

Darauf sehen wir, dass das Vorfeld des neuen Bahnhofsareals nicht weit von den Befestigungen der Stadt aus der Zeit des Erzbischofs Paris Graf Lodron entfernt war. Das dem Bahnhof zunächst situierte Mirabelltor (Virgiltor) befand sich unmittelbar neben dem Schloss Mirabell und wurde bereits 1862 abgerissen.

Stadtseitig, im einstigen Dorf Froscham, auf der rechten Seite am Beginn der einstigen Froschheimer Straße, der heutigen Elisabethstraße, lag der Ziererhof. Heute befindet sich dort das Büro- und Einkaufsgebäude „Kiesel" an der Elisabethstraße Nr. 2 bzw. Rainerstraße Nr. 19–21. Nach einem größeren Abstand folgte das große Areal des Schnedizenihofes mit mehreren Gebäuden und Hütten sowie einem im französischen Stil gestalteten Ziergarten an der Ferdinand-Porsche-Straße Nr. 1/Ecke Elisabethstraße. Von diesem etwas abgesetzt und näher dem südlichen Eckpavillon des Bahnhofs lag das Nelböck-Stöckl. Beide Anlagen verband ein Weg, der in die verschlungenen Spazierwege der Gartenanlage vor dem Hauptgebäude des Bahnhofs einmündete.

Der Schnedizenihof trug wenigstens im 18. Jahrhundert noch den Namen eines in Salzburg berühmten Adelsgeschlechtes, welches unter anderem in fürsterzbischöflichen Landesdiensten tätig war. So waren Dr. med. Peter Anton von Agliardis (1691–1766) und Dr. med. Peter Anton Ignaz von Agliardis (1730–1772) Leibärzte der Erzbischöfe Leopold Anton Freiherr von Firmian und Sigmund Christoph Graf von Schrattenbach. Mit zahlreichen Trägern dieses Namens sind auch freundschaftliche Kontakte zu der Familie Mozart festzustellen, wo in der reich erhalten gebliebenen Korrespondenz zumindest über Dritte Glückwünsche, Grüße oder Dankerweisungen übermittelt wurden. Seit Mitte des 19. Jahrhunderts gehörte dieser Schnedizenihof Louis Jung (1823–1894), dem Besitzer des Gasthofes „Zu den drei Alliierten" in der Getreidegasse/Ecke Hagenauerplatz, der dann 1863 sein großes neues „Hôtel de l'Europe" neben dem Bahnhof errichten sollte, worüber später noch berichtet wird. Der Schnedizenihof blieb erhalten und mutierte Anfang der 80er-Jahre des 19. Jahrhunderts zu einer dreigeschoßigen Pension im Schweizer-Stil mit 50 Zimmern für Gäste, die einen längeren Aufenthalt verbringen wollten. Dieses Gebäude an der Elisabethstraße wurde erst 1962 abgerissen.

Weiter nördlich an der Elisabethstraße lagen das Helmreichstöckl und der Helmreichhof, dessen großes Wiesenfeld quer bis zu den Grünanlagen des Bahnhofvorplatzes reichte. Das Anwesen gehörte einer ursprünglich aus Bamberg stammenden Salzburger Beamtenfamilie namens Helmreichen von Brunnfeld. Ein Sohn des Halleiner Pflegers Franz Anton, Dr. med. Ernst Anton Helmreichen (1728–1795), war Landschafts- und Stadtphysikus in Salzburg von 1755 bis 1795 und hatte auch in Paris und Göttingen studiert. Heute befindet sich anstelle des Stöckls das Hotel Bayrischer Hof an der Elisabethstraße Nr. 12/Ecke Kaiserschützenstraße 1 und anstelle des Helmreichhofes ist heute an der Elisabethstraße Nr. 16 ein großer Betonbau mit Autoparkfläche getreten.

Der im Stadtplan weiters an den Garten des Helmreichhofes anschließende Besitz gehörte dem Metzger Johann Dangl, Elisabethstraße Nr. 20/Karl Wurmbstraße 19.

Auf der linken Seite der heutigen Elisabethstraße lag dem Ziererhof schräg gegenüber der auf dem Stadtplan von 1861 nicht bezeichnete Enkhof, dann folgte an einer Abzweigung der Patzenhof an der Elisabethstraße 5a, zuvor Sallingerhof bzw. Gsandnerhof genannt. Etwas weiter, an der Elisabethstraße Nr. 11/Ecke Mertensstraße Nr. 17, heute ein Volksheim und der Jazzit Musikclub, befand sich der Schlamhof (vorher Niederleghof) des Nikolaus Schlam, welcher zum Gasthof und Brauerei „Schlambräu" an der Dreifaltigkeitsgasse/Lederergasse gehörte. Gegenüber begann das Grundstück des schon erwähnten Schnedizenihofes. In weiterem Abstand auf der linken Seite folgte der Schellhammerhof an der Elisabethstraße 33/Jahnstraße 21. Daran schloss sich der aus mehreren Gebäuden bestehende Kleine Dag(g)hoferhof. Erst in der Mitte des 20. Jahrhunderts wurde auf dem Areal dieser beiden Besitzungen an der Elisabethstraße Nr. 37/Ecke Pestalozzistraße Nr. 4 die Pestalozzi-Volksschule gebaut. Nach einer Wegabzweigung nach links ist die Besitzung des Großen Dag(g)hoferhofes in unverbauter Lage zu sehen. Es handelt sich um das Caspis-Schlößl beziehungsweise Schloss Schönegg, 1686 erbaut vom Hofkammerprokurator Dr. Sebastian Zillner, welches sich noch heute im Pfarrhof-Gebäude der Kirche von St. Elisabeth, Elisabethstraße Nr. 39, verbirgt.

Interessant ist auch die Einzeichnung von kleinen Bachgerinnen im genannten Stadtplan, die – als „Schanz-

Abb. 2 Von Jäger, Stadtplan aus 1861, Maßstab 1:720, Gouache, insgesamt 79 Blätter, Blätter 8, 9, 15, 16, 23, 24, 32, 33

graben" bezeichnet – ihre ursprüngliche Funktion von den stadtseitigen Befestigungsanlagen herleiten, dazu gehört im Westen des Areals eine große Lacke. Seit dem 17. Jahrhundert hatte man zunehmend erfolgreich an der Trockenlegung und Nutzbarmachung des Grundes am Schall- und Itzlinger Moos gearbeitet. Für den ganzen landwirtschaftlichen Grundbesitz zwischen Salzach, Kapuzinerberg und Gnigl war die zumeist ziemlich exakte Ausrichtung in West-Ost gerichteten Streifen üblich, die eine Entwässerung zur Salzach unterstützen sollte, welche noch deutlicher im Bereich der ostwärts liegenden heutigen Vogelweiderstraße zu erkennen ist. Diese war die zweite bedeutende Ausfallstraße dieser Gegend neben der Froschheimer Straße und hieß ursprünglich bis 1930 Fürstenweg. Sie führte am vor über 300 Jahren begründeten, einstigen erzbischöflichen Schallmooshof vorbei, der später Stadlhof hieß. Dieses Gut wurde in der zweiten Hälfte des 19. Jahrhunderts durch seinen neuen Besitzer Karl Freiherrn von Schwarz (1817–1898), dem Salzburger Stadterneuerer ab den 1860er-Jahren und bedeutenden Eisenbahnpionier, zu einem prächtigen Refugium, einer großstädtischen Villenanlage mit Park, ausgebaut. Nach einem eher kleinen Bombenschaden wurden aber sämtliche Bauten und Anlagen, inzwischen in Stadtbesitz, schließlich 1959 abgebrochen. Heute befinden sich dort ein neuer Baron-Schwarz-Park, die Volksschule Schallmoos mit Kindergarten sowie anschließend der Post-Sportplatz.

Damit sind wir weiter östlich des Bahnhofs und der Gleise angelangt, wobei ich nun nur die sich auf dem Stadtplan von 1861 und auf dem farbigen „Situationsplan für den Bahnhof" aus 1860 eingezeichneten näher gelegenen Besitzungen des Weiserhofes und des Steigerhofes anspreche (Abb. 2 und 3). Der große Weiserhof des einstigen Salzburger Bürgermeisters Ignatz Anton von Weiser (1772–1775) war der bedeutendste. Ursprünglich gehörte er den Familien Saurau, Weickl und Helmreichen von Brunnfeld. Der Besitz lag aber seit dem Bahnbau so nahe an den Gleisen, dass er bald als Sommerrefugium verfiel und schließlich 1903 der Stadterweiterung geopfert wurde. Die heutige Lage wäre mit Lagerhausstraße/Gniglerstraße Nr. 5–7, am Areal des Frachtenbahnhofs bzw. der Spedition Fallenegger, anzugeben. Ungefähr 1876 wurde schließlich 300 Meter weiter südlich an der Weiserhofstraße Nr. 4 ein neuer „Weiserhof" mit Gasthaus errichtet, das heute noch bestens floriert. Das aktuelle Erscheinungsbild wird aber nach der Bombardierung 1944 durch einen weiteren Neubau aus 1946 bis 1948 bestimmt.

Markierte der alte Weiserhof den nördlichsten Ansitz an dieser Seite, so folgten stadteinwärts der berühmte Steigerhof (in den Plänen so geschrieben, später auch als Finettihof bezeichnet) sowie der weniger wichtige „Zeiselmayer". (vgl. den Stadtplan 1861, Abb. 2; der Bahnhofsplan, siehe Abb. II auf Seite 102, ist in dieser Hinsicht ungenau). Die Geschichte des Steigerhofs, wie überhaupt vieler anderer Höfe um Salzburg ist eigentlich nicht wirklich erforscht und könnte ein großes Wissenschaftsprojekt darstellen. Mit dem Besitz „Steigerhof" war seit der Spätbarockzeit bis ins ausgehende 19. Jahrhundert ein großes, nunmehr jedoch aufgeteiltes Areal zwischen der heutigen Weiserhofstraße, etwa gegenüber dem nach 1945 gänzlich neu errichteten Haus Nr. 17 und der nunmehrigen Bayerhamerstraße mit heutiger Bezeichnung Nr. 53/Ecke Breitenfelderstraße Nr. 41A und dem Grundstück mit dem neuen Haus an der Bayerhamerstraße Nr. 57–59 zu verstehen. Nach den gedruckten Straßen- und Besitzverzeichnissen „Orientierungs-Schema" aus den Jahren 1874 und 1881 war der Grundbesitz gemäß alter Bezeichnung bzw. Nummerierung an der Weiserstraße Nr. 12 (um 1900 Nr. 14 und 16) bzw. an der Bayrhamerstraße Nr. 19 und Nr. 21 („Gartenhaus") gelegen.

Das Anwesen bzw. ein vermutlich bereits stattlicheres Wohngebäude ist aber schon seit 1589 nachweisbar. Nach den Familien Pauernfeind, Kofler, Hermes und Caspis erwarb es 1771 der Bischof von Gurk – der nachmalige Erzbischof Hieronymus Graf Colloredo – als Landschlösschen, ließ einen großen Ziergarten anlegen und erweiterte es um zwei Gebäude. Das mitunter als „Schlösschen" bezeichnete Hauptgebäude befand sich an der der Bayerha-

Abb. 3 „Plan für die Erweiterung der Stadt Salzburg", kolorierte Lithografie, Salzburg, 1863

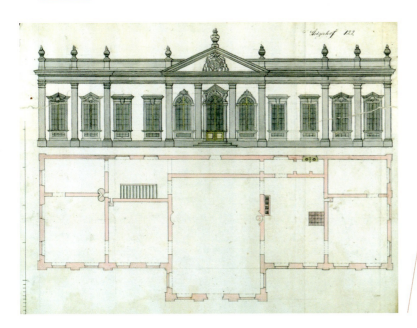

Abb. 4 Unbekannt, Grundriss und Aufriss der Fassade eines Gloriette-Gebäudes, Tuschfeder, koloriert, um 1760

merstraße Nr. 53/Ecke Breitenfelderstraße Nr. 41A. Aus einem offensichtlich einst landwirtschaftlichen Areal wurde eine zusätzliche große rechteckige Parkanlage im französischen Stil mit jeweils mehr als fünf Längs- und Querachsen als Wegenetz gestaltet. Sie befand sich in der Längsausdehnung entlang eines Wegs, der heutigen Breitenfelderstraße, reichte westlich mindestens bis an die heutige Weiserhofstraße und stieß an der östlichen Stirnseite an die heutige Bayerhamerstraße, damals ein Fahrweg.

In den Sammlungen des Salzburg Museums befindet sich ein Grund- und Aufrissplan (Abb. 4) eines ebenerdigen, elfachsigen „Gloriette"-Gebäudes aus der Zeit des Erzbischofs Sigismund von Schrattenbach mit dessen Wappen, welcher die spätere handschriftliche Aufschrift „Steigerhof" enthält. Wir wissen nicht genau, ob dieser ältere Grund- und Aufrissplan von Colloredo in dieser Form als Gloriette umgesetzt wurde. Ein „Gartenhaus" existierte jedenfalls bis zur Bombenzerstörung 1944, wenngleich wir über das Aussehen ab der Mitte des 19. Jahrhunderts keine Kenntnis haben. Spätestens seit dieser Zeit mochte es als Wohnhaus gedient haben. Landläufig bezeichnete man dies mit den Nebengebäuden als „Steigerhof". Von Erzbischof Colloredo wissen wir, dass er die ganze große Liegenschaft 1781 seinem Vetter und Taufkind Hieronymus Graf von Lützow und Seedorf (1776–1861) schenkte, der den Hof 1804 an Anton Poschinger verkaufte. Bereits 1805 war er im Besitz des Landschafts-Bauverwalters und Cafetiers Franz Anton Staiger (ca. 1750–1820), Sohn des in der Mozart-Korrespondenz öfters zitierten Cafetiers Anton Staiger (ca. 1719–1781). Anton war Hofmeister des Bischofs von Lavant gewesen, erhielt 1753 die Konzession für ein Kaffeehaus in der Goldgasse Nr. 5 und übersiedelte 1764 in das Gebäude am Alten Markt. Dieses übernahm dann 1852 die Familie Tomaselli aus Rovereto und baute es zum Kaffeehaus aus, welches heute noch als bestens ausgestattetes Wiener Kaffeehaus geführt wird. Der Steigerhof war dann vermutlich im weiteren Besitz eines Sohnes von Franz Anton, Joseph Steiger (1788–1847). Mit Johann von Finetti (1802–1893), einem Gubernialangestellten in Mailand zu österreichischer Zeit, bzw. späterem Schulinspektor, der 1853 bereits als Privatier nach Salzburg gekommen war, erhielt der Steigerhof wieder einen neuen Besitzer. In einem Brief an Carl Thomas Mozart (1784–1858), einem der zwei Söhne Wolfgang Amadeus Mozarts, berichtet Finetti am 17. November 1853 nach Mailand, dass der „den sogenannten Staiger-Hof" gekauft habe, und teilt weiters mit: „Die Lage ist wunderschön, aber das Schlössel und der Garten benöthigen sehr viele Reparaturen." Finetti wird sich ebenfalls nicht mehr lange an den Besitzungen als Sommerrefugium erfreut haben, da der tägliche Betrieb des Bahnhofs mit seiner stetigen Entwicklung dem gravierend entgegenstand. Tatsächlich verkaufte Finetti im Juli 1864 den Steigerhof und übersiedelte in das für ihn großstädtischere Innsbruck. 1874 und 1881 werden Dr. med. Josef Hitschfeld als Besitzer für zwei Baulichkeiten, sowie Heinrich bzw. Ignaz Weikl für eine angeführt, worauf später jeweils andere Besitzer folgten. Das „Gartenhaus" ging bei den Bombenangriffen 1944 zugrunde. Heute befinden sich jedoch andere Gebäude auf dem parzellierten Parkareal, die bereits nach 1900 und dann nach den Bombenzerstörungen 1944 wiedererrichtet wurden, sowie moderne Wohnanlagen der letzten Jahrzehnte. Nur im Gebäude an der Bayerhamerstraße 53 mag noch ein nach außen unsichtbarer alter Kern stecken. Neben dem Bauernhof „Zeiselmayer" ist auf dem Stadtplan ein weiteres Gebäude unweit des Mirabelltores, beziehungsweise vor der etwas östlicheren Bastion zu sehen. Es war das Wirtshaus der Schießstätte, „Schiesstattwirth", heute im Bereich Weiserstraße Nr. 1/Julius-Raab-Platz (Wirtschaftsförderungsinstitut der Kammer der Gewerblichen Wirtschaft) gelegen. Der zugehörige Schießplatz der 1425 gegründeten Salzburger Schützengesellschaft war hier zuvor in Richtung Bahnhof von 1672 bis 1858 in Betrieb. Die Schießstätte befand sich dann in der Riedenburg und von 1865 bis 1938 an der nachmaligen Alpenstraße, auf dem Areal des heutigen Hauses der Jugend und des Freibades, ehe sie danach nach Glasenbach und 1963 als Landeshauptschießstand an die Salzachauen in Liefering verlegt wurde.

Abb. 5 Hubert Sattler, Blick vom Kapuzinerberg nach Nordwesten, Aquarell und Deckweiß, um 1880

Abb. 7 Unbekannt, Hôtel de l'Europe, Fotografie, 1865–1866

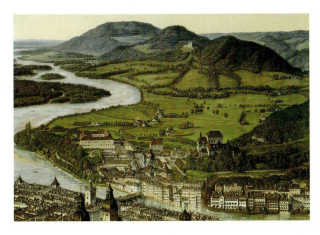

Abb. 6 Johann Michael Sattler (1786–1847), Friedrich Loos (1797–1890) und Johann Josef Schindler (1777–1836), Salzburg-Panorama, Öl auf Leinwand, 1825 bis 1829

Hotelbauten und andere Gebäude

Mit der Auflassung des Festungscharakters der Stadt Salzburg im Jahr 1860 konnte an eine Stadterweiterung gedacht werden. Unter dem tatkräftigen Ideenlieferanten, Financier und Bauunternehmer Karl – seit 1869 Ritter von, seit 1872 Freiherr von – Schwarz (1817–1898) begann 1861 in Salzburg die Uferregulierung der Salzach entlang des nachmaligen Elisabeth-Kais zwischen Stadtbrücke und Eisenbahnbrücke, wodurch wertvolles Bauland gewonnen wurde. Schwarz kam als Sohn eines bürgerlichen Schneiders in Söhle, heute eingmeindet in Neutitschein (Novy Jicin) in Mähren auf die Welt, begann als Maurerlehrling und Polier, gründete ein Baugeschäft und war seit 1842 teils in Verbindung mit dem mährischen Bauunternehmen Klein, teils unabhängig wesentlich am Ausbau des Eisenbahnnetzes in Österreich, wie der Linien Olmütz–Prag, Mürzzuschlag–Graz oder Cilli–Agram tätig. 1856 bis 1860 war Schwarz Generalbevollmächtigter der Baufirma „Klein, Schwarz und Theuer" und selbst als Teilhaber der Wiener Baufirma „Gebrüder Klein von Wiesenberg", die auf Eisenbahnbau spezialisiert war, an der Vollendung der Kaiserin-Elisabeth-Bahn wesentlich beteiligt.

1862 legte Schwarz einen Planentwurf zur Bebauung des weiter östlich anschließenden Gebietes zwischen Mirabelltor, Eisenbahndamm und der Salzach vor, welcher sogleich genehmigt wurde. Mit 1. Dezember wurde er Ehrenbürger der Stadt Salzburg, in dessen Folge man ihm für seine wirtschaftlichen, aber auch sozialen Verdienste in weiteren 16 Städten und Gemeinden diese Würde zuerkannte und er außerdem die Ehrenmitgliedschaft des Salzburger Museums erlangte. 1866 schenkte schließlich Kaiser Franz Josef I. der Stadt das große Areal der Wälle und Schanzen zwischen dem Mirabelltor und dem Linzertor, praktisch Teile des äußeren Andräviertels, womit eine Stadterweiterung in den Nordosten nach Schallmoos möglich wurde.

Mit diesen städtebaulichen Entwicklungen, die dann gegen und um die Jahrhundertwende ihre Fortsetzung nach Norden erfuhren, nach Froschheim, Itzling und nach Schallmoos, war der anfangs so gut wie gänzlich im freien Wiesenfeld vor der Stadt liegende internationale Doppel-Bahnhof nicht mehr isoliert und hatte ein städtebauliches Umfeld bekommen.

Bereits drei Jahre nach Beginn des Bahnbetriebes, 1863 bis 1865, wurde das schräg gegenüber dem „Aufnahmsgebäude" gelegene luxuriöse „Hôtel de l'Europe" errichtet (Abb. 7). Das damals wohl größte Hotel Salzburgs wurde nach grundsätzlichen Plänen des Architekten Heinrich Lang (1824–1893) aus Baden-Baden von dem Architekten der Kaiserin-Elisabeth-Bahn Ingenieur Franz Kriegler unter Mithilfe von Vinzenz Rausch vom Salzburger Baumeister Valentin Ceconi (1827–1888) errichtet. Gebaut wurde es für Louis Jung (1823–1894), Vorfahre des berühmten Malers Georg Jung (1899–1957). Die Hauptfront befand sich an der Straße, parallel zum Bahnhofsgebäude. Nach baulichen Erweiterungen 1894 und 1908 besaß es schließlich vor dem Ersten Weltkrieg 220 Zimmer und insgesamt über 300 Lokalitäten. Nach 1938 fungierte die Anlage als Gestapo-Quartier, wurde 1944 bei einem Bombenangriff auf den Bahnhof teilweise beschädigt, diente nach 1945 zur Unterbringung von Flüchtlingen und wurde 1949 abgerissen. Auf dem Areal ist in den Jahren 1956 bis 1957 nach dem Entwurf von Josef Bevcar (1907–1984) ein neues „Hotel Europa" als 15-stöckiges Hochhaus errichtet worden, welches lange wegen baulicher Einförmigkeit und der Singularität in Hinblick auf die klare Stadtsilhouette der kompakten Alt- und Neustadt umstritten war, wo noch den Kirchen und Stadtbergen die formale und geistige Führungsrolle zugestanden war.

Richtung Stadtzentrum wurde ab 1862 bis 1865 durch die Bauherrn Karl Schwarz und Carl Andeßner (1801–1893) ein erstes Mietshaus, das „Fünfhaus" mit 38 Wohnungen und acht Geschäften an der Westbahnstraße (seit 1932 Rainerstraße) bzw. Max-Ott-Platz, zur ersten Linderung der Wohnungsnot errichtet. So hatte Salzburg übrigens 1787 bereits 16 400 Einwohner gehabt, 1817 jedoch nur mehr 12 300, jeweils 20 Jahre später 13 700 bzw. 17 200 Einwohner, sodass die Auflassung des fortifikatorischen

Abb. 8 Allegorisches Blatt zur Eröffnung des Bahnhofs nach Entwurf von Georg Pezolt, gestochen von Peter Herwegen, Lithografie mit Tonplatte, Beilage zur Salzburger Zeitung vom 30. April 1860

Bauverbots im Vorfeld der barocken Befestigungen mehr als begrüßt wurde.

Das stadtseitig fast an das „Fünfhaus" anschließende Kurhaus wurde 1865 bis 1868 durch den damaligen Präsidenten der Handels-und Gewerbekammer, Franz Zeller, als „Salzburger Badeanstalt-Aktiengesellschaft" initiiert und von Karl Schwarz errichtet, der als Geldgeber nach der Übernahme des Kurhauses durch die Stadt Salzburg auf die Rückzahlung der großen Summe von 80 000 Gulden verzichtete. Etwas später, 1873, wurde zusätzlich ein Kursalon als Veranstaltungszentrum errichtet (nach Bombenschaden 1944 abgerissen) und der Kurpark gestaltet.

Gegenüber, jedoch näher zum Bahnhof, entstand 1863/64 die Bergerbräu-Bierhalle, das spätere Hotel Pitter, welches heute noch existiert.

Die stets markant an der Rainerstraße ins Auge springenden historistischen Großbauten, die „Faber-Häuser", wurden jedoch erst 1872 bis 1875 gebaut.

Ein weiteres elegantes und bis heute als solches bestehendes Hotel ist das „Hotel Österreichischer Hof", heute „Hotel Sacher", welches 1863 bis 1866 von Karl Schwarz an der 1867 nach ihm benannten Schwarzstraße errichtet wurde. Daneben entstand 1865/66 das Baldi-Haus, wo die über Salzburg hinaus berühmten Fotografen „Baldi & Würthle" ab 1866 ihr zweites Atelier hatten und später Herbert von Karajan (1908–1989) geboren wurde und aufwuchs.

Ansicht aus der Vogelschau von Hubert Sattler

Eine für die Vorstellung der Lage des Bahnhofs und seiner umgebenden Gebäude besonders aussagekräftige Darstellung ist die von Hubert Sattler (1817–1904) geschaffene Gouache aus der Zeit um 1880 im Salzburg Museum (Abb. 5).

In spätromantischer Manier erfolgt der Blick von einer Aussichtskanzel am Kapuzinerberg, der „Bayerischen Aussicht", wo ein Vater seiner Familie die Landschaft Richtung Nordwesten erklärt. In dem vom Flusslauf der Salzach und den ansteigenden Höhen des Plainberges und vorwärts der angeschnittenen Bayerhamerstraße gebildeten großflächigen Niederung liegen diagonal die Bahnhofsanlagen mit Aufnahmsgebäude und allen Nebengebäuden der mittlerweile k. k. Österreichische Staatsbahn genannten Kaiserin-Elisabeth-Bahn. Sattler fügte auch einige Personenzüge hinzu, darunter einen mit rauchender Dampflok. Wenn wir die Anlagen von links nach rechts ansehen, dann sind diesseits der Gleise dargestellt: das Bayerische (B) Torfmagazin, die B Werkstätte, das B Heizhaus, die B Rampe, ganz rechts das B Frachtenmagazin mit Wohnhaus, die Brückenwaage, das Österreichische (Ö) Frachtenmagazin mit Amts-und Wohnhaus, verdeckt folgt die Ö Rampe. Auf der Gegenseite befindet sich links das große dreiteilige Aufnahmsgebäude (gemeinsam), eine Rampe, die B und dahinter die Ö Wagenremise, das Ö Kohlenmagazin, die Ö Werkstätte, das Ö Heizhaus. Südostseitig ist auch die heutige Weiserstraße zu erkennen, die an Betriebshäusern mit parkartigem Bewuchs vorbeiführt.

Jenseits der Straße sind das große „Hôtel de l'Europe" mit Park und Rundweg zu erkennen, dahinter gegen Norden an der Elisabethstraße die bereits erwähnten Häuser, darunter das große turmartige Gebäude des einstigen Schlosses Schönegg, der Große Dag(g)hoferhof. Die sich weiter schlängelnde Elisabethstraße führt über Itzling zur Wallfahrtskirche von Maria Plain und die Bergheimerstraße nach Bergheim. Beeindruckend sind auch die unendlichen Auen entlang des linken Salzachlaufes bis nach Laufen und Oberndorf, wozu sich rechts die Anhöhen des Plainberges, der Hochgitzen und die Kuppe des Haunsberges gesellen.

Schon sein Vater Johann Michael Sattler (1786–1847) hatte ab 1824 an den Vorarbeiten seines großen Rundgemäldes zu skizzieren angefangen, welches er dann zusammen mit den Malern Friedrich Loos (1797–1890) und Johann Josef Schindler (1777–1836) als prächtiges Stadt- und Umland-Panorama 1825 bis 1829 auf 125 m² in Öl auf Leinwand malte (Abb. 6). Nach verschiedenen Aufstellungsorten kann es heute im Panorama-Museum des Salzburg Museums am Residenzplatz besichtigt werden. Durch die Anlage der Darstellung als Sicht von den Türmen der Festung Hohensalzburg ist ein perspektivischer Blick über die Alt- und Neustadt jenseits des Schlosses Mirabell, dem Mirabelltor, dem Schrannengebäude, entlang der Lorettogasse, der heutigen Paris-Lodron-Straße, und dem Kapuzinerberg mit dem Kloster auf ein weitflächiges und weitgehend unverbautes, landwirtschaftliches Areal möglich. Links der Schießstätte mit dem weißen Rauch führt die Straße durch Froschheim, und wir erblicken als Erstes wieder den Zierrerhof, dann folgen der Patzenhof, der große Schnedizenihof, die Häusergruppe um den Helmreichhof, zuvor auch Leopolds Kron genannt, bis hin zum turmartigen Gebäude des freistehenden Caspishofes. Wie man auf diesen beiden Bildern besonders gut sieht, wurde die Bahnhofsanlage in ein städtisch unverbautes, jedoch landwirtschaftlich genutztes Gebiet hineingestellt.

Die fertiggestellte Anlage als künstlerische Allegorie und auf Souvenirblättern

Ganz im Sinne des frühen gründerzeitlichen Formengeschmacks ist eine Tonlithografie (Abb. 8) als illustrierte Beilage der Salzburger Zeitung anlässlich der Bahnhofseröffnung erschienen. Das in einer Art Mischstil von Tudor- und Florentiner Renaissance gehaltene Bahnhofsgebäude, vier dampfende Lokomotiven, figurenreiche Belebung und eine ins Dramatische gesteigerte Gebirgskulisse mit einem großen Schutzhaus auf dem Untersberg ist der tiefenräumliche „Inhalt" einer neubarocken Allegorik, die noch von einem aus der romantisierenden Neogotik gespeisten Rahmen mit Laub- und Astwerk umspielt wird. Das von Löwen

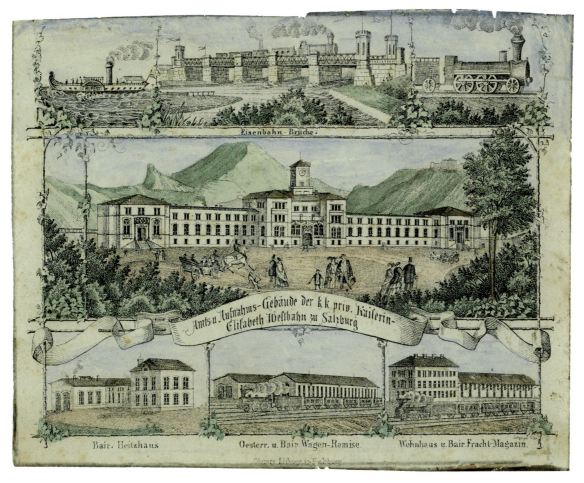

Abb. 9 Verschiedene Eisenbahn-Baulichkeiten, kolorierte Lithografie, 1860

Abb. 10 Souvenir-Blatt zum 12. August 1860, Lithografie mit Golddruck

gehaltene Staatswappen des österreichischen Kaisertums ist der Unterbau des Blatttitels, welcher links von der Personifikation der Pallas Athene, der Kriegs- und Weisheitsgöttin, flankiert wird. Als „Außenministerin" tritt sie auch als Beschützerin der Künste, betitelt „Kunst", auf, wie wir an der danebenstehenden antikisierenden Büste sehen, einem Sinnbild ewig gültiger oder anzustrebender Schönheit. Rechts lagert die einen Stechzirkel als Symbol der Innovation in Händen haltende *Industria,* betitelt „Industrie", ein Sinnbild des werktätigen Fleißes. Sie sitzt vor einem lokartigen Dampfkessel bzw. vor Zahnrad und Bienenkorb, dem Symbol der emsigen Tätigkeit und des Bienen-Fleißes. Die von den Wappen des Herzogtums Salzburg und der Stadt flankierte Banderole liefert bauliche Angaben: „Entworf Ing. Rud. Bayer. Erbaut unter Obering. Häufler, Ing. Kriegler und Graßberger – unter Bauführung d. Geb[rüder] Klein, Geb[rüder] Theuer u. C[arl] Schwarz."

Ganz unten werden die künstlerischen Urheber des Blattes genannt: „in Perspektive gez. u. m. Rahmenzier versehn durch G[eorg] Pezolt i. Salzburg – Steinstich v. P[eter] Herwegen i. München – Druck v. Dr. Wolf & Sohn München".

Ein koloriertes Tableau-Grafikblatt mit naturalistischem Blatt- und Astwerk, welches wohl auch zur Eröffnung 1860 erschienen ist, zeigt in drei übereinander liegenden Zonen anschaulich verschiedene Baulichkeiten (Abb. 9): Oben fährt auf der mächtigen Brücke über die Salzach ein aus München kommender Zug. Die Brücke wird von je einem Paar turmartiger Wächterhäuschen im Tudorstil flankiert. Zwei Loks mit Waggons und der Raddampfer „Rupert" stellen die technische Entwicklung dar. Das Mittelfeld zeigt am Bahnhofsvorplatz zwei Kutschen, promenierende Personen und in der unteren Zone werden das Bayerische Heizhaus, die Österreichische und die Bayerische Wagenremise sowie das Wohnhaus, das Bayerische Frachten-Magazin und zwei Zuggarnituren bildlich wiedergegeben.

Ähnlich ist ein mit Golddruck versehenes, neunteiliges lithografisches Souvenir-Blatt der Lithografischen Anstalt von N. Kränzl, Salzburg „Erinnerung an Salzburg am 12. August 1860." auf weißem Glanzpapier (Abb. 10) gestaltet, welches oben die Brücke, unten den Bahnhof und in sechs weiteren Feldern bauliche Sehenswürdigkeiten der Stadt und näheren Umgebung zeigt.

Niederschlag tagesaktueller Ereignisse um die Eröffnung des Bahnhofs

Zur Zeit der Betriebnahme der Eisenbahnlinie 1860 hatte die relativ junge Fotografie bereits Möglichkeiten, unbewegte Motive als Freiluftaufnahmen anzufertigen und als jedoch etwas unscharfe Salzpapier-Abzüge wiederzugeben. Für die Darstellung bewegter Szenen kam aber noch lange Zeit die beliebte Illustriertengrafik zum Tragen, die meist von eigenen Pressezeichnern geschaffen wurden. So gibt das von E. Döpler gestaltete Blatt (Abb. 11) aus einer leider bislang unbekannten, vermutlich Münchener illustrierten Zeitschrift, einen Teil des Geschehen bei der offiziellen Eröffnungsfeier des 12. August 1860 am Bahnsteig 1 wieder. Wer sich heute auf diesen Bahnsteig begibt, kann noch immer die mittlerweile frisch restaurierten gusseisernen Stützen mit ihren zeittypischen Efeublattkapitellen der Glasdachkonstruktion sehen. Die Beschreibung der in Holzstich gehaltenen Illustration kann teilweise nach einem gedruckten damaligen Bericht erfolgen, der sich als Hauptteil eines heute unvollständigen Textes unter dem Titel „Die Eröffnung der München-Wiener Eisenbahn – Zu dem Bild S. 9." zum Bild von Döpler in der Grafischen Sammlung des Salzburg Museums erhalten hat und den ich der Kürze wegen hauptsächlich verwende. Eine längere Schilderung der Ereignisse des Eröffnungstages – der regelmäßige Bahnbetrieb hatte schon am 1. August begonnen – findet sich unter dem Titel „Die Feier der Eröffnung der Wien-Münchener Eisenbahnlinie" in der Salzburger Zeitung, Nr. 185 und Nr. 186, und in den Münchener Neuesten Nachrichten, Nr. 226.

In München wurden bereits um 6 Uhr in der Früh die offiziellen Feiern mit der kirchlichen Einweihung begonnen. Um 7 Uhr verließ der Festzug mit den geladenen Gästen und dann 10 Minuten später der Königszug mit dem

Abb. 11　E. Döpler, Eröffnungsfeier am Bahnsteig 1, Xylografie aus einer Illustrierten, 1860

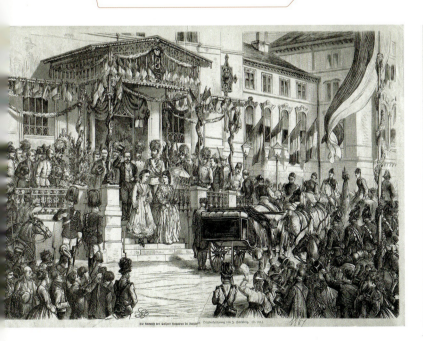

Abb. 12　J. Schönberg, Zusammentreffen der französischen und der österreichischen Kaiserpaare am Salzburger Bahnhof, Xylografie aus einer Illustrierten, 1867

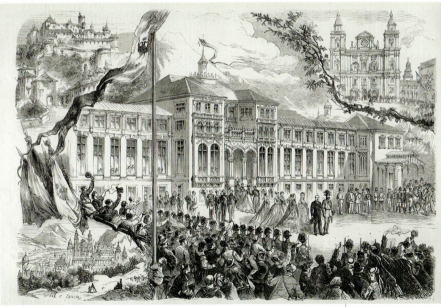

Abb. 13　Gustav Lix und Delannoy, Zusammentreffen der französischen und der österreichischen Kaiserpaare am Salzburger Bahnhof, Xylografie aus einer Illustrierten, 1867

Bayerischen König Maximilian in einer feierlichen Abfahrtszeremonie den Bahnhof.

Nach dieser Schilderung und dem landschaftlichen Lob wird für Salzburg unter anderem ausgeführt: „Der Erzherzog Statthalter von Tyrol, Karl Ludwig, hatte sich zum Empfange seines kaiserlichen Bruders eingefunden, der Bürgermeister von Wien mit dem Gemeinderath, der Verwaltungsrath der Elisabeth-Westbahn, die Gemeindevertretung von Salzburg begrüßten uns in herzlichster und liebevollster Weise. […] Die äußere Festausstattung des ganzen Bahnhofes war eine so reiche und geschmackvolle, daß das Auge Mühe hatte, alle die unzähligen Details nicht zu übersehen und sich an jedem derselben zu ergötzen. Von den Spitzen der weißen, mit Laubwerk zierlich umwundenen Riesenbäume flatterten lustig unzählige Wimpel in Bayerns, Oesterreichs und Salzburgs Landesfarben. Zwei aus Reisig erbaute Obelisken trugen stolz vergoldete Kronen auf den Spitzen. In der Mitte des vor dem Bahnhof sich ausbreitenden Schienenbeetes erhob sich eine Fontaine, im Hintergrunde prangte eine vortreffliche Skulpturenarbeit, welche Austria und Bavaria, sich die Hände reichend, darstellte. Ueber diesen allegorischen Figuren schwebte ein Genius mit dem Kranze. Das Ganze war von einer geschmackvollen Architektur im Triumphbogenstyl umfangen, welche unter dem kaiserlichen Aar die Inschrift: ‚Herzlich willkommen von der Alpenstadt Salzburg' an der Stirne trug […] Erzherzog Karl Ludwig empfing mit dem Landeshauptmann von Salzburg, Grafen [Ernst] von Gourcy-Droitaumont, dem Feldmarschalllieutenant Grafen von Horvath und dem Verwaltungsrath der Westbahn den Monarchen." Tausende Zuseher verfolgten das Geschehen von gegenüber dem Perron befindlichen Tribünen. Die Stadtgemeinde von Salzburg hatte den Entwerfer der Bahnhofsarchitektur, Rudolf Bayer (1825–1878), mit einem wesentlichen Beitrag von 2000 Gulden die Leitung der gesamten künstlerischen Innen- und Außendekoration übertragen, wie der Salzburger Zeitung zu entnehmen ist. Doch zurück zur Betrachtung unseres Blattes.

Nach dem Eintreffen des Bayerischen Hofzuges mit König Maximilian nahm Kaiser Franz Josef mit dem Monarchen von Bayern unter Anwesenheit der zahlreichen Geladenen die feierliche Schlussssteinlegung im Vestibül vor. Sie wurde von einer Rede des Präsidenten des Verwaltungsrates der Kaiserin-Elisabeth-Bahn und Handelsminister Graf Matthias Konstantin von Wickenburg (1797–1880) eingeleitet und der vollständige Text der Urkunde verlesen. Nach der Schlussssteinlegung wandte sich Graf Wickenburg an den Salzburger Fürsterzbischof Kardinal Dr. Maximilian Josef von Tarnóczy (1806–1876) mit der Bitte, die Weihe des Bahnhofs im Inneren vorzunehmen, worauf auch vom Perron aus die Einsegnung der Bahn selbst, der langsam vorüberziehenden Lokomotiven und Waggons folgte. Die Salzburger Liedertafel unter dem Komponisten und Kapellmeister Alois Taux (1817–1861) umrahmte alle Feierlichkeiten musikalisch. Auf dem Blatt können wir vor allem den Erzbischof von Salzburg und den Bischof von Linz, Kaiser Franz Josef, links von ihm Erzherzog Karl Ludwig und rechts König Maximilian von Bayern benennen.

Kaiser Franz Josef hatte unter anderem treffend gesagt: „Die Feier des heutigen Tages eröffnet eine Epoche mächtigen Verkehrsaufschwunges für weite gesegnete Länder. Mögen sie sich im regen Wetteifer und steigendem Gedeihen der Wohltaten der neuen Verbindung erfreuen!" Zuversichtlich war man damals der Meinung, dass in naher Zukunft die Strecke zwischen Wien und München in 13 und bis Paris in 36 Stunden erreicht werden könne.

Für die damaligen geladenen Gäste sollte jedoch der Festtag noch lange dauern, denn von Salzburg nach München ging erneut um 15 Uhr der erste, um 16^{20} der zweite Festzug und um 16^{30} Uhr der Königszug mit dem Kaiser von Österreich und dem König von Bayern ab. Kaiserin Elisabeth traf übrigens abends von Possenhofen kommend und die Prinzessin Luitpold von der Villa Amsee aus mit dem Abendeilzug in München ein, wobei Königin Marie die Gäste in der königlichen Residenz erwartete. Am folgenden Tag gab es ein großes Fest im Glaspalast mit Tafeln und 600 Gedecken und am Abend eine Festvorstellung

Abb. 14 Franz Heinrich, Aufnahmsgebäude (Ausschnitt), Aquarell, 37,5 × 65 cm, um 1870

im königlichen Hoftheater. Das Schlusstableau stellte eine Gruppe der durch die neue Eisenbahn verbundenen Bevölkerung beider Reiche in ihren Trachten vor, in der Mitte einen Tiroler und einen Oberländer, sich die Hände reichend, dahinter in Verklärung und durch eine Regenbogen-Glorie verbunden die Münchner Frauentürme und den Stephansdom von Wien. Hierauf erfolgte die Aufführung der Oper „Oberon" von Carl Maria von Weber. Am 14. August fuhren die österreichischen Majestäten und Erzherzöge mit großer Suite mittels Extrabahnzuges nach Schloss Possenhofen, um bis zum 19. August dort zu verbleiben.

Im 19. Jahrhundert war es in den Hauptstädten und in den Kurorten üblich, die Namen der angekommenen Gäste und die Unterkunft in ihren Quartieren zu veröffentlichen, was heute in unserem Zusammenhang bereits interessante Einblicke ermöglicht. So publizierte die Salzburger Zeitung unter dem Titel „Salzburger Fremden-Verzeichniß vom 28. August 1860" auf zwei Seiten die Gästeliste aus 27 Salzburger Beherbergungsbetrieben, wie etwa: „Zu den drei Alliierten" (Getreidegasse/Hagenauerplatz – heute Parfümerie), „Zum goldenen Schiff" (Residenzplatz – heute Hypo) oder „Zum Erzherzog Karl" (Waagplatz 1), „Zum Goldenen Horn" (Getreidegasse 31), „Zum goldenen Löwen" (Getreidegasse 26, später Mödlhammer, jetzt McDonald's), wo dann Namen aufscheinen wie: „Herr Helmuth Freiherr von Moltke, General aus Berlin mit Gemahlin", „Seine Durchlaucht Fürst J. Fugger von Augsburg mit Dienerschaft", „Herr K. W. Plumptu aus England", „Frau

Louise Strohmayer, Kaufmannsgattin aus Wilhelmsburg in Niederösterreich mit Sohn", „Frau Emil Hautreserve aus Paris", „Herr Paul Maresch, Studierender der Theologie aus Pommern", „Herr Arnold Green, Student aus Amerika", „Fräulein Katharina Dornstadler, Kammerjungfer aus Wien", „Herr Basile Demtschenko, Professor aus Rußland".

Die einzelnen funktionalen architektonischen Teile des Bahnhofsgebäudes wurden 1860 nach den damaligen Bedürfnissen gestaltet, wie in diesem Buch an anderer Stelle entsprechend beschrieben ist. Eine konkrete bildliche Darstellung des Alltagsbetriebes mit Passagieren wäre weder in zeitgenössischer Grafik noch in späterer Zeit in der Fotografie, ja eigentlich bis weit ins 20. Jahrhundert nicht darstellungswürdig gewesen. Erst zunehmend bis in die Jetztzeit entwickelt, kommt eine neuartige voyeuristische Note hinzu. Anders war es seinerzeit mit den Spitzen der Politik, das heißt insbesondere mit den Vertretern und Mitgliedern der Herrscherhäuser und des hohen Adels, welche häufig – aus welchen Gründen auch immer – ein nachzuahmendes Vorbild ergaben und deshalb „darstellungswürdig" waren. Diesen Aspekt erzählen zwei Zeitschriftenillustrationen in den reichen Sammlungen des Salzburg Museums, welche die Ankunft und das Zusammentreffen des österreichischen und des französischen Kaiserpaares am 18. August 1867 am Salzburger Bahnhof wiedergeben.

Die eine Holzschnittillustration stammt von J. Schönberg aus einem deutschsprachigen Blatt (Abb. 12), die andere erschien in Frankreich und ist mit [Gustav] Lix und Delannoy signiert (Abb. 13). Das erste Blatt ist konkreter und detailgetreuer und zeigt den Empfang der Kaiserpaare auf den Stufen des am linken Rand gelegenen Hofpavillons der dreiflügeligen Anlage, während das andere unrealistisch den „Auszug" vom Mittelpavillon darstellt, zudem in werbemäßiger Collage Ansichten der Festung, des Domes und der Blick vom Mönchsberg hinzufügt. Es lohnt sich noch etwas beim Blatt von Schönberg zu verweilen, da es nicht unrealistisch die Augenblicksstimmung wiedergibt. Unter dem mit Fahnen und Girlanden geschmückten, verandaartigen Vorbau schreiten die Kaiserinnen Eugénie von Frankreich (1826–1920) und Elisabeth von Österreich (1837–1898), gefolgt von Kaiser Napoleon III. (1808–1873) und Kaiser Franz Josef I. (1830–1916) der sechsspännigen Kutsche mit Hofkutscher und fünf Jockeys unter Beteiligung der Prominenz und Bevölkerung zu. Ob die Darstellung der Nähe im gezeigten Sinne real war, kann man nicht sagen, sie war jedoch sicher näher als in späteren Zeiten. Jedenfalls standen bis in den Ersten Weltkrieg hinein die Spaliere des Militärs immer mit Blick zum festlichen Geschehen, während seitdem die Exekutive den Blick zumeist auf die Zuschauer von Großereignissen richtet. Die Chroniken berichten, dass die Majestäten am 20. August die Festung Hohensalzburg besuchten und am 21. August Hellbrunn und das Schlossrestaurant. Anwesend waren auch Exkönig Ludwig I. von Bayern sowie Don Carlos von Spanien, mit denen die Kaiserpaare im Monatsschlössl (dem heutigen Volkskundemuseum des Salzburg Museums) eine Jause einnahmen. Während des Aufenthaltes vom 18. bis 23. August diente die Alte Residenz in Salzburg als Wohnsitz. Das Treffen der Monarchen fand im Gefolge außenpolitischer Weltereignisse des Jahres 1867 statt. Das Parlament in Mexiko hatte 1861 beschlossen, für zwei Jahre keine Auslandsschulden mehr zurückzuzahlen. Frankreich zog gemäß Londoner Vertrag mit Truppen Großbritanniens und Spaniens in Mexiko ein, wobei beide Länder ihre Soldaten zurückzogen, als sie erkannten, dass das Ziel Frankreichs nicht nur die Rückzahlung der Kredite war, sondern vielmehr in einer Eroberung Mexikos bestand. Unter den Auspizien Frankreichs war zudem der Bruder Kaiser Franz Josefs, Erzherzog Maximilian (1832–1867), zwischen 1864 und 1867 als „Kaiser von Mexiko" eingesetzt gewesen. Die Franzosen hatten zwar 1866 das Land auf Druck der USA wieder verlassen, aber am 19. Juni 1867 führte eine französische Intervention zur kriegsrechtlichen Erschießung des Kaisers unter persönlicher Beaufsichtigung des mexikanischen Präsidenten von 1861 bis 1872, Benito Juarez (1806–1872). Im Österreichischen Kaiserreich hatte in diesem turbulenten Jahr am 8. Juni die Krönung Franz Josefs zum Ungarischen König in Pest-Ofen (Budapest) stattgefunden, einhergehend entstand die Doppelmonarchie Österreich-Ungarn, am 16. Oktober wurde das fortschrittliche neue Staatsgrundgesetz beschlossen und vom 23. Oktober bis 3. November besuchte Kaiser Franz Josef die Weltausstellung in Paris.

Die künstlerische Vedute als Bestandsaufnahme und als Fremdenverkehrswerbung

Zur Zeit der Eröffnung des Bahnhofs war das entsprechende künstlerisch-grafische Medium bei Seriendarstellungen der Stahlstich. Das ab 1862 in Salzburg in zunehmender Berühmtheit tätig gewordene fotografische Atelier von Gregor Baldi (1814–1878) und Karl Friedrich Würthle (1820–1902) stand an der Übergangszeit von Grafik und Fotografie. Baldi hatte mit seinem 1841 in Salzburg errichteten Galanteriewarengeschäft am Alten Markt Nr. 12 eine zweite Basis in der Herausgabe von grafischen Orts- und Landschaftsserien, wobei ihm in den späteren Jahren bereits der in Deutschland bzw. Triest lebende Würthle Stahlstiche lieferte. So erschienen auch einige Darstellungen des neu eröffneten Bahnhofs 1860 oder kurz danach. Verschiedene Fotografen stellten auch 1860 und danach Detailansichten der Außenarchitektur her, mehr konnte damals nicht geleistet werden, nicht zuletzt wegen der großen Länge des Bahnhofsgebäudes. Daher blieb noch einige Jahrzehnte die künstlerische Vedute als Gouache- oder Aquarellmalerei hoch im Ansehen. Ein entsprechendes Beispiel ist das 37,5 × 65 cm große Aquarell von Franz Heinrich, welches das Bahnhofsgebäude in seiner ganzen Ausdehnung von der Zugangsseite und die umgebende Gebirgskulisse aus der Zeit um 1870 zeigt (Abb. 14 und Seite 100) Die auf Fotos und dem Stadtplan von 1861 sichtbare durchgehende Rasenfläche mit den Wegen ist hier zwei runden Anlagen mit einem Blumenrondeau bzw. einem Springbrunnen gewichen. Noch tragen elegante städtische Damen ihre Krinolinenkleider. Der Künstler hat die Gebirge von Untersberg und dem Hohen Göll wohlwollend zentral in den Hintergrund gerückt und vor die ausgebreitete Kulisse des Mönchs- und Festungsberges mit dem Schlösschen Mönchstein und der Festung Hohensalzburg der Reihe nach die Sehenswürdigkeiten wie Schloss Mirabell, Edmundsburg, Universitätskirche, Dom und das Kapuzinerkloster hineinkomponiert. Die jeweils abseits liegenden Toiletten-Häuschen des Bahnhofs vor dem dahinter befindlichen und etwas überdimensionalen, bewaldeten Kapuzinerberg sind links ebenso zu erkennen wie rechts ein einfahrender Dampfzug. So ist in dem Blatt eine Dokumentation des baulichen Zustandes einer riesigen Anlage im Landhaus-Villenstil wiedergegeben, die ja damals noch im wahrsten Sinn in ein näheres und weiteres Umfeld der von Menschen respektierten Natur eingebettet war und trotzdem eine Idealvorstellung verkörperte, ein letztes Mal vor der unausweichlichen Wirklichkeit der Fotografie.

Ausgewählte weiterführende Literatur:

Franz Haselbeck, 150 Jahre Eisenbahn in Traunstein, in: Chiemgau-Blätter. Unterhaltungsbeilage zum Traunsteiner Tagblatt, Nr. 30, 24. Juli 2010, Traunstein 2010.

Andreas Kapeller, Hôtel de l'Europe. Salzburgs unvergessenes Grandhotel, Salzburg 1997 (Sonderband der Schriftenreihe des Stadtvereines Salzburg).

Robert Messner, Salzburg im Vormärz. Historisch-topographische Darstellung der Stadt Salzburg auf Grund der Katastralvermessung, Band 1, Wien 1990, Band 2, Wien 1992.

Gerhard Plasser, Ausgewählte Gebäude und Haustypen, Der Hauptbahnhof, in: Historischer Atlas der Stadt Salzburg, hrsg. Peter F. Kramml, Erich Marx und Thomas Weidenholzer (Schriftenreihe der Stadt Salzburg Nr. 11), Salzburg 1999, Blatt III,6.

Gerhard Plasser, Stadtteile und ehemalige Vororte Schallmoos und Itzling. Die alten Grundherrschaften, in: Historischer Atlas der Stadt Salzburg, hrsg. Peter F. Kramml, Erich Marx und Thomas Weidenholzer (Schriftenreihe der Stadt Salzburg Nr. 11), Salzburg 1999, Blatt III,8. Mit der Reproduktion einer Karte des Schall- und Itzlinger Moos aus 1785 und 1802.

Pressebericht, Die Feier der Eröffnung der Wien-Münchener Eisenbahnlinie, in: Salzburger Zeitung, Nr. 185, 13. August 1860 und Nr. 186, 14. August 1860.

Römer, Ueber Bahnhofs-Anlagen im südlichen Deutschland und in der Schweiz, in: Zeitschrift für Bauwesen, XV. Jahrgang, Berlin 1865, S. 64f.

Peter Schindler, Biographie Karl Freiherr von Schwarz (1817–1898), Unveröffentlichtes elektronisches Typoskript, 2. Auflage mit Nachtrag, Salzburg 2010, 117 und 40 Seiten.

Peter Schindler, Der Stadlhof in Salzburg, Itzling/Schallmoos. Über seine 300-jährige Geschichte und seine Bedeutung durch Karl Freiherr von Schwarz, Unveröffentlichtes elektronisches Typoskript, 2. Auflage mit Nachtrag, Salzburg 2010, 137 und 16 Seiten.

Unbekannt, Die Eröffnung der München-Wiener Eisenbahn (Zu dem Bild S. 9) Anhang zum Graphik-Blatt Inv. Nr. 12 300 im Salzburg Museum.

Vom Verein zur Hebung des Fremdenverkehres, Auflistung von 55 Beherbergungsbetrieben in: Salzburger Volksblatt, Nr. 170, 28. Juli 1908, S. 5f.

Die Gebäude des Mittelbahnsteigs und ihre historische Ausstattung

Jana Breuste

Die Bedeutung des Mittelbahnsteigs und seiner Bauten

Das Ensemble der Hochbauten auf dem Mittelbahnsteig des Salzburger Hauptbahnhofs mag wenigen als architektonisches Juwel in Erinnerung geblieben sein. Die 100-jährige Nutzungsgeschichte dieser Bauten des Grenzbahnhofs erforderte immer wieder Um- und Einbauten sowie Erweiterungen, welche eine inhomogene Struktur hervorbrachten und den Blick auf den historischen Kern der anspruchsvollen Gesamtanlage verstellten. Zusammen mit der sie überspannenden Stahlhalle standen aber auch diese Bauten seit 1998 unter Denkmalschutz, was jedoch bei dem vom Eigentümer ausgeschriebenen Wettbewerb nicht berücksichtigt worden war.

Ideen zur Erhaltung der Kernsubstanz des Mittelbahnsteigs gab es einige.[1] Zu einer konkreten Alternativplanung, welche die öffentlichen Interessen des Denkmalschutzes und der Verbesserung des öffentlichen Verkehrs gegeneinander hätte abwägen können, kam es jedoch nicht.[2] Am Ende eines langen Diskussionsprozesses zwischen Eigentümer, Planern und der Denkmalpflege, an dem auch die Öffentlichkeit regen Anteil nahm,[3] stand eine Kompromisslösung, die zwar den Erhalt der stählernen Hallenkonstruktion nach Translozierung ermöglichte, andererseits aber den völligen Abbruch der Hochbauten des Mittelperrons, der südlichen Querhalle und der westlichen Seitenhalle forderte.[4]

Grenzbahnhöfe[5] wie der von Salzburg mit Hochbauten für die Abwicklung von Zoll- und Grenzformalitäten sind häufig. Der Salzburger Hauptbahnhof aber war durch den Umbau 1907 bis 1909 von einem einfachen Durchgangsbahnhof, wie man ihn an der Kaiserin-Elisabeth-Westbahn oft vorfindet, in einen Verbundbahnhof umgewandelt worden – eine spezielle, erweiterte Form des Inselbahnhofs mit seitlichem Empfangsgebäude.[6] Bei dieser Bahnhofsform wurde ein Teil der Räumlichkeiten wie Vorhalle, Fahrkartenschalter und Gepäckaufgabe seitlich der Bahnsteige im Erdgeschoß untergebracht. Auf der Insel des Mittelbahnsteigs, in Salzburg lag diese erhöht, befanden sich dann die übrigen Räume für die Reisenden, wie Wartesäle und Restaurants. Ein solcher Verbundbahnhof konnte durch die Anlage von Kopfbahnsteigen an einer oder beiden Schmalseiten des Mittelperrons die Formen eines Durchgangs- und Kopfbahnhofs miteinander verbinden.[7]

Für Bahnhöfe mit lebhaftem Übergangsverkehr ergab sich aus der Anlage von solchen Verbundbahnhöfen der Vorteil, dass der umsteigende Reisende auf dem Mittelbahnsteig verkürzte Wege ohne Gleisüberschreitungen und Treppen vorfand. Gegenüber den großen, alles überspannenden Hallenbauten der Anfangszeit der Eisenbahn entstanden bei diesem Modell auch geringere Baukosten.[8] Bahnhöfe dieser Art hatten aber den Nachteil, dass sie nicht erweiterungsfähig waren. Wenn beide Durchgangsgleise, die sich rechts und links des Inselbahnsteigs entlangzogen, nicht mehr ausreichten, waren weitere Inselbahnsteige anzulegen. Dann verschwanden allerdings auch alle Vorzüge der Anlage. Zu längeren Distanzen kam dann die Unübersichtlichkeit der Wegeführung hinzu.

Im deutschsprachigen Raum wurden Bahnhöfe dieses Funktionsmusters am Ende des 19. Jahrhunderts häufig realisiert. Dazu gehörten Straßburg (1883), Hildesheim (1882), Düsseldorf (1890), Erfurt (1893) und Köln (1894). Bereits 1913 sprach man sich bei Neubauten allerdings nur mehr im Ausnahmefall für die Variante des Verbundbahnhofs aus.[9] Nur wenige der Bahnhöfe dieses Typs haben sich bis zum heutigen Tag gehalten. Straßburg und Köln sind früh unter Aufgabe des Mittelbahnsteigs umgebaut und sowohl Düsseldorf als auch Hildesheim nach Kriegszerstörung verändert worden.[10] Zumindest bis ins 21. Jahrhundert erhalten hatte sich der denkmalgeschützte[11] Bahnhof von Erfurt[12] (Abb. 1), dessen Empfangsgebäude am Inselbahnsteig allerdings 2003 wegen des ICE-gerechten Ausbaus[13] der Strecke abgerissen und durch eine Hallenüberdachung, durchgehende Gleise und unterirdische Verkaufsflächen ersetzt wurde. Das Ringen um den Erhalt verlief in ähnlicher Form wie in Salzburg,[14] wenngleich das Thüringische Landesamt für Denkmalpflege die Zustim-

Abb. 1 Der Erfurter Verbundbahnhof mit seitlichem Empfangsgebäude (Mitte) und dem Inselbahnsteig (oben rechts) vor dem Abriss, 2003, Blick Richtung Osten

mung zum Abbruch hier sofort erteilt hatte.[15] Paradoxerweise sind allerdings mittlerweile sogar wieder Kopfbahnsteige angelegt worden.[16]

In Österreich wurden nur drei Bahnhöfe mit einem bebauten Mittelbahnsteig ausgestattet: Einer davon liegt in der Steiermark (Selzthal), die zwei anderen lagen in Salzburg (Bischofshofen und Salzburg Hauptbahnhof). In Bischofshofen ist der Hochbau 2003 entfernt worden.[17] Der Selzthaler Bahnhof (Abb. 2) aus dem Jahr 1872 wurde 1914[18] durch Johann Granichstaedten zu einem Verbundbahnhof erweitert und besteht als einziger der drei bis heute. Granichstaedten entwarf auch die 1909 geschaffene Innenausgestaltung des Salzburger Empfangsgebäudes[19] und zeichnete vermutlich auch die Pläne für die Hochbauten auf dem Mittelbahnsteig.[20] Der sehr gut und in vielen Bereichen ursprünglich erhaltene Inselperron von Selzthal zeigt viele Ähnlichkeiten mit Salzburg: eine dreischiffige

Abb. 2   Der Selzthaler Verbundbahnhof, 1915, Blick Richtung Nordosten

Hallenkonstruktion, zwischen der sich das Hauptgebäude mit Restauration, Toiletten, Warte- und Diensträumen heraushebt, sowie anschließende Perrondächer.[21] Einzelne Pavillons wurden auch hier in Stahlfachwerkbauweise ausgeführt und in das Stützensystem eingestellt.[22] Zwar steht der Inselbahnsteig dieses letzten Beispiels eines Verbundbahnhofs in Österreich heute unter Denkmalschutz, nicht aber das seitliche Empfangsgebäude.[23]

Der Salzburger Hauptbahnhof war bis zum Abbruch des Mittelbahnsteigs das letzte gesicherte Beispiel eines für die Funktion des Grenzbahnhofs adaptierten Verbundbahnhofs im deutschsprachigen Raum. Es kam ihm daher „auch bei weiträumigerer Betrachtung, im europäischen Zusammenhang, besondere Bedeutung als Denkmal der Eisenbahngeschichte zu"[24].

Baugeschichte des Mittelbahnsteigs und seiner Gebäude

Mit der Projektierung der Erweiterung des Salzburger Hauptbahnhofs um einen Mittelbahnsteig[25] wurde bereits 1898 begonnen.[26] Der Umbau selbst erfolgte dann von 1907 bis 1909,[27] wobei die Gebäude zeitlich gestaffelt der Benützung zugeführt werden konnten.[28]

Die Durchführung der Projektionsarbeiten oblag der k. k. Staatsbahndirektion Innsbruck[29] unter persönlicher Einflussnahme von Staatsbahndirektor Hofrat von Drathschmidt, mit der lokalen Bauführung und Bauaufsicht war Architekt Inspektor Ladislaus von Diószeghy betraut. Die grundlegenden Entwürfe der neuen Bahnhofsanlage sowie die Detailpläne der eisernen Hallendächer wurden von den Fachtechnikern des Eisenbahnministeriums verfasst, vermutlich vor allem von Johann Granichstaedten.[30]

Statt der beengten und verwirrenden Organisation[31] des Stationsgebäudes von 1860 mit den Dienststellen der bayerischen Maximiliansbahn und der Kaiserin-Elisabeth-Bahn, sowie der Post und des Zolls Tür an Tür erhielt die bayerische Staatsbahn nun auf dem Mittelperron einen eigenen Bereich. Dieser beinhaltete Zungenbahnsteige und eine über deren Zugang gelegene Querhalle im Süden[32], eine Zollrevisionshalle[33] und ein anschließendes einstöckiges, gemauertes Gebäude für Fahrdienstleitung, Gepäckdepot und -kassa sowie Zollbüros im Südwesten (Abb. 3). Die Anordnung der Gebäude wurde südöstlich für die österreichische Zollrevision gespiegelt und mit einem, die Symmetrie störenden östlichen Anbau versehen. Der gesamte Bereich war durch eine Zollbarriere vom übrigen nördlichen Mittelbahnsteigsbereich separiert.[34] Zwischen den beiden Zollrevisionshallen führte der Abgang zum bayerischen Personentunnel, dem südlichsten von drei, hinunter.[35]

Das prägnante Mittelgebäude[36] wurde im Norden und Süden durch zwei unterschiedlich lange Hallen[37] von je 25 Meter Stützenweite und niedrigere Seitenhallen im Osten und Westen eingefasst. Nördlich schlossen auch hier

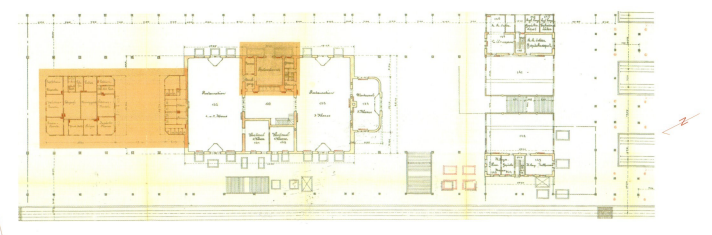

Abb. 3 Der Grundriss des Mittelbahnsteigs von Salzburg im Bahngeschoß, 1907

Kopfbahnsteige mit Verdachungen an. Großzügige Ober- und Seitenlichtverglasungen gaben den Hallen das erforderliche Licht (Abb. 5, 11).[38] Die südliche bayerische Halle war bis auf den hineinragenden Anbau des Wartesaals III. Klasse[39] mit den in die einspringenden Ecken eingestellten Kiosken (Abb. 8) als freier Großraum ohne Einbauten konzipiert. Unter die nördliche, österreichische Halle schoben sich dagegen ein nördlich am Mittelgebäude angelagerter Toilettenanbau[40] und ein frei eingestellter, eingeschoßiger Pavillon mit Räumlichkeiten für Verkehrszwecke (Zugführer, Portiere, Träger, Telegrafenbüro, Kassen und Post). Auch ein Friseur war hier vorhanden.[41] Zollrevisionshallen, Verkehrspavillon sowie Abortanbau wurden als Eisenfachwerk mit Kunststein- bzw. Beton-Plattenfüllungen[42] (Abb. 4) nach dem Vorbild von Otto Wagner ausgeführt.[43]

Das unterkellerte Mittelgebäude aus Ziegelmauerwerk war im mittleren Bereich dreigeschoßig mit vier Fensterachsen ausgeführt und wurde von einem Zeltdach mit aufgesetzter pyramidaler Firstlaterne abgeschlossen. In diesem Gebäudetrakt waren im Erdgeschoß im westlichen Bereich die miteinander verbundenen Warteräume II. bzw. I. Klasse[44] angeordnet und im östlichen Bereich ein Speisezimmer.[45] Letzteres war nach Norden durch einen kleinen Reserveraum und einen Durchgang sowie nach Süden durch Toiletten von den Restaurationssälen getrennt. Diese außen liegenden Räume, jeweils mit Zugängen vom Bahnsteig ausgestattet, waren durch eine größere Halle im Mittelteil des Traktes voneinander getrennt. Sie nahm eiserne Treppen und Aufzüge zum Obergeschoß auf, diente als Anrichte für die anschließenden Restaurationssäle und er-

hielt durch die aufgesetzte Laterne eine gute Belüftung.[46] Die Dachkonstruktion des Mittelteils war durch seitlich hochgezogene Blendmauern mit sezessionistischem Kreismotivdekor und Geländer zum Teil nicht sichtbar (Abb. 5). Vorratsräume und die Küche, deren Anrichteraum durch vier Aufzüge mit den Speisesälen in Verbindung stand,[47] befanden sich im 1. Obergeschoß.[48] Wohnräume für die Bediensteten der Restauration und die Geschäftsstube für den Restaurateur waren im 2. Obergeschoß angeordnet.[49] Im Keller waren Vorratsräume und die Heizzentrale untergebracht.

Beidseitig anschließend in diesem Mittelteil gab es zweigeschoßige, drei Fensterachsen breite Seitenflügel mit sehr flachen Satteldächern. Im Nordflügel befand sich die Restauration I. und II. Klasse, im Südflügel die Restauration III. Klasse mit denselben Maßen und wie diese die ganze Höhe der beiden Geschoße einnehmend. Direktes Seitenlicht erhielten die Restaurationen durch die Fenster oberhalb der Seitenhallen und indirektes Licht über die Fenster darunter.[50]

Unter der östlichen und womöglich auch der westlichen Seitenhalle hatten die auch für Nichtreisende offenen Restaurationen[51] Gastgärten, in denen man auf von Josef Hoffmann für das Wiener Kabarett „Fledermaus" entworfenen Stühlen sitzen konnte (Abb. 6).[52] Die Begrenzungen bildeten Blumentröge, welche Quadratgitter nach dem Vorbild der Wiener Werkstätte aufwiesen. Interessant ist die Ähnlichkeit der Trogaufhängungen mit den Geländern, die sich bis zum Abbruch an den Treppen auf den Mittelbahnsteig erhalten hatten (Abb. 7).[53]

Abb. 4   Der Verkehrspavillon und der Toilettenanbau in Eisenfachwerk (links) am Mittelbahnsteig Salzburg während der Erbauungszeit, 1908, Blick Richtung Südosten

Die Fassade des dynamisch ausschwingenden Anbaus des Wartesaals III. Klasse mit den abgerundeten Ecken wie auch die des ganzen Restaurationsgebäudes zeigte eine Verkleidung der Sockelzone mit Platten von Untersberger Neubruchmarmor.[54] Diese wurden wie bei der Wiener Postsparkasse (1904–1906) oder der Kirche am Steinhof (1904–1907) als nur scheinbar funktionelles Schmuckelement verwendet (Abb. 8). Ein Zeitgenosse schwärmt davon: „Von außen begrüßt den Wiener die Otto Wagnersche Fassade der Postsparkasse, die gleichen Marmorplatten und die gleiche Art, sie mit Aluminiumstiften zu befestigen"[55]. Am Mittelrisalit präsentierte der Anbau die Wappen der Stadt und des Landes Salzburg sowie das Symbol des geflügelten Rades für die Eisenbahn.[56] Dieses Symbol ist auch an der nördlichen Schürze der österreichischen Stahlhalle, am oberen Abschluss der Wandfelder seitlich der Fenster in der Empfangshalle und an den Lampenaufhängungen an deren Fassade zum Südtiroler Platz anzutreffen.[57]

In den Folgejahren wurde das Ensemble des Mittelbahnsteigs allen Verkehrsaufgaben gerecht. Bis zum Zweiten Weltkrieg erfolgte keine Bautätigkeit.[58] Dann allerdings kamen große Veränderungen, denn die Zerstörung der Gleisanlagen am Salzburger Hauptbahnhof wurde zum Hauptziel der 15 Bombenangriffe der Alliierten auf die Stadt Salzburg. Schon beim zweiten Bombenangriff am 11. November 1944 wurden auf den Bahnanlagen 70 Bombeneinschläge gezählt. Vor allem aber der dritte Bombenangriff am 17. November 1944 beschädigte den Mittelbahnsteig schwer, besonders die Restaurationssäle und den Sonderspeiseraum (Abb. 9).[59] Erich Marx spricht auch davon, dass die Wartehalle und die Fahrdienstleitung Ost schwer beschädigt worden seien.[60]

Der Wiederaufbau von 1945 bis 1950 erfolgte unter Leitung des Architekten Anton Wilhelm und auf Grundlage der Pläne des Jugendstils, die mit Änderungen wiederhergestellt wurden. Im nördlichen Flügel des Restaurations-

Abb. 5   Gesamtansicht des Mittelbahnsteigs, wohl um 1910, Blick Richtung Südwesten

Abb. 6   Blick Richtung Südwesten unter die östliche Seitenhalle in die Gastgärten der Restaurationen, um 1909

Abb. 7   Geländer am Aufstieg aus dem österreichischen Tunnel auf den Mittelbahnsteig, 2009

184 *Die Gebäude des Mittelbahnsteigs und ihre historische Ausstattung*

Abb. 8   Der Anbau des Wartesaals III. Klasse und die östliche Seitenhalle, 1909, Blick Richtung Norden

Abb. 9   Der Wiederaufbau am teilweise zerstörten Restaurationsgebäude, um 1945, Blickrichtung vermutlich Südwesten

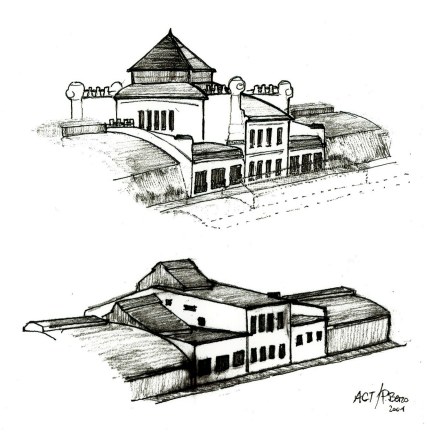

Abb. 10   Vergleich der Dachkonstruktionen von 1909 und 1949

gebäudes wurde die Zweigeschoßigkeit der Restauration I. und II. Klasse zugunsten eines Obergeschoßes mit Personalschlafräumen um einen Lichthof aufgegeben. Der Raum wurde aber sonst in den alten Abmessungen und mit den alten Öffnungen wieder als Restaurant eingerichtet und am 18. Februar 1949 wiedereröffnet. Wegen der Wandtäfelungen aus Adneter Korallenmarmor ging er als „Marmorsaal" in den Sprachgebrauch der Bevölkerung ein.

Im Mitteltrakt hat Anton Wilhelm die Küche ins Erdgeschoß an die Stelle der Warteräume I. und II. Klasse verlegt. Die Konstruktion der Satteldächer über Nordflügel und Mitteltrakt wurde als Holzfachwerkkonstruktion mit hohen Oberlichten in Satteldachform ausgeführt (Abb. 10). Im südlichen Teil blieb das Dach auf Stahlfachwerkbindern erhalten.[61]

Die Windfänge der Restaurationssäle sind halbkreisförmig nach außen gelegt worden. Unter der nördlichen Halle wurde die Fläche durch ein wesentlich vergrößertes eingeschoßiges Betriebsgebäude mit Atrium und Räumen für Fahrdienstleitung und Angestellte sowie einen kleinen Warteraum weitgehend verstellt. Dieses Gebäude reichte zudem auch noch sehr nah an den innen neu organisierten und verbreiterten Toilettenanbau des Restaurationsgebäudes heran.[62]

Im Bereich der Restauration III. Klasse wurde eine Zwischendecke eingezogen, das Obergeschoß blieb aber bis auf die Rohrleitungen der Belüftungsanlage bis zuletzt ungenutzt. Beim Wartesaal III. Klasse an der Südfassade wurden die hölzernen Geschäftsvorbauten umgestaltet[63] und hielten nun Flächen für Kioske, Zimmervermittlung und Bahnhofsmission bereit.[64] Dem Eingang zum Wartesaal III. Klasse war schon damals ein weiteres Außenbuffet vorgeblendet worden.[65] Durch das Einziehen von Zwischenwänden wurden die Räume der Zollrevisionshallen im nördlichen Teil verkleinert und dafür südlich erweitert. Die kleinteiligen Räume im Norden boten nun Platz für Trafik, Blumengeschäft, Geldwechsel, Stehbuffet und Buchladen. Von den beiden gleichartigen gemauerten Zollgebäuden ist nach der Beseitigung der östlichen Seitenhalle[66] nur das westseitige bayerische erhalten geblieben.

Im Lauf der Jahre wurden die Gebäude des Bahnhofs immer wieder den Bedürfnissen der Reisenden und der Betreiber angepasst. Dabei kam es, besonders in den Frei- und Innenräumen des Mittelbahnsteigs, durch Anbringung von Automaten und Reklametafeln sowie diverser Ein- und Umbauten zu einem Verlust der Aufenthaltsqualitäten dieser großzügigen Strukturen. Vor allem der Bereich des Wartesaals III. Klasse wurde vollständig verbaut und offenbarte zuletzt nur mehr dem aufmerksamen Betrachter seine historischen Details. Den Bereich davor verstellte man in Ermangelung von geschützten Wartesälen mit Sitzbänken (Abb. 11).[67] Auch der Toilettenanbau im Norden wurde neu organisiert und nochmals Richtung Nordosten erweitert, wodurch sich der Raum bis zum Betriebsgebäude abermals verringerte.[68] Hinzu kam noch der Anstrich der Konstruktionselemente der Hallen in knalligen Farben. In diese Zeit fallen auch die Renovierung und die Umfärbelung in bräunlichen Tönen unter Leitung des Architekten Schupitta (1977 bis 1978).[69] Ein weiterer Eingriff betraf das Ersetzen des historischen hellen Klinkerbelags durch einfachen Asphalt.[70] In den 1980er-Jahren gab es sogar Pläne für eine Vergrößerung des Bahnhofs, die eine völlige Umgestaltung und damit auch den Abriss des Mittelbahnsteigs beinhalteten.[71] Die zahlreichen Eingriffe blieben unbeachtet.[72]

Trotz oder gerade wegen dieser Modernisierungsmaßnahmen und der damit einhergehenden unglaublichen Verwahrlosung und Banalität war der räumlich differenzierte Reiz des Mittelbahnsteigs nur mehr mit großer Anstrengung spürbar.[73] Es verwundert daher nicht, dass der Wunsch nach Abhilfe in der Bevölkerung und der Politik sehr groß war. Im November 2009 begann – 100 Jahre nach seiner Errichtung – der Abbruch des Mittelbahnsteigs,[74] dem die Bergung und Einlagerung der Kunstgegenstände der beiden Säle vorangig.[75] Auch die Wandverkleidung des Marmorsaals wurde abgenommen. Sie wurde nach dem Abbruch 2009 von den ÖBB im Lok-

Abb. 11   Der Zustand des Anbaus des ehemaligen Wartesaals III. Klasse, 2007, Blick Richtung Norden

schuppen des Bahnhofs von Bischofshofen eingelagert und steht zum Verkauf.[76]

Trotz der Verlagerung eines Teils des touristischen Verkehrs auf die Straße und in die Luft bildet der Bahnhof als Knotenpunkt des lokalen Verkehrs noch immer einen „Empfangssalon" für Salzburg. Die erhaltene, versetzte Stahlhalle mit ihren zwei neuen Bahnsteigen wartet nun mit einer großräumlichen Geste und je zwei gläsernen Kabinen zum Unterstellen auf. Das geschützte Warten und Speisen wird in der tiefer liegenden Passage stattfinden. Mit der geplanten Positionierung des unterirdischen Wartesaals wird ein Vorbild von 1909, nämlich jener für die Arbeiter, wieder aufgegriffen.[77]

Die Ausstattung des Restaurationsgebäudes im Jugendstil

Mit der Umgestaltung des Salzburger Bahnhofs 1907 bis 1909 kam es auch zu einer dem Zeitgeschmack entsprechenden Innenausstattung im Stil der Secession bzw. des Jugendstils. Die beiden großen Restaurationen und der Wartesaal III. Klasse sind nach den Entwürfen des Architekten Heinrich Kathrein vom Gewerbeförderungsamt[78] in Wien ausgeführt worden.[79] Die Firma Schönthaler & Söhne und die Gebrüder Colli schufen die übrigen Räume.

Fünf renommierte Firmen wurden zu dem beschränkten Wettbewerb für die Ausgestaltung eingeladen.[80] Nachträglich kam durch Intervention[81] die Salzburger Tischlergenossenschaft hinzu, welche den größten Auftrag mit einem von Heinrich Kathrein ausgearbeiteten Projekt erhielt. Die Angebote der berühmten Gegenstreiter wurden, weil unzureichend oder zu teuer, abgelehnt. Kathrein arbeitete daraufhin ein einheitliches Detailprojekt für die beiden Restaurationssäle und den Wartesaal III. Klasse aus. Nach diesen Plänen führte die Salzburger Tischlerinnung (hier namentlich Julius Kasinger und Paul Machauer)[82] die innere Ausstattung aus. Für die Einrichtung der Wartesäle I. und II. Klasse waren die Gebrüder Colli aus Innsbruck und für den Sonderraum die Firma Schönthaler & Söhne jeweils nach eigenen Plänen verantwortlich. Hilde Exner wurde für die Bildhauerarbeiten herangezogen.[83]

Über den Architekten Heinrich Kathrein (1878–1942) ist leider nur wenig bekannt. Nach Absolvierung der Fachschule für Holzbearbeitung in Bozen und der Kunstgewerblichen Abteilung der Staatsgewerbeschule in Innsbruck ging er einer fast zehnjährigen praktischen Betätigung bei einer Wiener Tischlerfirma nach.[84] Im Jahr 1904 trat er in den staatlichen Gewerbeförderungsdienst ein, in welchem ihm die Leitung des Musterbetriebes für Tischler übertragen wurde. Kathrein arbeitete sich vom Hauptlehrer des k. k. Handels-Ministeriums (1908) hoch zum Inspektor am Gewerbeförderungsamt (seit 1912).[85] Ab 1914 war er nachweislich in Wien ansässig und zwischen 1924 und 1927 hielt er sich in München auf.[86] Kathrein war mit Josef Hoffmann bekannt, aber kein Schüler von ihm,[87] und, im Gegensatz zu Diószeghy und Granichstaedten, Mitglied des Deutschen Werkbundes.[88] Sogar auf der Werkbundausstellung 1914 in Köln war Kathrein vertreten, denn er gestaltete dort zusammen mit Arnold Nechansky den Ausstellungsraum des Gewerbeförderungsamtes.[89]

Wartesäle hatten eine Kernfunktion auf jedem Bahnhof, da es – im Gegensatz zu heute – lange Wartezeiten zwischen den einzelnen Zugfahrten gab. Bei größeren Bahnhöfen wurden Wartesäle entsprechend der drei Wagenklassen geschaffen, und diese Trennung dann auch in den Restaurationsräumen, zumindest aber zwischen den beiden oberen Klassen und der III. Klasse, durchgeführt.[90] Die Separierung der Klassen wurde allerdings nicht mehr über die gesellschaftliche Herkunft bzw. Abstammung definiert, sondern indirekt über den Fahrpreis. Ein Billett I. Klasse berechtigte zur Nutzung eines eleganten Zugabteils und zum Aufenthalt in exklusiven Bereichen des Bahnhofs – ähnlich einem First-Class-Ticket heute.[91]

Den Wartesaal I. Klasse gestalteten die Gebrüder Colli mit einer Lambris[92] von einem Meter Höhe in Kirschholz und schwarzem, matt poliertem Rahmenwerk, welches quadratische Teilungen ergab (Abb. 12). Die Spannrahmen der Wände oberhalb waren mit englischem, grauem, halbseidenem Stoff[93] bespannt, über welchem Bromsilberbilder[94] mit Gebirgsmotiven und Beschriftungen in Aluminiumrahmen abgehängt waren. Der Boden war mit Linoleum-Platten einer Triester Fabrik belegt. Der Raum zeigte sich nicht nur durch die Materialien (Holz, Metall, Stoff), sondern auch mittels der immer wiederkehrenden Motive des Quadrats, der Raute und des Ovals künstlerisch durchgestaltet. Das Motiv des Quadrats fand sich in den Bildern, bei der Leuchte, den Sesseln, der Wandvertäfelung und der Heizkörperverkleidung – und sogar der Grundriss des Raumes war quadratisch.

Im Wartesaal II. Klasse (Abb. 13), ebenfalls von den Gebrüdern Colli aus Innsbruck geplant, fand sich wieder eine Wandverkleidung gleicher Höhe mit mehrfach gekehlten hochgestellten Rechtecken aus schwarz gebeiztem Eichenholz mit ausgeriebenen Poren. Darüber war ein Stofffries von 70 Zentimeter Breite angeschlossen, auf dem abermals Fotografien mit Gebirgsmotiven hingen. Auch den Boden belegte man wieder mit Linoleum. Die hier etwas klobiger ausgeführten Sessel waren mit Füßen aus Metallkugeln ausgestattet. Den Raum dominierten abermals geometrische Motive, wie Rechteck, Quadrat, Kreis bzw. Kugel, Oval und geschweifte Raute.[95]

Wesentlich einfacher und populärer gehalten war die Gestaltung des Wartesaals III. Klasse von Heinrich Kathrein (Abb. 14). Hier fand man eine 2,10 Meter hohe Wandverkleidung mit eingebauten Sitzbänken und eingespannten Fahrplänen sowie Auflagebrettern, über denen die Lambris in Wellenlinien abschloss. Darüber, auf den weiß getünchten Wänden, wechselten sich, innerhalb durch Friesrahmungen abgeteilter Flächen, im unteren Bereich Majolikateller mit Rehbockgeweihen ab. An der Stirnseite eines Vorsprungs war ein geschweiftes Rautenmotiv mit Kreisen und Ovalen in eine dieser Flächen eingepasst. Die Bemalung mit zarter und schwungvoller Linienornamentik entsprach derer des Saals der Wiener Werkstätte von Josef Hoffmann auf der Kunstschau 1908 (Abb. 17). Diesem Vorbild folgte Kathrein aber noch deutlicher in der

Abb. 12 Wartesaal I. Klasse, 1909, Blick Richtung Südosten

Restauration I. und II. Klasse. Die Übergänge zum Plafond waren gekehlt und die Möblierung mit teils gedrechselten Beinen und gewellten Abschlüssen griff bäuerliches Formengut auf. Wiederum mit Linoleum belegt zeigte sich der Boden. Die Heizungen blieben unverkleidet. Die Fenster bestanden wie auch der innen liegende Windfang aus Eichenholz, naturfarbig poliert und mit Aluminiumbeschlägen versehen.[96]

Für Arbeiter und Auswanderertransporte bestanden normalerweise einfache, aber modern ausgestattete Sonderwartesäle IV. Klasse.[97] Am Ende des österreichischen Mitteltunnels lag ein solcher neben der Treppe im südlichen Untergrund.[98] Die Aborte waren westlich am Beginn des Tunnels situiert.[99]

Trotz der Einführung des Speisewagens ab den 1880er-Jahren war die Restauration ein Muss auf jedem größeren Bahnhof und oft auch beliebter Aufenthaltsort von Nichtreisenden. Es gab aber meist auch eine direkte Verköstigung an den Perrons, wo aus Holzkarren Speisen und Getränke direkt durch das Zugfenster gereicht wurden.[100]

Erster Restaurateur des Mittelbahnsteigs von Salzburg war Johann Kratochwill, der 1924 von Anton Pfletschinger

Abb. 13 Wartesaal II. Klasse, 1909, Blick Richtung Südosten

abgelöst wurde.[101] Walter Pfletschinger trat 1949 mit der Wiedereröffnung die Nachfolge seines Vaters an. Seit 1960 gehörte die Lokalität der Internationalen Schlafwagengesellschaft, später folgte Johann Teuschl als Leiter des Restaurants mit dem Namen „Quo Vadis", den es bis zum Abbruch trug.[102]

In der Restauration I. und II. Klasse (Abb. 15) waren die Wände bis in circa 2,8 Meter Höhe mit schwarzem Rahmenwerk und Eichenholzfüllungen in Räuchertechnik und Mattglanz verkleidet. In diese waren kurze, mit blauem Mokett[103] bespannte Bänke eingebaut, oberhalb welcher sich hochformatige Gummidrucke[104] mit Salzburger Gebirgsmotiven befanden. Über der Anrichte zeigte ein solches Foto zum Beispiel den Grünsee im Stubachtal (Abb. 16). Die Vertäfelungen wiesen schmale, hochrechteckige Felder mit Dreiecksmotiven am oberen Rand auf. Weiters waren weiße Stuckelemente mit Oval-, Vierpass-, Schnecken- und Rautenmotiven in die Lambris eingelassen. Letztere sind auch an den metallenen Heizkörperverkleidungen in den Ecken des Saals auszumachen.

Oberhalb der Verkleidung schloss sich ein 1,2 Meter hoher, gemalter Fries an, in dem sich Felder mit Rauten

Abb. 14 Wartesaal III. Klasse, 1909, Blick Richtung Nordosten

Abb. 16 Detail aus der Restauration I. u. II. Klasse, 1909, Blick Richtung Südwesten

Abb. 15 Restauration I. u. II. Klasse, 1909, Blick Richtung Südwesten

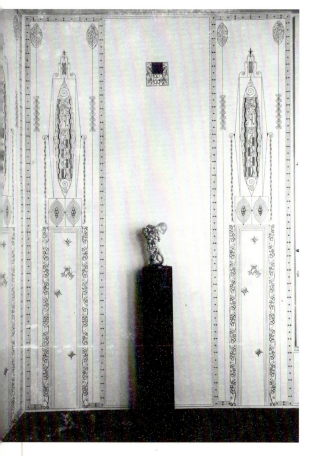

Abb. 17   Wanddekoration im Saal der Wiener Werkstätte von Josef Hoffmann auf der Kunstschau 1908

Abb. 18   Restauration I. u. II. Klasse, 1909, Blick Richtung Nordwesten

und Hochrechtecken mit geschweiften Rautenmotiven abwechselten. Diese Felder waren vergleichbar mit denen des Saals der Wiener Werkstätte von Josef Hoffmann auf der Kunstschau 1908[105] (Abb. 17). Demselben Vorbild, nur reduzierter, folgten die Malereien im Wartesaal III. Klasse. Die zarte Linienornamentik Kathreins war kleinteilig mit je einem farnartigen Gebilde ausgeformt, welches mit einem Schachbrettmuster hinterlegt wurde. Darüber setzten Stucklisenen mit Ovalen an, die sich bis in den Plafond fortsetzten. In die dazwischen befindlichen Felder der Längswände wurden leere Stuckrahmungen eingefügt. Die Decke zeigte eine Kassettenteilung und fünf metallene Luster mit Rautenmotiven, ebenfalls nach einem Vorbild aus der Wiener Werkstätte.[106] In Form von auf den Kopf gestellten, lang gezogenen Stufenpyramiden wuchsen sie aus Hohlkehlen heraus und endeten in runden Lampenschirmen aus Stoff (Abb. 18).

An der nördlichen Längsseite des Saals befand sich ein Wandbrunnen mit Marmorumrandung[107] anstelle einer Blindtür.[108] Oberhalb desselben war die Marmorbüste des Kaisers angebracht.[109] An der gegenüberliegenden südlichen Seite befand sich ein großes Buffet, in einer Korbbogenlinie gelöst und mit dem Lambris in der Höheneinteilung übereingestimmt. Wie bei den beiden polygonalen Windfängen war auch hier eine geschweifte Rautenmotivik in der Verglasung vorzufinden. Die Sessel waren schwarz, mit blauem Bockleder bespannt, und jeder der Tische hatte eine elektrische Stehlampe. Diese Lampen mit rundem Textilschirm sowie die Pflanzkörbe auf den Kleiderständern[110] waren den typischen Metallarbeiten mit

Abb. 19 Restauration III. Klasse, 1909, Blick Richtung Nordosten

Quadrat-Durchbrüchen von Josef Hoffmann sehr ähnlich. Solche Würfelstanzungen waren bei Inneneinrichtungsfirmen weit verbreitet.[111] Ein Zeitgenosse bemerkt: „[…] in der Innenarchitektur ist die ‚Wiener Werkstätte' unverkennbar. Tatsächlich scheint sie mit der ganzen Sache gar nichts zu tun zu haben. Und Hoffmann weiß vielleicht gar nicht, daß seine Stühle und Blumenbehälter auf dem Salzburger Bahnhof stehen! Selbst Teller und Kaffeeschalen dieses Restaurants tragen die charakteristische Marke der Werkstätten […]."[112]

Die Restauration III. Klasse (Abb. 19) entsprach in ihrer volkstümlich-bäuerlichen Gestaltung mit Jagd- und Gebirgsemblemen der des Wartesaals gleicher Klasse. Sie besaß eine circa 3,5 Meter hohe Lambris aus Lärchenholz, deren gestürzte Furniere sich zu Rauten ordneten. Darin eingelassen waren auf der Nordwand vermutlich vier Gemälde von ausgeprägtem Querformat, die gleichsam einen oberen Abschlussfries bildeten.[113] Die Bilder waren in Temperamalerei ausgeführt und stellten Salzburger Landschaften dar.[114] Unmittelbar oberhalb der hölzernen Verkleidung war ein Fries aus Bauernmajolikatellern und je fünf Rehbockgeweihen und auf halber Höhe ein Fries von großen geschnitzten Hirschköpfen mit Geweihen und Festons angeordnet. Die Wandfläche wurde zur einen Hälfte in glattem Stuck, zur anderen in Quetschputz von grober Textur ausgeführt. Letzterer setzte sich in der Decke fort, die sich korbbogenförmig aufwölbte. Dieser Linie folgte auch die Wandverkleidung hinter dem großen Buffet, wel-

Abb. 20 Detail aus der Restauration III. Klasse, 1909, Blick Richtung Süden

ches vor dem Durchgang zum Mitteltrakt stand. An dieser Wand gab es östlich noch zwei Türen zu den Toiletten.

Die Tische und Stühle mit gedrechselten Beinen und Kreismotiven bestanden aus Lärchenholz und entsprachen im Wesentlichen denen des Wartesaals III. Klasse. Die südliche Längswand war nicht symmetrisch gestaltet. Etwas aus der Mitte versetzt befand sich die Tür zum Wartesaal III. Klasse, und der Fries aus Geweihen und Tellern war hier durch korbbogenförmige, dunklere Metallarbeiten mit zarten Linien unterbrochen.[115] Vermutlich zwei Gemälde östlich und drei oder sogar vier Gemälde westlich waren in die Wandverkleidung eingelassen. Über dem kunstvollen Gitter einer verkleideten Heizung mit Rauten, Farn- und Hochrechteckmotiven, um den sich die Sitzbank zog, befand sich ein Gemälde von Carl Huck (Abb. 20).[116] Es zeigte einen Adler mit ausgebreiteten Flügeln vor einer Gebirgslandschaft. Das linke der beiden auf dem Foto seitlich angeschnittenen Gemälde mit pointilistischer Pinseltechnik zeigte die Kletterwand von Mühlbach am Hochkönig und war von Hugo Baar signiert.[117] Das rechte Gemälde von demselben Künstler und ein weiteres aus diesem Raum mit identen Maßen haben sich bis heute erhalten. Die Beleuchtungskörper[118] waren in Form einer doppelten, geschweiften Raute gestaltet.

Der Sonderspeiseraum, welcher durch die Firma Schönthaler & Sohn ausgestattet worden war und leider nicht fotografisch überliefert ist, wies eine circa zwei Meter hohe, elfenbeinfarben lackierte Lambris auf. Die Wände waren tapeziert und die Möbel aus poliertem Kirschholz mit Nussholz-Profilen hergestellt. Die in Stuck ausgeführte Decke trug einen großen Bronzeluster.[119] Weiters befand sich hier ein Kaiserbild, eine im Verlag der k. k. Hof- und Staatsdruckerei erschienene Original-Radierung von William Unger.[120]

Für das hygienische Wohlbefinden der Reisenden wurde ebenso erstklassig gesorgt. Es waren komfortable Bäder und Waschgelegenheiten, ferner Rasier- und Frisierstuben eingerichtet worden.[121] Die Fußböden hatte man als fugenlose Holzsteinböden ausgeführt, die daher leicht zu reinigen waren.[122]

Wie durch die Beschreibungen der Warte- und Restaurationssäle sowie den Artikel über die Fliesenbilder der Empfangshalle (siehe Seite 220) deutlich wird, besaß der Salzburger Hauptbahnhof ein ikonografisches Programm von Salzburger Landschaften als Mittel der Tourismuswerbung. Bereits 1860 wurde dieses Konzept mit den Ölgemälden von Leopold Heinrich Vöscher (1830–1877)[123] für die Wartesäle begonnen, um die Reisenden auf die reizvollen Landschaften des Landes Salzburg einzustimmen oder sie daran zu erinnern. Eine Komponente dieses Programms mag die Eroberung der Natur und der landschaftlichen Schönheit durch die neue Tauernbahn[124] gewesen sein, die 1909 für jedermann „er-fahrbar" wurde. Die tatsächliche Umgebung leistete auch einen Beitrag zum Konzept: Der im Gelände einer Wiesen- und Parklandschaft am Stadtrand gelegene Mittelbahnsteig konnte damals noch mit einer ungehinderten Aussicht auf die Kulisse des Untersbergs aufwarten (Abb. 21). Das Panorama aus dem Jahr 1916 von Franz Kulstrunk im Sitzungssaal des Salzburger Rathauses vermag noch einen Eindruck davon zu vermitteln.

Unter den Zeitgenossen hat der Mittelbahnsteig großes Lob hervorgerufen.[125] Bedeutende Kunstkritiker der Zeit schätzten die hier verwendeten Formen der Secession gegenüber den bis dahin üblichen historischen Gestaltungen als stilvoll nüchtern und gleichzeitig luxuriös.[126] Unter den Befürwortern war auch Joseph August Lux[127], welcher bemerkte: „Dieses 20. Jahrhundert empfängt uns am Bahnhof mit jener modernen, sachlichen Höflichkeit, die zwar keine Ansprachen hält, die uns aber dafür umso nachdrücklicher um alle praktischen Bedürfnisse befragt und sie auf das komfortabelste zu erfüllen sucht."[128]

Abb. 21 Das landschaftliche Umfeld des Mittelbahnsteigs, 1922, Blick Richtung Süden

Abb. 22 Der Wilhelm-Exner-Saal in Wien, 1999

Negative zeitgenössische Kritik hatte es naturgemäß auch gegeben. Bemängelt wurde vor allem die durch die Gebäude verringerte Fläche des kaum entwicklungsfähigen Perrons, der überdies eine mangelhafte Übersichtlichkeit und fehlende Ausblicke auf Salzburg aufweise.[129]

Neben dem Salzburger Mittelbahnsteig, der nur mehr über historische Fotografien greifbar ist, hat sich ein Werk Kathreins – das Nachfolgewerk – bis heute erhalten: der Wilhelm-Exner-Saal in Wien (Abb. 22). Der Saal wurde 1909 bis 1911 als Zubau auf dem Hof einer bereits 1890 von Helmer und Fellner errichteten Fabrikanlage für das hier seit 1899 ansässige k. k. Gewerbeförderungsamt errichtet. Die Innenausbauarbeiten für den Saal und die Büroräume wurden von den Musterbetrieben des Amtes nach Kathreins Planung ausgeführt. Durch eine umlaufende Holzvertäfelung aus furnierter, schwarz gebeizter und gekalkter Eiche, in welche Vitrinen für die Erzeugnisse des geförderten Gewerbes sowie noch mit Originalstoff gepolsterte Sitzbänke unterhalb der Fenster eingelassen sind, wird ein gediegener Raumeindruck geschaffen. Die Decke des Saals ist korbbogenförmig gewölbt und durch plastische Blattornament-Friese in Felder geteilt, in deren Mitte Beleuchtungskörper angeordnet sind. Von der Möblierung des Saals sind heute nur mehr einige der in Holz gefertigten Sessel mit gepolsterter Sitzfläche erhalten.[130] Kathrein prägte den Raum durch eine klare Symmetrie, eine konsequente Gliederung der Boden-, Wand- und Deckenflächen sowie den Kontrast von Schwarz und Weiß und machte die Rautenform zum raumgestaltenden Element. Man entdeckt sie in der Holzverkleidung, den Glasfüllungen der Vitrinentüren, der Heizkörperverkleidung, dem Pult im Podiumsbereich, den Oberlichten der Türen und sogar im Treppenhaus wieder. Ähnlich ging er auch in Salzburg vor. Wie in Salzburg sind im Exner-Saal viele Details feststellbar, die einen Einfluss Josef Hoffmanns auf den Gesamtentwurf und die Gestaltung erkennen lassen.[131]

Die Salzburger Bahnhofsrestaurationen und -wartesäle von 1909 waren nicht die einzigen Inneneinrichtungen im Stile der Wiener Werkstätte in Salzburg. Die leider nicht mehr erhaltene Einrichtung des Salzburger Volkskellers (Abb. 23) im Hotel Pitter wurde 1912 sogar von Josef Hoffmann selbst in volkstümlicher Weise gestaltet und durch naive Malereien von Berthold Löffler vervollständigt.[132]

Die Ausstattung des „Marmorsaals" und „Kaiserzimmers" nach dem Wiederaufbau

Beim Wiederaufbau nach dem Zweiten Weltkrieg unter Leitung des Behrens-Schülers Anton Wilhelm wurde auf eine Rekonstruktion verlorener Jugendstilelemente verzichtet. Wilhelm orientierte sich dennoch beim Aufbau der ehemaligen Restauration I. und II. Klasse in fast allen Maßen am Original und gab dem Saal wieder eine gehobene Ausstattung.[133] Sogar ein Wandbrunnen mit Adneter Marmorverkleidung wurde wieder eingerichtet. Der Architekt gab allerdings die doppelgeschoßige Höhe des Raums auf und zog eine Zwischendecke ein, die auf vier mit Marmor verkleideten Pfeilern ruhte und ein durch Rahmung abgestuftes, verglastes Oberlicht aufwies (Abb. 24).[134] Im 1. Geschoß gab es eine Galerie, welche den Zugang zu Zimmern für die Belegschaft im Osten und Westen ermöglichte. Die Wände der Galerie waren mit Wandgemälden, Illustrationen alter Wienerlieder im Stil der 1950er-Jahre geschmückt.[135]

Zur Ausgestaltung des Saals mit einem Wandbrunnen und einer Verkleidung von circa einem Meter Höhe mit Einbindung der Türgewände wurden verschiedene Adneter Kalksteinsorten[136], zum Teil seltener Adneter Korallenmarmor[137], verwendet. Nur die Putti des Wandbrunnens waren aus Untersberg-Rosa[138] gefertigt. Anton Wilhelm und Otto Seifried, Landesbeauftragter für das Verkehrswesen im Land Salzburg, erwirkten im beschlagnahmten Marmorwerk Kiefer in Oberalm die Freigabe dieses wertvollen Marmors, der während des Dritten Reichs unter größter Geheimhaltung gewonnen und vorbearbeitet worden war, für den Wiederaufbau der Bahnhöfe Salzburg, Linz und Wien.[139] Sie beschäftigten somit die über 100 Fachkräfte weiter, die damit eigentlich einen neuen Empfangsbahnhof für die Staatsgäste des Dritten Reichs in Kleßheim hätten bauen sollen.[140]

Den wegen des Materials von den Salzburgern „Marmorsaal" getauften Raum umlief unterhalb der Decke ein gekehlter und gerahmter Blattfries. Die Nordwand zeigte eine Teilung in fünf Kompartimente durch Putzrahmungen. Im breiten mittleren Kompartiment waren der Wandbrunnen in einem Rundbogen[141] und daneben die Türen zu den Toiletten angeordnet. Die ausgeführte Formgebung des Wandbrunnens war barock und wurde von der übergeordneten Bauleitung ausdrücklich verlangt.[142] Der Entwurf des Brunnens stammte von dem Architekten Anton

Abb. 23 Der nicht mehr erhaltene Salzburger Volkskeller im Hotel Pitter, um 1914

Abb. 24 Der nach dem Wiederaufbau neu gestaltete Marmorsaal, um 1999

Wilhelm selbst. Die Engel der Prunkstiege des Schlosses Mirabell dienten ihm dafür als Modell.[143] Einer der vier Engel stand im Kontrapost in dem Brunnen aus zwei übereinander angeordneten Schalen aus Adneter Wimberger.[144] Die anderen drei waren sehr bewegt und raumgreifend darüber auf halbplastischen Stuckwolken angeordnet. Die gesamte Rückwand unter dem Bogen, wie auch der Brunnen selbst, war aus einer jüngeren Art von Adneter Korallenmarmor gefertigt.[145] Das barock geschweifte Bodenbecken, in das Blumen gepflanzt waren, griff in den Raum aus und schloss mit zwei halben Steinvasen ab. Diese korrespondierten mit einer mittig im Saal unter dem zentralen Hauptluster positionierten, großen Steinvase auf einem Postament,[146] alle aus Adneter Wimberger.[147]

Der Saal war mit mehreren Gemälden ausgestattet. Die zwei zuvor schon angesprochenen Gebirgslandschaften im Stil der Wiener Secession[148] von Hugo Baar[149] hingen bis zum Abriss in den jeweiligen äußeren Kompartimenten der Nordwand.[150] Das unsignierte, östlich befindliche Bild war aus dem vom Bombardement betroffenen Wartesaal III. Klasse hierher gebracht worden, das andere vermutlich auch, da der Künstler damals neun oder zehn Werke für den Raum geschaffen hatte.

An der Südwand hing westlich des Durchgangs zur Küche und zum Kaiserzimmer[151] ein sehr großes Ölgemälde von der Großglockner Hochalpenstraße.[152] Östlich hatte man einen etwas intimeren Bereich eingerichtet: Der Boden war hier auf circa zwei Meter Breite etwas erhöht und mit Zweiertischen unter Bogenlampen und einer längs der Wand aufgestellten Vitrine ausgestattet. Die schmiedeeisernen Luster und der Hauptluster sowie die Gitter zur Verkleidung der Heizkörper unter den Fenstern waren in der Lehrwerkstätte der Zugförderungsleitung Salzburg angefertigt worden.[153]

Das Restaurant war lange Zeit aufgrund seines geschmackvollen Ambientes ein lebendiger Treffpunkt für die Salzburger im Rahmen von Bällen, Diners und Tanzabenden. Dann folgte, bedingt durch die zunehmende Verwahrlosung des Mittelbahnsteigs, der Abstieg, dem das Salzburger „SalonEnsemble" mit seinen Konzerten seit 1994 entgegenzuwirken versuchte. Noch Anfang 1999 war der Saal renoviert worden.[154]

Im Sonderspeiseraum, dessen gleisseitiger Zugang vermutlich 1972 geschlossen wurde und welcher im Volksmund zum „Kaiserzimmer" wurde, fertigte man die umlaufende Wandverkleidung von circa einem Meter Höhe wie auch den Kamin aus Adneter Grauschnöll.[155] Die Vergitterung des Kamins hatte sich vermutlich aus dem vormaligen Sonderspeisesaal erhalten. Die Decke war mehrfach durch einen Eierstab und einen Blattfries abgesetzt.

Auch hier fanden sich mehrere Gemälde, Historienbilder in Kaseinmalerei auf Pressspanplatten[156] von Franz Jung-Ilsenheim[157] aus dem Jahr 1948. Jung-Ilsenheims Darstellungen zur heimischen Vergangenheit sind einer trivialromantischen Geschichtsauffassung zuzuordnen. Als Mitglied im Verein „Schlaraffia" wurde er von Vereinsbrüdern mit Aufträgen versorgt, zu denen auch Anton Wilhelm zählte.[158] Über die Art der Vergabe und die Inhalte, die der Bedeutung des Salzburger Bahnhofs als Aushängeschild für die Festspielstadt nicht gerecht würden, erhob die Berufsvereinigung der bildenden Künstler berechtigten Protest.[159] Der erwirkte Wettbewerb[160] hatte jedoch offenbar keine Folgen, denn die Bilder wurden dennoch gehängt. An der Nordwand hing das Bild mit dem Titel „Die Christianisierung Salzburgs", gemeint war vermutlich die Legende von der Predigt des Priesters Maximus unterhalb der Katakomben des Salzburger Petersfriedhofs. An der Südwand befand sich das Gemälde „Erzbischof Paris Lodron inspiziert den Befestigungsbau am Kapuzinerberg" und an der Westwand über dem Kamin „Der Raubgraf von Kallham".[161] Die Hängung der Bilder wurde wahrscheinlich verändert.[162] Ein Jagdstüberl, eine Schwemme[163] und eine Restauration III. Klasse gab es damals auch noch in dem Gebäude.[164]

Der Salzburger Hauptbahnhof war bis zum Zweiten Weltkrieg ein beispielhaftes Bauwerk für eine Zeit, in der „auch schon die beamteten Architekten den Jugendstil rezipierten"[165], so Friedrich Achleitner. Unter Einbindung des lokalen Gewerbes und in Anlehnung an nationale Vorbilder der Metropole Wien, wie Otto Wagners Wiener Stadtbahn-Bauten oder die Gestaltungen der Wiener Werkstätte, gelang es, die bekannte Schlichtheit der Secession mit der notwendigen Industriearchitektur und der repräsentativen Wirkung eines Bahnhofs dieser Bedeutung zu vereinen. Im Vergleich mit dem Marmorsaal als Ausdruck des Gestaltungswillens der unmittelbaren Nachkriegszeit mit ihren beschränkten Mitteln waren die Restaurationen und Wartesäle aus dem Jahr 1909 architektonisch bedeutender.[166]

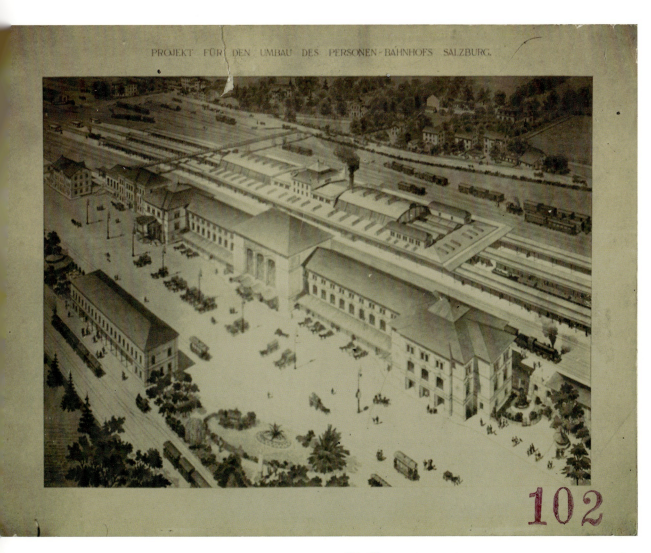

Abb. 25 Darstellung des Projekts des Bahnhofsumbaus, Planungsstand um 1905

Die Aufgaben der Denkmalpflege

Clemens Reinberger

Untrennbar miteinander verknüpft und im täglichen Gebrauch oft genug gleichgesetzt, stehen das Begriffspaar Denkmalpflege und Denkmalschutz. Umfasst die Denkmalpflege alle wesentlichen Faktoren, die den Erhalt eines als Denkmal erkannten baulichen Komplexes (sei er Einzelobjekt oder Ensemble wie im Fall des Salzburger Hauptbahnhofs) sicherstellen, so ergibt sich aus dem Denkmalschutz die dafür rechtlich notwendige Grundlage.

Die Sorge für diese Belange obliegt dem Bundesdenkmalamt (BDA), der österreichweiten, behördlich geregelten Fachorganisation für Denkmalpflege und Denkmalschutz, die auf der Grundlage des hierzulande geltenden Bundesdenkmalschutzgesetzes (DMSG) der österreichischen Rechtsordnung aufgerichtet ist.[1]

Zwar ist der grundsätzliche Stellenwert und damit die Legitimität von Denkmalpflege und Denkmalschutz in der öffentlichen Meinung und öffentlichen Wahrnehmung für den zu bewahrenden Mehrwert „örtlicher Identität und historischer Authentizität", von „kulturellem Erbe", von „charakteristischem Gepräge und Baukultur" im weitesten Sinne unbestritten. Doch muss auch stets die Bedeutung eines Objekts für die Stellung unter Denkmalschutz nachgewiesen werden, aufgrund derer ein öffentliches Interesse gegeben ist. Schwieriger gestaltet sich das Unternehmen Denkmalschutz oft, wenn es aus einer diffus wahrgenommenen Masse „plötzlich" am konkreten Einzeldenkmal hervortritt und der jeweilige Eigentümer oder sein Vertreter seine unversehrten Rechte am Eigentum allzu massiv beeinsprucht und eingegriffen empfindet.

Steht daher das Bauen im 21. Jahrhundert, das von den Maximen „zeitgemäßer Nutzung und Weiterentwicklung", der „Anpassung an die Jetztzeit" beherrscht wird und in der Regel unter vielfältigem ökonomischen Druck und funktionellen Zwängen steht sowie unter einer Flut an gesetzlichen Bestimmungen, Normen und teils nur mit Mühe nachvollziehbaren Sicherheitsvorkehrungen leidet (die übrigens nicht nur der Denkmalpflege zu schaffen machen), in einem unversöhnlichen, ja unvereinbaren Gegensatz zur Denkmalpflege? Dass dem bei Weitem nicht so ist, sondern das Betreiben von Denkmalpflege in möglichst aktiver Form nottut, wird am Beispiel des Salzburger Hauptbahnhofs besonders deutlich.

Denkmalpflege ist in jeder ihrer Phasen stets ein mehrschichtiger und mehrstufiger Prozess, der von der Erfassung über die Bewertung bis hin zu der daraus resultierenden Schlussfolgerung führt, wobei vor allem der „Bewertung" die Rolle als zentrale Aufgabe der Denkmalbehörde zukommt, währenddessen die „Erfassung" quasi eine Vorleistung für, die „Schlussfolgerung" hingegen den natürlichen Ausfluss aus der „Bewertung" darstellen.

Ureigenste Aufgabe des Denkmalschutzes ist zweifellos die Unterschutzstellung von als Denkmalen erkannten, vom Menschengeist ersonnenen und Menschenhand erschaffenen Werken, wie es historische Baukomplexe darstellen, um den Denkmalbestand eines Landes zu erhalten, der in der Qualität seiner Originalität, überlieferten Überformung und lokaltypisch prägenden Einzigartigkeit liegt. Die Bewertung, inwieweit ein öffentliches Interesse am Erhalt des entsprechenden Baubestands gegeben sei, erfolgt allein aufgrund dessen Stellenwert in (bau-)künstlerischer, kultureller und/oder sonstiger historischer Hinsicht.[2]

Im Fall des Salzburger Hauptbahnhofs erwog die Behörde das Vorhandensein des öffentlichen Interesses an der Schutzwürdigkeit des Denkmalensembles gemeinsam mit weiteren Hochbauten der Strecke der ehemaligen Kaiserin-Elisabeth-Bahn (Westbahn), wie aus dem Unterschutzstellungsbescheid vom 3. November 1998 hervorgeht, als Technisches Denkmal bzw. „Denkmal der österreichischen Wirtschafts-(Verkehrs-)geschichte, das sichtbar durch die weitgehend original erhaltenen Hochbauten repräsentiert wird" und „für diese Bahnlinie und ihre historische Entwicklung charakteristisch" ist.[3] Dabei stellt der Salzburger Hauptbahnhof durch die Einmaligkeit seiner großteils erhaltenen architektonisch-künstlerischen Ausprägung sowie seiner besonderen technischen Erfordernis als historischer Grenz- und Zollabfertigungsbahnhof eine einzigartige Anlage der österreichischen Eisenbahngeschichte dar, deren nationales Erhaltungsinteresse über die Grenzen des Bundeslandes hinaus den letzten Vertreter (sei es wegen Bombardierung im Zweiten Weltkrieg oder Zerstörung durch Modernisierung) eines Typus repräsentiert, der zudem mit einer für Österreich wiederum einmaligen historischen tonnengewölbten Stahlglashalle ausgestattet ist.

Durch Erwachsen des Unterschutzstellungsbescheides in Rechtskraft bedarf es also nunmehr für sämtliche geplanten Veränderungen, die geeignet sind, das Gesamtdenkmal und seine darin enthaltenen Einzelobjekte hinsichtlich seiner baulichen Substanz und überlieferten Erscheinung zu beeinflussen, der denkmalschutzrechtlichen Genehmigung durch das Bundesdenkmalamt.[4]

Tatsächlich verlief die erste entscheidende Phase im Großprojekt „Salzburg Hauptbahnhof neu", die Ausschreibung eines Architekturwettbewerbs samt Jurierung und Prämierung des Siegerprojekts, zunächst ohne Inkenntnissetzung des Bundesdenkmalamtes/Landeskonservatorates für Salzburg ab,[5] ja, sogar Zweifel, zwar nicht an der grundsätzlichen Schutzwürdigkeit, sondern vielmehr am rechtlichen Schutzstatus des Salzburger Bahnhofensembles, wurden nachträglich erhoben.[6]

In der Folge konnte das, was in denkmalpflegerischen Prozessen eigentlich Vorleistung ist, nämlich die Einbindung des Landeskonservators sowie die exakte Erhebung des Ist-Bestands zur Beurteilung der Planungs- und damit Ausschreibungsgrundlagen, erst nachträglich Berücksichtigung im gesamten Planungsprozess finden.

Das der Öffentlichkeit präsentierte Siegermodell der Architektengemeinschaft kadawittfeldarchitektur sah zunächst umfangreiche, bisweilen empfindliche Eingriffe in die denkmalgeschützte Substanz vor: Die zwischenzeitlich durch vielfältige Einbauten verschachtelte, mit vorgehängten Platten ausgeschalte und in skurriler Farbgebung ausgemalte, historische Empfangshalle im Aufnahmsgebäude sollte mit neu(artig)en Oberflächen versehen werden sowie durch ersatzloses Ausbrechen der Industrieverglasung der Fenster eine direkte Sichtbeziehung zu den Zügen des historischen Bahnsteigs erhalten (siehe Seite 64, Abb. 3).[7] Vom zentralen Mittelperron mit seiner Überbauung durch die tonnengewölbte Stahlhallenkonstruktion in zwei Abschnitten sollten nur sieben ausgelöste Fachwerkdreigelenkbinder – transloziert – weiter Verwendung finden (siehe Seite 65, Abb. 4).

Es begann ein umfangreicher, intensiver, langer und auch über die Medien teils massiv ausgetragener Diskurs zum Umbauvorhaben und der Zukunft des Salzburger Hauptbahnhofs, der die Salzburger Bevölkerung auch in hohem Maße emotional bewegte. Zahllose Eingaben privater Vereine ergingen an das Landeskonservatorat, immer neue Studien und Gutachten wurden in Auftrag gegeben, ein erster Dialogprozess zwischen ÖBB und dem Wettbewerbssieger Kada-Wittfeld auf der einen Seite und dem Denkmalschutz (Landeskonservatorat für Salzburg[8] bzw. Abteilung für technische Denkmale[9] des BDA) auf der anderen Seite begann, der alle Für und Wider abwägen sollte.[10]

Während sich für andere Bereiche des Bahnhofsensembles, wie etwa der Vergrößerung der bislang bedrückend stollenartigen Zugangstunnel samt deren Durchbindung Richtung Schallmoos, denkmalpflegerisch tragfähige Lösungen abzuzeichnen begannen, ging es im Endeffekt vorrangig um die Abwägung zweier öffentlicher Interessen, die sich in ihrer gegenseitigen Stellung kaum einer Bedeutungshierarchie zuordenbar erwiesen hätten. Zum einen betraf dies das durchaus unzweifelhafte öffentliche Interesse im Sinne des Denkmalschutzes an der vollständigen Erhaltung des geschichtlich überkommenen Zentralperrons mit seinen (Tief- und) Hochbauten; hierbei handelte es sich in Zusammenhang mit der übrigen Bahnhofsarchitektur, entstanden aus der besonderen Stellung als historischer Grenzbahnhof, um ein letztes Zeugnis eines sogenannten „Verbundbahnhofs" – ein Typus mit Durchgangsgleisen in Kombination mit Endgleisen (Kopfgleise zu beiden Seiten des Zentralperrons).[11] Andererseits betraf dies die nicht minder im öffentlichen Interesse gelegene Anpassung des bestehenden Ensembles an die „bahnbetriebstechnischen Anforderungen am Beginn des 3. Jahrtausends", wie seitens der ÖBB nachdrücklich gefordert und dargelegt wurde.[12]

Die nun intensivierte Auseinandersetzung mit dem Bestand erzwang es indes, die Bahnhofsanlage – und hier vor allem die Bauten des Mittelperrons – eindringlicher unter Begutachtung zu nehmen, wodurch sich in der Folge zeigen sollte, dass vom Original der Jahre 1907/08 doch etliches nicht mehr unversehrt erhalten war: Offenbar fanden bereits bald erste Umbauten statt, weitere Veränderungen folgten spätestens in den 30er-Jahren des 20. Jahrhunderts. Dabei ist festzustellen, dass diese Veränderungen, wohl als Adaptierung verstanden, de facto eine stetige qualitative Reduktion des Bestands mit und nach sich zogen.[13] Einen irreversiblen Wendepunkt markierte schließlich die Bombardierung des Bahnhofsareals im Zweiten Weltkrieg mit einem Treffer auf den Zentralperron, der die Hochbauten samt Stahlhallen insgesamt stark in Mitleidenschaft zog.[14]

Falsch verstandene bzw. qualitativ zweifelhaft geplante und ausgeführte „Modernisierungen" führten schließlich zu dem weiteren Entwerten der Originalsubstanz (dazu zählt etwa der Verlust der originalen Oberflächen in den Zugangstunnels, der Ersatz der originalen Bedachung der Stahlhalle durch Wellblech oder der Verlust der östlichen Seitenhalle der ursprünglich dreischiffigen Stahlhallenkonstruktion für den Einbau eines weiteren Durchgangsgleises). Im Verband mit der gleichzeitig einhergehenden „Vollräumung" mit inadäquaten Überschichtungen und baulichen Banalitäten aller Art wurde dem gesamten Bereich ein letztlich äußerst unbefriedigendes, teilweise vielmehr grotesk unattraktives Äußeres verliehen, sodass endlich ein in seiner Funktionalität, historischen Substanz und künstlerischen Erscheinung doch nur mehr stark fragmentierter, beeinträchtigter, ja in einzelnen Bereichen quasi-amputierter Bestand überliefert blieb.[15]

Dabei wurde innerhalb des Bundesdenkmalamtes das Projekt zur präsidialen Angelegenheit und damit der direkten Verhandlung des Präsidenten[16] unterstellt, der in Folge eine denkmalschutzrechtliche Bewilligung für das eingereichte Neubauprojekt unter Erteilung von Auflagen ausfertigte.[17]

Dieser Bescheid, gestützt auf die inzwischen gewonnenen Erkenntnisse um den Bestand sowie untermauert von der wissenschaftlich nicht wegdiskutierbaren Expertise der hinzugezogenen Vorstände der Institute für Eisenbahnwesen auf den Lehrstühlen der österreichischen Universitäten[18] hinsichtlich der Notwendigkeit von Durchgangsgleisen anstelle der bahnbetriebstechnisch nunmehr überholten Doppelkopfgleise am Zentralperron, ermöglichte die Ausführung des Siegerprojektes in einer stark adaptierten Version mit Durchführung der vorgesehenen Durchgangsgleise unter Abbruch der in ihrer Substanz und äußeren Erscheinung bereits massiv fragmentierten Hochbauten, bei jedoch gleichzeitigem Erhalt bzw. denkmalpflegerischer Behandlung der ungleich bedeutenderen und in wesentlich geringfügigerem Ausmaße beschädigten bzw. beeinträchtigten historischen Stahlhallenkonstruktion. Als Auflage wurde festgehalten, die denkmalpflegerischen Belange, die sich in drei maßgeblichen Teilbereichen, nämlich dem Hausbahnsteig mit seiner historischen Überdachung aus der Erstbauphase des Bahnhofs um 1860, der historischen Zentralperronstahlhalle von 1907 sowie der Restaurierung der Jugendstil-Empfangshalle von 1907–09 im Aufnahmsgebäude, herauskristallisiert hatten, durch entsprechende vorzulegende Detailplanungen im Einvernehmen mit der Denkmalbehörde abzuklären und umzusetzen.[19]

Ist auch seitens der Denkmalpflege die Niederlegung des Mittelbahnsteigs mit seinen bis dahin immerhin noch fragmentarisch erhalten gebliebenen Hochbauten als ein empfindlicher Einschnitt und augenscheinlich nicht als Erfolg zu werten, so war der Abschluss und auch der Ausgang dieses langjährigen und intensiv geführten Verfahrens, das die Prüfung sämtlicher denkbarer Varianten und Möglichkeiten miteingeschlossen hatte,[20] im Sinne des öffentlichen Interesses als Faktum anzuerkennen.

Aufbauend auf den bescheidmäßig erteilten Auflagen zu den Detailfragen erfolgte ein nunmehr weiter intensivierter Dialogprozess zwischen den ÖBB als Projektbetreiber und Bauherrn, dem Büro kadawittfeldarchitektur und dem Landeskonservatorat für Salzburg,[21] in dem die unterschiedlichen Zieldefinitionen und Restaurierungsziele, die sich teilweise als durchaus gegensätzlicher Natur herausstellten, erörtert wurden, wobei nun der Stellenwert der Denkmalpflege klar positioniert werden konnte.

Seitens der Denkmalpflege war ein ebenso auf der Basis wissenschaftlich-historischer Redlichkeit qualitativ hochwertiges wie auch auf ein Höchstmaß an Authentizität angelegtes Restaurierungsprogramm vordringlich, um die künstlerischen Qualitäten dieses technischen Denkmals als ein Industrie- und Zweckbau in den drei in Rede stehenden Teilbereichen herauszustreichen und in der authentischen Oberflächenstruktur (wieder) augenscheinlich zu machen.

Äußerst begünstigend wirkte sich auf das Gesprächsklima aus, dass das Landeskonservatorat bei den seitens der ÖBB verantwortlichen Projektleitern auf ein sehr verständiges und zuverlässiges Gegenüber stieß,[22] sodass eine weitgehende Umsetzung nach denkmalpflegerischen Vorgaben erreichbar wurde. Dadurch, dass die Denkmalbehörde als fachkompetenter und auch in der zeitlichen Abfolge als verlässlicher Partner anerkannt wurde, hatte das Landeskonservatorat nun einen Steuerungsmechanismus in der Hand, der es ihm ermöglichte, trotz des Faktums, in eine sehr komplexe Großbaustelle involviert zu sein, in den denkmalrelevanten Belangen gewissermaßen Regie führen zu können. Dabei erwies es sich als sehr vorteilhaft, das definierte Restaurierungsziel jeweils mittels Musterachsen (siehe Seite 232) vorgestellt zu haben. Dies sollte sich letztendlich als entscheidend für die Behandlung der historisch relevanten Bauteile erweisen – mit einem überaus ansprechenden Ergebnis, wie die allgemeine positive Resonanz in der öffentlichen Wahrnehmung nunmehr eindrücklich vor Augen führt.

Eine weitere und vor allem umsetzungsbedingt entscheidende Komponente war, dass es gemeinsam gelang, ein externes Büro für denkmalpflegerische Projektsteuerung[23] zu installieren, welches Prozesse und Verfahren bündelte und in enger Rückkopplung mit dem Landeskonservatorat den Kontakt mit den übrigen technischen Beauftragten akkordierte. Dies ist tatsächlich umso beachtenswerter, als damit neben den herkömmlichen Fachplanungen wie etwa für Statik, Bauphysik, Brandschutz, Haus-, Betriebs- und Gewerbetechnik etc. auch eine übergeordnete Fachplanung für Denkmalpflege/Restaurierung eingerichtet werden konnte, die darüber hinaus in Form der denkmalpflegerischen Projektsteuerung sämtliche in den denkmalschutzrechtlich relevanten Belangen involvierten Fach- und Einzelplaner koordinierte.[24]

204 Die Aufgaben der Denkmalpflege

1c

Abb. 1a–d: Einblicke in die Kassenhalle:
a) Historische Aufnahme von 1909
b) Historische Aufnahme von 2005
c) Visualisierung des Projekts kadawittfeldarchitektur, Planungsstand 2009
d) Aufnahme von 2012

1a

1b

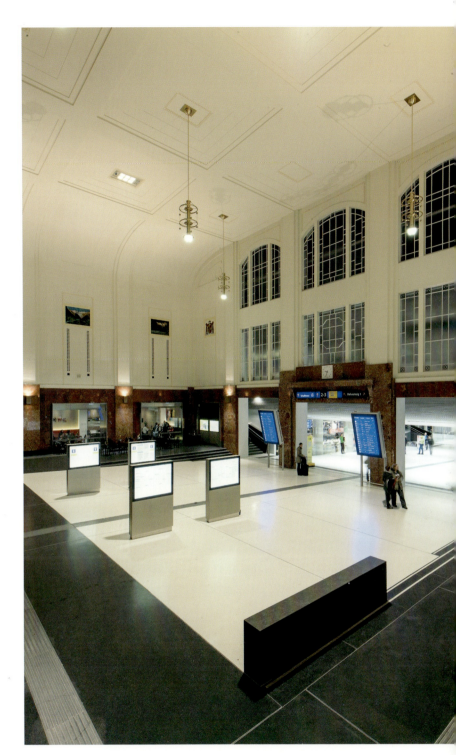

1d

Als wesentlich ist zu erachten, dass es der Denkmalpflege in der Folge gelang, alle Arbeiten an den denkmalgeschützten Bauteilen auf der Grundlage wissenschaftlicher und restauratorischer Befundungen, einer seriösen Bewertung durch das Landeskonservatorat und schließlich durch die Betrauung mit fachlich versierten Firmen einer denkmalpflegerisch adäquaten Behandlung zu unterziehen.

Dies gilt etwa für die Stahlkonstruktionen auf den Bahnsteigen, deren exakte geodätische Aufmessung als Grundlage für die Schadenskartierung,[25] die Entwicklung der notwendigen Maßnahmen und die Wiedererrichtung bereits vor dem fachgerechten Abbau eingefordert wurde. Weitere durch das Landeskonservatorat vorgegebene Parameter bezogen sich auf die originalgetreue Ergänzung, eine bestmöglich substanzschonende Einfügung von Verstärkungsmaßnahmen im geringst notwendigen Umfang sowie die fachgerechte Restaurierung und Freilegung der Oberflächen mit ihren zarten feingliedrigen Dekorelementen samt Wiederherstellung der orginalbefundeten farblichen Fassung.

Für die Empfangshalle erreichte das Landeskonservatorat anhand der Befundungen unter den Verschalungen die weitgehende Rückführung dieses für Salzburg und auch für die gesamte österreichische Bahnhofsarchitektur in ihrer heutigen Erscheinung einmaligen Jugendstilsaals, nicht ohne Anstrengung gegen Widerstände seitens der Planungsbeauftragten, die im Projekt beispielsweise anstelle der original aufgedeckten Marmorinkrustation zunächst eine schwarze Verglasung der Erdgeschoßzone vorsahen, (Abb. 1a–d) während man sich auf eine Freilegung und Restaurierung der oberen Wandoberflächen mit original erhaltenen Putzdekoren und Fliesenbildern schneller verständigen konnte. Was an Originalsubstanz nicht mehr vorhanden war, wie die Fenster oder Deckenleuchten, musste zur Wiedergewinnung der seitens der Denkmalpflege angestrebten harmonischen Einheit und Lesbarkeit bzw. des authentischen Wiedererkennungswertes möglichst nah am Original und doch davon deutlich unterscheidbar rekonstruiert und ergänzt werden: Im Fall der Verglasungen gelang dieser Spagat, indem die Binnenteilung und der Duktus der Gläser dem originalen Vorbild entsprechend kathedralenähnlich den Raum mit hinterlichteten, doch undurchsichtigen Glaswänden schließen, während auf die ganzformatigen, jedoch nicht mit Sicherheit rekonstruierbaren Glasbilder sowie die Lage der Bleiruten verzichtet wurde. Als Referenz und Reminiszenz an die ehemals reichen bildlichen Darstellungen und Ornamentierungen der Fensterflächen wurde hingegen in den Ecken der Fenster jenes eindeutig belegbare und sich wiederholende Rautenmotiv in moderner Glasdrucktechnik des frühen 21. Jahrhunderts nachgebildet, um nicht einen vom historischen Befund zu stark abweichenden „Zwischenzustand" zu schaffen. Auch die Beibehaltung der historischen Stürze unter und teils zwischen den Fenstern als klare und für das Raumempfinden notwendige architektonische Trenn- und Anbindungselemente[26] wurde seitens der Denkmalpflege strikt gefordert (vgl. Abb. 1c und d).

Hand in Hand mit der architektonischen „Entrümpelung"[27] und Re-Nobilitierung der Empfangshalle, diesem wichtigen Angelpunkt zwischen Stadt und Bahnbetrieb, gingen in Fragen der Einbindung der betriebsablauftechnisch unumgänglichen neuen Bauelemente wie Aufzüge und Rolltreppen, die regulierenden Eingriffe des Landeskonservatorates so weit, dass diese Bauteile in einer nach architektonischen Gesichtspunkten sinnvollen Ordnung in den Bestand eingefügt wurden, um nicht neuerlich Störungen und Verschachtelungen auszubilden,[28] nachdem die Freispielung dieses bedeutenden Innenraums nur nach unendlicher Mühe und Anstrengung so vorbildlich gelungen war.

In diesem Sinne zeichnet die Denkmalpflege und damit das Landeskonservatorat für Salzburg letztlich hauptursächlich für die entscheidende Qualitätssicherung hinsichtlich fachgerechtem Bauen und Restaurieren im Bestand verantwortlich, was beispielsweise durch die Anlage von Musterachsen und einen hohen Standard der Ausführungsqualität verbindlich gesetzt wurde, oder in der Dokumentation etwa beim Aufmaß der Stahlhalle, der Einlagerung von derzeit nicht aufgebauten Bestandteilen,[29] oder der laufenden fotografischen Begleitung[30] unbestritten manifest ist.

Einen weiteren, nicht zu vernachlässigenden Aspekt stellt schließlich die Öffentlichkeitsarbeit dar, die in Zusammenarbeit mit dem Landeskonservatorat durchgeführt wurde. Dahinein fällt nicht nur die Mitorganisation von Werbeplakaten und Führungen zur Teileröffnung im Herbst 2011, sondern auch die Mitherausgabe dieses Bandes zur Geschichte und Denkmalpflege des Salzburger Hauptbahnhofs anlässlich des Großumbaus im Hinblick auf die Weichenstellungen für die Zukunft.

Rund 270 Millionen Euro sind für das Teilprojekt[31] „Hauptbahnhof Salzburg neu" veranschlagt, rund 7 Millionen davon, weniger als 2,6 Prozent, flossen dabei in denkmalrelevante Maßnahmen.[32] Die entscheidende Frage, die an uns als reiche westliche Industrie- und Kulturnation gestellt ist, ist eine doppelte: Sie lautet, wie viel uns die Denkmalpflege jetzt und in Hinkunft wert ist und in welchem Ausmaß der prozentuale Anteil am Beispiel des „Flairs" des „neuen" alten Salzburger Hauptbahnhofs in der Meinungsbildung der öffentlichen Wahrnehmung wohl angesetzt werden darf?

Die Antwort auf die Frage, wie der Salzburger Hauptbahnhof ohne Denkmalschutz und Denkmalpflege aussähe, ist Rechtfertigung für unseren gesetzlichen Auftrag.

Denkmalpflegerische Projektsteuerung bei Restaurierung und Rekonstruktion am Salzburger Hauptbahnhof

Hermann Fuchsberger, Martin Weber

Nach einer Bauzeit von einem Jahr steht die große Empfangshalle des Salzburger Hauptbahnhofs den Reisenden seit November 2011 wieder als zentraler Eingang zu den verschiedenen, zu diesem Zeitpunkt noch in Umbau befindlichen Zugängen und Bahnsteigen offen.

Die positiven Pressestimmen und viele begeisterte Kommentare von Reisenden, die die fast fertige Empfangshalle inzwischen sehen und erleben konnten, sind ein Zeichen, dass sich das Engagement gelohnt hat. Sie sind aber auch ein Hinweis, dass die Anliegen der Denkmalpflege durchaus einem spürbaren Bedürfnis der Allgemeinheit entsprechen: dem Bedürfnis nach Unverwechselbarkeit, kultureller Tradition und ästhetischen Werten. Der Salzburger Hauptbahnhof wird als einmalig empfunden – vor allem aufgrund der historischen Substanz und ihrer ursprünglichen Qualität: Sie galt es zu erkennen, aufzudecken, zu restaurieren und teils auch wiederherzustellen.

Den Auftraggebern, den Projektverantwortlichen der ÖBB, ist zu verdanken, dass sie die Anforderungen der Denkmalpflege als wesentlichen Auftrag der Öffentlichkeit erkannt haben und bereit waren, die vonseiten des Landeskonservatorats Salzburg des Bundesdenkmalamtes empfohlene „denkmalpflegerische Projektsteuerung" als notwendiges Instrument für eine möglichst koordinierte und fachkompetente Abwicklung in den gesamten Planungsprozess zu integrieren.

Wozu dient denkmalpflegerische Projektsteuerung?

Die Aufgabe der denkmalpflegerischen Projektsteuerung ist grundsätzlich dieselbe wie in der klassischen Projektsteuerung, nämlich die drei Parameter Kosten, Termine und Qualitäten zu definieren und für ihre Einhaltung Sorge zu tragen. Dieses bezieht sich in seiner Arbeit auf die denkmalgeschützten Bereiche der Baumaßnahmen. Zugleich sollte festgestellt werden, dass sich der denkmalpflegerische Projektsteuerer immer auch als Partner des

Planers und Bauleiters verstehen muss, dem er mit seinem Fachwissen zur Seite steht. Oberstes Ziel der Denkmalpflege ist die Erhaltung der Denkmaleigenschaften. Um dies zu erreichen, müssen die besonderen Eigenschaften erkannt, definiert und mit geeigneten Mitteln erhalten, in vielen Fällen konkret auch gegen zeitgenössische technische Normen, Anforderungen und vermeintliche Notwendigkeiten verteidigt werden.

Nun stehen einerseits wesentliche Teile des Hauptbahnhofs Salzburg unter Denkmalschutz, weshalb es in Zusammenhang mit dem umfassenden Umbau als notwendig erachtet wurde, zusätzlich zur Gesamtprojektsteuerung die denkmalpflegerische Projektsteuerung einzusetzen. Da der Anteil der zu restaurierenden denkmalgeschützten Bausubstanz jedoch nur etwa 3 Prozent des gesamten Bauvolumens dieses Großprojekts ausmachte, wurde hier die denkmalpflegerische Projektsteuerung ergänzend zur Gesamtprojektsteuerung installiert.

Ihre Hauptaufgabe sollte darin bestehen, die denkmalpflegerisch relevanten Leistungen zunächst an folgenden Bauteilen zu leiten:

- an der Stahlhalle von 1907,
- am Hausbahnsteig von 1864 und
- in der Empfangshalle von 1907.

Grundlage der im Detail auszuführenden Maßnahmen bildete das umfangreiche bauhistorische Gutachten über den Salzburger Hauptbahnhof, das im Jahr 2006/07 vom Büro für Industriearchäologie Dipl.-Ing. Rolf Höhmann mit den Projektpartnern planinghaus architekten Darmstadt und Büro für Restaurierungsberatung, Öttingen in Bayern, erstellt wurde.

Bestandserfassung aller denkmalgeschützten Bauteile

Unabhängig von den vorgesehenen Maßnahmen war es zunächst notwendig, den gesamten Bestand der denkmalgeschützten Bauteile zu dokumentieren. Wegen der umfassenden Bauarbeiten zur Erneuerung der verkehrstechnischen Anlagen und Bahnsteige stand von Beginn an fest, dass die historischen Bauteile im Bereich der Gleisanlagen in jedem Fall abgebaut werden mussten. Dies betraf zunächst die große Stahlhalle mit dem Marmor- und dem Kaisersaal sowie die Stützen und Tragwerksteile der anliegenden Bahnsteige. Die Stahlhalle, die bisher den österreichischen vom bayerischen Teil des Kopfbahnhofs abgrenzte, sollte jedoch nach der Restaurierung wieder vollständig errichtet werden.

Daher musste die Konstruktion zuerst geodätisch vermessen und dann die restauratorische Untersuchung aller Stahlelemente hinsichtlich Originalsubstanz, Erhaltungszustand und notwendiger restauratorischer Maßnahmen vorgenommen werden; gleichzeitig erfolgte die denkmalgerechte Planung der statisch notwendigen Verstärkungen.

Mit der Entscheidung der ÖBB, den Kopfbahnhof aufzulassen und die Gleise nunmehr durch die Halle zu führen, war klar, dass die historischen Säle und anliegenden Räume aufgegeben werden mussten. Es lag daher hier auch im Aufgabenbereich der denkmalpflegerischen Projektsteuerung, die fachgerechte Lagerung der festen Ausstattung des Marmor- und Kaisersaals vorzubereiten. Alle Teile, die nicht wieder aufgebaut werden sollten – und dazu gehörten auch rund 50 Stützen mit dazugehörigen Tragwerksteilen der Bahnsteigdächer – lagern bis auf Weiteres auf dem Betriebsgelände der ÖBB in Bischofshofen. Diese historischen Bauteile könnten im Sinne der Denkmalpflege und Nachhaltigkeit beim Umbau anderer Bahnhöfe eine neue Verwendung finden.

Ausführung von Musterachsen

Eine unverzichtbare Maßnahme, um die grundlegenden Parameter Kosten, Termine und Qualität in Bezug auf den denkmalgeschützten Bestand im gesamten Projektablauf einhalten zu können, war die Anfertigung von Musterachsen. Konkret wurden Fachrestauratoren beauftragt, für jeden relevanten Teil der denkmalgeschützten Bauteile in definierten Bereichen Musterflächen auszuführen. Als Beispiel dafür soll die Vorgehensweise zwischen restauratorischer Untersuchung und Ausführung der Musterfläche am Hausbahnsteig vorgestellt werden.

Am Hausbahnsteig hat sich, wie das bauhistorische Gutachten von Rolf Höhmann zeigen konnte, die originale Dachkonstruktion mit den Gusseisen-Säulen aus der Bauzeit 1860 noch in situ erhalten. Dennoch mussten sie zur Restaurierung vollständig abgetragen werden. Diese Demontage war notwendig infolge der bereits bewilligten Baumaßnahmen zur Erhöhung des Bahnsteigniveaus mit gleichzeitigem Abbruch des darunterliegenden Gewölbegangs, um eine neue Treppe, die Rolltreppen und Personenaufzüge errichten zu können.

Nach einer entsprechenden Bestandsdokumentation wurden die Bauteile hinsichtlich originaler Ausführungstechnik, Materialien, Farbigkeit und Schadensbilder untersucht, um die geeigneten Restaurierungs- und Konservierungstechniken festlegen zu können. Nach der geodätischen Vermessung konnte das Hausbahnsteigdach von der Stahlfirma abgebaut und die Gusseisenteile zur Restaurierung an den Sitz der beauftragten Firma in Scheifling in der Steiermark transportiert werden. Dort wurden sie nach den Vorgaben der restauratorischen Voruntersuchung bearbeitet.

Die Musterachse am Hausbahnsteig wurde von der beauftragten Metallrestauratorin Elisabeth Krebs im Herbst 2009 entsprechend dem Befund angelegt. Diese erstreckte sich über eine Achse mit zwei Säulen samt der darüberliegenden Trägerkonstruktion. In dem restauratorischen Untersuchungsbericht heißt es dazu:

„Folgende Maßnahmen wurden durchgeführt:
- Eingerüstet und Abbau der Dachverglasung
- Freilegung der Erstbeschichtung mittels Trockeneisstrahlen; dieses Verfahren bietet die Möglichkeit, Fassungen an Gusseisen ohne Schädigung des Trägermetalls abzunehmen, zudem können damit Reste der Erstbeschichtung erhalten bleiben. Im Zuge des Strahlvorgangs wurden auch Proben zur Abnahme der dicken Anstriche durchgeführt.
- Schützen durch Abkleben von im Strahlverfahren freigelegten Musterfeldern, damit bleibt die Erstfassung an Freilegungsfenstern auch nach der Neubeschichtung sichtbar erhalten."

In der Folge wurden auch die in den 1970er-Jahren veränderten Türöffnungen im Aufnahmsgebäude aufseiten des Hausbahnsteigs entsprechend den historischen Plänen in Zusammenarbeit mit dem Architekten Aldrik Lichtwark von kadawittfeldarchitektur wiederhergestellt. Die beim Umbau waagerecht veränderten Stürze konnten zur Rekonstruktion des einheitlichen und originalen Erscheinungsbildes wieder segmentbogenförmig ausgeführt und mit entsprechend geteilten und verglasten Türen geschlossen werden.

Das zweistufige Bewerberverfahren

Nachdem auf Grundlage der Musterachsen Technik und Qualität der Ausführung festgelegt war, konnten die Leistungen in detaillierten Leistungsverzeichnissen definiert und in einem zweistufigen Bewerberverfahren ausgeschrieben werden. In diesem Verfahren mussten die interessierten Firmen Referenzobjekte aus dem Bereich Denkmalpflege mit einer bestimmten Mindestauftragssumme vorlegen, sodass in der zweiten Stufe die entsprechend qualifizierten Firmen eingeladen werden konnten. Die wesentlichen Arbeitsschritte, die seitens der „denkmalpflegerischen Projektsteuerung" an der Stahlhalle und dem Hausbahnsteig des Salzburger Hauptbahnhofs durchzuführen waren, sind zusammengefasst folgende:

- Bestandsdokumentation,
- denkmalgerechte Planung der statisch bedingten Verstärkungsmaßnahmen,
- restauratorische Befundung von Stahlkonstruktion, Doppeladler, Flügelräder, Gusseisensäulen, Trägerelementen der Pultdächer,
- Anfertigung einer Musterachse unter Berücksichtigung statisch bedingter Verstärkungsmaßnahmen
  – des Glasdachs,
  – des Brandschutzanstrichs,
  – des Farbkonzepts,
- zweistufiges Bewerberverfahren,
  Erstellung der detaillierten Leistungsverzeichnisse,
  Prüfung der internationalen Referenzen aller Bewerber,

- denkmalpflegerische Baubegleitung wie
  - Schadenskartierung,
  - Maßnahmenkartierung,
  - baubegleitende Dokumentation,
  - Prüfung der Arbeiten des Auftragnehmers bzw. der Subunternehmer,
  - Neumontage,
  - Taubenschutz und
- restauratorische Arbeiten.

Fachplanerbesprechungen

Ganz entscheidend war, dass die einzelnen Fachplaner neben den primär technischen Parametern auch denkmalpflegerische Aspekte in der Detailplanung berücksichtigten. Um dieses Ziel zu erreichen, war die Teilnahme des denkmalpflegerischen Projektsteuerers an über 50 Besprechungen der Fachplaner notwendig. Das Ergebnis erlaubt abschließend festzuhalten, dass das gängige Vorurteil, Baumaßnahmen an denkmalgeschützten Gebäuden seien teuer, unkalkulierbar und würden zeitverzögert ablaufen, widerlegt werden kann: In der hiesigen Praxis hat sich erwiesen, dass durch den Einsatz der denkmalpflegerischen Projektsteuerung komplexe Bauvorhaben, trotz des Hauptaugenmerks auf Einhaltung von Qualität, im vorgegebenen Kosten- und Zeitrahmen abgewickelt werden können.

Sanierung des Aufnahmsgebäudes

Seit Dezember 2011 gibt es einen Vorstandsbeschluss der ÖBB, über die Bauteile der Infra AG hinausgehend auch das gesamte Aufnahmsgebäude, das heißt die nördlich und südlich an die Empfangshalle anschließenden Gebäudeteile, zu sanieren. Grundlage für das Immobilienprojekt ist eine detaillierte Bestandsaufnahme der historischen Ausstattung in den Bauteilen A, B, D, E und F. Die Dokumentation des inhomogenen, von umfangreichen Umbauten nach 1945 geprägten Baubestands macht erkennbar, dass noch zahlreiche Elemente wie Fensterverschlüsse, Stiegen, Geländer, Bodenbeläge, einzelne Türblätter aus der Bauzeit 1907 und zum Teil sogar aus der ersten Bauphase 1860 erhalten geblieben sind. Letzteres betrifft in besonderem Maße den Bauteil A, den ehemals bayerischen Pavillon, wo man in die filigran gestaltete Halle der Gründerzeit anstelle einer Eisenstiege der Umbauphase von 1907 schließlich eine zentrale Stiege mit Personenaufzug eingebaut hatte. Es wird aus denkmalpflegerischer Sicht als wesentlicher Punkt gesehen, diesen dominanten Eingriff der 1970er-Jahre nun rückgängig zu machen.

Ein positiver Effekt aus den Erfahrungen der abgeschlossenen Bauphasen ist, dass in der geplanten Sanierung des Aufnahmsgebäudes ein eigenes Gewerk für restauratorische Maßnahmen geschaffen wird.

Instandsetzung der Empfangshalle

Bezugnehmend auf die geplanten Sanierungsarbeiten im Aufnahmsgebäude soll abschließend auf seinen zentralen Bauteil, die eingangs erwähnte Empfangshalle, zurückgekommen werden. Hier wird am augenscheinlichsten sichtbar, welche Qualitäten hinter den nach 1945 sukzessive entstandenen Einbauten wieder zum Vorschein gebracht werden konnten.

Aufgrund des Gutachtens von Rolf Höhmann waren die Projektleiter der ÖBB davon zu überzeugen, die vorgeblendeten Wandpaneele großflächig entfernen zu lassen. Zunächst sollte mithilfe einer restauratorischen Befundung festgestellt werden, ob und wie viele der auf den historischen Plänen dargestellten Fliesenbilder noch vorhanden sind. Außer den Fliesenbildern brachte die restauratorische Befundung auch den originalen Eierstab-Stuckrahmen und die Farbigkeit der Wände zutage. Auch hier war neben der restauratorischen Befundung die Herstellung einer Musterachse grundlegend für Restaurierung und Rekonstruktion.

Für eine denkmalpflegerische Grundsatzentscheidung musste in einem weiteren Schritt der Bestand an teils sichtbaren, teils verbauten Marmorplatten der Wandverkleidung in der Erdgeschoßzone untersucht werden. Es galt festzustellen, welche Teile aus der Bauzeit 1907 und welche von Umbauten der Nachkriegszeit und der folgenden Jahrzehnte stammen.

Die ursprüngliche Marmorverkleidung war an drei Seiten größtenteils noch im Bestand vorhanden und wurde sorgfältig katalogisiert, demontiert und in Bischofshofen eingelagert. Lediglich die westseitige Sockelverkleidung in Richtung des Südtiroler Platzes war im Zuge der verschiedenen Umbauarbeiten verlorengegangen.

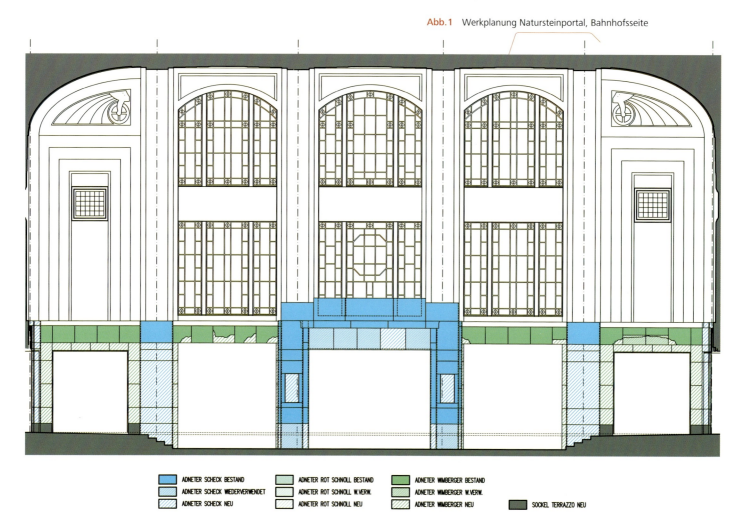

Abb. 1 Werkplanung Natursteinportal, Bahnhofsseite

Um eine differenzierte Gliederung des Sockelbereichs zu erzielen, wurden seinerzeit drei verschiedene Arten des sogenannten „Adneter Marmors" aus den nahe gelegenen Brüchen südlich von Salzburg bei Adnet verwendet:

- „Adneter Scheck" für die Lisenen und Hauptportale,
- „Adneter Wimberger" für die Nullflächen und
- „Adneter Rot Schnöll" für die Nullflächen der Nebenachsen, ein Stein, der auch für die monolithischen Säulen des Parlamentsgebäudes in Wien (1874–1883) verwendet wurde.

Restaurierungsziel war es, die Platten nach einer Reinigung der Oberfläche an ihrer ursprünglichen Position wieder einzubauen. Dabei wurde großer Wert darauf gelegt, auch eventuelle Unzulänglichkeiten des Erscheinungsbildes, z. B. durch frühere Reparaturen, nach Möglichkeit zu erhalten. Eine nachträgliche Harmonisierung des Bildes, wie sie zum Beispiel durch bewusstes Austauschen des vorhandenen Materials möglich gewesen wäre, schied aus denkmalpflegerischen Gründen aus.

Grundsätzlich wurden alle Natursteinplatten rückseitig verstärkt und anders als zur Bauzeit mit Edelstahlankern befestigt, um den gegenwärtigen gesetzlichen Regelungen zu genügen und jede Gefährdung auszuschließen. Einige der vorhandenen Platten waren stark beschädigt oder gebrochen, sodass hier für jede einzelne Platte entschieden werden musste, ob diese repariert werden könn-

Abb. 2 Werkplanung Fenster, Südtiroler Platz

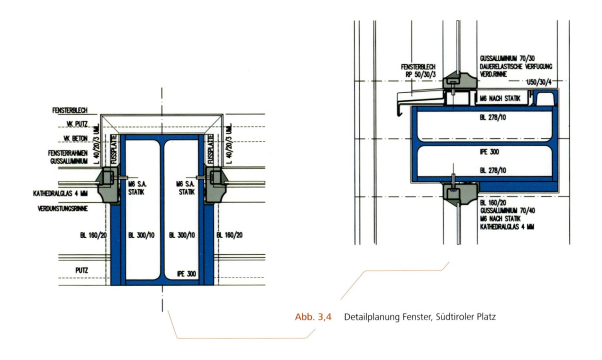

Abb. 3,4 Detailplanung Fenster, Südtiroler Platz

te oder ob eine Neuanfertigung auch aus denkmalpflegerischer Sicht gerechtfertigt wäre. Teilweise konnte der notwendige Ersatz aus nicht mehr benötigten Platten des Bestandes gefertigt werden, sodass hier zumindest eine Weiterverwendung des historischen Materials erreicht werden konnte (Abb. 1).

Für die übrigen notwendigen Ergänzungen, so zum Beispiel im gesamten westlichen Sockelbereich, konnte auf Material zurückgegriffen werden, das aus den ursprünglichen Brüchen stammt, die bis zum heutigen Tag in Betrieb sind.

Der Sockel in Richtung Südtiroler Platz musste völlig neu konzipiert werden, da hier weder Originalmaterialien noch gesicherte Erkenntnisse aus historischen Quellen zur Verfügung standen. Analog zum Bestand wurden hier Materialwahl, Fugenbild und Steinformate des Bestands wieder aufgenommen, um der ursprünglichen Intention möglichst nahezukommen. Dabei stellte sich heraus, dass sich die im Bestand teilweise vorhandenen Plattengrößen von bis zu 194 × 142 Zentimeter heute nicht mehr wirtschaftlich herstellen lassen. Daher war es nötig, diese Platten noch einmal zu unterteilen. Um Farbe und Textur der Ergänzungsplatten sicherzustellen, wurde im Leistungsverzeichnis definiert, dass die Platten bei der Produktion laufend im Werk durch den denkmalpflegerischen Projektsteuerer abgenommen würden.

Im Zuge der Restaurierung der Natursteinsockel und -portale wurde der in den frühen 1950ern vom Architekten Anton Wilhelm ergänzte Portalaufsatz mit der allegorischen Darstellung einer Flussgottheit nicht wieder montiert, um die ursprüngliche Belichtungssituation wiederherzustellen.

In Zusammenhang mit der Frage zur Herstellung des Bodenbelags war es anhand eines Bodenbefunds möglich, klare Rückschlüsse auf den originalen Bodenbelag aus der Bauzeit 1907 zu ziehen. Es zeigte sich, dass ein schwarzer Terrazzosockel direkt in die Randzone des Terrazzobodens überging. Farbe und Korngröße dieses Befunds wurde bei der Neugestaltung des Bodenbelags von den Architekten des Teams kadawittfeldarchitektur berücksichtigt.

Im Zuge der verschiedenen Kriegszerstörungen und Umbaumaßnahmen waren sämtliche historischen Fenster der Empfangshalle vollständig zerstört und zuletzt durch eine Profilit-Verglasung ersetzt worden.

Neben den nur teilweise noch vorhandenen Unterkonstruktionen standen zur Rekonstruktion der historischen Fenster lediglich ein Plan des k. k. Eisenbahnministeriums aus dem Jahr 1908, der die Innenansicht der Halle in Richtung Südtiroler Platz zeigt, und ein Foto aus dem Jahr 1909, das die bahnsteigseitige Situation wiedergibt, zur Verfügung.

Aufgrund dieser nur unzureichenden Quellenlage bestand ein wesentlicher Teil der planerischen Arbeiten bei der Rekonstruktion der historischen Fenster darin, die proportionalen Gesetzmäßigkeiten der Empfangshalle zu analysieren, Bezüge zwischen noch vorhandenen Elementen der Raumschale und der Fenster herzustellen und so die gestalterischen Vorstellungen des Architekten zur Bauzeit nachzuvollziehen (Abb. 2).

Technologisch bestanden die Rahmen der Fenster zur Bauzeit aus sehr schlanken Stahlbetonelementen mit einem geringen Armierungsanteil und sehr geringen Betonüberdeckungen der Bewehrungen. Diese schlanken Konstruktionen sind nach heutigen Normen und neueren baukonstruktiven Erkenntnissen in Stahlbeton nicht mehr zu produzieren, besonders, da die Fenster über eine Höhe von etwa 9,35 Meter verfügen und die Windkräfte aufgrund der exponierten Lage sehr hoch sind. Um die Proportionalität des Erscheinungsbildes wiederherstellen zu können, entschied man sich, die historische Stahlbetonkonstruktion durch eine Stahlkonstruktion zu ersetzen, die die gewünschten schlanken Querschnitte ermöglicht (Abb. 3).

Die ursprünglich vorhandenen Rahmen aus Gusseisen sind im Zuge der verschiedenen Umbauarbeiten der Vergangenheit zerstört worden. Anhand überkommener vergleichbarer Fensterkonstruktionen ließ sich jedoch das ursprüngliche Erscheinungsbild dieses Bauteils wiederherstellen. Leider gibt es aber immer weniger Gießereien, die in der Lage sind, solch filigrane Rahmen nach historischen Vorbildern anzufertigen. Daher musste bei der Rekonstruktion der historischen Fenster der Empfangshalle auf Profile aus Aluminiumguss zurückgegriffen werden. Das historische Foto (siehe Seite 223) aus dem Jahr 1909 zeigt deutlich, dass bauzeitlich eine transluzente Verglasung ausgeführt wurde, die keinen direkten Durchblick erlaubte. Bei der Rekonstruktion wurden daher vergleichbare Gläser in zwei unterschiedlichen Qualitäten gewählt (Abb. 4). Ursprünglich vorhandene kleinteilige Zierelemente der Verglasung, die wohl als Bleiverglasung ausgeführt worden waren, wurden bei der Rekonstruktion als Schwarzlotmalerei, einem seit dem frühen Mittelalter bekannten Verfahren, ausgeführt.

Im Rahmen der Restaurierungsarbeiten und der Wiederherstellung des bauzeitlichen Raumeindrucks waren schließlich auch die ursprünglich vorhandenen fünf Jugendstillampen zu rekonstruieren. Als einzige konkrete bekannte Quelle konnte, neben ähnlichen Entwürfen aus der Bauzeit, dabei wiederum nur auf das Innenraumfoto aus dem Jahr 1909 zurückgegriffen werden.

Am Anfang stand daher die Analyse der Perspektive des Fotos, um anhand der sich daraus ergebenden Beziehung zum Bestand auf die Maße der Lampen schließen zu können. So ergab sich durch diese Untersuchungen ein der einfachen geometrischen Grundkonstruktion zugrunde liegendes Maß von 18,5 Zentimetern. Die daraus abgeleiteten Proportionen der Lampe einschließlich der Abhängehöhe korrespondieren auch mit den Proportionen der übrigen Raumschale, insbesondere den Fenstern, und nehmen deren Höhenbezüge auf (Abb. 5 und Seite 84). Hier wird deutlich, dass dem gesamten Entwurf der Empfangshalle offenbar ein durchgängiges geometrisches Grundkonzept zugrunde liegt, das von der Gliederung der Raumschale über die Proportionierung der Fenster bis zu den einzelnen Ausstattungselementen konsequent umgesetzt worden war. Die Ausführungsdetails und die handwerkliche Umsetzung des Rekonstruktionsentwurfs wurden anhand historischer Beispiele und in enger Abstimmung mit dem auf Restaurierung und Nachbau historischer Leuchten spezialisierten Unternehmen entwickelt. Für die Oberfläche wurde mattiertes Messing gewählt. Um auch heutigen Sicherheitsstandards zu genügen, war eine Einzelabnahme der Lampen durch den TÜV notwendig. Im Gegensatz zu Serienprodukten entziehen sich handwerklich gefertigte Einzelstücke den mittlerweile üblichen Standardverfahren und machen aufwendige Einzelnachweise erforderlich.

Diese verschiedenen Beispiele, von ganzen Raumschalen angefangen über die Marmorverkleidungen bis hin zu Details wie Fenster und Lampen, verdeutlichen, wie durch eine denkmalgerechte Planung in enger Zusammenarbeit aller Beteiligten Denkmalwerte und damit Gestaltwerte wiedergewonnen beziehungsweise erhalten werden können.

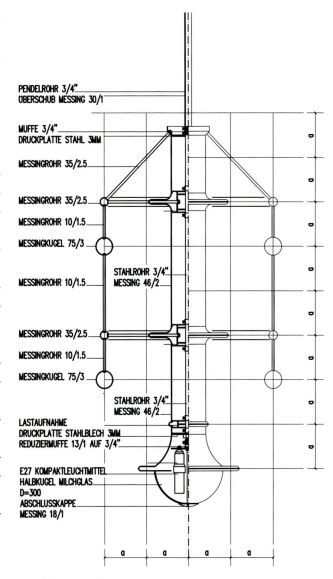

Abb. 5   Rekonstruktionsentwurf Lampe

Archäologische Untersuchungen im Bereich des Salzburger Hauptbahnhofs

Peter Höglinger

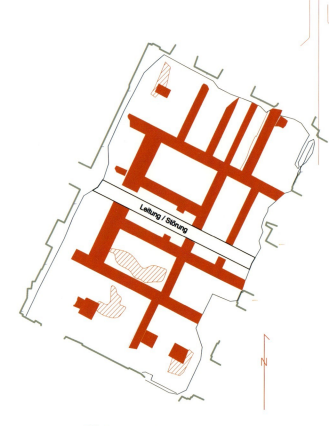

Abb. 1 Schemaplan der freigelegten Baustrukturen im Bereich der Kassenhalle

Die Umbauarbeiten für die Neugestaltung des Salzburger Hauptbahnhofs erforderten unter anderem auch einen flächigen Bodenaustausch bzw. eine Niveauabsenkung im Bereich der Kassenhalle (Bauteil C). Zur Klärung der Befundsituation wurde seitens des Bundesdenkmalamtes eine archäologische Betreuung des Bodenaushubs mit dem Bauwerber vereinbart.

Der im April 2010 maschinell durchgeführte Bodenabtrag[1] ergab nach Entfernung der rezenten (Beton-)Bodenplatte bereits in geringer Tiefe ältere Baureste. Dabei handelte es sich um Mischmauerwerk, das aus Ziegeln, Kalkbruchsteinen und grob zugerichteten Konglomeratblöcken bestand und mit hellem Mörtel verbunden war. Mauern und Pfeiler(-fundamente) zeigten dieselbe Zusammensetzung. Partiell konnten zugehörige Mörtelestriche (mit Ziegelsplitt) freigelegt werden, die wohl als Unterbau der nutzungszeitlichen Fußböden zu interpretieren sind. Letztere haben sich nicht erhalten und dürften wohl im Zuge späterer Umbauten entfernt worden sein. Eine massive, Ost-West mittig durch den Befund verlaufende Störungszone mag mit einer jüngeren Leitungstrasse zu verbinden sein, ist letztlich aber weder zeitlich noch funktionell eindeutig anzusprechen.

Mangels (datierenden) Fundmaterials ist eine zeitliche Einordnung des aufgedeckten Grundrissausschnittes nur über einen Vergleich mit historischen Plandarstellungen möglich. Eine Durchsicht des vorliegenden Kartenmaterials ergab recht gute Übereinstimmungen mit einem undatierten „Situationsplan für den Bahnhof auf dem rechten Salzachufer nächst Salzburg", der eindeutig und lediglich mit geringen Abweichungen auf einer Grundrissdarstellung des Aufnahmsgebäudes vom 1. Oktober 1861 basiert. Eine 1865 publizierte Darstellung zeigt hingegen insbesondere für die Aufteilung der Seitenräume des Gebäudetraktes eine deutlich andere Ausgestaltung, wobei das Bild

Abb. 2 Übersichtsaufnahme der Grabungsfläche in der Kassenhalle von Südwesten

eventuell durch Überblendung unterschiedlicher Gebäudeniveaus verunklärt sein könnte.

Die beste Entsprechung liefert allerdings ein 1907 erstellter Grundrissplan für die „Adaptierung des Aufnahmsgebäudes". Die darin gelb eingetragenen und somit für den Abbruch vorgesehenen Mauern des Bauteils stimmen bis in Details mit dem archäologischen Befund überein. Dieser dürfte demnach den Bauplan von 1860 mit geringfügigen Abänderungen nach dem Wiederaufbau infolge des Brandes vom Januar 1880 widerspiegeln und umfasst den Bereich des „Abfahrts-Vestibüls" mit zentraler, gegliederter Haupttreppe sowie seitlich davon Räumlichkeiten für das „Eilgut-Depot", das „österr. Poliz. Comissariat" und das „Polizei-Amt", einen Gang und einen Treppenaufgang (alle nördlich des Mittelraumes) bzw. die „Gepäcks-Abgabe und Untersuchungs-Halle" südlich davon. Die Funktionsbezeichnungen folgen den Angaben im oben angeführten undatierten „Situationsplan". Die Abänderungen im Bauplan können hinsichtlich ihrer Funktionsansprache leider nicht definiert werden.

Für die Umgestaltung von 1907 wurde der Mitteltrakt völlig entkernt und eine neue Haupthalle errichtet. Die zuvor hier befindliche kleinteiligere Raumeinteilung wurde dabei gänzlich entfernt, wobei der Mauerabbruch nur im unbedingt erforderlichen Ausmaß, das heißt bis knapp unterhalb des neu eingezogenen Bodenniveaus der Halle, erfolgte und die übrigen Baureste im Untergrund verblieben. Der aufgedeckte Grundriss geht wohl im Wesentlichen auf den Ursprungsplan von 1860 zurück, gewisse Adaptierungen dürften mit dem Wiederaufbau nach dem Brand von 1880 zu verbinden sein.

Das Dachtragwerk der alten Empfangshalle –

Ein Zeugnis der Ingenieurbaukunst des frühen 20. Jahrhunderts

Karl Spindler

Begibt man sich zu den Bahnsteigen des Hauptbahnhofs, durchschreitet man die große Abfahrtshalle des Aufnahmsgebäudes und bewundert die vorbildhafte Sanierung der Wand- und Deckenkonstruktion. Im Verborgenen bleibt darüber jedoch die nicht minder sehenswerte Dachkonstruktion der Empfangshalle.

Dieses im Jahr 1908 erstellte Tragwerk überspannt die Halle mit den Abmessungen von 30 Meter Länge und 20 Meter Breite mittels eisernen Fachwerkträgern sowohl in Längs- als auch Querrichtung. Die von unten sichtbare Stuckdecke ist vom Dachtragwerk lediglich mittels Flachstählen abgehängt, dient also nur als Verkleidung. Der riesige Dachraum darüber weist im Firstbereich die beträchtliche Höhe von 10 Meter auf, die Höhe der satteldachförmigen Fachwerkbinder misst beachtliche 4,3 Meter. Sämtliche Fachwerkstäbe wie Obergurte, Untergurte und Diagonalstäbe wurden aus Winkelprofilen und Blechen zusammengenietet. Diese wurden entsprechend ihrem Kräfteverlauf sparsamst bemessen und bis ins kleinste Detail sorgfältig konstruiert. Eine Nachrechnung mittels moderner Rechenanlagen unter Einbeziehung der gegebenen räumlichen Tragwirkung ergab eine verblüffende Übereinstimmung mit den erforderlichen Querschnittsabmessungen.

Bewundernswert und als Rarität zu bezeichnen sind die Lagerkonstruktionen des Tragwerks. Diese wurden nach den Regeln des Eisenbahnbrückenbaus je nach Lage als feste Lager, längsbewegliche Rollenlager und allseits bewegliche Kugellager ausgeführt. Ein Blick in die noch vorhandenen Ingenieurzeichnungen lässt erkennen, mit welcher Sorgfalt hier konstruiert und gezeichnet wurde. Neben dem technischen Inhalt sind diese Pläne auch darstellerisch durchaus als kunstvoll zu bezeichnen. Dieses nunmehr bereits über ein Jahrhundert bestehende Dachtragwerk wird bei entsprechender Unterhaltung sicherlich noch ein weiteres Jahrhundert erleben können, und somit

Abb. 1 Dachraum der Empfangshalle

Abb. 2 Dachraum der Empfangshalle

eine wesentlich längere Lebensdauer aufweisen, als man dies bei neu erstellten Tragwerken voraussetzt.

Schade ist dabei allerdings, dass dieses Zeugnis der Ingenieurbaukunst aus den Anfängen des vergangenen Jahrhunderts nicht öffentlich besichtigt und bewundert werden kann.

Abb. 3 Lagerkonstruktion allseits beweglich

Die historische Empfangshalle und ihre Wiederherstellung

Christoph Tinzl

Abb. 1 Die Empfangshalle vom Bahnhofsvorplatz aus, Zustand um 1910. Die beiden flankierenden Reliefs in der obersten Fassadenzone mit Eisenbahnszenerien sind nicht mehr erhalten.

Entstehung und Bestand

Resultierend aus der Grenzsituation und damit seiner speziellen Funktion als Endstation der Kaiserin-Elisabeth-Westbahn, zugleich – aus Salzburger Sicht – als Beginn des östlichen Teils der Maximiliansbahn, der bayerischen Anbindung nach München, wies der Personenbahnhof Salzburg 1860 gleich drei Vestibüle und damit Empfangshallen auf. Eher klein gehalten das österreichische und das bayerische Ankunftsvestibül sowie jenes große, mittig im Baukörper gelegene Abfahrtsvestibül, das seit Beseitigung der Kriegsfolgen nunmehr als alleinige repräsentative Empfangshalle wiederum Anfangs- und Endpunkt einer Eisenbahnreise in Salzburg bildet (Abb. 1).[1]

Gestalterisch kann der Hauptbahnhof als frühes Beispiel einer in und durch Architektur transportierten Ausprägung von „Corporate Identity" angesehen werden. Die „Imperial Royal Austrian State Railways" (englisch für die k. k. Staatsbahnen), präsentierten sich unter diesem Namen kurz vor dem Beginn der Arbeiten am Salzburger Hauptbahnhof auch ganz nachhaltig mit künstlerischer Hilfe auf der Weltausstellung 1904 in St. Louis in den USA als mondäner, zuverlässiger und moderner Reisepartner mit einem beeindruckenden, zumeist alpinen Streckennetz.[2] Sie legten auch in ihren Stationsneu- wie -umbauten des beginnenden 20. Jahrhunderts Wert auf ein zentral gesteuertes, gediegenes Erscheinungsbild, dessen Formulierung mehrheitlich in auch in Wien reüssierende Hände gelegt wurde. Zentralistisches Denken im Maßstab eines Großreichs, hinsichtlich der Ausführung durchaus regional umgesetzt, bildete die vereinheitlichende Klammer, auch in Salzburg (Abb. 2).

Über das Aussehen der Halle zur Zeit der Wiedereröffnung ist man einerseits durch Fotografien[3], wenngleich überraschend wenigen, andererseits auch durch einen im Salzburger Volksblatt erschienenen Beitrag Leopold Lehars, des Vorstand-Stellvertreters der k. k. Bahnerhaltungs-

Abb. 2   Blick auf den Bahnsteigzugang kurz nach seiner Neugestaltung um 1910

Sektion, gut informiert. Dieser schreibt am 5. Juli 1909: „Eine prunkvolle Ausstattung weist das Abfahrtsvestibül im Aufnahmegebäude auf, wodurch die schon durch die riesigen Raumdimensionen bewirkte mächtige Wirkung derselben noch erhöht wird. Die Wände sind bis auf eine Höhe von 4,55 Meter mit rotem Untersberger Marmor verkleidet, der auf einem polierten schwarzen Kunststein (Trassitor) Sockel aufruht.[4] Aus den Wänden treten die Vorbauten für die Kassen hervor. Diese sind aus einem eisernen, mit Aluminium verkleideten Gerippe gebildet und wurden, wie die nicht für Fenster benötigten Felder, mit grauem Adneter Marmor ausgefüllt. Der

Tunneleingang weist eine Marmorumrahmung auf, welche noch eine Uhr erhält. Die Wände und der mit großen Hohlkehlen versehene Plafond ist in Stuck ausgeführt, durch Lisenen, welche sich an der Marmorkleidung fortsetzen, unterteilt bezw. kassettenförmig ausgebildet. In den Wandfeldern befinden sich farbige, glasierte Fliesenbilder, vorstellend das Salzburger Stadt- und Landeswappen, ferner eine Reihe von Salzburger Landschaftsbildern. Die großen Hallenfenster erhielten Kunstverglasungen und im oberen mittleren bahnseitigen Fenster über dem Tunneleingang ist das Bildnis Sr. Majestät im Toison-Ornat, darunter der österreichische Kaiseradler dargestellt.[5] In Verbindung mit den drei Haupteingangstüren sind Windfänge, welche Einbauten für Verkaufsbuden besitzen, angeordnet. Die Tischlerarbeiten sind in dunkel gebeizter, slavonischer Eiche mit Aluminiumbeschlägen ausgeführt und mit kassettierten Spiegelgläsern verglast"[6] (Abb. 3). Überaus detailliert werden im Volksblatt auch die beteiligten Firmen und Professionisten genannt, nicht hingegen die Schöpfer der Fliesenbilder. Des Weiteren keine Erwähnung findet die technische Raffinesse, mit der die Hülle der „Empfangshalle neu" in den Ziegelkubus des Baus von 1860 gesetzt wurde. Eine elegant-fragile, beweglich gelagerte Eisenkonstruktion trägt das Dach, der abgehängte Deckenspiegel ist knapp drei Zentimeter stark, ausgebildet aus Hasenstallgitter und Verputzlagen. Geradezu in barocker Tradition sind die glatten Wandoberflächen aus gleichfalls dünnschichtigen Lagen von Schilfrohr, dem Träger und einem Kalkgipsmörtel mit Glättschicht und dünner Kalkfassung aufgebaut.

Es mag typisch für Österreich sein, dass eine genaue Unterscheidung der Zuständigkeiten und Kompetenzen in dieser „Parallelaktion Bahnhofsumbau" kaum möglich wird – die Architekten Ferdinand Nebesky, Heinrich Kathrein, möglicherweise sogar Schüler Josef Hoffmanns, Ladislaus von Diószeghy, der wohl Bauleitung und Bauaufsicht innehatte, und Hans Prutscher sind Namen, die immer wieder genannt werden.[7] Mit Letztgenanntem konkretisiert sich jedoch die dekorative Ausgestaltung der Raumschale der Empfangshalle, zeigen doch die beiden ostseitig applizierten Wappenkartuschen von Stadt und Land Salzburg seinen Namenszug. Es ist ein verhaltener Jugendstil, der für die Empfangshalle des Salzburger Bahnhofs in Form von zehn Fliesenbildern nebst ihren Fliesenbänderungen, gewählt wird.[8] Das Motiv der rahmenden Eierstäbe ist noch als Reminiszenz des Historismus zu sehen, in ihrer technisch makellosen Umsetzung als vorgefertigter Modelstuck typisch.[9] Charakteristisch für die neue großstädtische Gesinnung ist hingegen das Spiel mit streng formulierter geometrischer Plastizität des Raums. Sockelzone, Lisenen, Bänderungen sowie die gusseisernen Gliederungen der großen Fensterflächen tragen zur funktionellen Eleganz der Architektur bei, ein Grundcharakter, der durch präzise gesetzte Farbakzente unterstrichen wird: die gelben Hinterlegungen der Eierstäbe, das gelbliche Weiß der Fliesenrahmen, die blauen Bordüren unterhalb der Bilder[10] sowie – von edler Zurückhaltung – die sich aus strukturellen Unterschieden in den Verputzflächen ergebenden Abschattierungen des an sich monochromen Kalkweiß. Es mag wohl eine der Erklärungen für die eigenartige Diskrepanz zwischen dem hohen Grad künstlerischer Ausgestaltung und Detailfreude und dem Verlust ebendieser Qualität durch die vergleichsweise große Distanz von Betrachter und Fliesenbild gerade in der dienenden Funktion der Dekoration sein, die sich im Wiener Jugendstil des frühen 20. Jahrhunderts dem klaren architektonischen Gesamtplan unterzuordnen hat; nebenbei bleiben sie so für jedermann auch im größten Gedränge sichtbar, der Blick „reckt sich den Gipfeln entgegen."[11]

Hans Prutscher[12], der Architekt, Otto Barth[13], Hans Wilt[14] und Hubert von Zwickle[15], die Maler, Grafiker, Kunstgewerbler: Man ist eine Generation, kennt sich, die Mengenlehre im Wiener Kulturleben führt zu unterschiedlichen Schnittmengen, aus denen die jeweils als befähigt Eingeschätzten für die unterschiedlichen Bauaufgaben rekrutiert werden. Barth und Wilt haben beide an der Akademie studiert, Ersterer ist wiederum mit Zwickle in der Künstlervereinigung Jungbund aktiv, die in der Folge im

Abb. 3 Die Empfangshalle, hier noch mit den eleganten Schaltereinbauten aus Glas, Aluminium und grauem Adneter Marmor, kurz nach ihrer Neugestaltung um 1910

Hagenbund aufgehen wird, dessen Gründungsmitglied wiederum Wilt ist. Otto Barth ist wie auch Otto Prutscher, der jüngere Bruder von Hans und wichtige Charakter der Wiener Werkstätten, Mitglied der Phalanx, dem weniger bekannten Wiener Pendant zur Münchner Künstlergruppe um Kandinsky, und wird wohl so auch Prutschers Bruder Hans gekannt haben. Dieser, gelernter Tischler und Maurer, ist kein studierter Baukünstler, sondern jemand, der sich Architektur als handwerklichen Lehrberuf in der Mitarbeit bei renommierten Büros der Zeit erworben hat und den Baubetrieb ganz genau kennt. Er hatte mit dem gebürtigen Salzburger Zwickle bereits in seiner Zeit bei Hermann Stierlin am Franz-Josephs-Kai 5 in Wien das vergleichsweise kleine Eingangsfoyer eines Bürgerhauses in Form eines Wandbrunnens und diverser Rundbilder aus Glasfliesen und Marmor ausgestaltet (Abb. 4). Eine weitere Kollaboration ergab sich bei der Ausgestaltung der Wildbrethandlung Zitterbart im 6. Wiener Gemeindebezirk um 1905[16]. Gut möglich, dass es der handwerklich versierte, weit gereiste und auch in England einen Teil seiner Lehrjahre verbringende Prutscher war, der auf die spezielle Wirkung der Fliesenkunst für Raumdekorationen wie die eben genannten, aber auch den Salzburger Hauptbahnhof, hingewiesen hatte.

Es war jedoch nicht nur Zwickle, der sich bereits vor dem Salzburger Auftrag mit Fliesengestaltungen beschäftigt hatte, auch Otto Barth dürfte schon Erfahrung mit Flächenkunst am Bau gehabt haben. 1906/07 erweiterte sich das bekannte Sporthaus Mizzi Langer-Kauba in Wien, die Fassade dafür zeichnete Karl Schön. Er sah zwei flankierende, über die Höhe der Traufe aufsteigende, Vordachbekrönte, polygonale Giebellösungen vor, die nichts anderem dienten, als Träger zweier Gipfeldarstellungen in Fliesenbildern zu sein, die, nicht mehr erhalten, Barth zugeschrieben werden.[17]

Geht man nun vom thematischen Schwerpunkt der Bilder im Bahnhof aus, der Alpenmalerei, so ist es Barth, der dafür erste Wahl gewesen sein muss. Er, dem in diversen Seilschaften Erstbesteigungen gelangen, darunter einige mit dem Maler und Grafiker Gustav Jahn[18], war durch und durch „Bergfex" und kannte nahezu den gesamten Alpenbogen von ausgedehnten Touren.[19] Im Gegensatz zu Plakaten, Postkarten oder Leinwandmalerei von Barth, Wilt oder Zwickle fehlt auch bei Erstgenanntem in den Fliesenbildern der Empfangshalle der Mensch; er ist – teilweise – nur indirekt anwesend als Gestalter der Umgebung, so bei Wilts „Hellbrunn", der Spiegelung Zells im Zellersee (Abb. 5) oder auch Zwickles „Ansicht der Festung von Westen" (in etwa von der Villa Frey aus), doch zentral bleibt immer die majestätische Bergwelt[20]. Akzente verschieben sich innerhalb der einzelnen Künstlerpersönlichkeit, die Bildfindungen oszillieren zwischen Detailtreue und – überaus stimmig für einen Verkehrsbau der Jahrhundertwende – impressionistischer Umdeutung.[21] Inmitten von Menschenmassen am Bahnhof bilden die klar

Abb. 4 Hans Prutscher hatte mit dem gebürtigen Salzburger H. v. Zwickle bereits 1905 in Wien I das Eingangsfoyer eines Bürgerhauses mit einem Wandbrunnen und diversen Rundbildern aus Glasfliesen und Marmorplatten ausgestaltet.

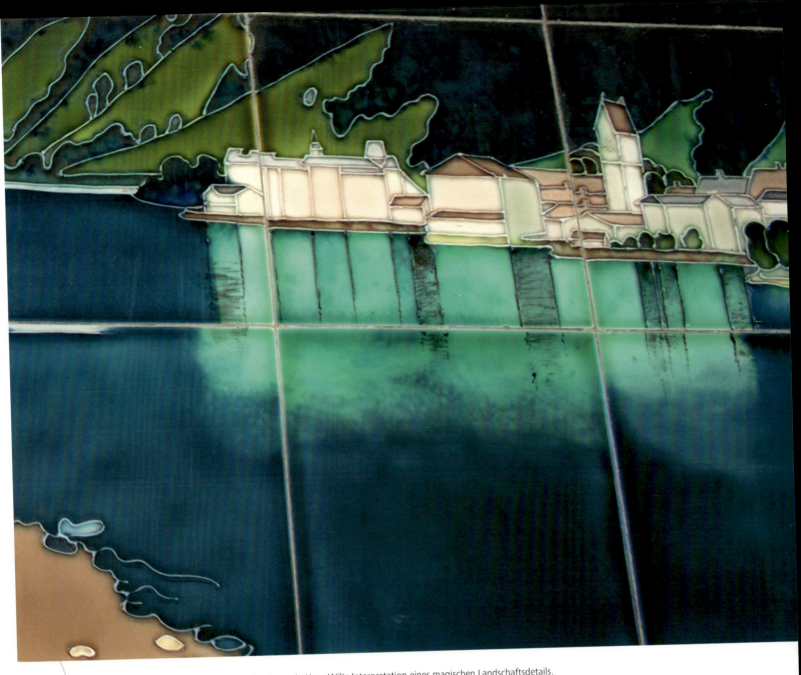

Abb. 5　Zell spiegelt sich im Wasser des Sees – in Hans Wilts Interpretation eines magischen Landschaftsdetails.

Abb. 6　Der „Großvenediger", den Otto Barth von Osttiroler Seite zeigt. In wenigen starken Farben flächig angelegt, diese nur durch mehr oder weniger deckenden Auftrag variierend, gelingt es ihm, das Bergmassiv auf den ersten Blick erkennbar werden zu lassen und dennoch die Stimmung eines fortgeschrittenen Tages einzufangen.

begrenzten Ausblicke auf bekannte Landschaften einen naturbezogenen Gegenpol, erhöhen die Sehnsucht nach eigenem Nachvollzug und damit auf Reisen und erfüllen auf das Eindrucksvollste ihren Zweck als unaufdringliches Werbemittel.[22]

Charakteristisch für die Fliesenbilder ist Otto Barths „Großvenediger", den er allerdings von Osttiroler Seite, dem Innergschlöß, das als der schönste Talschluss der Ostalpen gilt, zeigt (Abb. 6). In wenigen starken Farben flächig angelegt, diese nur durch mehr oder weniger deckenden Auftrag variierend, gelingt es ihm, das Bergmassiv auf den ersten Blick erkennbar werden zu lassen und dennoch die Stimmung eines fortgeschrittenen Tages einzufangen. Ausgeführt auf 88 Steingutfliesen, deren feinkörniger Scherben von 1 cm Stärke reinweiß ist und somit neutral auf die aufgebrachten Farben reagiert, sind die jeweiligen Farbflächen, vergleichbar einer Draht-Emaille, durch gratig aufgebrachten Schlicker von etwa 1 mm Stärke von einander abgesetzt, Farbvertiefung, Oberflächenglanz und Haltbarkeit bringt eine vergleichsweise dickschichtig applizierte Glasur.[23] Kann man davon ausgehen, dass Barth die Szenerie aus eigener Anschauung kannte, und gerade deshalb auch den „Großglockner", von ihm in kühn gewähltem Blick auf die Gipfelabfolge über ein Gletscherfeld umgesetzt, übertragen bekam, so könnten andere Motive durchaus auch auf zeitgenössischen Fotografien, gegebenenfalls gar Postkartenmotiven, basieren (Abb. 7). Hans Wilt, der am stärksten dem Impressionismus Verhaftete der Gruppe, mit stimmungsvollen Bildern aus der gesamten westlichen Monarchie, vor allem der Küste, heute am Kunstmarkt bekannt und schon damals gerne angekauft,[24] gibt mit Zell am See, vor allem aber „Hellbrunn" dem bloßen Spaziergänger leicht erreichbare Motive, die damit auch in der zeitgleichen Fotokunst gerne festgehalten wurden (Abb. 8). Gerade das stärkere grafische Sehen der Schwarzweißkamera kommt der Notwendigkeit zum Denken in präzisen Flächenformen entgegen, und würde nicht künstlerische Krücke und damit Unzulänglichkeit, sondern im Gegenteil Erweiterung des gestalterischen Spektrums bedeuten. Motive wie der „Gasteiner Wasserfall" (Barth) (Abb. 11–13) oder auch der „Dachstein mit Hinterem Gosausee" (Abb. 9, 15) sind generell beliebte Motive des 19. Jahrhunderts, sowohl in klassischen Medien der Malerei als auch in der beginnenden Fotografie.

Technisch von den Veduten abweichend, weil auf gebrochen weißes Fliesenmaterial nur aufgemalt, sind die beiden Wappen, die die Ostseite der Halle zieren und sich gestalterisch auf den seit dem Krieg verlorenen, vorher in Glasmalerei präsenten Kaiser nebst Doppeladler bezogen.

Die Jahre nach 1945

Ab Herbst 1944 gerät auch der Salzburger Hauptbahnhof in die Zieloptik alliierter Fliegerverbände. Bomben zerstören primär den Mittelperron, die Verglasung der Empfangshalle, auch das bahnseitige „Kaiser-Fenster" geht zu Bruch. So sind die Folgen der Fliegerangriffe auch ohne unmittelbaren Treffer schlimm für den Bestand, Gefügezerrüttungen schädigen die in ihrem Aufbau aus Schilfrohrträger und geglättetem Kalkgipsputz sensiblen Oberflächen des frühen 20. Jahrhunderts, die an vielen Stellen aufreißen, zur Ausbildung von mitunter mehrere Quadratmeter großen Platten führen, die sich weiter verschieben und Versatzkanten ausbilden. Um nun der Gefahr von flächigen Verlusten vorzubeugen, werden bei der ersten Nachkriegssanierung unter der Leitung des Architekten Anton Wilhelm von 1945 bis 1950 die Risse großzügig mit einem frühen Polyesterspachtel überzogen.[25] Zudem wird die Neuausmalung farblich auf die patinierte Oberfläche von 1909 mit ihrer blassen Gelbockertönung abgestimmt, wenngleich nun deutlich kräftiger umgesetzt in gelblicher Ausmischung. Möglicherweise kommt es bereits zu diesem Zeitpunkt zum Verlust der nun blauen Dekorbänderungen unterhalb der Bilder, die abgeschlagen werden.

Die Sockelverkleidung kann repariert und entsprechend neuer Nutzungsvorstellungen bei den Kasseneinbauten erweitert werden. Dort, wo zuvor der Doppeladler die allgegenwärtige Monarchie repräsentierte, wird als wesentlichste gestalterische Veränderung vor einem hoch

Abb. 7 Einer überzeugenden Darstellung der kalten Majestät des „Großglockners" von Otto Barth und seines ewigen Eises kommt die Technik des Fliesenbildes mit ihrer Farbtiefe und ihrem Glanz besonders entgegen.

Abb. 8 Gleich einem Gedicht Georg Trakls melancholisch interpretiert Hans Wilt den Herbst, der über Hellbrunn und sein Schloss gekommen ist.

Abb. 9 Farbkräftig, expressiv, ausgezeichnet erhalten: Hubert von Zwickles „Dachstein mit Gosausee" im restaurierten Zustand.

aufragenden Marmoraufbau nach Georg Raphael Donners Bleiguss am Providentiabrunnen am Neuen Markt in Wien eine Kopie der „Enns", personifiziert als alter Fährmann, flankiert von einem goldenen Laufrad, aufgestellt. Darüber weist in Stein der Spruch „Aurum ex aquis" auf die den (elektrischen) Bahnbetrieb treibende Wasserkraft hin, darunter kündet eine Inschrift vom Wiederaufbau des Bahnhofs (Abb. 10).[26] Die unteren Fensterflächen daneben werden auf gleiche Höhe in Ziegel ausgemauert, die Lichtwirkung der Halle dadurch verändert.

Was der Krieg nicht durch Zerstörung aus der Welt schaffte, lässt eine neue steuerliche Regelung für Reklame, die Lichtwerbung begünstigt, Mitte der 1970er-Jahre hinter einer billigen Verplattung verschwinden. Nachdem Bemühungen bis hin zu Planungen eines Bahnhofsabrisses und -neubaus unter anderem daran scheitern, dass nach entsprechenden Medienberichten der damalige Landeskonservator des Bundesdenkmalamtes, Dipl.-Ing. Walter Schlegel, auf den „kleinen Schönheitsfehler" hinweist, der Bau würde bekanntlich unter Denkmalschutz stehen, kommt es zu einem „Deal" der bahneigenen Eisenbahnreklame mit der Gebäudeerhaltung. Die inzwischen in Bereichen als mehr als desolat geschilderte Empfangshalle, deren Türen nicht mehr schließen, deren Verglasung mit ihrem „Sprießlwerk" kaum zu reinigen sei und die generell als unzeitgemäß empfunden wird, soll umgestaltet werden. Umbau und Erhaltung sollen sich quasi selbst finanzieren, Lichtreklame sei Dank.[27] Ein Raster aus Dachlatten fixiert mit Schrauben und Dübeln stellt die Verbindung zum Untergrund her, im Raster legt sich die Verblendung über die Raumschale. Modernes Bohrgerät durchdringt Verputz wie Fliesenbilder, deren größere an den Längsseiten nun bis zu neun Dübellöcher von ca. 14 mm Durchmesser aufweisen (Abb. 14). Offenbar waren diese Beschädigungen „Plan B", denn eine versuchte Abnahme der Fliesenbilder scheiterte an der Qualität des Bettungsmörtels von 1907/08; allerdings konnte man sich das Scheitern erst nach dem Totalverlust der Zwickleschen „Festung" und eines Viertels von Otto Barths „Bad Gastein" eingestehen, an dessen verbliebenem Rest sich nunmehr noch die aufgeklebten Zettel der Ordnungsnummern fanden. In die zuvor gegliederten Fensterflächen wird Industrieverglasung eingesetzt, die Wirkung der Sockelzone durch überdimensionierte Schalter- und Geschäftseinbauten in Aluminium ver- und entstelst.[28] Der Salzburger Bahnhof erfährt den Chic internationaler Provinzialität, das teigige Fassungskonzept in Braun, Beige und Altrosa kann nur noch als „gewagt" bezeichnet werden.

Eine weitere Härteprobe für die Substanz stellten 1992 die umfangreichen Grabungsarbeiten für den neuen südlichen Endbahnhof der Lokalbahn, zugleich Beginn der bislang nur in Studien existierenden unterirdisch geführten Salzburger Stadt-Bahn nebst Gleisanlagen, dar. Setzungen wurden gemessen, allfällig davon resultierende Schäden wie etwa Risse blieben hinter der Verschalung verborgen und wären wohl auch nur anhand einer detaillierten Vorzustandskartierung zuordenbar gewesen.

Restaurierungsmaßnahmen 2009 bis 2011

Nach langer Vorlaufzeit, die in diesem Band umfassend dargestellt ist, begannen die eigentlichen Restaurierungs-

Abb. 10 „Aurum ex aquis" – „pecunia ex reclama" – wo seit 1950 eine Allegorie auf die Wasserkraft dem Bahnwesen und dem Wiederaufbau huldigte, wurde seit den 1970er-Jahren durch Lichtreklame großstädtisches Bahnhofsflair suggeriert.

Abb. 11 Das Bild „Bad Gastein" (Otto Barth) hatte im Lauf der Zeit seine Kirche eingebüßt, welche in Siebdrucktechnik nach Fotovorlage wieder hergestellt werden konnte

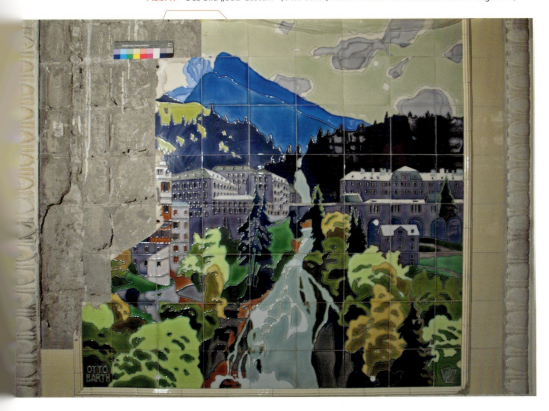

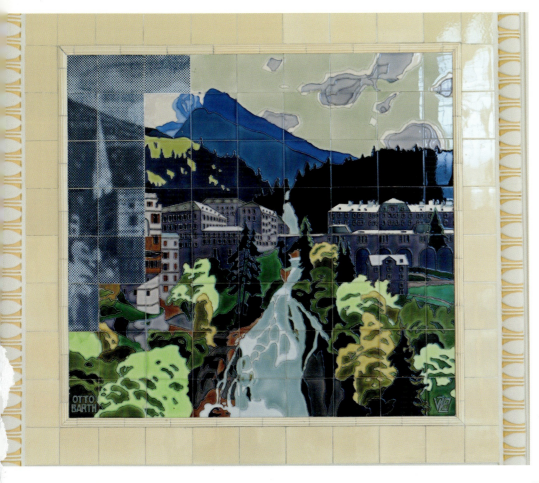

Abb. 12 „Bad Gastein" im Nachzustand

Abb. 13 Das berühmte Hotel Straubinger – Detail aus Otto Barths „Bad Gastein"

arbeiten in der Schalterhalle 2006 mit einer Bestandsaufnahme.[29] Ende 2008 konnte, initiiert und begleitet von Hermann Fuchsberger, an der nordöstlichen Wandachse und damit im Bereich von Hubert von Zwickles „Dachstein mit Gosausee" eine rund 70 m² große Probeachse zu materialtechnischem Umgang und dem damit zu erzielenden Erscheinungsbild angelegt werden. (Abb. 17, 3) Die dabei erprobten Maßnahmenschritte hinsichtlich der Raumfassung wurden, nach entsprechender Diskussion, als Grundlage der Ausschreibung der Arbeiten 2011 herangezogen, wobei ein Grundierungssystem auf Basis einer abwaschbaren Binderfarbe den Sol-Silikat-Deckanstrich reversibel halten soll.[30]

2010 begann die „heiße Phase der Umbauarbeiten mit schwerem Gerät", die den Bereich der Empfangshalle erreichte und auch die statische Sicherung der Fundamente im Torkretverfahren und das Absenken des Bodenniveaus im Bereich der Zugangsrampe umfassten (Abb. 18). Dafür wurden im Februar von Steigern aus die Fliesenbilder in ihrem Ist-Zustand fotografisch dokumentiert, vorgereinigt, mit Japanpapier und Celluloskleber kaschiert. Zudem erhielten sie schlussendlich eine Einhausung mit Hartschaumplatten, gesichert mit Dachlatten. Zeitgleich wurde die Sockelverplattung aus Adneter Rotscheck abgenommen, um in der Folge gekittet, gereinigt bzw. in Rissbereichen durch Verklebungen gesichert zu werden. Aufwendig gestaltete sich hier die Suche nach in der Optik mit dem Altbestand harmonierendem Neumaterial, das etwa im Bereich der Zu- und Abgänge benötigt wurde. Da nicht Teil des secessionistischen Ausstattungskonzeptes, gelangt die Figurennische „Aurum ex Aquis" nicht mehr zur Aufstellung.[31] Parallel dazu verlaufen die Detailplanungen zur Erhaltung des historischen Bestandes, Ausschreibungen mit entsprechenden Fristen, Muster, etwa für die zu rekonstruierende Verglasung der Halle, wurden in die Fensterhöhlen eingesetzt, begutachtet und freigegeben.[32]

Von Februar bis Juni 2011 wurde die Schalterhalle dann oberhalb der Sockelzone restauriert, wobei vor allem die Wiederherstellung der Fensterlaibungen sowie eines präzisen unteren Abschlusses der Wandputze eine handwerkliche Herausforderung darstellte, die in der Neuanfertigung von etlichen Laufmetern Eierstab gipfelte.[33] Nach entsprechender Feuchtreinigung der Oberflächen und dem Kitten der vielen Rissverläufe konnte die Neufassung – mit Ausnahme des Herausfassens der gelb-weißen Eierstäbe – vergleichsweise zügig umgesetzt werden. Hinsichtlich der Fliesenbilder waren es die Reinigung und das Kitten der Bohrlöcher der Verschalung der 1970er-Jahre, die, wie bei „Zell am See" teilweise den umliegenden Bestand abgesprengt haben, sowie deren Vollretusche, vor allem aber die Rekonstruktion der mit den Jahrzehnten verlorenen Teilbereiche der Jugendstilausstattung: In Ermangelung besserer Vorlagen kam es anhand zweier Schwarz-Weiß-Kopien alter Bestandsfotos am Computer zur Rekonstruktion der „Festung Hohensalzburg", die nach Präsentation diverser Muster in einem vergleichsweise groben Raster in monochromem Siebdruck auf hellblauen Fliesen gedruckt und eingebrannt wurde, wie dies auch mit dem fehlenden linken Rand von „Bad Gastein" geschah. Damit ist der Bestand wieder komplettiert, seine Lesbarkeit gegeben, und dennoch auf den ersten Blick als Ergänzung der Restaurierung von 2011 erkennbar (Abb. 11, 12, 13). Fliesenverluste, im Bereich der Rahmen sowie der rahmenden Profilleisten jeweils rund 70 Stück, wurden als Fertigware bestellt bzw. nachproduziert und gleichfalls mit Fliesenkleber angebracht. Unterhalb der Bilder wurden wieder die 732 kobaltblauen Fliesen eingemessen und versetzt, deren Ränder händisch nachgefasst sind.

Wesentlicher Teil der nunmehr hellen, einladenden Wirkung der Empfangshalle sind die in Flächenumfang und Detailgliederung – einschließlich schlichter rautenförmiger Randakzente in Schwarz – wieder hergestellten Fenster an Ost- und Westseite. Insbesondere das Einpassen der nunmehr der Gewichts- und Kostenreduktion wegen in Aluminiumguss ausgeführten Rahmen, die allesamt mit Naturmaß auf die Laibungsflächen zu reagieren hatten, war ein anspruchsvolles Unterfangen, das schlussendlich im Zusammenspiel von Glasmaler und Stuckateuren

Abb. 14 Detail aus Hans Wilts „Bischofsmütze", teils schon gereinigt. Rechts erkennt man einen der vielen Dübel der Plattenhalterungen.

Abb. 15 Hubert von Zwickles „Dachstein mit Gosausee" vor der Restaurierung. In der Schrägansicht wird der Schmutz der Jahrzehnte besonders deutlich.

befriedigend gelöst werden konnte. Mit der Wiedermontage der Sockelverplattung, dem Einbringen des Terrazzobodens und der Montage der in Anlehnung an den bauzeitlichen Bestand gestalteten Messingleuchten kommen die Arbeiten an der historischen Raumschale der Empfangshalle des Salzburger Hauptbahnhofs zu einem Ende, das am 5. November 2011 mit einer Teileröffnung des „Vestibüls" und der Bahnsteige 1 bis 3, die die gleichfalls restaurierten Stahlkonstruktionen überdachen, entsprechend gefeiert wird. Lange hat es Salzburg gefehlt – ein würdiges Entrée zu Festspielstadt und Weltkulturerbe, dessen Hofstallgasse einmal als das „schönste Foyer der Welt" bezeichnet wurde. Mit der Renaissance des Eisenbahnwesens, die kommen wird, kommen muss, verknüpft mit Initiativen wie „Verkehr 2050" der Europäischen Kommission, kann durchaus wieder eine „Mondänisierung" der Reiseatmosphäre einhergehen – das Foyer dafür steht offen.

Abb. 17 Ende 2008 wurde in der Nordostecke der Halle eine rund 70 m² große Probeachse zu materialtechnischem Umgang und dem damit zu erzielenden Erscheinungsbild an Hubert von Zwickles „Dachstein mit Gosausee" angelegt.

Abb. 16 Verplattung, Farben, Fenster und Lichtwerbung verbreiteten zwischen 1977 und 2010 einen Charme wie im real existierenden Sozialismus.

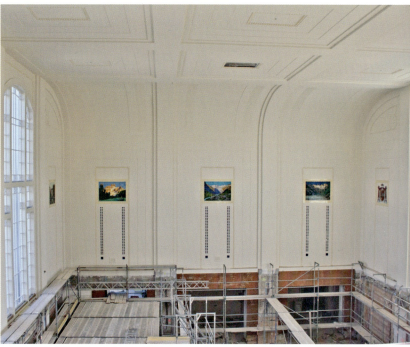

Abb. 18 Impressionen einer Transformation: die Halle, wie sie sich zu Beginn der Umbauarbeiten, hier in ungewohnter Perspektive vom Hubsteiger aus, präsentierte.

Abb. 19 Zweieinhalb Jahre später: Die aufwendige Gerüstkonstruktion ist nahezu entfernt, farbkräftig leuchten die Fliesenbilder im Weiß der Wände auf.

Abb. 20, 21 Nach rund 95 Jahren wiedererstanden: die k. k. Pracht der Empfangshalle (links um 1910, rechts 2011).

Gesichter hinter dem Umbau des Salzburger Hauptbahnhofs

Yannick Gotthardt, Melanie Zipin

Immer schon waren Bahnhöfe mehr als bloße Technik oder Architektur. Es geht vor allem auch um Menschen, die sich finden, ankommen, abfahren oder hier arbeiten. Mit seinen Fotos stellt Yannick Gotthardt besonders sie in den Mittelpunkt und begibt sich auf die emotionale Spurensuche am Salzburger Hauptbahnhof.

236 *Gesichter hinter dem Umbau des Salzburger Hauptbahnhofs*

Reinhard Hierzegger, 48, aus Stainach-Irdning

seit 28 Jahren bei den ÖBB,

ist Bauleiter bei den Gleisbauarbeiten.

Er koordiniert das Baustellengeschehen zwischen den einzelnen Firmen vor Ort, plant den Einsatz von Großmaschinen, hält den Kontakt mit den Zulieferern, organisiert die Materialbestellungen und managt die Arbeiten im Oberbau.

Erich Rattensberger, 46, aus Piesendorf im Pinzgau

arbeitet seit 22 Jahren bei den ÖBB,

sorgt für einen sicheren und hochwertigen Bahnbetrieb im Bahnhofsbereich.

Er ist verantwortlich dafür, dass die Reisenden auch während der Umbauphase sicher, schnell und bequem zu ihren Zügen kommen. Eine große Herausforderung – während der Umbauzeit ist der Salzburger Hauptbahnhof ein Provisorium in Vollbetrieb.

Gesichter hinter dem Umbau des Salzburger Hauptbahnhofs

Melanie Zipin, 32, aus Innsbruck in Tirol

arbeitet seit drei Jahren bei den ÖBB,

informiert Anrainer, Bahnhofskunden und Reisende über den Projektverlauf und schafft Akzeptanz für das Projekt.

Sie sorgt dafür, dass zwischen den ÖBB und den vom Bau Betroffenen die Kommunikation klappt.

Helmut Leimer, 46, aus Salzburg-Gnigl

arbeitet seit 27 Jahren bei den ÖBB,

sorgt als Bauleiter der Elektrotechnik vor allem auch dafür, dass die gesetzlichen und von den ÖBB gesetzten Vorgaben beim Bau eingehalten werden.

Er teilt morgens ab 6 Uhr das Personal ein, stellt die technisch notwendigen Informationen zusammen und ist dann den ganzen Tag mit der Baustellenabwicklung beschäftigt.

Heidi Kostal-Wichtl, 48, aus Salzburg

arbeitet seit 4 Jahren bei den ÖBB,

bildet das Bindeglied zwischen Shopbetreibern und der Projektleitung Nahverkehr Salzburg.

Sie koordiniert für beide Parteien während der verschiedenen Umbauphasen die Provisorien und verhandelt Vertragsabschlüsse. Während des Umbaus hat sie dazu zahlreiche Abstimmungsgespräche mit Shopbetreibern und der Projektleitung geführt.

Rüdiger Neunteufel, 60, aus Linz

arbeitet seit 32 Jahren bei den ÖBB,

hat schon als Projektleiter am Hauptbahnhof Linz und Wels und als Projektkoordinator Hochbau am Hauptbahnhof St. Pölten mitgearbeitet.

Er ist Projektkoordinator für den Hochbau am Salzburger Hauptbahnhof. Seine Hauptaufgabe liegt in der Gesamtkoordination aller Tätigkeiten innerhalb des Hochbauteams und umfasst beispielsweise die Koordination und Erstellung sämtlicher Unterlagen, die für die Durchführung von Behördenverfahren erforderlich sind.

Gesichter hinter dem Umbau des Salzburger Hauptbahnhofs

Georg Ramsauer, 49, aus Kuchl im Tennengau

ist seit 30 Jahren bei den ÖBB beschäftigt.

Als Örtliche Bauaufsicht ist er für die Baustellenkoordination im Bereich der Oberleitung zuständig.

Er überwacht den Zeitplan, kontrolliert die ausführenden Firmen, evaluiert Mängel und berichtet ständig an den Bauherrn. Er ist das ganze Jahr und bei jedem Wetter auf der Baustelle präsent.

Georg Sillober, 43, aus Hochfilzen

arbeitet seit 20 Jahren bei den ÖBB,

sorgt als Fahrdienstleiter für ein sicheres Ein- und Ausfahren der Züge.

Er verbringt rund die Hälfte des Tages im Außendienst und den Nachmittag in der Zentrale. Nachtdienste als Fahrdienstleiter sind für ihn selbstverständlich.

Rudolf Wölfler, 44, aus Schwarzach im Pongau
ist seit 20 Jahren bei den ÖBB,
arbeitet als Projektmanager am Bau der Oberleitungen.
Er ist für die Überwachung der Bautätigkeiten der ausführenden Firmen zuständig und in die Vertragsverhandlungen eingebunden.

Martin Joseph Gruber, 23, aus Linz

ist seit drei Jahren bei den ÖBB,

plant und vergibt Aufträge für die Telekommunikationsausstattung und Infoanlagen des Bahnhofs.

Beim Salzburger Hauptbahnhof die neuen Lautsprecher so einzustellen, dass sie auch zu hören sind, wenn Züge einfahren, ohne dabei störend laut zu sein, ist eine langwierige Tüftelei.

256

Reisende und ihre Beweggründe

Yannick Gotthardt

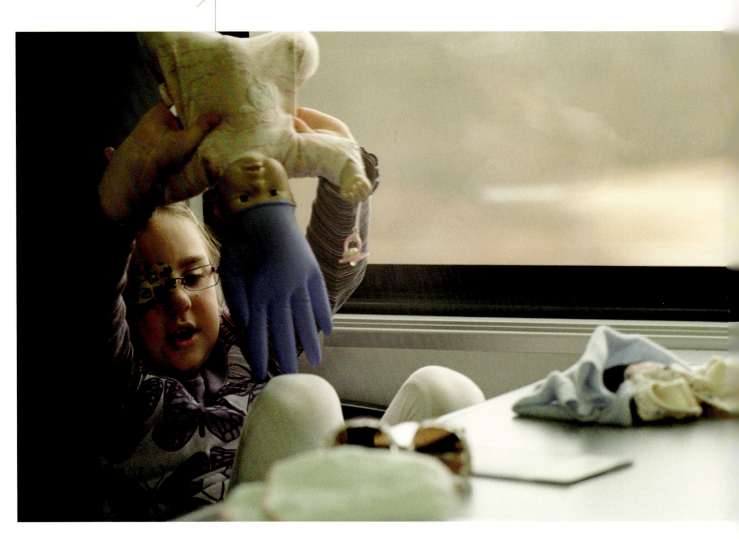

„Wir fahren nach Golling, die Oma besuchen. Das machen wir viel zu selten, von Wien ist es so weit weg."

„Wir waren eine Woche in Kärnten zum Wandern und fahren jetzt nach Hause zurück, nach München."

„I visited Vienna and now I am going to see Munich."

„Ich arbeite als Kameramann in Stuttgart, wir haben die Großeltern im Burgenland besucht."

„Ich studiere in Linz, so ungewöhnlich das klingt, und fahre morgens 150 Kilometer mit dem Zug zur Uni."

„Wir wohnen in Zürich, die Oma in Salzburg, die Mama arbeitet gerade in Wien als Schauspielerin."

Der Salzburger Hauptbahnhof im Wandel

Robert Wolf

Ein gewachsener Knoten entlang einer alten Achse

„*Salzburg, 4. Aug. Der Personen-Verkehr auf der Eisenbahn München-Salzburg-Wien ist seit dem 1. d. [Monats] als dem Eröffnungstag ungemein belebt. Salzburg ist nach Ankunft eines solchen Zuges oft so bevölkert, wie es sonst nur bei außerordentlichen Anlässen der Fall war; der Zudrang zu den Gasthäusern ist oft so groß, daß nicht Alle, die übernachten wollen, Platz finden,*"[1] so liest man in der Neuen Münchener Zeitung vom 10. August 1860, zehn Tage nach der durchgehenden Inbetriebnahme der Bahnlinie Wien–Salzburg.

Wenn aus Kopfbahnhöfen Durchgangsbahnhöfe werden, finden die notwendigen Bauvorhaben schon in der Planungsphase in breiten, oft auch lauten öffentlichen Debatten ihren Widerhall. Die Bauarbeiten sind meist langwierig, die notwendigen Umbauten teuer und für das Stadtbild von zentralem Einfluss. Nicht nur in Salzburg, auch in Wien und zahlreichen anderen europäischen Großstädten wurden die Hauptbahnhöfe im letzten Jahrzehnt um-/neugebaut. Das Zusammenwachsen Europas und die gestiegene Mobilität seiner Bewohner ließen Kopfbahnhöfe, an denen die Bahnstrecken endeten, immer unzeitgemäßer erscheinen. So liegt Wien im Moment noch am gefühlten Ende Europas. Bisher gibt es in der Bundeshauptstadt nur Kopfbahnhöfe, an den Gleisabschlüssen stehen Prellböcke. Das wird sich in den nächsten Jahren ändern. Über 20 Jahre nach dem Fall des Eisernen Vorhangs geht Wien wieder in der Mitte Europas auf.

Salzburg lag – theoretisch – immer mitten in Europa. Darum wurde der 1860 errichtete Salzburger Hauptbahnhof schon zu Beginn als Durchgangsbahnhof gebaut, aber eben auch als Grenzbahnhof zwischen Bayern und Österreich. 1906 bis 1909 wurde dies mit der Errichtung der Mittelinsel deutlicher. Die Fahrgäste konnten nun ebenerdig umsteigen und die Bahngesellschaft wechseln. Auf der Mittelinsel befanden sich Wartebereiche und das Zollamt. Salzburg war ein doppelter Kopfbahnhof.

Der Bahnverkehr der Zukunft

Inzwischen ist der Salzburger Hauptbahnhof, mit einer täglichen Frequenz von 25 000 Reisenden, nicht nur im Bundesland Salzburg der wichtigste Verkehrsknoten.

In einem vereinten Europa der offenen Grenzen sind Kopfbahnhöfe aber nicht nur unpraktisch und verzögern die Reise, sie stellen auch ein antiquiert wirkendes Symbol der Trennung dar.

In Salzburg kreuzt sich der Korridor Paris–Salzburg–Wien–Bratislava/Budapest mit der Nord-Süd-Achse über die Tauernstrecke. Künftig sollen vermehrt Fern- und Regionalzüge in den Relationen Deutschland–Tauernstrecke (Villach) und Westbahn (Wien, Budapest) durchgebunden werden. Auch die geplante viergleisige Westbahn, die dreigleisige Bahnlinie nach Freilassing und die zweigleisige Tauernachse werden hier in Zukunft verknüpft. Bereits in den nächsten Jahren wird der Salzburger Hauptbahnhof zum S-Bahn-Taktknoten mit durchgehendem Schnellbahnverkehr zwischen den S-Bahn-Strecken Golling–Abtenau/Straßwalchen/Freilassing–Berchtesgaden. Um diese Verkehre führen zu können, ist eine entsprechend leistungsfähige Bahn-Infrastruktur Voraussetzung.

Mit dem neuen Durchgangsbahnhof rüsten sich die ÖBB bei dann insgesamt neun durchgehenden Bahnsteigen für den Bahnverkehr der Zukunft.

Der Startschuss in den Neunzigerjahren

1997 starteten die ÖBB das österreichweite Modernisierungsprogramm „Bahnhofsoffensive". Die frequenzstärksten Bahnhöfe sollten auf einen zeitgemäßen Standard gebracht werden. Dazu wurden Bahnhöfe teilweise umgebaut, aber auch neu errichtet. In dieser Phase wurden Leitlinien erstellt, welche für alle Projekte der Folgejahre als Voraussetzung galten. Entsprechend dieser Maßgaben wurde an Österreichs Bahnhöfen der gesamte Weg der Passagiere, vom Vorplatz durch die Bahnhofshalle bis zu den Bahnsteigen, auf seine Nutzbarkeit für mobilitätseingeschränkte Personen geprüft. Außen und innen wurde den Bahnhöfen ein neues Erscheinungsbild verordnet: helle Hallen, übersichtliche Leitsysteme und ansprechende Materialien für Wände und Böden. Aber auch ein durchdachter Branchenmix an Geschäften und Serviceeinrichtungen sollte die Bahnhöfe in ihrer gewachsenen Rolle als Nahversorger im Stadtzentrum stärken.

Bei vielen Bahnhöfen mussten also der Bahnbetrieb und die Nutzbarkeit des Gebäudes für Passagiere und Anrainer gleichermaßen in das neue Jahrhundert überführt werden.

Beim Salzburger Hauptbahnhof kommt noch eine weitere städtebauliche Komponente hinzu: Hier sollte auch die architektonische Trennung der Salzburger Stadtteile durch die Bahnhofsanlage überwunden werden.

Bahnhöfe verbinden – Bahnsteige und Stadtteile

Im neuen Hauptbahnhof gibt es nur mehr eine zentrale lichtdurchflutete Passage. Von ihr sind die vier Inselbahnsteige und der Hausbahnsteig beim Bahnhofsgebäude barrierefrei (mit Rolltreppen/Liften) und über Stiegen erreichbar. Lange Umsteigewege durch schmale, dunkle, verwinkelte Personentunnel gehören dadurch der Vergangenheit an.

Als direkte Verlängerung der Eingangshalle verläuft die Passage wie ein breiter Teppich quer unter den Bahnsteigen hindurch. Links und rechts sind Geschäfte und Servicestellen untergebracht.

Die Passage verbindet aber nicht nur die Bahnsteige optimal miteinander, sondern schafft auch eine neue fußläufige Verknüpfung der beiden Stadtteile Schallmoos und Elisabeth-Vorstadt mit direkter Anbindung an die städtischen Busse und zur Salzburger Lokalbahn. Der Bahnhof bekommt einen zusätzlichen Eingang vom Stadtteil Schallmoos mit einer Vorfahrt für PKW und Taxis.

Das Bahnhofsgebäude blieb in seiner heutigen Form erhalten und wurde generalsaniert. Es werden hier weiterhin Geschäfte, aber auch mehrere Gastronomiebetriebe untergebracht sein. Insgesamt können auf rund 3400 m² Handels-, Dienstleistungs- und Gastronomiebetriebe im Bahnhofsgebäude und in der neuen Passage geschaffen werden.

Der Bahnhof als Impulsgeber für die Stadtentwicklung

Die Modernisierung des Bahnhofs löst eine Erneuerungswelle im gesamten Stadtteil aus. Gemeinsam mit der Errichtung der Gleisanlagen werden auch die Eisenbahnbrücken über die Plainstraße, die Rainerstraße und das Nelböckviadukt neu errichtet. Autofahrer, Fußgänger und Radfahrer profitieren deutlich von den Erneuerungen.

In der Rainerstraße werden durch den Abtrag von Bahngleisen zusätzliche Flächen gewonnen, auf denen ein Immobilienprojekt umgesetzt wird. Auch im Bereich Weiserstraße/Lastenstraße könnten längerfristig, in etwa 10 bis 15 Jahren, attraktive Flächen für städtebauliche Projekte genützt werden.

Dialog und Denkmalschutz

Das öffentliche Interesse an einer modernen Infrastruktur gegenüber dem öffentlichen Interesse am Denkmalschutz abzuwägen, ist die heikle Aufgabe des Bundesdenkmalamtes. Grundsätzlich wird ein Gebäude als schützenswert erachtet, wenn es geschichtliche, künstlerische oder kulturelle Bedeutung hat.

Beim Salzburger Hauptbahnhof stehen das Aufnahmsgebäude mit dem Hausbahnsteig (aus dem Jahr 1860) und die Eisenhalle am Mittelbahnsteig (aus dem Jahr 1909) unter Denkmalschutz. Der Denkmalschutz für den Marmorsaal am Mittelbahnsteig und den ehemaligen Restaurant-Speisesaal wurde aufgehoben. Da es sich teilweise um einen Neubau aus der Nachkriegszeit (1949) handelt, war er nicht Bestandteil des ursprünglichen Baus. Er wurde fachkundig abgebaut, eingelagert und soll in Zukunft an anderer Stelle wiedererrichtet werden.

Die Zusammenarbeit zwischen den ÖBB und dem Bundesdenkmalamt hat sich bereits in der Vergangenheit bewährt. Aus mehreren Beispielen möchte ich die aufwendige Abnahme der Max-Weiler-Fresken im Hauptbahnhof Innsbruck erwähnen. Auch die Abbrucharbeiten des Wiener Süd-/Ostbahnhofs, bei denen Fundamente und Mauern des ersten und zweiten Südbahnhofs zutage kamen, können in diesem Zusammenhang angeführt werden. Durch ein optimal abgestimmtes Zeitmanagement bereits in der Planungsphase konnten all diese Bauvorhaben termingerecht zu Ende gebracht werden. Wichtig dabei ist auch die offene und sachliche Gesprächskultur zwischen den Verantwortlichen des Bundesdenkmalamtes und den ÖBB sowie den Planern und beauftragten Baufirmen. Schlussendlich hat der gemeinsame Wille zur Umsetzung des Vorhabens zum Erfolg geführt.

Das österreichisch-deutsche Architektenteam kada-wittfeldarchitektur hat die Planungen für den neuen Bahnhof in enger Abstimmung mit dem Bundesdenkmalamt durchgeführt. Der neue Salzburger Hauptbahnhof ist nun einer der modernsten Bahnhöfe Österreichs, gleichzeitig bleibt aber auch das historische Denkmal bestehen.

Die für den Salzburger Hauptbahnhof charakteristischen Bauteile konnten in das neue Architekturprojekt integriert werden. Sie wurden restauriert und kommen im neuen Ensemble wesentlich stärker zur Geltung als früher.

Die Restaurierung für die Zukunft

Der ursprüngliche Salzburger Bahnhofsbau geht auf das Jahr 1860 zurück. Der Wiener Architekt Franz Rudolf Bayer plante und realisierte den Bau in der Formensprache des akademischen Historismus. Der Bahnhof ist in seinen Formen klar und nur mit einfachen Zierelementen gegliedert. Es galt damals, einen repräsentativen Bau zu gestalten, da in den Hauptbahnhöfen der Kaiserin-Elisabeth-Bahn immer mit der Anwesenheit eines Mitglieds des Hofes gerechnet werden musste. Leider ist der Nordpavillon des Aufnahmsgebäudes, der sogenannte Hofpavillon, im Zweiten Weltkrieg zerstört worden. Allerdings ist das Hausbahnsteigdach noch erhalten und konnte restauriert werden.

In den Jahren 1906 bis 1909 erfolgte die Bahnhofserweiterung durch den Architekten Hans Freiherr von Granichstaedten und den Bauleiter Ladislaus Friedrich von Diószeghy. Dabei wurde die zentrale Eingangshalle baulich an den Zeitgeist des Jugendstils angepasst. Der schmale Eingang wurde verbreitert und in die Fassade zum Vorplatz und zu den Gleisen hin drei hohe Fenster eingebaut. Des Weiteren wurde der Mittelbahnsteig inklusive der eisernen Hallenkonstruktion mit Oberlicht- und Seitenverglasung errichtet.

Abb. 1   Der Railjet – das neueste Stahlross der ÖBB – in der alten Stahlhalle

Im Rahmen des Neubaus wurde nun die Hallenkonstruktion in rund 2 500 Einzelteile zerlegt und abgetragen. Eine Spezialfirma befreite sie vom Rost und nach der Sanierung der schadhaften Teile konnte sie als Überdachung der Durchfahrtsgleise wieder aufgestellt werden. Um die ursprüngliche Farbgebung des Bahnhofs zu erreichen, wurde die Stahlkonstruktion des Mittelbahnsteigs und des Hausbahnsteigs in gebrochenem Weiß gestrichen. Lediglich das Dach ist nun durchsichtig ausgeführt, um den Bedürfnissen von Helligkeit und Transparenz gerecht zu werden.

Im Zuge der Restaurierungsarbeiten in der Eingangshalle sind nicht nur die zu den Gleisen gerichteten drei großen Fenster in ihrer Aufteilung und Verglasung der Ausführung von 1909 nachempfunden worden, sondern man hat auch die Gipsverkleidung von den Wänden entfernt. Darunter kamen Jugendstil-Bilder zum Vorschein. Die auf Fliesen gemalten Arbeiten erschienen in rund 9 Meter Höhe auf die Mauer geklebt. Sie zeigen Wappen und Motive aus Salzburg und benachbarten Regionen wie das Schloss Hellbrunn, den Großglockner, das Kitzsteinhorn oder den Gasteiner Wasserfall. Offensichtlich sollten die ankommenden Reisenden damit unmittelbar auf die Schönheiten der Region eingestimmt werden.

Verkehrstechnische Zukunft in historischer Substanz

Möglicherweise werden in Zukunft Besucher nicht nur wegen der Geschichte, der Kultur oder der Natur nach Salzburg kommen, sondern auch wegen des einzigartigen Hauptbahnhofs. Nirgendwo sonst in Österreich sind in einem Bahnhofsbau dieser Größe Historismus, Jugendstil und Moderne in einer derart gelungenen baulichen Symbiose vereint.

Der Dank für die Realisierung des Salzburger Hauptbahnhofs gilt vielen. Zunächst dem Bund für die zur Verfügung gestellten Budgetmittel von rund 270 Millionen Euro, aber auch dem Bundesdenkmalamt für seine Kooperationsbereitschaft, der Politik für deren Unterstützung, dem verantwortlichen ÖBB-Projektleiter und seinem Team, den Architekten und den bauausführenden Firmen. Letztendlich ist auch der Salzburger Bevölkerung zu danken. Sie hat die Geduld aufgebracht, die lange Bauzeit (2008–2014) in Kauf zu nehmen.

Die Worte von Salzburgs Bürgermeister Heinz Schaden umreißen das Gesamtprojekt treffend: „Die Stadt Salzburg erhält mit dem neuen Hauptbahnhof endlich ein Entree, das ihrer hohen Qualität als Festspiel- und Tourismusstadt würdig ist. Mit ihm und dem ÖBB-Projekt Rainerstraße werden die letzten Bausteine der groß angelegten Umgestaltung des Quartiers Bahnhof gesetzt. Der neue Bahnhof verbindet auf attraktive Weise unterirdisch die Elisabeth-Vorstadt mit Schallmoos. Mit ihm werden die veralteten Viadukte modernisiert. Und nicht zuletzt ist er die Voraussetzung für die Durchbindung der Züge der S-Bahn in alle Relationen – dem seit Jahrzehnten wichtigsten Nahverkehrsprojekt für die Stadt."

Endnoten

Ronald Gobiet

1 Siehe hierzu vor allem Adalbert Mueller, Eisenbahnen in Salzburg. Geschichte der Schienen- und Seilbahnen, Salzburg ²1979; Gerhard Artl/Gerhard H. Gürtlich/Hubert Zenz, Sisi auf Schienen – 150 Jahre Westbahn Wien–Linz, Wien 2008.
2 Arlt/Gürtlich/Zenz, wie Anm. 1, S. 35.

Klaus Dieter Weiss

1 Marcel Proust: Im Schatten der jungen Mädchen (À la recherche du temps perdu. À l'ombre des jeunes filles en fleurs, Paris 1919), in: Walter Benjamin: Gesammelte Schriften. Übersetzungen. Supplement II. Marcel Proust: Im Schatten der jungen Mädchen (Berlin 1927), Frankfurt 1987, S. 219.
2 Walter Benjamin: Das Passagen-Werk, Band 2, Frankfurt 1982, S. 744.
3 Laura Weissmüller: Nicht nur schön, auch noch gut. Was Verantwortung im Design bedeutet, ist die Frage der Stunde, Süddeutsche Zeitung 11./12.2.2012, S. 13.
4 Georges Simenon: Maigret und der Gehängte von Saint-Pholien (1931), Zürich 1981, S. 7/8.

Ulrich Klein

1 In Deutschland gilt historisch, dass zum Status eines Bahnhofs zusätzlich zu den Gleisen wenigstens eine Weiche vorhanden sein muss!
2 Für die folgende Darstellung konnte das dreibändige Manuskript der „Dienststellenchronik der Zugförderungsleitung Salzburg" von 1979 genutzt werden, das dankenswerterweise von Herrn August Zopf aus Mondsee zur Verfügung gestellt wurde. Hier wird auch ausführlich die damals bereits schlechte Überlieferungslage der Originalquellen angesprochen, die aber zumindest für die jüngere Zeit vor allem durch die Befragung von Kollegen der ÖBB ausgeglichen werden konnte. Der Chronik kommt damit heute der Charakter einer primären Quelle zu. Informationen aus dieser Chronik werden nachfolgend nicht einzeln nachgewiesen.
3 Adalbert Mueller, Die Eisenbahnen in Salzburg, Salzburg 1976; Helmut Griebl, Österreichs Staatsbahnen. Ein Blick zurück. Freiburg 1995; Gerhard Arlt/Gerhard H. Gürtlich/Hubert Zenz, Sisi auf Schienen. 150 Jahre Westbahn Wien-Salzburg, Wien 2008. Bei diesem durch das Österreichische Staatsarchiv herausgegeben Band verwundert allerdings, dass kaum Primärquellen genutzt worden sind.
4 Mueller (wie Anm. 3), S. 20.
5 Dies bedeutet, dass es noch keine Fernsteuerung gab, sondern viele Weichenwärter die Stellhebel unmittelbar an den Weichen selbst betätigen mussten.
6 Als „Hausbahnsteig" wird immer der Bahnsteig unmittelbar am Empfangsgebäude bezeichnet.
7 In Österreich herrschte auf unterschiedlichen Streckenabschnitten Rechts- oder Linksverkehr. Seit 1920 ist die Strecke der Westbahn in Etappen auf Rechtsverkehr umgerüstet worden; mit dem Abschnitt Amstetten–Wien hat man aber erst 1991 den letzten Teil der Westbahn umgestellt.
8 Peter Schindler, Biographie Karl Freiherr von Schwarz (1817–1898), Unveröffentlichtes digitales Typoskript, Salzburg ²2010.
9 Mueller (wie Anm. 3), S. 29ff.
10 Mueller (wie Anm. 3), S. 32–39.
11 Die Benennung nach der Tochter des Kaiserpaares war vorgesehen gewesen, aber als Bezeichnung für die „Salzburg-Tiroler-Bahn" nie offiziell eingeführt worden, war und ist aber immer noch sehr populär.
12 Mueller (wie Anm. 3), S. 32–39.
13 Eine Umstellung auf kriegsmäßigen Transport, die Voraussetzung für einen schnellen Truppen- und Materialtransport, ist in der Regel nur auf eigenem Territorium möglich! Siehe dazu auch Arlt/Gürtlich/Zenz (wie Anm. 3), S. 77–90.
14 Mueller (wie Anm. 3), S. 37.
15 Mueller (wie Anm. 3), S. 25f., 38.
16 Siehe hierzu die Beiträge Höhmann und Breuste in diesem Band.
17 Mueller (wie Anm. 3), S. 40–45.
18 Mueller (wie Anm. 3), S. 43–45.
19 Freiherr von Röll (Hrsg.), Enzyklopädie des Eisenbahnwesens, Berlin/Wien ²1912, Tafel VII zum Beitrag Bahnhöfe.
20 Bahntechnisch war die damals schon naheliegende Abkürzung „ÖBB" nicht möglich, weil in der Schweiz schon vergeben, siehe Arlt/Gürtlich/Zenz (wie Anm. 3), S. 120.
21 Mit diesem Begriff werden die gerade bei Dampfloks unverzichtbaren Anlagen zum Auffüllen der Wasser- und Brennstoffvorräte, Ausschlacken etc. und kleinere Reparaturen bezeichnet, bei den Länderbahnen noch unterschiedlich benannt, nach 1924 bei der Reichsbahn zusammengefaßt unter der Bezeichnung „Bahnbetriebswerk" (Bw), dem in etwa das „Heizhaus" in Österreich entspricht.
22 Römer, Ueber Bahnhofs-Anlagen im südlichen Deutschland und in der Schweiz, in: Zeitschrift für Bauwesen, XV. Jahrgang, Berlin 1865, S. 64–66.
23 Um das langwierige Anfeuern einer Dampflok zu umgehen, stellte man bald wieder genutzte Loks mit einem kleinen Feuer unter dem Kessel ab, von dem deutlicher schneller wieder zu einem Betriebsfeuer zu kommen war.
24 Nach deutschen Begriffen der ersten Hälfte des 20. Jahrhunderts ein kleines Ausbesserungswerk.
25 Nach englischem Vorbild wurde die elektrische Zugbeleuchtung erst seit den 1920er-Jahren langsam eingeführt.
26 Fahrtechnisch neigten gerade größerrädrigere Schnellzuglokomotiven ohne hintere Laufachsen bei Rückwärtsfahrt zum Entgleisen; auch das Lokpersonal war dann fast vollständig ohne Witterungsschutz.
27 Zur Unterscheidung von der in Gnigl errichteten Anlage als „Remise I" bezeichnet.
28 Arlt/Gürtlich/Zenz (wie Anm. 3), S. 155–164; Heribert Schröpfer, Triebfahrzeuge österreichischer Eisenbahnen. Dampflokomotiven BBÖ und ÖBB, Düsseldorf 1989; Griebl (wie Anm. 3).
29 Mit Zahlen werden die Laufachsen, mit Buchstaben die gekuppelten Treibachsen bezeichnet; eine 1B-Lok besitzt also eine Vorlaufachse und zwei gekuppelte Treibachsen.
30 Für Leistungen, die eine Maschine überfordern, können auch zwei oder mehr Loks eingesetzt werden, was allerdings aus wirtschaftlichen Gründen im Bahnbetrieb möglichst vermieden wird.
31 Artikel „Gölsdorf, Karl", in: ÖBL, Band 2, Wien 1959, S. 16f.; Erich Metzeltin, Die Entwicklung der Lokomotive Bd. 2, 1880–1920, München/Berlin 1937, S. 286–368; Karl Gölsdorf, Lokomotivbau in Alt-Österreich 1837–1918, Wien 1978.
32 Metzeltin (wie Anm. 31), S. 286–368.
33 Nach amerikanischem Vorbild wird diese Achsanordnung als „Atlantic" bezeichnet.
34 Schröpfer (wie Anm. 28), S. 60.

35 In Amerika bezeichnete man Loks der Achsfolge 2C1 als „Pazific"; die für österreichische Verhältnisse ideal modifizierte Umkehrung 1C2, die es nur hier gab, bekam danach die Bezeichnung „Adriatic".
36 Karl Prochaska (Hrsg.), Geschichte der Eisenbahnen der österreichisch-ungarischen Monarchie, Bd. II. Wien/Teschen/Leipzig 1908; Heinz Schnabel, Lokomotiv-Archiv Bayern, Berlin 1987; Bayern-Report, Heft 1–9, Fürstenfeldbruck 1993–2001; Lothar Spielhoff, Lokomotiven der bayerischen Eisenbahnen, Band 1–2, Germering 2009–2010.
37 Im Jahr 1871 ist der Weg über Großhesselohe und Holzkirchen durch die kürzere und schnellere, auch heute im Prinzip noch genutzte Strecke über den Münchner Ostbahnhof und Grafing ersetzt worden.
38 Sie hierzu den Beitrag Koppensteiner in diesem Band.
39 Römer (wie Anm. 22), S. 64.
40 Das Bw Rosenheim und das Bw Freilassing in dem Reihenwerk „Deutsche Bahnbetriebswerke", S. 1993–2008ff.
41 Das Bw Freilassing (wie Anm. 40).
42 Das Bw Freilassing (wie Anm. 40).
43 Das Bw Freilassing (wie Anm. 40).
44 Das Bw Freilassing (wie Anm. 40).
45 Das Bw Freilassing (wie Anm. 40).
46 Siehe hierzu die Beiträge Höhmann und Breuste in diesem Band.
47 Das Bw Freilassing (wie Anm. 40).
48 Schnabel (wie Anm. 36); Bayern-Report Heft 4 und Heft 5.
49 Das Bw Rosenheim (wie Anm. 40); Schnabel (wie Anm. 36), S. 121–123; Bayern-Report Heft 6.
50 Das Bw München Hbf, in dem Reihenwerk „Deutsche Bahnbetriebswerke", S. 1993–2008ff.
51 Schnabel (wie Anm. 36), S. 171–173; S. 165–167; Bayern-Report Heft 9.
52 Schnabel (wie Anm. 36), S. 174–180; Bayern-Report Heft 9.
53 Das Bw Freilassing (wie Anm. 40).
54 Das Bw Rosenheim (wie Anm. 40); Das Bw München Hbf (wie Anm. 50).
55 Das Bw Freilassing (wie Anm. 40).
56 Arlt/Gürtlich/Zenz (wie Anm. 3), S. 105–120.
57 Schnabel (wie Anm. 36), S. 304 ff.; Das Bw Freilassing (wie Anm. 40).
58 Schnabel (wie Anm. 36), S. 304 ff.; Das Bw Freilassing (wie Anm. 40).
59 Schnabel (wie Anm. 36), S. 304 ff.; Das Bw Rosenheim (wie Anm. 40).
60 Mueller (wie Anm. 3), S. 51–58.
61 Mueller (wie Anm. 3), S. 51–58; Die Fortsetzung bis Villach erfolgte dann aber erst seit Mai 1950.
62 Richard Rotter/Helmut Petrovitsch, Triebfahrzeuge österreichischer Eisenbahnen. Elektrische Lokomotiven und Triebwagen, Düsseldorf ²1999.
63 Erst durch die Reichsbahn ist dann 1941 der elektrische Betrieb zwischen Salzburg und Attnang-Puchheim aufgenommen worden. Unmittelbar nach Kriegsende begann dann bereits 1946 die Elektrifizierung der Strecken östlich von Attnang-Puchheim, Bischofshofen und Spittal. 1949 war die Fahrleitung bis Linz fertiggestellt, 1952 dann bis Wien-West. 1959 war auch der gesamte Ostteil der Giselabahn bis Selzthal elektrifiziert; siehe hierzu Arlt/Gürtlich/Zenz (wie Anm. 3), S. 105–120.

Jana Breuste

Für Hilfestellung und Hinweise bei der Recherche zum Beitrag möchte ich danken: Dipl.-Ing. Thomas Wörndl (ÖBB Salzburg), Hofrat Dr. Ronald Gobiet (BDA, LK von Salzburg), Dr. Hermann Fuchsberger (Monumentum GmbH., Salzburg), Mag. Christoph Tinzl (Dipl.-Rest. Salzburg), Gerd Seidl sowie Ulrike und Hans Schrott (Initiative Rettet den Marmorsaal), Dipl.-Ing. Dr. Richard Wittasek-Dieckmann (BDA, LK von Wien, Leiter Abt. für Techn. Denkmale), Dr. Rolf Höhmann (Büro für Industriearchäologie Darmstadt), Mag. Karin Derler (BDA, LK von Graz), Dr. Erhard Koppensteiner sowie Dr. Nikolaus Schaffer und Dr. Gerhard Plasser (alle Salzburg Museum), Mag. Thomas Weidenholzer (Archiv der Stadt Salzburg), Dr. Norbert Mayr (Architekturhistoriker, Salzburg), Dr. Edith Leisch-Prost sowie Mag. Cornelia Schörg und Dr. Anne-Katrin Ebert (Archiv Technisches Museum Wien), ADir. Maria Stagl und Mag. Dr. Roman-Hans Gröger (beide Österreichisches Staatsarchiv), Mag. Zita Breu (Götz Lindlar Breu Partnersch., Büro f. Restaurierungsberatung Wien), Dr. Ernst Diószeghy (Familienarchiv Diószeghy), Gabriele Roithner (BDA, Fotoarchiv Wien), Mag. Elisabeth Hudritsch und Claudia Volgger (BDA, LK von Wien), Dr. Elisabeth Schmuttermeier (Archiv Wiener Werkstätte, MAK Wien), Frank Luther (Bibliothek Thüring. Landesamt f. Denkmalpfl. u. Archäolog., Dienstst. Erfurt), Harald Baum (Stadtmuseum Erfurt), ADir. Silvia Herkt (Archiv Univ. f. Angew. Kunst Wien), Mag. Dr. Juliane Mikoletzky (Archiv TU Wien), Ferdinand Gutschi (Archiv Akademie der bildenden Künste Wien), Dr. Andreas Nierhaus (Wien Museum), Claudia Weissböck (HLMW9 Michelbeuern Wien) und den Inhabern der Abbildungsrechte für die Bereitstellung der Abbildungen.

1 Eine Expertise von 2002 schlug die Reduktion auf den Bereich der beiden Restaurants I./II. Klasse sowie III. Klasse mit dem Verbindungsglied eines geöffneten Mitteltraktes vor (Jens Daube/Franz Peter Flach/Rolf Höhmann/Rasmus Radsch, Hauptbahnhof Salzburg. Expertise zum Erhalt des denkmalgeschützten baulichen Bestands und seiner Nachnutzung, Darmstadt S. 10; Näheres dazu in Anm. 2). Mayr wies auf die großen Raumreserven des Restaurationsgebäudes hin, die teilweise höher lagen als das Hallenensemble, und schlug dort ein Dachcafé vor, welches einen großartigen Blick über die Altstadt und das Salzburger Gebirgspanorama geboten hätte. Die Blickbezüge zur umgebenden Landschaft, die seit 1860 massiv reduziert worden waren, hätten so wiederhergestellt werden können (Norbert Mayr, Bahnhof vom Zug des Zeitgeistes überrollt. In: Salzburger Nachrichten, Salzburg 15. Juli 2000, S. 4). Hans Schrott sah die Möglichkeit, das traditionelle Kommunikationszentrum des Mittelbahnsteigs durch die Errichtung einer Kunsthalle unter der nördlichen Stahlhalle zu einem neuen Kunsttreffpunkt mit idealer verkehrstechnischer Anbindung als Gegenpol zur touristischen Altstadt zu machen (Hans Schrott, Kunst im Bahnhof, Projektbericht über die Hochbauten der Kaiserin-Elisabeth-Bahn auf dem Mittelbahnsteig des Salzburger Hauptbahnhofes. Überarb. Fassg. d. Erstausg. v. 1996, Salzburg Juni 1999). Auch Gutmann und Schweizer sahen den Bahnhof durch seine Lage, Verkehrsanbindung und die damit verbundene Frequenz als sozialen Treffpunkt. Sie rieten daher eine Nutzung als öffentlichen Raum für Ausstellungen, Kunst- und Kulturereignisse an (Raimund Gutmann/Paul Schweizer – wohnbund:consult –, Bahnhofsquartier Salzburg. Bausteine integrierter Quartiersentwicklung für einen Stadtteil mit besonderem Erneuerungsbedarf. Sozialwissenschaftliche Defizit- & Potenzialanalyse im Auftrag des Magistrats Salzburg, Salzburg September 1993, S. 18ff.).
2 Eine Planung, die bei gleichzeitiger Umsetzung der von den ÖBB geforderten technischen Notwendigkeiten auch den Mittelbahnsteig erhalten hätte (Daube/Flach/Höhmann/Radsch, wie Anm. 1, S. 11–14), wurde weder weiterentwickelt noch in die Öffentlichkeit getragen. Der Vorschlag befürwortete die angestrebten Qualitäten im Hinblick auf räumliche Großzügigkeit und einfache Orientierung ausdrücklich und wagte den Versuch, den Bereich des Mittelbahnsteigs mit so geringen Abbrüchen wie möglich (Zoll- und Revisionsgebäude und geöffneter Mitteltrakt des Restaurationsgebäudes) zu entwickeln. Zu bemängeln wäre hier nur der Abriss des in seiner Fassade noch originalen Jugendstil-Anbaus des Wartesaals III. Klasse gewesen.
3 In der öffentlichen Wahrnehmung fokussierte der Diskussionsprozess vor allem auf den Erhalt des Marmorsaals, nicht aber auf das Gebäudeensemble Mittelbahnsteig oder die Hallenkonstruktion. Eine Bürgerinitiative um Ulrike und Hans Schrott setzte sich für die Erhaltung des Mittelbahnsteigs, insbesondere des Marmorsaals, ein, der sich in den letzten Jahren als Veranstaltungsort von Schrotts Salzburger „SalonEnsemble" etabliert hatte. Sie erwirkte zwar ein Angebot, welches aber trotz ähnlicher Maße und Kubatur naturgemäß undurchführbar war: die Übersiedlung der Innenausstattung des Marmorsaals in einen selbst denkmalgeschützten Raum im Südtrakt des Empfangsgebäudes.

4　Mehrere Gutachten sanktionierten in der Folge den Abbruch: Protokoll der Sitzung des Ausschusses des Denkmalbeirates vom 18. Jänner 2000; Beate Sipek/Peter Berzobohaty, Stellungnahme über zu schützende Bauteile bei Planung des Bahnhofsumbaus, Wien 21. November 2001 (leider erfolgte die Zustimmung zum Abbruch hier z. T. aufgrund von nicht belegten Angaben oder Fehlinterpretationen aus einem frühen, nicht ausgeführten Planungsstand, siehe Anm. 37 und 57); Höhmann Rolf u. a. Bearb. (Büro für Industriearchäologie), Gutachten zum Hauptbahnhof Salzburg, Mittelperron, Bestandsaufnahme und Dokumentation, Mai 2006–Mai 2007. Eine Darstellung des zeitlichen Ablaufs im Ringen um den Mittelbahnsteig bietet: Norbert Mayr, Stadtbühne und Talschluss. Baukultur in Stadt und Land Salzburg, Salzburg/Wien 2006, S. 200–207.

5　Definition bei: Rudolf Hykysch, Die Bahnhöfe im Lande Salzburg, Diss. Univ. Salzburg, Bd. 1, Salzburg 1989, S. 6–7; Alfred Horn/Mihály Kubinszky, K. u. k. Eisenbahn Bilderalbum. Die Eisenbahnen in der österreichisch-ungarischen Monarchie – auf alten Ansichten, Wien 1992, S. 97.

6　Das Empfangsgebäude eines Inselbahnhofs befindet sich zwischen den Gleisen. Die Verbindung zwischen dem Vorplatz und dem Inselbahnhof gewährleistet entweder eine Sackgasse, die von einer die Gleise unterquerenden Straße abzweigt, oder aber eine Unter- oder eine Überführung. Zumeist wurde die Form der Hochgleisanlage mit Unterführungen gewählt, um die leichte Erschließung durch Personentunnel und die kreuzungsfreie Durchbindung der Bahngleise durch die Stadt zu ermöglichen. (Mihály Kubinszky, Bahnhöfe in Österreich, Architektur und Geschichte, Wien 1986, S. 19).

7　Hykysch (wie Anm. 5), S. 12.

8　Kubinszky (wie Anm. 6), S. 61.

9　Eduard Schmitt (Hrsg.), Handbuch der Architektur, Bd. IV, Halbbd. 2, Heft 4, Leipzig 1911, S. 223; N.N., Empfangsgebäude. Beispiele für die Gesamtanordnung von Empfangsgebäuden. In: Freiherr von Röll (Hrsg.), Enzyklopädie des Eisenbahnwesens, Bd. 4, Berlin/Wien ²1913, S. 329–332, hier S. 320f. Für Salzburg war Köln mit seiner Halle vorbildhaft, die das Mittelbahnsteiggebäude allerdings vollständig überdeckte und ebenso je vier Kopfbahnsteige, jedoch je zwei Durchgangsgleise auf jeder Längsseite aufwies. Siehe Daube/Flach/Franz/Höhmann/Radsch (wie Anm. 1), S. 3–4; Schmitt (wie Anm. 9), S. 224ff. sowie S. 375 mit Abb. 454.

10　Daube/Flach/Franz/Höhmann/Radsch (wie Anm. 1), S. 4.

11　Als einer der wenigen Großstadtbahnhöfe Deutschlands, der im Verlauf des Zweiten Weltkriegs nicht zerstört wurde und in wesentlichen Teilen noch erhalten war, war er 1992 unter Denkmalschutz gestellt worden (Gerd Schöneburg, Der Erfurter Hauptbahnhof – eines der letzten gründerzeitlichen Bauensembles der Stadt. In: Stadt und Geschichte, Zeitschrift für Erfurt, Nr. 2, 01/1999, S. 5–8, hier S. 7).

12　Man findet eine gute Beschreibung, einen Situationsplan und einen Schnitt des Bahnhofs von Erfurt in: Schmitt (wie Anm. 9), hier S. 223f. Er war ebenfalls zugleich Durchgangs- und Kopfstation mit einer Hochgleisanlage und wurde durch drei Tunnel erschlossen. Heute befindet sich oberirdisch ein Hallenensemble aus Haupt- und Seitenschiff und unterirdisch, wie in Salzburg, ein Dienstleistungszentrum.

13　Der Zeitpunkt der Fertigstellung der ICE-Strecke, für die das ganze Projekt ins Leben gerufen wurde, ist bis 2012 noch unklar.

14　Auch hier regte sich der Widerstand von Bürgerinitiativen (Bürgerinitiative Altstadtentwicklung e.V.) und einer Vielzahl Sachverständiger, der letztlich scheiterte. Außerdem hat es auch hier einen Alternativentwurf einer Konstanzer Architektin bereits im Wettbewerb (eine von 123 Einreichungen) gegeben, der mittels Öffnung der Arkadenbögen die für den ICE notwendigen Mindestbreiten der Bahnsteige gewann und damit den Erhalt ermöglicht hätte. Zu den Gemeinsamkeiten zählt ebenso, dass auch in Erfurt in der im Stil des Art déco 1926 umgestalteten Schalterhalle glasierte Keramikverglasungen bei einer Neugestaltung nach dem Zweiten Weltkrieg verdeckt worden waren. Literatur: Schöneburg (wie Anm. 11) – hier wird auch der Alternativentwurf besprochen; Jan Gympel, Schrittmacher des Fortschritts – Opfer des Fortschritts?, Bauten und Anlagen d. Verkehrs (Schriftenreihe des Deutschen Nationalkomitees für Denkmalschutz Bd. 60), Bonn 1999, S. 75–76; Eberhard Menzel, Bahngelände-Impressionen. In: Stadt und Geschichte, Zeitschrift für Erfurt, Nr. 2, 01/1999, S. 9–10 – hier sind auch historische Innenaufnahmen des Mittelperrons abgebildet.

15　Die bemerkenswerte Einzigartigkeit von Erfurt liegt darin, dass auch das Thüringische Landesamt für Denkmalpflege der Neuinvestition Vorrang einräumte und den Abriss vorschnell genehmigte. Der verantwortliche Landeskonservator Rudolf Zießler, zugleich der erste Thüringer Landeskonservator nach der politischen Wende 1989, bezeichnet dies heute als den größten Fehler seiner Laufbahn. Auch ein neutrales Gutachten wurde nie eingeholt. Daher konnte der den Denkmalwert negierende Wettbewerb ausgeschrieben werden, welcher kein identitätsstiftendes Ergebnis für Erfurt zustande brachte, auch wenn der Bahnhof von einer Fachjury 2009 zum Bahnhof des Jahres gewählt wurde (N.N., Erfurt und Uelzen waren die Bahnhöfe des Jahres 2009, http://www.allianz-pro-schiene.de/bahnhof-des-jahres/2009/, abgerufen am 12. Jänner 2012, 21:13 Uhr). Literatur zur dieser Taktik: Gympel (wie Anm. 14), S. 75; Schöneburg (wie Anm. 11); Hermann Wirth, Denkmaltötung durch technische „Verbesserungen". In: Burgen u. Schlösser, Zeitschrift für Burgenforschung u. Denkmalpflege 48, 2007/4, S. 203–211.

16　Im Bild „Bahnsteig am Erfurter Hauptbahnhof" (N.N., wie Anm. 15, Quelle: Allianz pro Schiene/Gerd Kittel) ist dies zu sehen. Sie schließen an den breiten, dem alten Inselgebäude größenmäßig in etwa entsprechenden Bahnsteig an.

17　N.N., Bischofshofen http://de.wikipedia.org/wiki/Bischofshofen, abgerufen am 7. Jänner, 18:10 Uhr. Näheres zum ehemaligen Bischofshofener Verbundbahnhof in: Hugo Koestler, Oberbau, Bahnhofsanlagen und Eisenbahnhochbau. In: Karl Prochaska (Hrsg.), Geschichte der Eisenbahnen der österreichisch-ungarischen Monarchie, Bd. V, (Bd. II der Reihe: Das Eisenbahnwesen Österreichs in seiner allgemeinen und technischen Entwicklung 1898–1908). Wien/Teschen/Leipzig 1908, S. 153–198, hier S. 174.

18　Kubinszky (wie Anm. 6), S. 248.

19　N.N., Der neue Bahnhof Salzburg. In: Fremden-Blatt, Nr. 222, 13. August 1909, S. 8.

20　Zu Granichstaedten: Ute Georgeacopol-Winischhofer, Granichstaedten, Hans. In: Saur, Allgemeines Künstlerlexikon. Die Bildenden Künstler aller Zeiten und Völker. Bd. 60, München/Leipzig 2008, S. 339. Die Autorin nennt hier auch die Erweiterung des Salzburger Bahnhofs als ein Hauptwerk Granichstaedtens, dessen Autorschaft für das gesamte Projekt durch die erhaltenen Archivalien nachweisbar wäre.

21　Horn/Kubinszky (wie Anm. 5), S. 349.

22　Georgeacopol-Winischhofer (wie Anm. 20), S. 339.

23　Der Mittelbahnsteig wurde per Bescheid im Jahr 2001 unter Schutz gestellt, da er als einer der wenigen österreichischen und überhaupt einziger steirischer Inselbahnhof (korrekt wäre eigentlich Verbundbahnhof), mit seiner repräsentativen, für die Entstehungszeit sehr modernen architektonischen Konzeption bemerkenswert und zudem noch gut erhalten sei. Er dokumentiere die Geschichte der steirischen Bahnentwicklung und die Geschichte des Ortes Selzthal (Bescheid über die Unterschutzstellung des Denkmals Inselbahnhof Selzthal vom Bundesdenkmalamt Wien, GZ.: 2.095/3/2001). Das seitliche Empfangsgebäude wurde nicht unter Denkmalschutz gestellt, da die Veränderungen (abgeräumte Fasse, neue Fenster) bereits zu groß gewesen seien und man sich auf den Kern der Gruppe, den Mittelbahnsteig, konzentrieren wollte (Auskunft von Richard Wittasek vom 23. Jänner 2012). Zwischen der Ausfahrt von Rudolfsbahn und Ennstalbahn befindet sich ein ebenfalls denkmalgeschützter Rundlokschuppen mit Drehscheibe.

24　Daube/Flach/Franz/Höhmann/Radsch (wie Anm. 1), S. 4.

25　Die Maße des Mittelbahnsteigs betrugen: Länge circa 165 Meter; Breite 52 Meter; Höhe 0,55 Meter (Leopold Lehar, Der Umbau und die Erweiterung des Salzburger Staatsbahnhofes. In: Salzburger Volksblatt, Nr. 148,

5. Juli 1909, S. 1–4, hier S. 3). Zu den Olympischen Sommerspielen 1972 wurde die östliche Seitenhalle von 13,85 Meter Breite im Zuge einer Gleiserweiterung entfernt, das östliche österreichische Zollgebäude abgebrochen und der entlang des Restaurationsgebäudes laufende Bahnsteig erheblich verschmälert. Die Breite des gesamten Mittelbahnsteigs wurde so auf 43 Meter verringert. Die Seitenhalle hat man durch eine schmalere Kragarmkonstruktion ersetzt (Daube/Flach/Franz/Höhmann/Radsch, wie Anm. 1, S. 5; Höhmann, wie Anm. 4., S. 47). Die Halle wurde damals nicht wie die 2009 abgebaute westliche Seitenhalle und die südliche Querhalle in Bischofshofen eingelagert. Der Zugang zum Kaiserzimmer wurde im gleichen Zuge zugemauert. (Auskunft von Thomas Wörndl vom 1. Februar 2012; Auskunft von Hermann Fuchsberger, vom 22. Februar 2012).

26 Mit der Eröffnung der Giselabahn (1875) und der Errichtung der Tauernbahn (1901–1909) wurde der Salzburger Bahnhof zu einem Verkehrsknoten. Bereits Anfang der 1890er-Jahre waren die Anlagen der Station Salzburg für die Abwicklung des Verkehrs unzureichend geworden. Doch als Ende der 1890er-Jahre die zweite Eisenbahnverbindung mit Triest, deren Ausgangspunkt Salzburg bilden sollte, beschlossen war, entschied sich die Staatsbahnverwaltung vollständig umzubauen. Auch Bayern wollte die bisherige Stichbahn nach Tittmoning in eine Vollbahn bis Mühldorf ausbauen, um den Nord-Süd-Verkehr zu verbessern und die Münchner Strecke zu entlasten. Siehe Lehar (wie Anm. 25), hier S. 1; Adalbert Mueller, Die Eisenbahnen in Salzburg, Geschichte der Schienen- und Seilbahnen, Salzburg ²1979, S. 25. Es ergab sich durch die Erweiterung eine Steigerung der Bahnsteiglängen von 230 Meter auf rund 2700 Meter und der Bahnsteigflächen von 1265 m² auf 18400 m², siehe Koestler (wie Anm. 17), hier S. 172f. Selbst bei staffelförmiger Aufstellung hatten bis zu diesem Umbau nur drei Züge Platz, zu welchen die Reisenden zum Teil nur durch Überschreiten der Gleise gelangen konnten. Mit der Projektierung der Anlage des Inselbahnsteigs wurden nun 15 Züge schienenfrei erreichbar, siehe Lehar (wie Anm. 25), hier S. 4.

27 Die lange Baugeschichte des Salzburger Hauptbahnhofs, vor allem die Erweiterung im Jugendstil, ist bisher wenig erforscht worden. Die Eisenbahnbauten unterlagen nicht der örtlichen Baugenehmigungspflicht. Deshalb gingen parallel zu führende Akten bei den ÖBB durch Umstrukturierungen bzw. ein Hochwasser 1959, bei dem das Gebäude der Streckenleitung auf der Seite der Lastenstraße/Gnigler Straße als Lagerungsort betroffen war (Wörndl, wie Anm. 25), verloren und sind auch bei den kommunalen oder staatlichen Behörden nicht in großer Fülle vorhanden, siehe Höhmann (wie Anm. 4.), S. 6. Es haben sich aber Pläne zur Umgestaltung im Jugendstil im Landesarchiv Salzburg erhalten. Daneben finden sich auch Akten zum bayerischen Teil des Grenzbahnhofs im Staatsarchiv München. Zur Rekonstruktion der Ausgestaltung des Mittelbahnsteigs müssen daher vor allem Pläne aus dem Staatsarchiv und historische Fotografien aus dem Archiv des Technischen Museums Wien und Salzburger Archiven dienen.

28 Die Arbeiten am Mittelperron begannen am 19. Februar 1907. Schon Anfang September 1908 konnte der Verkehr auf den österreichischen Zungengleisen aktiviert und der Verkehrspavillon sowie der österreichische Ausgangstunnel in Benützung genommen werden. Mitte Jänner 1909 kamen die bayerischen Bürgerbahnsteige sowie die Zollabfertigungsanlage hinzu. Anfang März 1909 konnte der neue Restaurationsbetrieb und die neue Restauration III. Klasse, sowie der Wartesaal II. Klasse eröffnet werden, siehe Lehar (wie Anm. 25), hier S. 4; Höhmann (wie Anm. 4), S. 9.

29 Lehar (wie Anm. 25), hier S. 1.

30 N.N. (wie Anm. 19). Die Korrektheit dieser Angaben ist wenig zweifelhaft, da es sich um die Richtigstellung einer zuvor veröffentlichten Fehlinformation (N.N., Hinter den Kulissen der Tauernbahn, Die Spezial-Ausstellung in Salzburg, Nr. 215, 6. August 1909, S. 12) handelt, die offenbar von offizieller Seite eingefordert wurde. Näheres zu Granichstaedten siehe Anm. 20.

31 Die zeitaufwendigen Grenzformalitäten am Salzburger Bahnhof beklagten Heinrich Noë und Römer (Heinrich Noë, Österreichisches Seenbuch, Darstellungen aus dem Leben an den Seeufern des Salzkammergutes, München 1867, S. 1–2; Römer, Ueber Bahnhofs-Anlagen im südlichen Deutschland und in der Schweiz. In: Zeitschrift für Bauwesen. Jg. 15, 1865, Sp. 65). Die schwierigen Wegeführungen im Empfangsgebäude sind im Ausstellungsraum zu Salzburg und dem Tourismus im Salzburg Museum anschaulich anhand eines Situationsplans erklärt. Literatur: Gerhard Plasser, Der Hauptbahnhof. In: Peter Kramm (Hrsg.), Historischer Atlas der Stadt Salzburg, Bereich III (ausgewählte Gebäude und Haustypen), Blatt 6, Salzburg 1999.

32 Die Halle maß 19 Meter Breite, die Dächer der Kopfbahnsteige je 200 Meter, siehe Lehar (wie Anm. 25), hier S. 3.

33 Die Maße der Zollrevisionshallen betrugen: 17,40 Meter lang und 10,15 Meter breit, siehe Lehar (wie Anm. 25), hier S. 3. Die Dächer waren in den mittleren Teilen eiserne Glasdächer, die Dachstreifen an den Traufseiten waren mit Bimsbeton gedeckt, im Innern waren Zierlichten zum Schutz gegen Schwitzwasser angebracht (III Sonderfaszikel 04/03/11, Betreff: Eisenbahnen Bahnhof Salzburg Erweiterung Annex, Zentralperron Anlage 1906–1907, Z.Zl. 16 524, Abschrift Bericht zum Projekt für den Umbau des Personenbahnhofes in Salzburg, Salzburg im Oktober 1906, unterschrieben F. Subeski und k. k. Staatsbahndirektor Drahtschmid, Landesarchiv Salzburg).

34 Die Zollabfertigungsanlage schloss den Zentralperron gegen Bayern ab, sodass die Gebäude förmlich eine Grenze bildeten und das ganze übrige Territorium keinen Zollformalitäten unterworfen war (Michael W. Fischer, Salzburger Photographien. Stadt und Land nach 1920, Salzburg/Wien 1986, S. 258; Lehar, wie Anm. 25, hier S. 3).

35 Der mittlere, österreichische Tunnel führte vom Aufnahmsgebäude gerade unter die bayerische Halle. Der nördliche lief unter die westliche Seitenhalle direkt vor den Restaurationssaal I. und II. Klasse. Daneben gab es noch zwei Gepäcktunnel mit Aufzügen und Gepäckdepots zur Aufbewahrung des nicht abgefertigten Gepäcks sowie einen Wirtschaftstunnel, der in den Restaurationskeller unter die Restauration I. und II. Klasse führte. Die Wände der Personentunnel waren mit elfenbeinfarbenen Tonfliesen verkleidet. Der Sockel und die Auflagenquader der Betoneisenwerke der Tunnel bestanden aus poliertem Granit. Literatur: Lehar (wie Anm. 25), hier S. 3; Ing. Seligmann, Exkursion nach Salzburg (Sektionsbericht der Sektion Linz). In: Mitteilungen des Vereines der Ingenieure der k. k. österr. Staatsbahnen, 7. Jg., 1. September 1909, S. 9.

36 Es war 44,6 Meter lang, 25 Meter breit und 20 Meter hoch, siehe Höhmann (wie Anm. 4), S. 88.

37 Die Breite der nördlichen österreichischen Halle betrug 49 Meter, die südliche, bayerische war 35 Meter breit. Die Höhe der Hallen betrug 15 Meter, siehe Lehar (wie Anm. 25), hier S. 3. Es sind verschiedene Planungsstände für die Hallen und auch einige Detailplanungen nachvollziehbar. Abb. 3 bei Höhmann zeigt noch abgewinkelte Hallenschürzen in der bayerischen Halle, quer zur Hallenerstreckung verlaufende Oberlichter und noch keine Tonnengewölbe in den Seitenhallen. Laut dem Gutachten von Sipek und Berzobohaty soll in den 1930er-Jahren eine neue Eindeckung der vormals größtenteils mit Glas gedeckten Halle mit Wellblech stattgefunden haben, was nicht mit Quellenangabe belegt wird, siehe Sipek/Berzobohaty (wie Anm. 4), S. 5 und 14. Mit welchem Material die Hallen gedeckt waren, war nicht mehr eindeutig nachzuweisen. Möglicherweise war es Eternit, wie Lehar anführt. Der Beweis jedenfalls, dass die Halle schon 1909 nicht großteils mit Glas gedeckt war, bringt Abb. 8. Eine weitere Fehlinterpretation aus dem Gutachten ist unter Anm. 57 zu finden. Damit relativiert sich das Ergebnis des Gutachtens erheblich, das sich unter anderem auch darauf stützt, dass die Eindeckung schon vor dem Zweiten Weltkrieg verändert wurde und beim Wartesaal III. Klasse nicht mehr die originale Fassade bestanden habe.

38 Die Hallen erhielten letztendlich Oberlichten in Längsrichtung, entgegen den im Staatsarchiv erhaltenen Plänen (wie Abb. 3, Beitrag Höhmann) und einer früheren Entwurfszeichnung in Draufsicht im Salzburg Museum, wel-

39 Der Wartesaal III. Klasse hatte eine Länge von 13,2 Meter und eine Breite von 6,8 Meter, siehe Lehar (wie Anm. 25), hier S. 3.
40 Ursprünglich war an dieser Stelle ein etwas größerer Anbau als der Wartesaal III. Klasse geplant, der, stufenweise abgetreppt, die Räumlichkeiten des Verkehrspavillons hätte enthalten sollen (III Sonderfaszikel, wie Anm. 33). Diverse Grundrisse im ÖStA, AdR zeigen diesen Anbau sowie ein unter der österreichischen Halle vorgelagertes, kleines Gebäude für Toiletten, welche mit einem roten Stift durchgestrichen sind (z. B. ÖStA, AdR, 15ad 28744 Blatt 1, Situationsplan vom 4. Mai 1907). Es hat sich sogar eine Ansicht davon erhalten, die Gestaltungen ähnlich denen Otto Wagners zeigt, siehe Sipek/Berzobohaty (wie Anm. 4), Plan 2 im Anhang, Kopie des Gutachtens im BDA, LK Salzburg. Die Änderung der Pläne ging auf einen Wunsch der Stadtgemeinde zurück (III Sonderfaszikel 04/03/11, Protokoll, 05. Februar 1907, Landesarchiv Salzburg).
41 Lehar spricht davon, dass dieser Friseur gemeinsam mit Bädern und Toiletten im Anbau am Mittelgebäude befindlich war, siehe Lehar (wie Anm. 25), hier S. 3. Dies ist in den Plänen nicht nachvollziehbar.
42 Die Marmorindustrie Kiefer aus Oberalm bei Hallein lieferte die Kunststeinplatten für die Eisenfachwerkbauten, siehe Lehar, wie Anm. 25, hier S. 4; Koestler, wie Anm. 17, hier 173f. Die Zollrevisionshallen waren in Eisenfachwerk, welches mit Betonplatten ausgefüllt wurde, hergestellt, siehe III Sonderfaszikel (wie Anm. 33).
43 Die Haltestellen Karlsplatz und Schönbrunn in Wien sind wegen der offenen Darstellung der Stahlskelett-Konstruktion in die Architekturgeschichte eingegangen. Dort handelt es sich um in Stahlrahmen gesetzte Steinplatten, siehe Kubinszky (wie Anm. 6), S. 68 und 254.
44 Der Wartesaal I. Klasse war etwas kleiner durch die dahinter angeordnete Treppenanlage.
45 Die Funktion dieses Zimmer ist nicht überliefert. Manchmal wurden Sonderzimmer oder Sitzungszimmer z. B. für höher gestellte Persönlichkeiten angelegt. Sie bildeten mit den zugehörigen Kleiderablagen, Aborten und Anrichteräumen eine Baugruppe, die vom Bahnhofswirt auch zu Gesellschaftszwecken vermietet werden konnte. Auf großen Bahnhöfen gab es ein besonderes Wartezimmer für Nichtraucher anschließend an die Wartesäle, da in Wartesälen deutscher und österreichischer Eisenbahnen Rauchen gestattet war. In den Plänen im Staatsarchiv ist die Bezeichnung „Speisezimmer" zu finden bzw. in den Plänen des Wiederaufbaus die Bezeichnung „Sonderraum". Woher sich die Bezeichnung „Kaiserzimmer" für diesen Raum überliefert hat, ist unklar. Hans Schrott erklärt, dass sich hier die Kaiserliche Familie auf ihren Reisen regenerieren konnte, da sie völlig ungestört und abgeschirmt gewesen sei, siehe Schrott (wie Anm. 1), S. 8. Es wäre allerdings verwunderlich, wenn Personen des Hofes sich so nahe an der normalen Bevölkerung aufgehalten hätten, wo sie doch im Empfangsgebäude einen eigenen Trakt (im Norden) hatten, in dem sie sich das Essen sicherlich servieren lassen konnten. Literatur: N.N. (wie Anm. 9), hier S. 310; Schmitt (wie Anm. 9), S. 55; Emil Kovacic, Die Aufnahmegebäude der Kaiserin Elisabeth-Westbahn von Wien bis Salzburg. Diss. Techn. Univ. Graz, Graz 1978, S. 91.
46 Lehar (wie Anm. 25), hier S. 3; III Sonderfaszikel (wie Anm. 33).
47 Koestler (wie Anm. 17), hier S. 173.
48 Die Anlage der Küche im Obergeschoß mag verwundern. Im Handbuch der Architektur wurde dies empfohlen, um zu verhindern, dass Küchendunst und Küchenlärm in die Restaurationssäle gelangen, siehe Schmitt (wie Anm. 9), S. 78.
49 Lehar (wie Anm. 25), hier S. 3. Im Handbuch der Architektur wurde empfohlen, vor allem wenn auf dem Bahnhof Nachtbetrieb stattfindet, für den Bahnhofswirt und für einige Wirtschaftsbedienstete Wohnungen oder doch zumindest Schlafräume vorzusehen, siehe Schmitt (wie Anm. 9), S. 78.
50 Die Restaurationen I. und II. bzw. III. Klasse hatten folgende Maße: Länge 23,9 Meter und Breite 14,2 Meter (Lehar, wie Anm. 25, hier S. 3).
51 Die Perronsperre begann erst unmittelbar vor dem Einsteigen in die Züge und alle Räume des Bahnsteigs standen den Reisenden und Nichtpassagieren ohne Lösung von Perronkarten zur ungehinderten Benützung offen. Dies war eine sehr bequeme Neuerung nach deutschem Vorbild, siehe Seligmann (wie Anm. 35).
52 Siegfried Geyer, Reise nach München. In: Fremden-Blatt, Nr. 186, 8. Juli 1909, S. 15. Diese im Original von der Firma Kohn produzierten Stühle waren nach Auskunft von Elisabeth Schmuttermeier im freien Handel erhältlich (Dr. Elisabeth Schmuttermeier, Leiterin des Archivs der Wiener Werkstätte im Museum für Angewandte Kunst in Wien, Auskunft vom 24. November 2011).
53 Es handelte sich um Steher aus gebogenem Formrohr, welche raffiniert den Handlauf umschlossen und die Füllstäbe aufnahmen. Kurze Rohrstücke bildeten die Abstandhalter (Norbert Mayr, Jugendstil-Flügelrad wurde zu Bauschutt. In: Salzburger Fenster. Nr. 42, Salzburg 02. Dezember 2009, S. 4).
54 Die Marmorindustrie Kiefer aus Oberalm bei Hallein lieferte die Marmorsockel für Restaurationsgebäude, siehe Lehar (wie Anm. 25), hier S. 4.
55 Geyer (wie Anm. 52).
56 Jana Breuste, Die Architektur der Vormoderne in Salzburg, Dipl.Arb. Univ. Salzburg 2007, S. 126.
57 Sipek und Berzobohaty (wie Anm. 4), S. 14 erklären, dass der in Abb. 3, Beitrag Höhmann, sichtbare Fassadendekor an der Fassade des Wartesaals III. Klasse der Bekrönung und der seitlich stuckierten Adler beraubt worden sei. Diese wurden aber gar nicht ausgeführt, wie Abb. 8 zeigt. Stattdessen waren Wappen von Österreich und Salzburg als Reliefs angebracht, die nicht über den oberen Abschluss hinausragten. Das Flügelrad wurde in etwas expressionistischerer Art umgesetzt. Eine weitere Fehlannahme aus dem Gutachten ist zu finden unter Anm. 37.
58 Hykysch (wie Anm. 5), S. 183.
59 Die Bomben trafen vor allem den Bereich des Sonderspeisezimmers, der nördlichen Halle – hier fiel eine Bombe sehr nahe bzw. in das westliche Eck der Restauration I. und II. Klasse – und den westlichen Teil der Restauration III. Klasse. Weitere Treffer sind auf den Zungenbahnsteigen der österreichischen Seite, auf den östlichen Durchgangsgleisen und auf dem Bahnhofsvorplatz zu sehen, siehe Erich Marx (Hrsg.), Bomben auf Salzburg, Die „Gauhauptstadt" im „Totalen Krieg", Salzburg/München ³1995, S. 233f, Abb. 154 u. 156. Dargestellt sind die betroffenen Teile im Plan 15 in: Hykysch (wie Anm. 5), S. 194. Hier ist allerdings nicht der südliche Teil des Restaurationsgebäudes als getroffen verzeichnet.
60 Welchen der vier Wartesäle Marx meint, ist unklar, siehe Marx (wie Anm. 59), S. 248. Höhmann erklärt, dass das mittlere und das nördliche Joch des Restaurationsgebäudes nahezu vollständig zerstört worden sein. Der Anbau des ehemaligen Wartesaals III. Klasse sei die einzig verbliebene Originalsubstanz des Restaurationsgebäudes. Auch das Dach auf Stahlfachwerkbindern über der Restauration III. Klasse sei erhalten geblieben, siehe Höhmann (wie Anm. 4), S. 13f sowie S. 89. Dies passt aber nicht ganz mit dem Bombentreffer im Westteil der Restauration III. Klasse zusammen, die auch das Dach betroffen haben müssten.
61 Trotz dieser Veränderungen hatte sich bis zum Abbruch 2009 ein Teil des Jugendstil-Geländers von 1909 über der nördlichen Kante des unveränderten Dachs über der ehemaligen Restauration III. Klasse erhalten (Fotos im Archiv Norbert Mayr).
62 Höhmann (wie Anm. 4), S. 58.
63 Anton Pfletschinger/Walter Pfletschinger, 25 Jahre Bahnhofsrestaurant Salzburg, Salzburg 1949, S. 10, Abb. oben links.
64 Pläne im ÖStA, AdR vom Wiederaufbau, Kopien im Archiv Seidl.
65 Pfletschinger/Pfletschinger (wie Anm. 63), S. 10, Abb. oben Mitte.
66 Näheres zum Abriss der östlichen Seitenhallen und den damit verbundenen Veränderungen siehe Anm. 25.

67 Weitere erschreckende Fotos vom Zustand des Mittelbahnsteigs sind erhalten in: Schrott (wie Anm. 1), S. 9; Höhmann (wie Anm. 4), S. 100f. Im Bereich des Wartesaals III. Klasse wurde z. B. ein Euroshop, eine Bank, eine Snack-Bar und ein Buchgeschäft untergebracht und innen im Bereich der Restauration III. Klasse zwei kleinere Restaurants und die ÖBB-Lounge eingebaut (Höhmann (wie Anm. 4), S. 128ff.

68 Höhmann (wie Anm. 4), S. 137, Plan 5 (Lage- und Höhenplan Gleisgeschoß, Maßstab 1:200, 22.2.1999, D.I. Klaus Wenger-Oehn, Salzburg).

69 Hykysch (wie Anm. 5), S. 185; Höhmann (wie Anm. 4), S. 12.

70 Hans Helmut Stoiber, Denkmalschutz wird ignoriert. In: Salzburger Nachrichten, Leserbrief, 10. Juli 1999, S. 24.

71 Hykysch (wie Anm. 4), S. 184.

72 Sämtliche angeführten Eingriffe wurden, da der Bahnhof noch nicht als denkmalwürdig eingestuft wurde, ohne die Einbeziehung des Landeskonservatorats für Salzburg und damit historischer Grundlagen durchgeführt und sind daher nicht aktenkundig (BDA Salzburg, Akt: Hauptbahnhof Salzburg, Brief von Walter Schlegel, Landeskonservator für Salzburg an das Bundesdenkmalamt, Präsidium, Wien, Hofburg, 23. Februar 2000, Betreff: Anzeige wegen Verdacht des Amtsmissbrauches, S. 2f).

73 Norbert Mayr, Weichenstellung: Steht der Mittelbahnsteig des Hauptbahnhofs im Weg? In: Bastei. Zeitschrift des Stadtvereines Salzburg für die Erhaltung und Pflege von Bauten, Kultur und Gesellschaft, 51. Jg., 3. Folge, Salzburg, September 2002, Seite 7–9, hier S. 8.

74 Zu sehen sind Bilder des Abbruchs in: Mayr (wie Anm. 53) und Kronen Zeitung Salzburg, 16. Jänner 2010, S. 21.

75 Nikolaus Schaffer/Christoph Tinzl, Gutachten Marmor- und Kaisersaal, Salzburg 30. September 2009, Auftraggeber: ÖBB Infrastruktur Bau AG. Die Kunstgegenstände bzw. Gemälde sind derzeit noch (April 2012), bis auf das Gemälde der Großglockner Hochalpenstraße (siehe Anm. 152), im Bahnhof Salzburg gelagert und werden von Melanie Neudorfer für eine Auktion in Linz vorbereitet. Der Verkauf einzelner Gemälde und Kunstgegenstände ist nur die letzte Option, wenn sich kein Käufer findet, der das Anliegen der ÖBB nach einer gemeinsamen Erhaltung zusammen mit Marmorsaal und Kaiserzimmer erfüllt (Wörndl, wie Anm. 25; Melanie Neudorfer, Auskunft vom 10. Februar 2012).

76 Die Teile der Wandverkleidung in Marmor werden derzeit (April 2012) in der Lokremise am Bahnhof Bischofshofen gelagert. Im Frühjahr 2010 schrieben die ÖBB sie zum Verkauf aus, worauf Maximilian Mayr-Melnhof, Teilhaber an der Marmor Industrie Kiefer GmbH in Adnet im November 2010 Interesse signalisierte. Die Auswahl des Käufers soll nach den Kriterien der öffentlichen Zugänglichkeit, örtliche Nähe zur Eisenbahn bzw. zum Aufstellungsort erfolgen (Wörndl, wie Anm. 25). Bei einem eventuellen Wiederaufbau kann das Bundesdenkmalamt um Unterstützung gebeten werden. Der Denkmalstatus endete aber mit der Entfernung vom Originalort (Auskunft des Landeskonservators Hofrat Dr. Ronald Gobiet vom 8. November 2011).

77 Dieser war, wenn schon unterirdisch, durch Seiten- und Oberlichte natürlich belichtet (siehe Anm. 98).

78 Das Gewerbeförderungsamt unterstand als erste staatliche Wirtschaftsförderungsstelle in Österreich dem k.k. Handelsministerium. 1892 gegründet und damals noch unter dem Namen „Technischer Dienst zur Förderung des österreichischen Kleingewerbes am Technologischen Gewerbe Museum" unterstand die Leitung dem Direktor des Museums Dr. Wilhelm Exner gemeinsam mit Hofrat Dr. Adolf Vetter. Im Lauf der Jahre erfolgte eine Umbenennung der Förderungsstelle in „Gewerbeförderungsdienst" und ab 1908 erhielt sie den Namen eines selbstständigen „Gewerbeförderungsamtes" (Wikipedia – Die freie Enzyklopädie, Wilhelm Exner, http://de.wikipedia.org/wiki/Wilhelm_Exner, abgerufen am 3. Jänner 2012, 22:24 Uhr). Der Grundgedanke der in Frankreich, England und Deutschland schon früher einsetzenden Förderungsbewegung war es, für das Kleingewerbe gegen die Industrialisierung in der Produktion Hilfsmaßnahmen anzubieten, wie Fachkurse, Schulungen, Einführung in neue Arbeitstechniken und Betriebsmethoden, Mithilfe bei der Beschaffung von Maschinen, günstige Kredite, Werbemöglichkeiten, Teilnahme an Messen und Ausstellungen. Dadurch sollten die Gewerbezweige wieder konkurrenzfähig werden. Die Tätigkeit des Amtes nahm einen raschen Aufschwung und es wurden als Zweigstellen Gewerbeförderungsinstitute in Prag, Brünn und Reichenberg gegründet. In Bozen, Innsbruck, Graz, Klagenfurt, Linz und Salzburg wurden diese Institute im Rahmen der Handels- und Gewerbekammern eingerichtet. Siehe Bruno Maldoner, Zur Geschichte des Wilhelm-Exner-Saals, In: Bundesimmobiliengesellschaft Wien, Der Wilhelm Exner Saal, Adaptierung und Instandsetzung, unveröffentl. Broschüre, Wien 1999, S. 5 (Seite 1–5 sind veröffentlicht in: Bundesdenkmalamt Österreich, Wilhelm Exner Saal, Wien 9., Severingasse 9, Denkmal des Monats September 1999, http://www.bda.at/text/136/Denkmal-des-Monats/6259/Wilhelm-Exner-Saal_Wien-9-Severingasse-9 abgerufen am 7. Jänner 2012, 21:02 Uhr sowie in N.N., 9., Severingasse 9, Wilhelm Exner-Saal. In: Österreichische Zeitschrift für Kunst und Denkmalpflege, Jg. 54, Wien 2000, S. 128–129).

79 N.N., (wie Anm. 19). Auch anderswo ist zu lesen: „Die Innenarchitektur ist ein Verdienst des Architekten Kathrein, gegenwärtig Direktor des Gewerbeförderungsinstituts in Wien" (B.D., Die Ausstellung der neuen Alpenbahnen. In: Arbeiter-Zeitung, 12. September 1909, S. 8).

80 Es waren die folgenden Firmen: Portois & Fix in Wien, Bernhard Ludwig in Wien, Bothe & Ehrmann in Wien und Gebrüder Colli aus Innsbruck mit je einem Angebot, die Firma Schönthaler & Söhne in Wien mit zwei Angeboten für eine reichere und eine einfachere Ausstattung.

81 Die Reichsratsabgeordneten Dr. Sylvester, Dr. et. Stötzel und Anton Hueber, die Handels- und Gewerbekammer in Salzburg, das Gewerbeförderungs-Institut für das Herzogtum Salzburg und der Gewerbeförderungsdienst des k.k. Handelsministeriums hatten sich durch persönliche Intervention und durch Eingaben beim Eisenbahnminister dafür eingesetzt, dass die gesamten Lieferungen der Salzburger Tischlergenossenschaft übertragen werden, um dem lokalen Gewerbe Gelegenheit zu geben, seine Leistungsfähigkeit zu beweisen. Die Salzburger Tischlergemeinschaft konnte daraufhin zwei Angebote einreichen, wovon eines auf einem eigenen, das zweite auf einem vom Gewerbeförderungsdienst des k.k. Handelsministeriums ausgearbeiteten Projekt beruhte. Der Eisenbahnminister verfügte, dass die Salzburger Tischlergenossenschaft bei der Vergabe besonders berücksichtigt werde, ohne jedoch wirtschaftliche Aspekte aus dem Auge zu verlieren. Zur Sicherung einer rechtzeitigen Vollendung sollten daher auch die Firma Colli in Innsbruck, sowie die Firma Schönthaler herangezogen werden sollen, wovon die letztere im Ergebnis der Ausschreibung das günstigste Angebot ablieferte (ÖStA Wien, AVA, Bestand k.k. Eisenbahnministerium, Aktenzahl: P.Z. 11093, 21. Februar 1908, Brief der k.k. Gewerbeförderungsdienst des k.k. Handelsministeriums an den k.k. Eisenbahnminister k.k. Geheimrat Dr. Julius Derschatta Edl. v. Standhat, ohne Betreff, III-303/5, im Akt auch handschriftlicher Brief vom 27. Februar 1908, Wien, Dept. 18a).

82 Die Modelle für das Restaurationsgebäude wurden bereits im September 1908 in der Salzburger Jubiläums-Ausstellung für Gewerbe, Kunstgewerbe und einschlägige Industrie des Kronlandes Salzburg (Saal III und IV) als Meisterarbeiten dieser Firmen des Salzburger Tischlerinnung ausgestellt (Umbau des k.k. Staatsbahnhofes in Salzburg. In: Salzburger Tagblatt, Nr. 197, 31. August 1908, S. 5). Von den Ausstellungsgegenständen Kasingers und Machauers für den Bahnhof ist im Katalog der Ausstellung jedoch nichts vermerkt (Jubiläums-Ausstellung für Gewerbe, Kunstgewerbe und einschlägige Industrie des Kronlandes Salzburg, Katalog, Salzburg 1908, S. 44).

83 Lehar (wie Anm. 25), hier S. 4. Lehar nennt noch weitere beteiligte Firmen, z. B. die Triester Linoleum-Fabrik (Bodenbelag), R. Mundt aus Wien (Beleuchtungskörper für alle Restaurations- und Wartesäle), die Salzburger Schlosserinnung (Heizkörperverkleidung, eiserne Fenster u. Türen, Kleiderständer, Abschlussgitter für den Zentralperron) und die Marmorindustrie

Kiefer Oberalm (Marmorsockel für Restaurationsgebäude, Brunnengruppe und Kaiserbüste, Kunststeinplatten).

84 Ob er in dieser Zeit auch noch an einer Hochschule gelernt hat, ist nicht nachweisbar. Er war kein Schüler an der k. k. Technischen Hochschule, heutige TU Wien (Auskunft von Mag. Dr. Juliane Mikoletzky vom 31. Jänner 2012). Ebenso fanden sich in der ehemaligen k. k. Staatsgewerbeschule, heute HTL Ottakring, keine Unterlagen über Kathrein (Auskunft von Gudrun Reutner vom 13. Februar 2012).

85 Heinrich Kathrein erhielt für seinen besonderen Eifer und seine fachliche Begabung für die Inneneinrichtung der Räume des neuen Bahnhofs in Salzburg sowie seine auch sonst auf dem Gebiet der heimischen Gewerbeförderung verdienstvolle Tätigkeit das goldene Verdienstkreuz mit der Krone (ÖStA Wien, HHStA, Verzeichnis der aus Anlaß der Vollendung des Baues der Tauernbahn und der Bahnhöfe Villach, Salzburg und Bischofshofen und des Baues des zweiten Gleises von letzterer Station nach Schwarzach – St. Veit für die allergnädigste Verleihung von Orden, Titeln und Verdienstkreuzen in Antrag gebrachten Personen, Aktenzahl: 2055 ex 1909; Kathrein ist Nr. 32 in der Liste).

86 Bundesdenkmalamt Wien, Akt: Wilhelm Exner Saal, Brief vom Abteilungsleiter des Meldereferat des Magistrats der Stadt Wien Herbert Koch an den Sachbearbeiter Bruno Maldoner vom Bundesdenkmalamt Wien, 1. Januar 1999. Seine Lebensdaten sind im Staatsarchiv aktenkundig: *9.8.1878 in Bozen, †15.1.1942 in Wien (ÖStA Wien, 3176-GfD/1942 vom Jänner 1942, Staatlicher Gewerbeförderungsdienst, Betreff: Regierungsrat Heinrich Kathrein, Ableben, Festsetzung des Sterbegeldes). Über seinen beruflichen Aufstieg vom Hauptlehrer zum Inspektor gibt das Hof- und Staats-Handbuch der Monarchie Auskunft (Hof- und Staats-Handbuch der österreichisch-ungarischen Monarchie für die Jahre 1908, 1909, 1910, 1912, 1917, 1918, Wien jeweiliges Jahr).

87 Auskunft von ADir. Silvia Herkt, Archiv der Universität für Angewandte Kunst, laut Schülerliste Josef Hoffmann, vom 25. Jänner 2012.

88 Max Eisler, Österreichische Werkkultur, hrsg. v. Österreichischen Werkbund, Wien 1916, S. 251; E. Diederichs, Jahrbuch des Deutschen Werkbundes, 1914, S. 24.

89 Sabine Forsthuber, Moderne Raumkunst, Wiener Ausstellungsbauten von 1898 bis 1914, Wien 1991, S. 168; Eisler (wie Anm. 88), S. 53, 59 u. 64 Abb. Auf Seite 27 und Seite 117 zeigt Eisler weitere Werke von Kathrein. Kathreins Bedeutung wird dadurch deutlich, dass er in Eislers Buch, welches die modernsten Gestaltungen der Zeit auf dem Gebiet der Architektur, der Plastik und des Kunstgewerbes übermittelt, vertreten ist.

90 N.N. (wie Anm. 19), hier S. 310; Kubinszky (wie Anm. 9), S. 16.

91 Gerhard Martin Plasser, Stadt lesen: Salzburger Plätze, Gestalt und Funktion, Diss. Univ. Salzburg, Salzburg 1995, Teil 2, S. 262; Frauke Kreutler, Butterbrot und Kaviar, Die Bahnhofsrestaurants. In: Wolfgang Kos/Günter Dinhobl (Hrsg.), Großer Bahnhof. Wien und die weite Welt, Wien 2006, S. 124–129, hier S. 125.

92 Der Begriff Lambris (auch Lamperie oder Lambrie) bezeichnet eine auf den unteren Bereich einer Wandfläche beschränkte Verkleidung in Innenräumen zum Schmuck oder als Schutz vor Beschädigung der Wand. Wartesäle hatten starker Abnutzung und Verunreinigung durch ununterbrochene Nutzung standzuhalten, daher musste die Ausstattung gediegen, belastbar und leicht zu reinigen sein (N.N., Lambris. In: Lexikon der Kunst, Architektur, Bildende Kunst, Angewandte Kunst, Industrieformgestaltung, Kunsttheorie, hrsg. v. Olbrich Harald u.a., Leipzig 1987–1994, Bd. 4, S. 206; Schmitt (wie Anm. 9), S. 69.

93 Vermutlich wurden diese über das Dekorationsgeschäft H. Pfanzelter bezogen, da Pfanzelter auch bei den beteiligten Firmen genannt wird (Lehar, wie Anm. 25, hier S. 4. Literatur zum Salzburger Traditionsbetrieb Pfanzelter: Breuste (wie Anm. 56), S. 207ff.

94 Beim Bromsilber-Gelatine-Trockenplatten-Verfahren handelt es sich um ein damals gebräuchliches Verfahren der Fotografie, welches vom fotografischen Film abgelöst wurde (Wikipedia – Die freie Enzyklopädie, http://de.wikipedia.org/wiki/Schwarzweißfotografie, abgerufen am 3. Jänner 2012, 16:36 Uhr).

95 Die geschweifte Rechteckform war ein beliebtes Motiv der Wiener Werkstätte und wird hier auf die Spitze gestellt. Zu sehen ist dieses Motiv beispielsweise bei der Internationalen Photographischen Ausstellung in Dresden (1.5. bis Anfang Oktober 1909) in den von Otto Prutscher gestalteten Sälen mit Oberlichten, siehe Forsthuber (wie Anm. 89), S. 143f bzw. S. 125 Abb. 18.

96 Lehar (wie Anm. 25), hier S. 4. Er nennt auch die beteiligten Firmen: die Triester Linoleum-Fabrik, R. Mundt aus Wien (Beleuchtungskörper für alle Restaurations- und Wartesäle) und die Salzburger Schlosserinnung (Heizkörperverkleidung).

97 Seligmann (wie Anm. 35).

98 Dieser Arbeiterwartesaal von 13,3 Meter Länge und 12,3 Meter Breite wurde durch Seiten- und Oberlichte beleuchtet, siehe III Sonderfaszikel (wie Anm. 33). 1983/84 wurden vor bzw. im Wartesaal ein Aufzug eingebaut und die Decken erneuert. Der Raum wurde dann zur Gepäcksaufbewahrung genutzt (Wörndl, wie Anm. 33).

99 Lehar (wie Anm. 25), hier S. 3.

100 Kreutler (wie Anm. 91), S. 126; Kubinszky (wie Anm. 6), S. 16.

101 Erster Restaurateur der Bahnhofsrestauration in Salzburg war Franz Haas, ihm folgte 1877 Franz Jores, der auch Besitzer des Gasthofes „Zur goldenen Traube" in der Linzer Gasse war. 1894 war der k. u. k. Hoflieferant Rudolf König Bahnhofsrestaurateur (Peter Walder-Gottsbacher, Schallmoos, Andräviertel und Elisabeth-Vorstadt, Zaltbommel 1995, S. 38).

102 Pfletschinger/Pfletschinger (wie Anm. 63), S. 2; Peter Haibach, Salzburger Hauptbahnhof – Neubau ist überfällig, Weltkulturerbestadt mit attraktiven Eingangstor. In: Regionale Schienen, 06/2007.

103 Ein Mokett ist ein bunt gemusterter oder bedruckter Möbelstoff aus (Baum) wolle (N.N., Mokett, http://www.duden.de/suchen/dudenonline/mokett abgerufen am 15. Jänner 2012, 23:53 Uhr).

104 Der Gummidruck ist ein Edeldruckverfahren. Die Anwendung fand ihren Höhepunkt insbesondere in der Kunstfotografie zur Wende zum 20. Jahrhunderts. (Wikipedia – Die freie Enzyklopädie, Gummidruck, http://de.wikipedia.org/wiki/Gummidruck, abgerufen am 15. Jänner 2012, 23:56 Uhr).

105 Neu für die durch strenge Geometrisierung bekannte Wiener Werkstätte war damals die Verwendung zarter Linienornamentik auf den Wandfeldern. Zarte Schmetterlinge, graziöse Spiralen und Schwingungen dienten als Verzierung. All diese Ausschmückungen riefen Assoziationen an die kurvenreiche Phase früherer Jahre der Werkstätte wach, im Vergleich zu der sie aber ungezwungen und gemildert, ja gleichsam ernüchtert und abgeklärt erschien, siehe Forsthuber (wie Anm. 89), S. 130 Abb. 50. Zuckerkandl als Kritiker meinte dazu, dass Hoffmann „mit ganz überraschenden Wendungen seiner bisherigen Stilart dem Raum einen graziösen, spielerisch beschwingten Dekor gegeben" habe (Berta Zuckerkandl, Die Eröffnung der Kunstschau 1908. In: WAZ, 1. Juni 1908, S. 3).

106 Zum Vorbild siehe: Christian Brandstätter, Design der Wiener Werkstätte, 1903–1932, Wien 2003, S. 36.

107 Die Marmorindustrie Kiefer aus Oberalm bei Hallein schuf diese Brunnengruppe und die Kaiserbüste, siehe Lehar (wie Anm. 25), hier S. 4.

108 ÖStA Wien, AVA, Bestand k. k. Eisenbahnministerium, Aktenzahl: P.Z. 9419, 18. Februar 1910, Brief der k. k. Staatsbahndirektion Innsbruck an das k. k. Eisenbahnministerium in Wien, Betreff: Arbeiten der Tischlerinnung Salzburg für die Personendienstanlage in Salzburg, 389/III 4.

109 Für die Kaiserbüste hatte Architekt Kathrein eine von Prof. Franz Barwig des k. k. österreichischen Museums für Kunst & Industrie modellierte Büste ausgewählt (ÖStA Wien, AVA, Bestand k. k. Eisenbahnministerium, Aktenzahl: P.Z. 11093, 21.–25. Februar 1908, Z. III-303/5 G.F., Gewerbeförderungsdienst des k. k. Handelsministeriums, Brief: Wien 4. November 1908, Betreff: Ver-

gebung der Einrichtungsgegenstände für die Restaurationsräume am Zentralperron des Bahnhofs Salzburg).
110 Sie wurden ausgeführt von der Salzburger Schlosser-Innung, siehe Lehar (wie Anm. 25), hier S. 4.
111 Z. B. Christoph Cloeter, Illustrierter Preiskurant über lackierte und blanke Haus- und Küchengeräte, Tassen, feine vernickelte Waren, Katalog der Blech- und Metallwaren-Fabrik, Wien 1911, S. 112f.
112 Geyer (wie Anm. 52).
113 Lehar (wie Anm. 25), hier S. 3f.
114 Das Motiv des Gemäldes im Bild rechts war das Käfertal Ferleiten. Auf zwei Fotografien, welche sich im Familienarchiv Diószeghy erhalten haben, lassen sich zwei weitere Motive identifizieren: Moserboden und Saalbach.
115 Möglicherweise waren dies Lüftungsluken, da im Grundriss genau an diesen Stellen Schächte zu sehen sind.
116 Carl Huck (1876–1926), ein Wiener Maler, widmete sich mit Vorliebe dem Thema der Tiere in der Hochgebirgslandschaft, natürlich, aber doch stets stilisiert, mit dekorativer Tendenz und einem Hang zum Fantastischen (Martin Scharfe, Zlatrog. In: Bergauf, 01/2008, S. 31.
117 Die Höhe und Breite beträgt inkl. Rahmen: 109 cm × 198 cm, siehe Schaffer/Tinzl (wie Anm. 75), S. 3.
118 Sie wurden geschaffen von R. Mundt, siehe Lehar (wie Anm. 25), hier S. 4.
119 Lehar (wie Anm. 25), hier S. 4.
120 ÖStA Wien (wie Anm. 109).
121 Seligmann (wie Anm. 35).
122 III Sonderfaszikel (wie Anm. 33).
123 Der Wiener Landschaftsmaler Leopold Heinrich Vöscher schuf für die Wartesäle sechs großformatige Ölgemälde der Städte Wien, Salzburg und München, Berchtesgadens, des Gosau- und des Königsees, siehe Plasser (wie Anm. 31); N.N., In: Salzburger Zeitung, Nr. 182, vom 9. August 1860; Georg Petzolt, Die Halleiner Zweigbahn. In: Der Grenzbote, Nr. 24, 16. Juni 1861, S. 188–189. Für die Weltausstellung 1893 in Chicago hatte der Fremdenverkehrsverband Tirol den Malern Hans Beat Wieland und Zeno Diemer den Auftrag für ein riesiges Panoramagemälde, darstellend den Ötztaler Gletscher mit Wiesbachhorn, gegeben. Das Bild ist verschollen, soll allerdings in den Salzburger Bahnhof verbracht worden sein (Henri Hock, Hans Beat Wieland, Der Maler der Berge. In: Zeitschrift des deutsch. u. österr. Alpenvereins, 1928, S. 13). Nachdem die Gemälde restauriert worden waren, wurden sie im Dezember 1909 in den Expresszugräumen des adaptierten Aufnahmsgebäudes den Wandverkleidungen eingefügt (BDA, Akt Hauptbahnhof Salzburg, Brief des k. k. Konservators Demel an die k. k. Zentral-Kommission zur Erforschung und Erhaltung der kunst- und historischen Denkmale, Salzburg 4. Juni 1910, Betreff: Dekorative Oelgemälde vom alten Staatsbahnhof in Salzburg).
124 Zum Eindruck, den die neue Tauernbahn bei den Reisenden hinterließ, z. B.: Joseph August Lux, Reisebilder von den neuen Alpenbahnen. In: Österreichische Rundschau. Bd. XXIII. Wien/Leipzig April–Juni 1910, S. 449–457.
125 Zeitgenössische Kritiken: N.N., Die Feierlichkeiten zur Eröffnung der Tauernbahn. In: Münchner Neueste Nachrichten, Nr. 309. Morgenblatt, 6. Juli 1909, S. 5; C.U. Fischer, Der Salzburger Bahnhof und die Tauernbahn-Ausstellung. In: Neue Freie Presse, 30. November 1909, S. 24; Die Probefahrt mit der S 3/6. Ein bedeutender Fortschritt des bayerischen Personenverkehrs. In: Münchner Post, Nr. 135, 18. Juni 1909, S. 6; N.N. (wie Anm. 37); N.N., Eine Spezialausstellung der Tauernbahn. In: Salzburger Wacht, Nr. 66, XI. Jg, 19. August 1909, ohne Seitenangabe (Familienarchiv Diószeghy); Seligmann (wie Anm. 35); Kurt von Reden, Die Spezialausstellung zur Feier der Tauernbahneröffnung. In: Neue Freie Presse, Nr. 16147, 4. August 1909, S. 8.
126 Kreutler (wie Anm. 91), hier S. 127.
127 Weitere Literatur zu Lux: Erhard Koppensteiner, Der Schriftsteller Joseph August Lux. In: Heinz Dopsch/Ewald Hiebl, (Hrsg.), Anif, Kultur, Geschichte und Wirtschaft von Anif, Niederalm und Neu-Anif. Anif, 2003, S. 413–420. Ähnlich dem heute wieder bekannteren Ludwig Hevesi propagierte Lux, als Kenner des modernen Kunstgewerbes, auch das Programm der Wiener Werkstätte in verschiedenen Kunstzeitschriften.
128 Lux (wie Anm. 127), hier S. 449. Ähnliches formuliert er nochmals in: Joseph August Lux, Tauernbahn, Salzburg–Bischofshofen, Badgastein–Villach, Görz–Triest, 2. Aufl., Frankfurt a. M. 1913, S. 8. Erhard Buschbecks Einschätzung würdigt die Bahnhofsgebäude im gleichen Sinne: „Nur hie und da regt sich im heutigen Salzburg eine neuere Zeit. So wurde im letzten Jahre ein neuer zeitgemäßer Bahnhof gebaut, in dem schön und überzeugend die Formensprache des großen Meisters Otto Wagner lebt." (Erhard Buschbeck, Salzburgs Kultur aus Vergangenheit und Gegenwart. In: Der Merker, Heft 20, 1910, S. 819–822, hier S. 821).
129 Alois Hackl, Salzburger Bauprojekte, Stadtsäle, Makartplatz, Bahnhof – Um- und Neubauten, Wien 1907, S. 17 u. S. 24f. Weitere Beanstandungen hier: N.N. Vom neuen Salzburger Bahnhof. In: Salzburger Volksblatt, Nr. 236, 16. Oktober 1909, S. 4.
130 Eisler (wie Anm. 88), S. 27 Abb. Die Abbildung übermittelt die Original-Einrichtung des Saals mit den Stühlen und Tischen.
131 Eduard F. Sekler, Der Wilhelm Exner Saal in architekturgeschichtlicher Perspektive. In: Bundesimmobiliengesellschaft Wien, Der Wilhelm Exner Saal, Adaptierung und Instandsetzung, unveröffentl. Broschüre, Wien 1999, S. 1–3, hier S. 1. Der Wilhelm-Exner-Saal befindet sich in der HLMW 9-Michelbeuern, eine Lehranstalt für wirtschaftliche Berufe sowie für Mode und Bekleidungstechnik in der Michelbeuerngasse 12, 1090 Wien.
132 Näheres zum Volkskeller im Hotel Pitter (heute: Holiday Inn Crowne Plaza, Rainerstraße 6–8): Hermann Ubell, Bertold Löfflers Wandmalereien im Salzburger Volkskeller. In: Kunst und Kunsthandwerk, 1914, S. 65–78; Maroine Dib, Der „Volkskeller": Auf den Spuren der Wiener Sezession in Salzburg. In: Bastei, Nr. 3, Salzburg 2011, S. 29–30; Breuste (wie Anm. 56), S. 171ff u. S. 289–292; Jana Breuste, Die Architektur des Jugendstils in Salzburg. Oder: Der Jugendstil und die Provinz, in: kunsttexte.de, E-Journal für Kunst- und Bildgeschichte, Ausg. 2, 10. April 2009, S. 7 (online: http://edoc.hu-berlin.de/docviews/abstract.php?id=29708). Ein ähnlich volkstümlich eingerichtetes Bahnhofsrestaurant überlieferten die Postkarten 408–411 der Wiener Werkstätte von Gustav Kalhammer, die das Restaurant Staatsbahnhof im 10. Wiener Bezirk von Josef Pohl zeigten. Nach Auskunft von Elisabeth Schmuttermeier hat sich dieses Restaurant möglicherweise im Südbahnhof oder der Nähe befunden, ist aber nicht nachweisbar (Auskunft vom 20. Oktober 2011).
133 Ernst Seidler, Fünf Jahre Wiederaufbau Österreichische Bundesbahnen 1945–1950, Wien 1950, S. 45.
134 Im Keller unter dem Marmorsaal soll damals auch ein Heurigenkeller und seitlich vom Gebäude am Gleis ein Kaffeehauswaggon, vermutlich nur zeitweise, vorhanden gewesen sein (Hans Schrott, Auskunft vom 24. Februar 2012). Schrott erklärte auch, dass die Öffnung zunächst nicht verglast gewesen sei und auf der Galerie vormals Tische angeordnet waren. Ob und wann die Zweigeschoßigkeit des Saals durch die Verglasung des Oberlichtes erfolgt sein könnte, war nicht ermittelbar.
135 Protokoll Denkmalbeirat (wie Anm. 4), S. 2.
136 Sicher ist, dass die Pfeiler mit Adneter Korallenmarmor verkleidet wurden. Kieslinger erklärt, dass die Wände mit Adneter Rotscheck verkleidet wurden (Alois Kieslinger, Die nutzbaren Gesteine Salzburgs, 4. Erg.bd. zu den MGSL, Salzburg/Stuttgart 1964, S. 166). Kretschmar spricht von verschiedenen Sorten (Franz Kretschmar, Marmor aus Adnet, Bd. 1 der Reihe Heimatbuch Adnet, Adnet/Salzburg 1986, S. 256).
137 Der Adneter Korallenmarmor aus der Zeit vor 250–200 Millionen Jahren weist aufgrund seiner Rifforganismen weiße oder auch rote kreisförmige Flecken auf und wird daher auch als Tropfkalk bezeichnet. Das derzeitige Vorkommen von der Variante des roten Korallenmarmors, welcher im Restaurant hauptsächlich verwendet wurde, ist äußerst begrenzt. Neben Adnet kommt dieser nur noch an der Rötelwand in der Gaißau, dem Feichtenstein bei Hintersee und dem Gruberhorn in der Osterhorngruppe vor (Gottfried

Tichy, Gutachten über die Marmorarten im Speisesaal des Bahnhofsrestaurants in Salzburg, Archiv Gerd Seidl o. J; Kretschmar, wie Anm. 136, S. 307f.).
138 Kieslinger (wie Anm. 136), S. 166.
139 Mit Kriegsende waren im Marmorwerk Kiefer viele fertig bearbeitete Werkstücke, aber auch Rohblöcke aus dem Nationalsozialismus zurückgeblieben. Sie waren zwar schon bezahlt, dann aber nicht mehr verbaut worden; so z. B. große Säulentrommeln aus Rot-Adneter und kannelierte Pfeiler- und Pilasterverkleidungen aus Helltropf-Marmor. Diese wurden von den ÖBB, da als Rechtsnachfolger der „Deutschen Reichsbahn" in ihr Eigentum übergegangen, zum Wiederaufbau der überall zerstörten Bahngebäude eingesetzt. Die in Platten zersägten Rohblöcke wurden bei der Wiederherstellung der meisten größeren Bahnhofsgebäude Österreichs (Wien West- und Südbahnhof, Linz, Wels, Salzburg, Bischofshofen, Graz, Villach, Klagenfurt und Innsbruck) für diverse Verkleidungen verwendet, siehe Kretschmar (wie Anm. 136), S. 282.
140 Wilhelm Westgruber, Der Marmorsaal im Bahnhofsrestaurant Salzburg, o. J., Archiv Gerd Seidl, 2 Seiten, S. 1.
141 Die Maße der Nischengröße betrugen: Höhe circa 320 cm, Breite circa 188 cm (Hermann Fuchsberger, Büro für Bauforschung und Denkmalpflege, Bestandserfassung der historischen Bau- und Ausstattungsteile, 12. November 2008, Abb. 34).
142 Kretschmar (wie Anm. 136), S. 285.
143 Westgruber (wie Anm. 140), S. 1. Vermutlich hat man von dort auch den Namen „Marmorsaal" adaptiert.
144 Kieslinger (wie Anm. 136), S. 166; Tichy (wie Anm. 137), S. 1f.
145 Dieser Marmor stammt aus dem unteren Jura vor 180–200 Millionen Jahren (Tichy, wie Anm. 137, S. 1).
146 Die Maße der Vase: Postament – 48 × 48 cm und 106 cm hoch, Vase: 60 cm im Durchmesser und 75 cm hoch, siehe Fuchsberger (wie Anm. 141), Abb. 32.
147 Tichy (wie Anm. 137), S. 2.
148 Schaffer/Tinzl (wie Anm. 75), S. 3.
149 Der Maler Hugo Baar (*3.3.1873 zu Neutitschein [Nový Jičín] in Mähren; †19.6.1912 Wien) kam nach Wien an die Kunstgewerbeschule. Nach deren Absolvierung ging er nach München. Seit 1903 lebte er in Wien und seit 1907 hatte er sein Atelier in seiner Vaterstadt. 1904–1912 war er Mitglied des Hagenbundes in Wien. Er gestaltete bevorzugt Gebirgslandschaften, siehe Elisabeth Hülmbauer (Bearb.), Hugo Baar. In: Kunst des 19. Jahrhunderts, Bestandskatalog der Österreichischen Galerie des 19. Jahrhunderts, Bd. 1: A–E, hrsg. v. d. Österreichischen Galerie Belvedere, Wien 1992, S. 69.
150 Weitere hingen vermutlich von 1949 an bis zu einem unbekannten Zeitpunkt in den Zwischenkompartimenten. Eines davon ist sichtbar in: Pfletschinger/Pfletschinger (wie Anm. 63), S. 3.
151 Darüber Symbole der darstellenden Kunst, Dichtung und Musik (Panflöte, Maske und Lorbeerzweig) aus Gips und Metall (Schaffer/Tinzl, wie Anm. 75, S. 4).
152 Der Künstler der Panoramaansicht der Großglockner Hochalpenstraße ist anonym. Die Höhe und Breite beträgt inkl. Rahmen 272 cm × 536 cm. Es handelt sich um eine eher derbe Prospektmalerei. In diesem Riesenformat ging es offenbar nicht um eine Landschaftsschilderung, sondern um eine Darstellung des Straßenverlaufs. Möglicherweise lag der Verlauf dieses technischen Meisterwerks, das 1935 eingeweiht wurde, erst im Entwurfsstadium vor (Schaffer/Tinzl, wie Anm. 75, S. 3). Es gelangte erst nach dem Umbau des Bischofshofener Bahnhofs 2003 in den Marmorsaal und ist seit 2009 an die ADWERBA Marketing Service GesmbH und Mag. Arch. Hans Schmidt (Schallmooser Hauptstraße 85a, Salzburg) als Leihgabe vergeben. Dies ist eine ortsnahe Zwischenlösung, bis der Marmorsaal eventuell wiedererrichtet wird und das Bild dort wieder integriert werden kann. Schmidt ist Mitglied der Initiative „Rettet den Marmorsaal". Das Gemälde gehört der Großglockner Hochalpenstraße AG, die daran aber kein Interesse zeigte (Wörndl, wie Anm. 25). Vorher hing hier ein Bild der Frauenkirche von München, eine Leihgabe aus Linz (Schrott, wie Anm. 134).
153 Westgruber (wie Anm. 140), S. 1; Fuchsberger (wie Anm. 141), Abb. 37.
154 Schrott (wie Anm. 1), S. 7.
155 Fuchsberger (wie Anm. 141), Abb. 42.
156 Die Bilder sind gleich groß: Höhe und Breite inkl. Rahmen: 167 cm × 226 cm (Schaffer/Tinzl, wie Anm. 75, S. 2).
157 Franz Jung (1883–1963) übersiedelte 1924 nach Salzburg. In den Jahren 1929–1933 entstanden historische Bildserien, die von den Feigenkaffeefabriken Andre Hofer herausgegeben und damals in allen Bevölkerungskreisen mit gleicher Begeisterung gesammelt wurden. Jung-Ilsenheim verstand sich selbst als Volksmaler und beschäftigte sich vor allem mit den Themen Urzeit und Frühgeschichte, Sagen und Ritter, Heimat und Tierwelt (Karl-Heinz Ritschel/Raimund Ločičnik/Wilhelm Weitgruber, Franz Jung-Ilsenheim, Illustrator der Geschichte, 1883–1963, Salzburg 1984, S. 10, 13 u. 99. Hier ist auch Näheres zum Namenszusatz „Ilsenheim" nachzulesen).
158 Schaffer/Tinzl (wie Anm. 75), S. 2.
159 BDA Salzburg, Akt: Hauptbahnhof Salzburg, Brief der Berufsvereinigung der bildenden Künstler Österreichs, Landesstelle Salzburg, an den Landeshauptmann Josef Rehrl, 15. März 1948, S. 1; BDA Salzburg, Akt: Hauptbahnhof Salzburg, Brief von Nationalrat Gustav Kapsreiter (?) an den Präsidenten der Bundesbahndirektion Linz Ing. H. Hafock, 26. April 1948.
160 Quellen zum Wettbewerb: BDA Salzburg, Akt: Hauptbahnhof Salzburg, Brief ohne nähere Angaben; BDA Salzburg, Akt: Hauptbahnhof Salzburg, Brief des Landeskonservators Salzburg M. W. [Margarete Witternigg?] an den Nationalrat Gustav Kapsreiter, 22. Mai 1948; BDA Salzburg, Akt: Hauptbahnhof Salzburg, Brief vom Vizepräsident Kaufmann der Berufsvereinigung der bildenden Künstler Österreichs Landesstelle Salzburg an Frau Dr. Margarete Witternigg, Landeskonservator Salzburg, 27. September 1948; BDA Salzburg, Akt: Hauptbahnhof Salzburg, Brief von Vizepräsident Kaufmann der Berufsvereinigung der bildenden Künstler Österreichs, Landesstelle Salzburg, an Frau Dr. Margarete Witternigg, Landeskonservator Salzburg, 20. September 1948. Letzterer nennt sogar die Jurierung, die am Montag, dem 18. Oktober 1948 9 Uhr vormittags im Künstlerhaus stattfand.
161 Schaffer/Tinzl (wie Anm. 75), S. 2. Alle drei Bilder waren 1984 Teil der Gedächtnisausstellung für den Künstler im Gotischen Saal des Bürgerspitals, welche das Museum Carolino Augusteum veranstaltete und sind im Katalog farbig abgebildet, siehe Ritschel/Weitgruber/Ločičnik (wie Anm. 157), Abb. 31, 33 u. 34. Im Katalog ist auf den Seiten 100 und 102 vermerkt, dass sich noch zwei weitere Gemälde gleichen Formats (Leinwandmaße: 140 × 200 cm) im Bereich des Salzburger Bahnhofs befanden. Sie trugen die Titel „Salztransport über den Pass Lueg zur Römerzeit", im Salzburger Stüberl (Abb. 56, schwarz-weiß) und „Vorgeschichtlicher Kupferbergbau am Mitterberg" in einem Sitzungszimmer (Abb. 30, farbig). Im Foto-Akt zum Bahnhof im Landeskonservatorat Salzburg ist noch ein weiteres Gemälde von Jung-Ilsenheim überliefert, laut Beschriftung in einem Sitzungszimmer des Bahnhofs im 1. Obergeschoß des Nord-Traktes. Leider kennt auch Herr Dr. Nikolaus Schaffer (Salzburg Museum), der in den 80ern am Katalog zu Jung-Ilsenheim mitgearbeitet hat, das Bild nicht. Darauf sind Szenen des Salzabbaus zu sehen. Das Bild befindet sich momentan (April 2012) im Bahnhof von Salzburg, wird aber für eine Auktion in Linz vorbereitet (siehe Anm. 75).
162 Pfletschinger/Pfletschinger (wie Anm. 63), S. 4 Abb.: „Die Christianisierung" hing hier noch über dem Kamin.
163 Als Schwemme wird in der Gastronomie der Bereich in einer Schankwirtschaft bezeichnet, in dem große Mengen Bier ausgeschenkt werden, zumeist in großen Sälen oder Kellergewölben mit relativ einfacher Inneneinrichtung. (Wikipedia – Die Freie Enzyklopädie, Schwemme (Gaststätte), http://de.wikipedia.org/wiki/Schwemme_Gaststätte abgerufen am 19. Jänner 2012, 11:22 Uhr)
164 Pfletschinger/Pfletschinger (wie Anm. 63), S. 5.
165 Friedrich Achleitner, Österreichische Architektur im 20. Jahrhundert. Bd. 1: Oberösterreich, Salzburg, Tirol, Vorarlberg, S. 280.

166 Mayr (wie Anm. 73), hier S. 7. Auch der Denkmalbeirat vertrat diese Meinung, siehe Protokoll Denkmalbeirat (wie Anm. 4), S. 3.

Clemens Reinberger

1 Hervorgegangen aus der „k. k. Central-Commission zur Erforschung und Erhaltung der Baudenkmale", gegründet im Jahr 1850; das Denkmalschutzgesetz (DMSG), zuletzt novelliert in der Fassung aus dem Jahr 2000, geht zurück auf das „Bundesgesetz betreffend den Schutz von Denkmalen wegen ihrer geschichtlichen, künstlerischen oder sonstigen kulturellen Bedeutung" vom 25. September 1923, welches zusammen mit dem Ausfuhrverbot von 1918 (seit der Novellierung 2000 im Denkmalschutzgesetz verankert und integriert) den Schutz des österreichischen Kulturgutbestandes sicherstellen soll; zur Geschichte des Denkmalschutzes in Österreich vgl. beispielsweise Walter Frodl, Idee und Verwirklichung. Das Werden der staatlichen Denkmalpflege in Österreich, in: Bundesdenkmalamt Wien (Hrsg.) Studien zu Denkmalschutz und Denkmalpflege. XIII, Wien, Köln, Graz 1988.
2 Vgl. § 1 DMSG, Abs. 1ff, vgl. insbesondere Abs. 5.
3 Mit Bescheid vom 3.11.1998 (GZ: 30729/04/98) wurden für jene „Hochbauten der Kaiserin-Elisabeth-Bahn (Westbahn), Linie Wien–Linz–Salzburg, an denen ein tatsächliches öffentliches Erhaltungsinteresse besteht", die Stellung unter Denkmalschutz kraft gesetzlicher Vermutung nach §2 DMSG, zu Recht festgestellt bzw. unter Denkmalschutz gestellt, vgl. Bescheid vom 3.11.1998 (GZ: 30729/04/98); da gegen diesen Bescheid keine Berufung erfolgt ist, ist dieser in Rechtskraft erwachsen, vgl. Schreiben Präsident DI Dr. Wilhelm Georg Rizzi an Sektionschef Dr. Peter Mahringer (Bundesministerium für Unterricht und kulturelle Angelegenheiten) vom 21.6.1999 (GZ: 30529/01/99), Archiv des Bundesdenkmalamtes, Landeskonservatorat für Salzburg.
4 Siehe § 5 DMSG, insbesondere Abs. 1.
5 Vgl. auch Schreiben Präsident HR Dr. Wilhelm Georg Rizzi an Sektionschef Dr. Peter Mahringer (Bundesministerium für Unterricht und kulturelle Angelegenheiten) vom 21.6.1999 (GZ: 30529/01/99), Seite 2, Absatz 2, wie Anm. 3.
6 Vgl. Korrespondenz betreffend Bischofshofen, Salzburg (GZ: 31706/01/99 bzw. 31706/02/97), hinsichtlich Entlassung des Bahnhofs aus dem Denkmalschutz nach §2; „Salzburg" beschreibt in diesem Fall unzweifelhaft das Bundesland, in dem der Ort Bischofshofen liegt, nicht jedoch etwa, wie zu Unrecht angenommen, die Stadt Salzburg und somit besteht auch kein Bezug dieser Denkmalschutzentlassung auf den Salzburger Hauptbahnhof, vgl. Schreiben des Landeskonservators HR Dipl. Ing. Walter Schlegel (GZ: LK.483/05/99) vom 18.6.1999, Archiv des BDA, Landeskonservatorat für Salzburg.
7 Wodurch dieser Bauteil aus der Sicht des Landeskonservatorates allerdings mehr dem Charakter der Außenräume zugeordnet worden wäre.
8 Unter dem damaliger Leiter HR Dipl.-Ing. Walter Schlegel, Landeskonservator für Salzburg von 1974 bis 2003.
9 Unter dem damaligen Leiter HR Dipl.-Ing. Dr. Peter Swittalek, Abteilungsleiter von 1976 bis 1999.
10 Vgl. Archiv des BDA, Landeskonservatorat für Salzburg. Die Korrespondenzen, Gutachten, Stellungnahmen und Presseberichte füllen hier ganze Aktenfaszikel.
11 Typologisch und entwicklungsgeschichtlich stellt der Typus „Verbundbahnhof" eine Sonderform des „Inselbahnhofs" dar, letzterer besteht aus lediglich von Gleisanlagen umschlossenen Hochbauten auf einem (bzw. mehreren) Inselbahnsteig(en); während erstgenannter den Inselbahnhofstyp mit jenem eines Durchgangsbahnhofs verbindet, eine Entwicklung, die im Fall Salzburgs als solche auch nachweisbar ist, vgl. die Beiträge Breuste bzw. Höhmann und Klein in diesem Band.
12 Vgl. Archiv des BDA, Landeskonservatorat für Salzburg (wie Anm. 11).
13 So verlor beispielsweise das zentrale Bahnhofsrestaurant auf dem Inselbahnsteig bereits vor dem Zweiten Weltkrieg seine originale Ausstattung im Jugendstil der Hoffmann-Schule, vgl. Stellungnahme des Landeskonservators HR Dipl. Ing. Walter Schlegel (GZ: LK. 483/04/2000) vom 23.2.2000, S. 2, Archiv des BDA, Landeskonservatorat für Salzburg, bzw. vgl. den Beitrag Breuste in diesem Band.
14 Das Bahnhofsareal wurde durch mehrere Bombenangriffe der Jahre 1944/45 schwer beschädigt, vgl. Stellungnahme des Landeskonservators (wie Anm. 14, S. 1, Abs. 4): „am 17.11.1944 wurde der nördliche Hallenbereich und damit auch das Bahnsteiggebäude getroffen, wobei der Saal samt Decke und Dachüberbauten der Eisenhalle zerstört wurde".
So wurde beim Wiederaufbau 1948 beispielsweise nur der in großen Zusammenhängen erhalten gebliebene Jugendstildekor als Fassadenschmuck „restauriert" bzw. „wiederhergestellt", wie etwa beim ehem. Wartehäuschen III. Klasse, während er über großen Teilen der wiederaufgebauten Hochbauten endgültig verlustig gegangen war, so beispielsweise an der ursprünglichen Bekrönung der Dachlandschaft, die in stark veränderter Geometrie „wieder"-errichtet worden war, vgl. Sipek/Berzobohaty, Stellungnahme über zu schützende Bauteile bei der Planung des Bahnhofumbaus vom 21.11.2001, S. 10, Abb. S. 5, bzw. vgl. auch die Beiträge Höhmann und Breuste in diesem Band.
15 Vgl. Archiv des BDA, Landeskonservatorat für Salzburg (wie Anm. 11).
16 Zum gegebenen Zeitpunkt HR Dr. Wilhelm Georg Rizzi, Präsident von 1998 bis 2008.
17 Der Veränderungsbescheid nach §5 DMSG (GZ: 30529/13/06) vom 30.1.2007, in Rechtskraft erwachsen per 13.2.2007, erteilt die denkmalschutzrechtliche Genehmigung unter folgender Begründung (S. 4f.):
„Die aus der Sicht der Denkmalbehörde der Denkmalbehörde angestrebte vollständige Erhaltung des Mittelbahnsteiges samt Hochbauten im derzeitigen Zustand entsprechend Alternative 1 wäre mit den voraussehbaren betrieblichen Anforderungen unvereinbar, wie dies auch im Gutachten der Vorstände der Institute für Eisenbahnwesen der Österreichischen Universitäten und des Büros für Industriearchäologie vom 7.7.2005 angeführt ist.
Die Hochbauten am Mittelbahnsteig stellen einen Denkmalbestand dar, sie wurden jedoch bereits seit ihrer Erbauung 1910 mehrfach umgestaltet, insbesondere infolge der Schäden nach dem Zweiten Weltkrieg, sodass auf Grund des höher einzustufenden öffentlichen Interesses der Betriebserfordernisse der Bahn der Abbruch dieser Gebäude unter Erhaltung der Hallenkonstruktion möglich erscheint.
Die Erhaltung der Halle am derzeitigen Aufstellungsort entsprechend Alternative 2 wurde eingehend untersucht. Der erforderliche Anprallschutz für die zwischen den Gleisen befindlichen Hallenstützen als auch die Herstellung des „Teppichs" (Passage) unter der Halle bedingen den temporären Abbau der Halle.
Mit der Neuaufstellung der Halle nach Alternative 3 ergibt sich die Möglichkeit den Bahnhof nach betrieblichen und auch kundenorientierten Vorstellungen optimal auszugestalten.
Der Abbau und die Wiederaufstellung der Halle ist auf Grund der technischen Erfordernisse und unter Wahrung der entsprechenden Sicherungsmaßnahmen zur Vermeidung von Schäden aus denkmalpflegerischer Sicht möglich. Der Abbruch der Hochbauten am Mittelbahnsteig erfordert die Errichtung eines neuen möglichst filigranen Verbindungsteiles zwischen den beiden Bestandshallenteilen. Die seitlichen neuen Bahnsteigdächer werden als dünne Schalenkonstruktion auf möglichst wenig Stützen an das Bestandshallendach herangeführt, sodass auch hier eine akzeptable denkmalpflegerische Lösung gefunden wurde.
Die neue Dachdeckung der Bestandshalle mit PTFE-Glas-Membranen stellt eine Lösung zugunsten der eisernen Hallenkonstruktion dar, um sowohl das Gewichtsproblem für die Bestandshallenkonstruktion (Verglasung wäre wesentlich schwerer, anzusetzende Schneelasten sind angehoben worden) als auch die Ausbildung einer zusätzlichen Sekundärkonstruktion zu vermeiden. Zusätzlich ermöglicht die Membrandeckung im Brandfall die ungehin-

derte Brandrauchentlüftung der Halle.

Die nunmehr gewählte Lösung garantiert die Erhaltung des Erscheinungsbildes der eisernen Hallenkonstruktion im größtmöglichen Umfang unter Berücksichtigung der eisenbahn-betrieblichen Erfordernisse und der heutigen Kundenorientiertheit.

Im Eingangshallenbereich des Aufnahmsgebäudes sind im Anschlussbereich zur neuen Passage („Teppich") und zum Abgang zur Lokalbahn Veränderungen erforderlich. Weiters wird die Eingangshalle von störenden Einbauten befreit. Das Erscheinungsbild der Eingangshalle wird entsprechend der Bestandsaufnahme nach denkmalpflegerischen Aspekten rückgeführt. Im Dachgeschoß werden die erforderlichen Haustechnikinstallationen untergebracht.

Die vom Antragsteller geplante Veränderung der Anlage erschien daher dem Bundesdenkmalamt unter Abwägung der vorgebrachten Betriebs- und Nutzungsbelange vom Standpunkt der Denkmalpflege möglich, da die wesentlichen Denkmaleigenschaften der maßgeblichen Objekte in Substanz und Erscheinung erhalten bleiben. Das Bundesdenkmalamt sieht in dem geplanten Projekt die Möglichkeit, den Denkmalbestand der Hallenkonstruktion und des Aufnahmsgebäudes auf Dauer zu erhalten, indem die Funktionsfähigkeit im größtmöglichen Umfang gewährleistet wird.", Archiv des BDA, Landeskonservatorat für Salzburg (wie Anm. 11).

18 Gutachten der Vorstände der Institute für Eisenbahnwesen der Österreichischen Universitäten und Dipl. Ing. Rolf Höhmann, Büro für Industriearchäologie vom 7.7.2005, angeführt in der Begründung des Veränderungsbescheid (wie Anm. 18, S. 3f.):

„Gegen die Erhaltung der Stutzgleise am Mittelbahnsteig sprechen die prognostizierten steigenden Zugzahlen (die Leistungsfähigkeit von Durchfahrbahnhöfen ist jedenfalls größer Taktfahrplan) und der Wendezwang bei Stutzgleisen.

Die Untersuchung der Alternative 1 mit der Erhaltung der Stutzgleise ergab, dass die Nutz-längen nicht den betrieblichen Anforderungen genügen, was zu einer beträchtlichen Einengung der betrieblichen Flexibilität führen würde. Die Alternative 1 entspricht somit nicht den voraussehbaren betrieblichen Anforderungen.

Die Alternative 2 mit Durchgangsgleise anstelle der Stutzgleise bei lagemäßig unveränderter Halle ist eisenbahnbetrieblich in Ordnung, die Situierung der Bahnsteige für den hochwertigen Reiseverkehr und die Lage des Hallendachs als die Fahrgäste schützendes Bauwerk aber nicht optimal.

Bei Alternative 3 mit Durchgangsgleisen und versetzter Halle werden die eisenbahnbetrieb-lichen Anforderungen mit kundenorientierten Belangen vereint. Die Verschiebung der Halle ist jedoch denkmalpflegerisch nicht unproblematisch.

Alternative 4 sieht zusätzlich zu Alternative 3 die gänzliche Entfernung des Hallendachs für einen Neubau vor und scheidet denkmalpflegerisch aus.

Resultat des Gutachtens:

Zur Anpassung an moderne, den zukünftigen verkehrlichen und betrieblichen Anforderungen entsprechende Bedingungen ist eine Umgestaltung des Hauptbahnhofs Salzburg unumgänglich.

Entsprechend den Vorstellungen für die künftige Betriebsführung (einschließlich der in Bau befindlichen S-Bahn-Salzburg) ist die Umgestaltung in einen Durchgangsbahnhof zwingend notwendig.

Unter der Verwendung der angeführten Unterlagen sind daher die Alternativen 2 und 3 weiterzuverfolgen und vertieft zu betrachten."

19 Vgl. die Auflagen im Veränderungsbescheid (wie Anm. 18, S. 1f.):

Alle Arbeiten sind im Einvernehmen mit dem Bundesdenkmalamt (Abteilung für Technische Denkmale) durchzuführen. Detailfestlegungen sind rechtzeitig durch Baustellenbesprechungen zu treffen. Hierbei ist das Einvernehmen mit dem Bundesdenkmalamt (Abteilung für Technische Denkmale) im Sinne des §5 Abs. 3 Denkmalschutzgesetz über sämtliche in der Einreichplanung nicht darstellbare Maßnahmen herzustellen. Der Bescheid ist den Bauausführenden (Gewerbebetrieben, Handwerkern, techn. Projektanten etc.), soweit sie von denkmalrelevanten Maßnahmen betroffen sind, zur Kenntnis zu bringen. Der Baubeginn ist dem Bundesdenkmalamt (Abteilung für Technische Denkmale) rechtzeitig zu melden.

Die Demontage, der Transport, die Lagerung und die Wiederaufstellung der Hallenkonstruktion hat mit größter Sorgfalt entsprechend einem vorzulegenden Gutachten und unter Aufsicht eines staatlich befugten Ziviltechnikers zu erfolgen. Der Lagerungsort ist vor Beginn der Arbeiten festzulegen und dem Bundesdenkmalamt rechtzeitig bekannt zu geben. Die Partei hat nachzuweisen, dass alle Vorkehrungen (zur Vermeidung von Schäden) bei der Lagerung getroffen wurden.

Ein detailliertes Sanierungskonzept für die Eisenkonstruktion der Halle ist dem Bundesdenkmalamt zur Vidierung vorzulegen. Dies beinhaltet auch die Vorlage von Detailplänen für Verstärkungen, Auswechslungen, etc.

Das Farb- und Materialkonzept aller Elemente des Mittelbahnsteigs und des Aufnahmsgebäudes ist mit dem Bundesdenkmalamt auf Basis der Bestandsaufnahme und anhand von Mustern abzustimmen.

Pläne für Haustechnikinstallationen sind dem Bundesdenkmalamt, Abteilung Technische Denkmale, zur Vidierung vorzulegen.

Die nachzureichende Bestandsaufnahme für Mittelbahnsteig und Aufnahmsgebäude ist Voraussetzung für die Erstellung der weiteren Detailplanung, insbesondere der Ausschreibungsunterlagen. Die Bestandsaufnahme ist daher vor diesen weiteren Planungsschritten dem Bundesdenkmalamt vorzulegen und die weitere Vorgangsweise mit dem Bundesdenkmalamt abzustimmen.

20 Geprüft wurden insbesondere alle Varianten unter Erhalt, Restaurierung und Weiterbenutzung des Mitelbahnsteigs samt seiner Hochbauten, zum Problem der fehlenden Durchgangsgleise gesellte sich auch das der kürzen Bahnsteigkantenlängen bei den Kopfgleisen dazu, wie Anm. 11, siehe auch Anm. 18f.

21 Zu diesem Zeitpunkt bereits unter der Leitung des derzeitigen Landeskonservators HR Dr. Ronald Gobiet, Landeskonservator für Salzburg seit 2003.

22 Hier sei der seitens der ÖBB mit den Verhandlungen mit dem Bundesdenkmalamt in denkmalpflegerischen Belangen zuständige Dipl. Ing. Thomas Wörndl namentlich erwähnt.

23 Büro für Bauforschung und Projektmanagement, Mag. Dr. Hermann Fuchsberger, Erich-Fried-Straße 18, 5020 Salzburg.

24 Dieses Modell, das in Salzburg bereits wiederholt mit Erfolg zum Einsatz kam, zeigt einen Weg, wie auch in Zukunft denkmalpflegerische Baustellen in dieser Größenordnung straff organisiert betreut werden können sowie ein mitunter nicht mehr zu vernachlässigendes Einsparungspotenzial auf Seiten der Bauherrn erbrachte. Näheres hierzu im Beitrag Fuchsberger/Weber in diesem Band.

25 Vgl. Beitrag Wenger/Oehn in diesem Band.

26 So etwa als Trennelement zwischen Türdurchgang in die Passage und darüber liegendem Fenster, oder als Anbindungselement für die Wandseite des Hausbahnsteigdachs, vgl. Korrespondenz des Landeskonservatorates mit den planungsbeauftragten Architekten, Archiv des BDA, Landeskonservatorat für Salzburg (wie Anm. 11).

27 Gemeint ist der in diesem Raum ersatzlose Abbruch zwischenzeitlich hinzugekommener, strukturwidriger sowie formal belangloser Einbauten, wie z.B. der Aufzug von der Empfangshalle auf den Hausbahnsteig, die modernisierten Fahrkartenschalter, großformatige Ankündigungstafeln und Werbeplakate etc. (vgl. Abb. 8b)

28 Beispielsweise wurden auf Initiative des Landeskonservatorates Aufzüge und Rolltreppen aus der Empfangshalle und unter dem Hausbahnsteig (Bahnsteig 1) soweit aus den räumlichen und axialen Bezügen verschoben, so dass keine Beeinträchtigung dieses zentralen Saals mehr vorhanden blieb, vgl. Korrespondenz des Landeskonservatorates mit den planungsbeauftragten Architekten, Archiv des BDA, Landeskonservatorat für Salzburg (wie Anm. 11).

29 So beispielsweise die westliche Seitenhalle und die Querhallen des Zentral-

perrons, vgl. Korrespondenz des Landeskonservatorates mit den planungsbeauftragten Architekten, Archiv des BDA, Landeskonservatorat für Salzburg (wie Anm. 11).

30 Durch den Fotografen Stefan Zenzmaier, Werbefotografie, Fotodesigner, Strubaugasse 371, 5431 Kuchl.
31 Es umfasst die Empfangshalle im Aufnahmsgebäude, die Passage, die Bahnsteige und Gleisanlagen.
32 Ungeachtet dessen, dass ja auch eine etwaige Ersatzmaßnahme zur denkmalpflegerischen Behandlung (Abbruch, Neuerrichtung) mit Kosten verbunden gewesen wäre.
33 Vgl. Anm. 3.

Peter Höglinger

1 P. Höglinger und U. Hampel, Fundberichte aus Österreich 49, 2010 (2012) S. 381.

Christoph Tinzl

Dank:
Für die gute Zusammenarbeit bei der Umsetzung des Projektes sagen wir Dank an: HR Dr. Ronald Gobiet (BDA, LK von Salzburg), Dipl.-Ing. Thomas Wörndl (ÖBB, Salzburg), Dr. Hermann Fuchsberger (Monumentum GmbH., Salzburg), Josef Ebster, Ing. Manfred Jörg, Dipl.-Ing. Peter Viertlmayer (alle ÖBB, Salzburg); Ludwig Baumkirchner (Keim-Farben, Eugendorf), Dipl.-Rest. Johannes Preis (Preis & Preis, Parsberg), Christoph Sander (Glasmalerei Peters, Paderborn). Last, but not least Dank an die MitarbeiterInnen (o.T.): Stefan Prießnitz, Christoph Kendlbacher, Maria Bösendörfer, Michael Hirschfeld, Janina Gutt, und Bernhard Walcher.
Für Hilfestellung und Information bei Erstellung dieses Beitrags sei gedankt: Mag. Jana Breuste, Salzburg, Dr. Verena und Dr. Stephan Koja, Mag. Gerd Pichler (alle Wien), Ing. Emmerich Sander, Salzburg;

1 Eine Aufweichung dieses Prinzips zeichnet sich mit dem Umstand ab, dass die private Westbahn GmbH das bayerische Freilassing als Beginn ihrer Reise nach Wien-West gewählt hat und damit ein Phänomen spiegelt, das im Bereich der Luftfahrt mit der Wahl weniger prominenter und damit billigerer Airports schon seit Längerem Usus ist.
2 So war die Attraktion der Weltausstellung eine „die ‚Pike' genannte Vergnügungsmeile, die sich rechterhand vom Haupteingang 1600 Meter bis zum Verwaltungsgebäude erstreckte und die Besucher zu einer fiktiven Weltreise einlud, die mit der Überquerung der Tiroler Alpen nach einem Entwurf von Hermann Knauer begann. Bereits von Weitem war die Bergsilhouette mit ihren schneebedeckten Gipfeln zu sehen. Eine Bergbahn führte in das teilweise massiv gebaute Gebirge hinein, dessen pittoreske Illusion durch gemalte Kulissen und folkloristische Auftritte wie Fronleichnamsprozessionen, Wandererszenen und märchenhafte Grottenspiele mit Nymphen gesteigert wurde. Durch steinerne Tunnels, dunkle Wälder, vorbei an Bergseen fuhr man bis zum Zillertal, dessen Berggipfel über einen Aufzug erklommen werden konnten. Mit Blick auf den Königssee glitt man auf Rutschen wieder ins Tal hinab. Dioramen von den bayerischen Königsschlössern oder begehbare Burgen und Bergdörfer, in deren Straßen regionale Produkte verkauft wurden oder einer Dorfkirche, die Veranstaltungsort der Oberammergauer Passionsspiele war, vervollständigten das Bild.", http://www.expo2000.de/expo2000/geschichte/detail.php?wa_id=9&lang=2&s_typ=20 aufgerufen am 3.1.2012.
3 Generell erstaunt der Mangel an brauchbaren Ansichten der Empfangshalle – Eisenbahn-Aficionados fotografieren Züge, Bahnsteige und Bahnhöfe von außen – das Innenleben interessiert selten und war nach der ersten Euphorie der bildenden Künstler über verrauchte Stahlhallen auch – mit Ausnahmen von in etwa Österreich Franz Witt (*1864, Schloss Mähren, † ?), der die Menschen auf Reisen zeigt – für diese kaum mehr Thema.
4 Dies bestätigte am Objekt auch die durch Hermann Fuchsberger im Zuge der Umbaumaßnahmen durchgeführte Bauforschung.
5 Wie in einer Fotografie der Ostseite im Bestand des Technischen Museums Wien ersichtlich, stammte der Entwurf dafür von Hans Kalmsteiner (*1882 Wien, † 1914), der u. a. auch Glasfenster für die Kirche Am Steinhof kreierte und als Grafiker, vor allem durch seine Künstlerpostkarten, etwa für die Wiener Werkstätten, bekannt wurde. Die Ausführung oblag der Wiener Firma Carl Geyling Erben. Siehe Michael Martischnig/Helmut Schipani, Johann und Hans Kalmsteiner – Zwei neu entdeckte Künstler aus Südtirol um 1900, Wien 2007, zum Fenster des Bahnhofs, hier S. 161.
6 Salzburger Volksblatt, Nr. 148 v. Montag, den 5. Juli 1909, S. 3.
7 „Bei der Aufstellung der Pläne für den Bau des neuen und für die Adaptierung des alten Aufnahmsgebäudes war in hervorragender Weise der k.k. Oberbaurat Ferdinand Nebesky beteiligt. Die allseits als besonders gelungen anerkannte innere Einrichtung und dekorative Ausstattung der beiden großen Speisesäle und der Wartesäle im neuen Aufnahmsgebäude sind in der Hauptsache nach den Entwürfen des Architekten und Betriebsleiters im Gewerbeförderungsamte in Wien Herrn Heinrich Kathrein ausgeführt worden, der sich im übrigen um die künstlerische Durchführung des Baues sehr verdient gemacht hat. Die innere Ausstattung des Hauptvestibüls ging nach den im Eisenbahnministerium vom Architekten Hans Granichstaedten verfassten Plänen vor sich. Die oberste Bauleitung erfolgt durch die k.k. Staatsbahndirektion Innsbruck unter persönlicher Einflussnahme des Herrn Staatsbahndirektors Hofrat von Drathschmidt. Mit der lokalen Bauführung und Bauaufsicht war Herr Architekt Inspektor Ladislaus v. Dioszeghy betraut." Vgl. Fremden-Blatt vom Freitag, 13. August 1909. Nr. 222, (Der neue Bahnhof Salzburg), – Ergänzung/Richtigstellung des Artikels „Hinter den Kulissen der Tauernbahn (Die Spezial-Ausstellung in Salzburg), 6. August 1909, S. 8.
8 Insbesondere an der Kanal- und Atlantikküste Europas, in Renaissance und Barock insbesondere auf der Iberischen Halbinsel, dann vor allem in den Niederlanden, Belgien, aber auch in England, lassen sich frühere Beispiele für Fliesenbilder finden. Vgl. etwa Wilhelm Joliet, Antwerpener Fliesen des 16. Jahrhunderts im Herzogspalast von Vila Viçosa, Portugal, auf: http://www.geschichte-der-fliese.de/vicosb.html, aufgerufen am 12.12.2011, weiters Hans van Lemmen, Fliesen in Kunst und Architektur, Stuttgart 1994, sowie Hugo Morley-Fletcher, Dekortechniken in der Keramik – von den frühen Tonwaren bis zur modernen Porzellanmanufaktur, München 1985. Wichtig ist das Überschreiten des rein dekorativen, wie es etwa in Brüssel am Haus Cauchie von 1905 charakteristisch ist.
9 Als regionales Beispiel für ähnliche Stuckgestaltung kann die neobarocke Raumschale im Presbyterium der Pfarrkirche Altmünster am Traunsee gelten. Beim Kyma handelt es sich um versetzten Modelstuck, dessen einzelne „Schläge" jeweils eine Länge ca. 60 cm aufweisen.
10 Da sich im Bau nicht mehr auch nur ein Fragment der auf den bauzeitlichen S/W-Fotos deutlich zu erkennenden Fliesengliederungen finden ließ, wurde nach entsprechender Bemusterung und Freigabe durch Bundesdenkmalamt und Bauleitung ein dunkles Kobaltblau gewählt. Dafür entschied man auch in guter Übereinstimmung mit Wiener Baukeramik, wie sie etwa an Entwürfen Otto Wagners, insbesondere seinem „Schützenhaus" am Donaukanal (ab 1904) sowie seiner zweiten Villa in Hütteldorf, deren Konzept auf das Jahr 1905 zurückgeht, zu finden sind.
11 Bezeichnend ist, dass nur wenige Monate nach dem geradezu hymnischen Artikel über die ästhetischen Qualitäten des Baus das Salzburger Volksblatt zu einem herben Schlag gegen organisatorische Mängel der bayerischen Bahn, aber auch bauliche Unzulänglichkeiten wie zu kleine Vestibüle oder auch fehlende Beleuchtung, ausholte. Vgl. Salzburger Volksblatt vom Samstag, 16. Oktober 1909, Nr. 236, S. 4.
12 „Hans Prutscher (*5.12.1873, Wien, † 25.1.1959, Wien) erlernte zunächst, wie sein Bruder Otto (*17.4.1880 in Wien, † 15.2.1949 in Wien), das Tischlerhandwerk im väterlichen Betrieb, später auch das Maurerhandwerk, wo er harte Lehrjahre durchgestanden haben soll, die ihm jedoch ermöglichten,

13 Otto Barth, (*3.10.1876, Wien, † 9., 10. oder 16.8.1916 Waidhofen/Ybbs), k. k. Oberleutnant. Barth war 1903/04 Obmann des Jungbundes – „Hagenbundausstellung 1908–09, Hängekommission, Katalog und Plakat: Otto Barth". Im gleichen Jahr nahm er auch an der „Alpinen Kunstausstellung" innerhalb des Hagenbundes mit Gästen teil. Vgl. G. Tobias Natter (Konzeption und Katalog), Die verlorene Moderne – Der Künstlerbund Hagen 1900–1938 (172 Wechselausstellung der Österreichischen Galerie, 7.5.–26.10.1993 in Schloss Halbturn), S. 27.

später auch als Architekt tätig zu werden. Als Tischler und Architekt war er in verschiedenen Bauunternehmen und Architektenbüros in der österreichischen Monarchie, in England und der Schweiz tätig. In Wien arbeitete er im Planungsbüro von Friedrich von Exter, sodann bei Hermann Stierlin, mit dem er die Vestibüle der Wiener Häuser Gumpendorferstraße 74 und Franz-Josephs-Kai 5 entwarf. Ab 1898 war er selbstständiger Bauunternehmer". Aus: http://www.architektenlexikon.at/de/479.htm, Zugriff 24.11.2011. Der jüngere Bruder Otto war gleichfalls erfolgreicher Architekt in Wien, Hans leitete bis ins hohe Alter den väterlichen Tischlereibetrieb.

14 Hans Wilt (*29.3.1867, Wien, † 29.3.1917, Wien). Seine Unterschrift findet sich als vorletzte auf der Bekanntgabe der Konstituierung des Künstlerbundes Hagen (3.2.1900) am 6. Februar 1900. Eine Abb. davon in: G. Tobias Natter wie Anm. 13, S. 281. In seinem Œuvre ist immer wieder ein Salzburg-Bezug zu finden, etwa mit zwei bekannten Ansichten des „Mirabellgartens" (1895, 1916), der „Salzach bei Hallein" (Österr. Galerie Belvedere, Inv.-Nr. 548) und dem „Brückenbau in Oberndorf (beide 1902) sowie einem Blick vom „Kapuzinerberg"(o. J.), die allesamt im Internet zu finden sind.

15 Hubert von Zwickle (*11.2.1875, Salzburg, † 15.3.1950, Scheffau bei Golling?). Zurzeit ist nur wenig über sein Leben bekannt, seine letzten Jahre dürfte er im Land Salzburg verbracht haben, wo er auch einige Jahre Mitglied in der Berufsvereinigung Bildender Künstler war und dort Oberscheffau 24 als Wohnadresse angab. Vgl. Ausst.Kat. „Spuren – 50 Jahre Berufsvereinigung Bildender Künstler, Salzburg", Salzburg 1995, S. 85.

16 Es handelt sich um einen Kachelfries mit einer „Landschaft und Tieren", vgl. Dehio Wien – II. bis IX und XX. Bezirk, Wien 1993, S. 254. Für die Hinweise auf die Wiener Gemeinschaftsprojekte danke ich einem der Bearbeiter des Dehio Wien – I. Bezirk, Gerd Pichler, Bundesdenkmalamt – Abtlg. f. Klangdenkmale, sehr herzlich.

17 Vgl. Wolfgang Krug, „Für den wahren Alpinisten ist doch nur das Beste gut genug!" – Gustav Jahn und Mizzi Langer-Kauba – Illustrationen für Wiens führendes Touristen-Fachgeschäft, in: Erika Oehring (Hrsg.), Alpen – Sehnsuchtsort und Bühne, Ausst. Kat. Residenzgalerie Salzburg, 15.7.–6.11.2011, S. 114–136, hier 122–125, Abb. 53 und 54, zudem daraus Anmerkung 27 zur Alpin-Ausstellung im Hagenbund: „Otto Barth greift ins Kunstgewerbliche über, indem er Landschaften aus farbigen Fliesen zusammensetzt", in: Die Kunst, Bd. XXI, 1909/10, 287.

18 Vgl. http://www.gustav-jahn.at/index.html

19 Dazu: Gustav Schmidt, Otto Barth – Nachruf, in: Österreichische Alpenzeitung – Organ des österr. Alpenklubs vom 5. Oktober 1916, 38 Jg., Nr. 934): „… wir haben den lieben guten Freund und die alpine Kunst hat einen ihrer fähigsten Jünger, das Hochgebirge einen seiner wärmsten Fürsprecher und tiefsten Schilderer verloren." (127) und Josef Soyka, Der Alpenmaler Otto Barth, in: Zeitschrift des Deutschen und österreichischen Alpenvereins, Bd. 62/Jg.1931, Innsbruck 1931, 1–20 (mit Abb.).

20 Aus seiner Persönlichkeitsstruktur heraus schätzte Barth durchaus die Einsamkeit, wie besonders stimmungsvoll seine leisen Winterbilder illustrieren. Auch seine Plakate für die Staatsbahnen von 1911 (Karawanken- und Sudetenbahn) zeigen Veduten ohne Staffagen. Seine kleine Biedermeier-Gesellschaft am Weg ins Helenental in der rund 51 m² großen Glasmalerei im Herzoghof in Baden von 1909 dürfte eher ein Zugeständnis an die Hotel-Umgebung und die Auftrageber, denn freie künstlerische Vorstellung sein.

21 „Die Welt erschien den Impressionisten als sich ständig verändernde, natürliche Einheit. Besonderen Einfluss auf diese neue Qualität der künstlerischen Wahrnehmung hatten die Umwälzung des Reisens durch die Eisenbahn (!) und das dynamische großstädtische Leben." Lexikon der Kunst, Bd. 3, Leipzig 1991, S. 406. Das Impressive wird hier insbesondere in der Sichtbarmachung von Stimmung, von Atmosphäre gesehen, welches in unterschiedlichem Maße bei den drei Künstlern zum Tragen kommt, am weitaus stärksten bei Hans Wilt, der viel dem französischen Pleinairismus des späten 19. Jahrhunderts verdankt, etwas, das auch bei seinem Fliesenentwurf „Schloss Hellbrunn" deutlich wird.

22 Neben dieser Art von Gebrauchskunst sind es auch Plakate, vor allem aber Ansichts- bzw. sog. Künstlerpostkarten, die sowohl von Wilt, Zwickle (mitunter deftig karikierend) und Barth, aber auch Hans Kalmsteiner bedient wurden und damit eine weitere „Schnittmenge" in der künstlerischen Ausrichtung bilden.

23 Die sechs großen Bilder an den Längsseiten des Raumes sind ca. 2 m², die vier kleineren Darstellungen einschließlich der Wappen ca. 1,6 m² groß, das maximale Fliesenmaß beträgt 15,5 cm, ein übliches „englisches" Format. Die Fertigung erfolgte durch die „Wienerberger Ziegelfabriks- und Bau-Gesellschaft", deren Initiale „WZB" auf allen Bildern zu finden ist. Durch rasches Auskühlen weist die schichtstarke Glasur ein starkes Craquelé auf.

24 Vgl. Werner J. Schweiger, Eine recht ansehnliche Bildergalerie, in: Belvedere 2/2004, S. 56, wo Ankäufe des k. k. Unterrichtsministeriums zu Beginn des 20. Jahrhunderts verzeichnet sind, darunter zwei von Wilt („Bei Hallein", „Nacht am Inn").

25 Die Analyse erfolgte im Chemischen Labor des Bundesdenkmalamtes, zusammengefasst im Untersuchungsbericht GZ.: 30.529/21/2008 v. 19.12.2008, bearbeitet durch DI Dr. Robert Linke.

26 „In Salzburg war die Kassenhalle unbeschädigt geblieben, und die seit ihrer Errichtung vorhandenen Schnöll Verkleidungen wurden nur erweitert." So Franz Kretschmer in: Marmor aus Adnet (Heimatbuch Adnet, 1. Bd., Adnet 1986, 282ff.). Der Entwurf zur Umgestaltung stammte von „Bundesbahn-Direktionsrat Dipl.-Arch. Anton Wilhelm, der am 28.6.1900 in Frankenmarkt geboren wurde und am 24.10.1984 in Linz verstarb" http://www.linz.at/archiv/bestand/archiv_uebersicht_details.asp?b_id=36;65;528, Zugriff 3.1.2012.

27 Für die Informationen und Erinnerungen, ausgetauscht in zwei Telefonaten Anfang Jänner 2012, danke ich dem ehemaligen Hochbauführer der ÖBB in Salzburg, Ing. Emmerich Sander, sehr herzlich; er selbst war gegen die Umgestaltung, hatte sie jedoch bautechnisch umzusetzen. Das Ringen um den Hauptbahnhof Mitte der 1970er-Jahre ist in Printmedien und der Korrespondenz im Archiv des Bundesdenkmalamtes, LK f. Sbg. hinlänglich dokumentiert.

28 U-Profilverglasung „Profilit" von Pilkington.

29 ARGE Höhmann, planinghaus architekten und Büro für Restaurierungsberatung Götz Lindlar Breu Partnerschaft, „Hauptbahnhof Salzburg Aufnahmegebäude – Bestandsaufnahme und Dokumentation, unveröff. Bericht der Arbeiten Mai 2006–August 2007.

30 Ausführung durch Diplom-Restaurator Christoph Tinzl, Salzburg, in dessen Händen auch die Gesamtrestaurierung der Fliesenbilder einschließlich der Rekonstruktion fehlender Fliesenbilder, Rahmen sowie der Fliesenbordüren unterhalb der Bilder 2011 lag. Verwendung fanden „Reversil" sowie „Optil", beides von Keim-Farben. In die Konzeptentwicklung war zudem Ludwig Baumkirchner, Fa. Keim, eingebunden.

31 Ausführung der Steinmetzarbeiten durch Schwab Granit Marmor G.M.B.H., Puch.

32 Ausführung der Verglasung nebst Rahmenkonstruktion aus Aluminium durch Glasstudios Peters, Paderborn, die zudem auch die Rekonstruktionen drucktechnisch umsetzten.

33 Ausführung aller Maler- sowie Stuck- und Maurerarbeiten durch Preis & Preis, Parsberg.

Robert Wolf

1 Neue Münchener Zeitung (Morgenblatt) Nr. 190, Freitag, 10. August 1860; Bayerische Staatsbibliothek, München, Verlag Wolf; Signatur 4 Eph.pol. 68

Bildnachweis

Archiv der Stadt Salzburg: S. 163, Abb. 2 (Plan Nr. 1.748,00, Blätter 8, 9, 15, 16, 23, 24, 32, 33); S. 182, Abb. 5 (W 4912); S. 185, Abb. 9 (PA 926, F 18320a)
Archiv Ulrike und Hans Schrott: S. 182, Abb. 6
BDA Fotoarchiv Wien: S. 49, Abb. 1; S. 52, Abb. 9–12; S. 53, Abb. 13; S. 115, Abb. 1–3; S. 118, Abb. 4, 5; S. 119, Abb. 6,7; S. 121, Abb. 8; S. 122, Abb. 9; S. 123, Abb. 10, 11; S. 187, Abb. 11; S. 195, Abb. 22
BDA Landeskonservatorat für Salzburg: S. 216, Abb. 1; S. 217, Abb. 2;
Familienarchiv Diószeghy: S. 182, Abb. 4; S. 192, Abb. 18;
Gotthardt, Yannik: S. 234–S. 259
Höhmann, Rolf: S. 130/31, Abb. 10–13; S. 131, Abb. 14; S. 132, Abb. 15, 16; S. 133, Abb. 17–19; S. 135, Abb. 20–23; S. 137, Abb. 24–29; S. 141, Abb. 30; S. 205, Abb. 1b;
Hövelmanns, Beate: S. 179, Abb. 1
kadawittfeldarchitektur: S. 26/27, Abb. 1; S. 32, Abb. 4; S. 37, Abb. 7, 8; S. 38/39, Abb. 9; S. 61, Abb. 3, 4; S. 68/69, Abb. 1; S. 89, Abb. 35; S. 204, Abb. 1c
Kaunat, Angelo für kadawittfeldarchitektur: S. 28/29, Abb. 2; S. 30/31, Abb. 3; S. 34/35, Abb. 6
godd.com für kadawittfeldarchitektur: S. 62, Abb. 1; S. 63, Abb. 2; S. 64, Abb. 3; S. 65, Abb. 4
Rendertaxi für kadawittfeldarchitektur: S. 33, Abb. 5; S. 41, Abb. 10, 11; S. 43, Abb. 12; S. 46/47, Abb. 1; S. 87, Abb. 29;
MAK – Museum für angewandte Kunst/Gegenwartskunst, Wien: S. 192, Abb. 17 (Inv.Nr. WWF 103-170-1) Fotoarchiv
Mayr, Norbert: S. 182, Abb. 7
ÖBB Infrastruktur AG: S. 49, Abb. 2; S. 50, Abb. 3, 4; S. 51, Abb. 5–8; S. 57, Abb. 1; S. 59, Abb. 2; S. 71, Abb. 2; S. 72, Abb. 3, 4; S. 73, Abb. 5, 6; S. 75, Abb. 7–9; S. 76, Abb. 10; S. 77, Abb. 11, 12; S. 78, Abb. 13; S. 80, Abb. 15, 16; S. 81, Abb. 17–19; S. 87, Abb. 30, 31; S. 88, Abb. 32, 33; S. 89, Abb. 34; S. 185, Abb. 10
Österreichisches Staatsarchiv Wien: S. 127, Abb. 3 (15-28744-02, Bl. 1); S. 128, Abb. 4 (15-28744-08), Abb. 5 (15-28744-09); Abb. 6 (22-28744-a); S. 129, Abb. 7 (15-28744-12), Abb. 8 (15-28744-179), Abb. 9 (15-28744-18); S. 181, Abb. 3 (AdR, 15ad 28744-4 Blatt 3a)
Salzburg Museum: S. 100/101, Abb. I (Inv.-Nr. 18/54); S. 102/103, Abb. II (Inv.-Nr. 14013-49); S. 104, Abb. III (Inv.-Nr. 18734); S. 108/109, Abb. IX (Inv.-Nr. 19543); Abb. XI, (Inv.-Nr. 21423); S. 125, Abb. 1 (Inv.-Nr. 7670-49); S. 146, Abb. 3 (Inv.-Nr. 14013-49, Ausschnitt); S. 160, Abb. 1 (Bibliothek, Signatur 70495); S. 165, Abb. 3 (Inv.-Nr. 14013/ 49), Abb. 4 (Inv.-Nr. 14000/ 49); S. 167, Abb. 5 (Inv.-Nr. 830/40), Abb. 6 (Inv.-Nr. 1893/49), Abb. 7 (Inv.-Nr. F 18873); S. 169, Abb. 8 (Inv.-Nr.1067/49); S. 171, Abb. 9 (Inv.-Nr. 1353/2010), Abb. 10 (Inv.-Nr. 14017/49); S. 173, Abb. 11 (Inv.-Nr. 13530/49), Abb. 12 (Inv.-Nr. 12301/ 49), Abb. 13 (Inv.-Nr. 1350/49); S. 195, Abb. 21 (Inv.-Nr. F 21303); S. 199, Abb. 25 (Inv.-Nr. F 21304)
Sammlung Asmus: S. 145, Abb. 2; S. 147, Abb. 5; S. 150, Abb. 6, 7; S. 154, Abb. 11–13; S. 157, Abb. 15; S. 159, Abb. 16
Sammlung Gobiet: S. 109, Abb. X
Sammlung Robert Pawlik: S. 180, Abb. 2;
Sammlung August Zopf, Mondsee: S. 104/105, Abb. IV; S. 106/107, Abb. V; S. 107, Abb. VI, VII; VIII; S. 109, Abb. XII; S. 143, Abb. 1; S. 152, Abb. 10;
Schaffler, Helmut: S. 197, Abb. 24
Spindler, Karl: S. 219, Abb. 3
Technisches Museum Wien: S. 110/111, Abb. XIII (TMW-EA-956-02); S. 184, Abb. 8 (TMW-EA-916-04); S. 188, Abb. 12 (TMW-EA-916-07); S. 190, Abb. 13 (TMW-EA-916-10); S. 191, Abb. 14 (TMW-EA-916-11), Abb. 15 (TMW-EA-916-13), Abb. 16 (TMW-EA-916-12); S. 192, Abb. 18(TMW-EA-916-14); S. 194, Abb. 20 (TMW-EA-916-15); S. 205, Abb. 1a (TMW-EA-956-02); S. 220, Abb. 1 (TMW-EA-916-01); S. 221, Abb. 2 (TMW-EA-916-02); S. 223, Abb. 3 (TMW-EA-916 03); S. 233, Abb. 20 (TMW-EA-956-02, Ausschnitt)
Tinzl, Christoph: S. 224, Abb. 4; S. 225, Abb. 5; S. 228, Abb. 10; S. 229, Abb. 11; S. 229, Abb. 13; S. 231, Abb. 14, 15; S. 232, Abb. 16, 17; S. 233, Abb. 18, 19; S. 233, Abb. 21
Weber, Martin: S. 212, Abb. 1; S. 213, Abb. 2–4; S. 215, Abb. 5
Wenger-Oehn, Klaus: S. 90, Abb. 1,2; S. 92, Abb. 3,4; S. 93, Abb. 5, 6
Werner Consult: S. 96, Abb. 1; S. 97, Abb. 2; S. 98/99, Abb. 3
Zenzmaier, Stefan: S. 7, Abb. 1; S. 8/9, Abb. I; S. 10/11, Abb. II; S. 11, Abb. III; S. 12/13, Abb. IV; S. 13, Abb. V; S. 14, Abb. VI; S. 15, Abb. VII, VIII; S. 16/17, Abb. IX; S. 18/19, Abb. 10; S. 20, Abb. 1; S. 21, Abb. 2; S. 22, Abb. 3; S. 23, Abb. 4; S. 24, Abb. 5; S. 25, Abb. 6; S. 54, Abb. 14; S. 65, Abb. 5; S. 66, Abb. 6; S. 67, Abb. 7, 8; S. 79, Abb. 14; S. 82, Abb. 20; S. 83, Abb. 21–24; S. 84, Abb. 25–27; S. 85, Abb. 28; S. 187, Abb. 11; S. 205, Abb. 1d; S. 218, Abb. 1; S. 218/219, Abb. 2; S. 225, Abb. 6; S. 227, Abb. 7–9; S. 229, Abb. 12; S. 263, Abb. 1, S. 279
Vor- und Nachsatz: unter Verwendung eines Plans von Werner Consult

Es wurde keine Mühe gescheut, alle für diese Publikation infrage kommenden Copyright-Inhaber zu ermitteln. Sollte es dabei zu Irrtümern, Verwechslungen oder Unauffindbarkeiten gekommen sein, bedauern dies die Herausgeber und ersuchen um Kontaktaufnahme.

Kurzbiografien der Autoren

Breitfuß Walter, Dipl.-Ing. geb. 1978; 1996–2002 Studium Bauingenieurwesen – Konstruktiver Ingenieurbau an der Leopold-Franzens-Universität in Innsbruck, Abschluss mit ausgezeichnetem Erfolg, tätig als Abteilungsleiter Konstruktiver Ingenieurbau und Prokurist bei wernerconsult, Ziviltechniker GmbH.

Breuste Jana, Mag. phil., geb. 1982 in Halle/Saale; 2002–2007 Diplomstudium der Kunstgeschichte sowie der Klassischen Archäologie und Geschichte, seit 2010 Doktoratsstudium an der Universität Salzburg. Vermittlerin moderner Architektur bei der INITIATIVE ARCHITEKTUR in Salzburg. Selbstständige Kunsthistorikerin mit den Fachgebieten Architektur und Urbanistik.

Fuchsberger Hermann, Dr. phil., geb. 1958 in Vöcklabruck; Studium der Kunstgeschichte, Büro für Denkmalpflege und Restaurierungsplanung, denkmalpflegerische Projektsteuerung, Gutachten, Archiv- und Bauforschung, gerichtl. beeideter und zertifizierter Sachverständiger für Revitalisierung und Renovierung alter Bausubstanz, Altstadtsanierung und Denkmalschutz.

Gobiet Ronald, HR Dr. phil., geb. 1947 in Seeham; Studium der Kunstgeschichte und Politikwissenschaften, zweijähriger Forschungsauftrag an der Herzog-August-Bibliothek Wolfenbüttel, 1990 ICROM Architekturkurs in Rom, seit 1977 im Bundesdenkmalamt (BDA), Landeskonservatorat für Salzburg, seit 2003 Landeskonservator von Salzburg.

Gotthardt Yannik, geb. 1986 in Stuttgart; Studium der Publizistik- und Kommunikationswissenschaft an der Uni Wien, tätig als freier Journalist und Fotograf für Magazine und Zeitungen in Wien.

Höglinger Peter, Dr. phil., geb. 1963 in Linz; Studium an der Universität Salzburg, Promotion 1991; 1991-2011 Universitätsassistent am Archäologischen Institut der Universität Salzburg; seit 2004 freier Mitarbeiter der Abteilung für Bodendenkmale des BDA, seit 2010 Bodendenkmalpfleger (Archäologe für Salzburg) des BDA am Landeskonservatorat für Salzburg.

Höhmann Rolf, Dipl.-Ing., geb. 1950 in Immenhausen/Lkr. Kassel; Studium Architektur und Städtebau an der TU Darmstadt, freies Büro für Industriearchäologie: Untersuchung, Dokumentation, Bewertung und Instandsetzung von Technischen Denkmalen; Mitglied von ICOMOS und TICCIH. Beratung und Gutachten zu Welterbestätten und bei Welterbeanträgen.

Klein Ulrich, M.A., geb. 1956 in Wuppertal; Studium der Geschichte, Politikwissenschaft, Vor- und Frühgeschichte und Kunstgeschichte in Bochum und Marburg, seit 1986 tätig am Freien Institut für Bauforschung und Dokumentation e.V. (IBD), Marburg, 1996–2002 Lehrbeauftragter im Fachgebiet Denkmalpflege der RWTH Aachen, 2. Vorsitzender des Arbeitskreises für Hausforschung.

Koppensteiner Erhard, Dr. phil., geb. 1952 in Linz; Studium der Kunstgeschichte, Klassischen Archäologie und Philosophie an der Universität Salzburg. Mitarbeit bei Landesausstellungen, Kulturpublizist, tätig am Dommuseum zu Salzburg, bei der Internationalen Stiftung Mozarteum, ab 2003 am Salzburg Museum als Leiter der Fotosammlung und der Sammlung Historischer Waffen.

Reinberger Clemens, Dipl.-Ing., geb. 1978 in Wien; Studium der Architektur, Kunstgeschichte, klassischen Archäologie und Ägyptologie in Wien, seit 2003 selbstständiger Bauforscher, 2006 Technisches Büro für Bauforschung und Bauaufnahmen, seit 2009 im BDA, Landeskonservatorat für Salzburg, in der Praktischen Denkmalpflege tätig.

Siegl Günter, Dipl.-Ing., Architekt, geb. 1958 in Linz; Studium der Architektur an der TU Wien. Nach fünf Jahren freiberuflicher Tätigkeit seit 1989 bei den ÖBB, dort 1991 Leitung des Planungsbüros der Direktion Wien und seit 1998 Technischer Leiter im Geschäftsbereich Hochbau/Haustechnik. Seit 2005 Fachbereichsleiter für Architektur und Hochbau in der ÖBB-Infrastruktur AG. Seit 2008 auch als Lektor für Hochbau an der FH St. Pölten.

Spindler Karl, Dipl.-Ing., geb. 1950 in Salzburg; Studium an der Universität Innsbruck, Bauingenieurwesen, Fachrichtung konstruktiver Ingenieurbau, Ingenieurkonsulent, Tätigkeitsbereich Tragwerksplanung, Gesellschafter der Herbrich Consult ZT-Ges.m.b.H.

Tinzl Christoph, Mag. phil., Dipl.-Cons., geb. 1965 in Salzburg; Studium der Kunstgeschichte, Archäologie und Rechtswissenschaften in Salzburg und Wien, Konservierungswissenschaften im Bereich Wandmalerei in London, seit 1994 freiberuflicher Restaurator und Kunsthistoriker.

Weber Martin, Architekt Dipl.-Ing., geb. 1964 in Erlangen; Studium an der RWTH Aachen, seit 1998 selbstständiger Architekt, Schwerpunkt im Bereich der Altbausanierung und Denkmalpflege in Österreich und Deutschland.

Wehr Hans, Dipl.-Ing., Dr. der Technik, geb. 1951 in Villach; Studium des Bauingenieurwesens an der TU Wien. Seit 1976 tätig für die ÖBB mit der konkreten Durchführung von Bauprojekten und Projektmanagement. Seit 1990 verschiedene leitende Positionen im Bauwesen der ÖBB, seit 2007 Geschäftsbereichsleiter Planung der ÖBB-Infrastruktur AG.

Weiss Klaus Dieter, Dipl.-Ing., geb. 1951 in Weimar; Studium der Architektur und Kunstgeschichte an der TU München und RWTH Aachen, Forschungs- und Lehrtätigkeit am Institut für Entwerfen und Architektur der Universität Hannover. Seit 1981 Veröffentlichungen zur Architektur der Gegenwart und Moderne, seit 1987 freier Autor, Architekturfotograf und Publizist. Mitglied des Deutschen Werkbunds, zahlreiche Buchveröffentlichungen und Werkmonografien.

Wenger-Oehn Klaus, Dipl.-Ing., geb. 1943 in St. Georgen im Attergau; Studium des Vermessungswesens an der TU Wien, Befugnis als Ingenieurkonsulent für Vermessungswesen, tätig als staatlich befugter und beeideter Ingenieurkonsulent für Vermessungswesen, Geschäftsführer der DI Wenger-Oehn ZT GmbH.

Wittasek-Dieckmann Richard, Dipl.-Ing. Dr.; Referent im Bundesdenkmalamt, Abteilung für Technische Denkmale.

Wittfeld Gerhard, Dipl.-Ing. Architekt BDA, geb. 1968 in Moers; Studium der Architektur an der RWTH Aachen, 1994-1996 Mitarbeit im Büro Klaus Kada (Graz), ab 1996 Leiter im Büro Klaus Kada (Aachen), seit 1999 Partnerschaft mit Klaus Kada und Gründung des Büros kadawittfeldarchitektur, 1997-2004 Lehrtätigkeit an der RWTH Aachen, 2004–2007 Vertretungsprofessur an der HS Bochum.

Wörndl Thomas, Dipl.-Ing., geb. 1954 in Salzburg; Studium des Bauingenieurwesens mit Vertiefung Wasserbau und Grundbau an der Uni Innsbruck, seit 1981 bei den ÖBB tätig, dort bis 1990 Streckenleitung Salzburg, danach im Neubaubereich Salzburg, seit 2000 Baumanager der S-Bahn Salzburg, seit 2006 Projektleiter Nahverkehr Salzburg, Projektleiter des Umbaus Salzburg Hbf.

Wolf Robert, Dr. phil., geb. 1957; tätig seit 1987 bei den ÖBB, Öffentlichkeitsarbeit (Pressesprecher, Event-Manager), seit 2000 Leiter Kommunikation der ÖBB-Bahnhofsoffensive, seit 2006 Leiter für Marketing & Kommunikation der ÖBB-Immobilienmanagement GmbH.

Zenzmaier Stefan, geb. 1961 in Koblenz; Ausbildung zum Berufsfotografen, tätig als Fotograf mit Studio in Kuchl.

Zierl Dietmar, Dipl.-Ing., geb. 1958; tätig 1986 in der ÖBB Streckenleitung Bludenz und der Generaldirektion, Baudirektion Wien, seit 1989 Planungsleitung für den Ausbau der Westbahn, seit 1995 Planungsleitung Nahverkehr Salzburg, seit 1999 Leitung der Abteilung „Verkehrsplanung" der ÖBB, seit 2005 Leitung der Abteilung „Strecken- und Bahnhofsplanung" der ÖBB-Infrastruktur AG, Lehraufträge an verschiedenen Universitäten, zahlreiche Fachvorträge und -veröffentlichungen.

Zipin Melanie, geb. 1980 in Mailand; Universitätslehrgang für Werbung und Verkauf an der Wirtschaftsuni Wien, 2009–2011 tätig im Kommunikationsbereich für die Tiroler Unterinntaltrasse, seitdem in Salzburg und Vorarlberg Kommunikationsfachreferentin Infrastrukturprojekte in der ÖBB-Infrastruktur AG.